"十四五"职业教育国家规划教材

# 金融学基础

## JIN RONG XUE JI CHU

（第 4 版）

张晓晖　吕鹰飞　主编

张亦潍　周小琪　王　娇　副主编

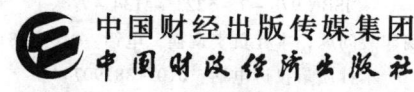

中国财经出版传媒集团
中国财政经济出版社
· 北京 ·

#### 图书在版编目（CIP）数据

金融学基础 / 张晓晖，吕鹰飞主编. -- 4版. -- 北京 : 中国财政经济出版社，2025. 8. --（"十四五"职业教育国家规划教材）. -- ISBN 978-7-5223-4134-7

Ⅰ. F830

中国国家版本馆CIP数据核字第2025ZR1974号

责任编辑：李　媛　　　　责任校对：张　凡
封面设计：陈宇琰　　　　责任印制：史大鹏

中国财政经济出版社 出版

URL：http://www.cfeph.cn
E-mail：cfeph@cfeph.cn
（版权所有　翻印必究）
社址：北京市海淀区阜成路甲28号　邮政编码：100142
营销中心电话：010-88191522　编辑部门电话：010-88190653
天猫网店：中国财政经济出版社旗舰店
网址：https://zgczjjcbs.tmall.com
固安华明印业有限公司印刷　各地新华书店经销
成品尺寸：185mm×260mm　16开　18.25印张　388 000字
2025年8月第4版　2025年8月河北第1次印刷
定价：48.00元
ISBN 978-7-5223-4134-7
（图书出现印装问题，本社负责调换，电话：010-88190548）
本社质量投诉电话：010-88190744
打击盗版举报热线：010-88191661　QQ：2242791300

# 前 言 | Preface

本书是首批"十四五"职业教育国家规划教材，是全国高职高专院校财经类教材。

党的二十大报告提出，要完善支持绿色发展的金融、投资政策和标准体系，强化金融安全体系建设，防范金融风险。

金融学是高职高专院校财经类、工商管理类专业基础课，本教材兼顾两类专业岗位对金融基本理论和实务的需求，吸收了同类教材的优点，在2021年出版的《金融学基础》（第3版）的基础上，对各章节的内容进行了必要的整合和知识更新。全书共13章，主要内容包括：货币与货币制度；信用与信用工具；利息与利率；金融市场；金融机构体系；商业银行；中央银行；货币供求与均衡；通货膨胀与通货紧缩；货币政策；国际金融；金融创新；金融监管。

课程标准

党的二十大报告创造性地提出"教育、科技、人才是全面建设社会主义现代化国家的基础性、战略性支撑""统筹职业教育、高等教育、继续教育协调创新，推进职普融通、产教结合、科教融汇。"为了便于学生的学习，教材进行了数字化升级，配备了大量数字化教学资源。教材中开辟了"本章学习目标""导入案例""金融科技专栏""金融职业素养专栏""课堂讨论"等窗口，对相关新知识、新观点、新动态予以适当拓展，有助于帮助学生理解和把握知识要点，开阔学生的视野，激发学习兴趣，增强理论与实践结合的能力。本次修订新增了配套的课程思政资源库，深入推进习近平新时代中国特色社会主义思想和党的二十大精神进教材、进课堂、进头脑，落实立德树人的根本任务。本书配套资源被评为2022年职业教育国家在线精品课程。学生需刮开封底二维码图标，手机扫描激活增值服务，即可查看书内二维码资源及课程思政资源。也可登录 https：//read.book.zcmedia.com 下载资源。

教学设计

授课计划

与同类教材相比，本书突出了教材的思想性、实践性、生动性、趣味性和实用性，具有知识结构合理、内容形式新颖、案例经典生动、重点难点突出、理论与实践紧密结合等特点。本教材既可以作为高职高专院校金融、保险、证券、工商管理、财政、税务等专业的教材，也可以作为商业银行、证券公司、保险公司等金融机构从业人员的岗位培训教材。

本书由张晓晖和吕鹰飞担任主编，张晓晖总纂定稿。张亦潍、周小琪、王娇担任副主编。具体分工如下：王娇，第一章；周小琪，第二章、第三章；宋贺，第四章；吕鹰飞，第六章、第十一章；张亦潍，第七章、第八章、第十三章；张晓晖，第九章、第十章；李牧航，第五章、第十二章。教材编写过程中，九台农商银行企业导师闫妍参与案例和课程思政内容设计，确保教材内容实用性高，紧密对接真实工作岗位的需求。

在写作过程中我们参阅了大量的国内外文献，在此对所有文献的作者表示衷心的谢意。限于编者的水平，书中难免存在疏漏和不足之处，恳请读者指正。

编　者<br>2025 年 8 月

# 目录 Contents

## 第一章 货币与货币制度 (1)

第一节 货币的产生与发展 (2)
第二节 货币的本质与职能 (7)
第三节 货币制度及其构成要素 (11)
第四节 货币制度的演变 (14)

## 第二章 信用与信用工具 (21)

第一节 信用的产生与发展 (22)
第二节 信用的形式 (25)
第三节 信用工具 (34)
第四节 信用对经济的影响 (41)

## 第三章 利息与利率 (45)

第一节 概述 (46)
第二节 利率的决定理论与影响因素 (50)
第三节 利率的作用 (55)
第四节 利率市场化 (58)

## 第四章 金融市场 (63)

第一节 概述 (64)
第二节 货币市场 (69)
第三节 资本市场 (75)
第四节 金融衍生工具市场 (85)
第五节 外汇市场与黄金市场 (89)

## 第五章 金融机构体系 (93)

第一节 概述 (94)

第二节　金融机构体系的一般构成 …………………………………………（98）
　　第三节　我国金融机构体系 …………………………………………………（104）

## 第六章　商业银行 ……………………………………………………………（116）

　　第一节　商业银行的起源与发展 ……………………………………………（117）
　　第二节　商业银行的性质、组织形式与职能 ………………………………（120）
　　第三节　商业银行的业务 ……………………………………………………（123）
　　第四节　商业银行存款的创造 ………………………………………………（133）
　　第五节　商业银行的管理 ……………………………………………………（137）

## 第七章　中央银行 ……………………………………………………………（147）

　　第一节　中央银行的产生与发展 ……………………………………………（148）
　　第二节　中央银行的性质与地位 ……………………………………………（150）
　　第三节　中央银行的职能与作用 ……………………………………………（153）
　　第四节　中央银行的制度 ……………………………………………………（156）
　　第五节　中央银行的业务 ……………………………………………………（159）

## 第八章　货币供求与均衡 ……………………………………………………（166）

　　第一节　货币需求 ……………………………………………………………（167）
　　第二节　货币供给 ……………………………………………………………（175）
　　第三节　货币供求均衡 ………………………………………………………（181）

## 第九章　通货膨胀与通货紧缩 ………………………………………………（185）

　　第一节　通货膨胀概述 ………………………………………………………（186）
　　第二节　通货膨胀产生的原因 ………………………………………………（191）
　　第三节　通货膨胀的影响及对策 ……………………………………………（194）
　　第四节　通货紧缩概述 ………………………………………………………（199）
　　第五节　通货紧缩的影响及对策 ……………………………………………（201）

## 第十章　货币政策 ……………………………………………………………（204）

　　第一节　货币政策的目标 ……………………………………………………（205）
　　第二节　货币政策的工具 ……………………………………………………（211）
　　第三节　货币政策的传导及其效应 …………………………………………（220）
　　第四节　货币政策与其他经济政策的协调 …………………………………（224）

## 第十一章　国际金融 …………………………………………………………………… (229)

  第一节　外汇与汇率 ……………………………………………………………… (230)
  第二节　国际收支 ………………………………………………………………… (241)
  第三节　国际储备 ………………………………………………………………… (247)
  第四节　国际货币体系 …………………………………………………………… (252)

## 第十二章　金融创新 …………………………………………………………………… (256)

  第一节　概述 ……………………………………………………………………… (257)
  第二节　金融创新体系 …………………………………………………………… (263)
  第三节　我国的金融创新 ………………………………………………………… (266)

## 第十三章　金融监管 …………………………………………………………………… (269)

  第一节　概述 ……………………………………………………………………… (269)
  第二节　金融监管体制 …………………………………………………………… (273)
  第三节　金融监管的内容与方法 ………………………………………………… (275)

**主要参考文献** …………………………………………………………………………… (280)

# 第一章 Chapter 1
## 货币与货币制度

---

【本章学习目标】

知识目标：了解货币的起源、种类；掌握货币的本质和职能；了解货币制度的构成要素及货币制度的演进。

能力目标：能够利用基础理论分析货币形式的发展趋势，深刻理解货币的概念和在现代经济生活中的作用。

---

【导入案例】

### 特殊时期的货币

第二次世界大战期间，在纳粹的战俘集中营中流通着一种特殊的商品货币——香烟。当时的红十字会设法向战俘营提供各种人道主义物品，如食物、衣服、香烟等。由于数量有限，这些物品只能根据某种平均主义的原则在战俘之间进行分配，而无法顾及每个战俘的特定偏好。但是人与人之间的偏好显然是会有所不同的，有人喜欢巧克力，有人喜欢奶酪，还有人则可能更想得到一包香烟。因此这种分配显然是缺乏效率的，战俘们有进行交换的需要。但是，即便在战俘营这样一个狭小的范围内，物物交换也显得非常不方便，因为它要求交易双方恰巧都想要对方的东西，也就是所谓的需求的双重巧合。为了使交换能够更加顺利地进行，需要有一种充当交易媒介的商品，即货币。许多战俘都不约而同地选择香烟来扮演这一角色。战俘们用香烟来进行计价和交易，如1根香肠交换10根香烟，1件衬衣交换80根香烟，替别人洗1件衣服则可以换取2根香烟。有了这样一种记账单位和交易媒介之后，战俘之间的交换就方便多了。

# 第一节 货币的产生与发展

在生活中，人们几乎天天接触货币。说到货币，人们立刻会想到五花八门、形形色色的钞票。在现代市场经济环境里，货币以其特有的渗透力影响社会经济生活的方方面面，小到一个家庭，大到一个企业，再到国家都离不开货币。那么，我们就要知道为什么货币具有如此大的威力？货币从何而来？为什么那些由银行发行的印有各种花纹和颜色的纸片，竟然可以换取任何商品而为世人所追求？这便是商品货币之谜。

## 一、货币的产生

货币并非开天辟地就已存在，人类社会在地球上已有百万余年或更长的历史，货币却是几千年以前才开始出现在人类社会之中。它是商品交换的产物，是与商品相伴而生的经济范畴，因此，解开货币之谜必须从商品入手。

### （一）货币是商品经济内生矛盾发展的产物

在人类社会的初期，并不存在商品交换，当然也不存在货币。在原始的氏族共同体中，由于生产力水平极其低下，人们尽其所能，集体劳作，方能维持生存。整个劳动是在氏族共同体的需要下统一进行，劳动产品归氏族共同体所有，统一分配。伴随着生产力水平的提高，剩余产品的出现，氏族开始分化瓦解，社会分工和私有制开始形成。这时，情况发生了变化，主要变化是商品生产和商品交换的出现。

在商品生产和商品交换中，由于社会分工，商品生产者的劳动成为社会总劳动的一部分，具有社会劳动的性质；由于生产资料和劳动产品的私有制，商品生产者的劳动直接表现为私人劳动，这就产生了私人劳动和社会劳动的矛盾。商品生产者只有将其生产的产品交换出去，他们的劳动才会被社会所承认，从而转化为社会劳动。只有通过商品交换，才能解决商品生产的私人劳动与社会劳动的矛盾。

### （二）货币是商品价值形式发展的必然结果

商品的价值形式，经历了由低级到高级的发展过程，即由简单的偶然的价值形式，经过了扩大的价值形式、一般价值形式，最后才达到货币形式。

货币不是生来就有的，而是随着商品的产生和交换的发展而出现的，它是商品经济内在矛盾的产物，是价值表现形式发展的必然结果。由此，我们可以把货币定义为：货币是在商品交换过程中，从商品中分离出来，固定地充当商品交换媒介的一般等价物。

知识链接：商品价值形式的发展

## 二、货币形态的演进

货币诞生以来的几千年岁月中,货币形态经历着由低级向高级不断演变的过程,从币材和形制的角度出发,货币经历了五种形态。这些形态的变化是在不断地适应社会生产的发展,同时也是在消除了前一种货币形态无法克服的缺点的基础上发展起来的。

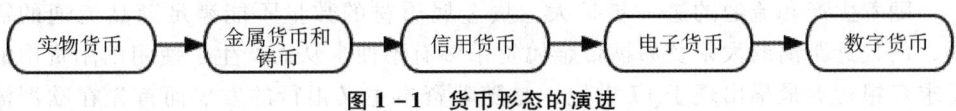

**图 1-1 货币形态的演进**

金融职业素养:中国古代货币

需要注意的是:货币的形态在各个经济发展时期并非相互划清界限的,在世界盛行实物货币的时期,铸币与纸币同时出现;即使在纸币流通普遍的现代,黄金仍然起着保值的作用。货币的形式是伴随着商品经济的发展、社会关系的发展、货币内在矛盾的发展而发展变化的。

### (一) 实物货币

实物货币又称商品货币或足值货币,是指以自然界存在的某种物品或人们生产的某种商品来充当货币。在早期简单商品交换时代,生产力不发达,交换的目的是以满足某种生活和生产的需要为主,因而要求作为交换媒介的货币必须具有价值和使用价值,货币主要由自然物来充当。它是货币发展的最初形态,此时,货币的额定价值同它作为特殊商品的内在价值是一致的。

在世界范围内,最早充当货币实物的商品有牲畜、贝壳、粮食、布匹、金属等。据青铜器的铭文、考古挖掘和古籍记载:在日本、东印度群岛以及美洲、非洲的一些地方,有用"贝"做货币的历史;在古代欧洲的雅利安民族,在古波斯、意大利等地,都有用"牛羊"做货币的记载,如拉丁文的"pecunia"(意为"金钱")来源于"pecus"(意为"牲畜");印度现代的货币名称"pupee"(卢比)来源于"牲畜"的古文"pupye"。此外,如古代埃塞俄比亚曾用"盐"做货币,在美洲,曾经充当古老货币的有"烟草""可可豆"等。

拓展阅读:最早的实物货币——贝币

实物货币是以其自身所包含的内在价值同其他商品相交换。受其本身使用价值的限制,使用范围不大,不便于保存和携带,而且难以分割,不可能有质地均匀的、统一的价值表现标准。因此,随着商品交换的发展和扩大,实物形态的商品货币就逐渐由内在价值稳定、质地均匀、便于携带的金属货币所替代。

拓展阅读:中国古代货币的演化

### (二) 金属货币和铸币

以金属如铜、银、金等作为材料的货币称为金属货币。随着生产力水平的提高,交易规模的扩大,货币在生活中的重要性日益加强,一般说来,作为货币的商品要求具有如下四个特征:一是价值比较高,这样可用较少的媒介完成较大量的交易;二是易于分割,即分割之后不会减少它的价值,以便于同价值高低不等的商品交换;三是易于保存,即在保存过程中不会损失价值,无须支付费用等;四是便于携带,以利于在广大地区之间进行交易。因此,随着交换的发展,对以

知识链接:金属货币的演化

拓展阅读:中国古代货币的铸造方法

上四个方面的要求越来越高，于是金属货币在交换中逐渐占据主导地位，最终成为通行的货币。

铸币（Coin）是由国家的印记证明其重量和成色的金属块。所谓国家的印记，包括形状、花纹、文字等。最初各国的铸币有各种各样的形式，但后来都逐步过渡到圆形。因为圆形最便于携带并不易磨损。

### （三）信用货币

1. 可兑换的信用货币——银行券

随着生产和流通的进一步扩大，贵金属币材的数量不能满足商品流通的需要，而且远距离的大宗贸易携带金属货币多有不便，从而产生了使用信用货币的要求。银行券最早出现于17世纪，是随着资本主义银行的发展而首先在欧洲流通的一种用纸印制的货币。它是由银行发行的，用来代替商业票据的银行票据。银行券是为了解决商业票据流通的局限性和银行现金不能满足商业票据持有人贴现需求的矛盾而产生的，它主要是通过银行贴现商业票据而发行到流通中去的。典型的银行券，持票人可以随时持券向发行银行兑取黄金，所以它可以代替金属货币在流通中发挥作用。19世纪末20世纪初，在银行券广泛流通的同时，贵金属货币的流通数量日益减少，显现出现代信用货币终将取代足值货币流通的趋势。到20世纪20年代末和30年代初，世界主要国家的银行券是完全不兑现的。

2. 不可兑现的信用货币——纸币

（1）信用货币的内涵。信用货币是以信用作为保证，通过一定信用程序发行，充当流通手段和支付手段的货币形态，是货币发展中的现代形态。信用货币实际上是一种信用工具或债权债务凭证，除纸张和印制费用外，它本身没有内在价值，也不能与足值货币按某种平价相兑换。它与贵金属完全脱钩，不再直接代表任何贵金属，它是货币形式进一步发展的产物，是金属货币制度崩溃的直接结果。信用货币之所以可以流通和被接受为价值尺度，是因为各社会经济行为主体对它拥有普遍的信任。这种信任一方面来自表征货币（表征货币是指足值货币的代表物，包括银行券、辅币等执行货币基本职能的货币形态）的长期信用，使公众在兑换停止之后依然保持对价值符号的货币幻觉；另一方面来自国家对这一价值符号的收付承诺，不但国家在征税时按面值接受，而且法定禁止任何债权人在索偿时拒收该信用凭证，从而使其成为法偿货币。

（2）信用货币存在的形式。存款货币是信用货币的另一种主要形式，它体现为各单位、个人在银行账户上的存款。存款货币中的活期存款可以直接用于转账结算，发挥货币流通手段和支付手段的职能。因此，活期存款和现金一样，都是社会经济中的现实购买力，其流动性略次于现金。

国家发行的短期债券、银行签发的承兑汇票，以及其他特殊种类的短期证券，如大面额存单等，可在货币市场上随时通过转让、贴现、抵押等多种形式变现，转化成现实的购买手段和支付手段。也是目前信用货币的形式之一。

（3）信用货币的基本特征。①信用货币是由中央银行代表国家发行的纸制本位货币，它是一种价值符号，不具有十足的内在价值，黄金基础也已经消失。②信用货币是债务货币。现代经济中的现金和存款是银行的负债，而信用货币则

知识链接：银行券的特征

知识链接：交子——世界上最早的货币

动画：人民币破损您莫慌——带您到银行来兑换

主要由现金和存款组成，所以，信用货币实际上是银行的债务凭证，信用货币流通也就是银行债务的转移。③信用货币具有强制性。首先，通过法律手段确定其为法定货币并强制流通。其次，银行可以通过发行货币，强制社会向它提供信用。④信用货币是管理货币。国家可以通过银行来控制和管理信用货币流通，把货币政策作为实现国家宏观经济目标的重要手段。

（四）电子货币

1. 电子货币的概念

电子货币（Electronic Money），是指用一定金额的现金或存款从发行者处兑换并获得代表相同金额的数据或者通过银行及第三方推出的快捷支付服务，通过使用某些电子化途径将银行中的余额转移，从而能够进行交易。严格意义是消费者使用银行的网络银行服务进行储值和快捷支付，通过媒介（二维码或硬件设备），以电子形式使消费者进行交易的货币。

知识链接：电子货币的种类

2. 电子货币的种类

电子货币有储值卡、信用卡、电子支票、电子钱包等。

3. 电子货币的功能

（1）转账结算功能：直接消费结算，代替现金转账。

（2）储蓄功能：使用电子货币进行存款和取款。

（3）兑现功能：异地使用货币时，进行货币汇兑。

（4）消费贷款功能：先向银行贷款，提前使用货币。

4. 电子货币的特点

电子货币除具有货币的一般属性外，与通货（现金、存款货币）相比，还有其特殊的属性：

（1）以电子计算机技术为依托，进行储存，支付和流通。

（2）可广泛应用于生产、交换、分配和消费等领域。

（3）集金融储蓄、信贷和非现金结算等多种功能于一体。

（4）电子货币具有使用简便、安全、迅速、可靠的特征。

（5）现阶段电子货币的使用通常以银行卡（磁卡、智能卡）为媒介。

动画：电子信用卡的概念

（五）数字货币

数字货币简称为DIGICCY，是英文的"Digital Currency"（数字货币）的缩写。数字货币是货币体系不断演进的必然结果，是伴随数字经济的兴起而出现的。央行数字货币研究所给出数字货币的定义，狭义的数字货币主要指纯数字化、不需要物理载体的货币；而广义的数字货币等同于电子货币，泛指一切以电子形式存在的货币，包括电子货币、虚拟货币和数字货币。

根据发行者不同，数字货币可以分为央行发行的法定数字货币和私人发行的数字货币。

1. 虚拟货币

私人发行的数字货币，也称虚拟货币，是由开发者发行和控制、不受政府监管、在一个虚拟社区的成员间流通的数字货币，不依托任何实物，使用密码算法的数字货币，如比特币、莱特币等，是一种依靠密码技术和校验技术来创建，分发和维持的数字货币。

2008年，中本聪在metzdowd的密码学邮件组列表中发表了一篇论文《比特币，一种点对点的电子现金系统》，论文描述了比特币的电子现金系统。2009年1月3日，比特币正式诞生，比特币是一种P2P形式的虚拟加密数字货币，采用开源的区块链技术，将交易信息存储在分布式账本中，其点对点的传输构建了一个去中心化的支付系统。

虚拟货币虽然不具备货币的职能，但对现行的货币与金融体系构成了巨大挑战，为应对这一挑战，各国央行积极研发或推行法定数字货币。

2. 法定数字货币

法定数字货币是一国央行发行的数字货币，是指中央银行发行的，以代表具体金额的加密数字串为表现形式的法定货币，它本身不是物理实体，也不以物理实体为载体，而是用于网络投资、交易和储存、代表一定量价值的数字化信息。

国际清算银行下设的支付和市场基础设施委员会（CPMI）将法定数字货币定义为加密货币，根据存在形式是否基于央行账户，将法定数字货币分为央行数字账户和央行数字货币。央行数字货币是一种数字形式的中央银行货币，且区别于传统金融机构在中央银行保证金账户和清算账户存放的数字资金。

目前，大多数国家都已经认识到了央行数字货币的重要性，然而对发行央行数字货币多持谨慎态度。2014年，中国人民银行成立专门研究小组研究央行数字货币。2020年4月，DCEP（Digital Currency Electronic Payment）完成顶层设计开始内测。DCEP是第一款真正意义上的央行数字货币，其具有两大特性：一是作为M0的替代；二是不计息。

总之，货币形态的演化体现了随着生产力的发展，人们对更方便、更快捷、成本更低廉的交易媒介的需要。随着经济和社会的发展，未来的货币形态还会出现动态的发展。

拓展阅读：中国人民银行数字货币DCEP

第一节小测验

动画：网络支付的应用实例

 **金融科技专栏**

### 上海地铁部分贩卖机可用数字人民币支付

2021年3月3日，在上海地铁人民广场站，多台触屏版的自动贩卖机已支持"数字人民币"支付方式。在这些设备上，点击商品就会出现"微信支付""支付宝""银联云闪付""数字人民币"四项支付方式，点击"数字人民币"扫描贩卖机给出的二维码即可完成购买。

此前，上海市徐家汇地铁站也有部分自动售货机可以用"数字人民币"支付。据悉，数字人民币已经在深圳、成都、苏州、北京等城市以及未来的冬奥会场景展开试点。未来还会在广州、武汉、海南、深圳、哈尔滨、河北雄安新区等多个省市区深化试点。

资料来源：庄滨滨. 上海地铁部分贩卖机可用数字人民币支付［EB/OL］.（2021-02-22）［2023-8-20］. http：//www.com/P/7922599.html

> 课堂讨论
>
> 党的二十大报告中指出，建设现代化产业体系。坚持把发展经济的着力点放在实体经济上，推进网络强国、数字中国，那么数字人民币的建立对数字中国的推进有哪些意义？

## 第二节 货币的本质与职能

### 一、货币的本质

马克思在对价值形态发展的历史长河的研究中揭示了货币的本质，把货币定义为：货币是从商品世界中分离出来的、固定的充当一般等价物的特殊商品，并能反映一定的生产关系。

微课：货币的本质

#### （一）货币是商品

货币是商品，与商品世界的其他商品一样，都是人类劳动的产物，具有商品的共性——价值和使用价值。价值形式发展的历史表明，货币是在商品交换过程中，从普通商品中分离出来的。例如黄金，一方面它也和其他商品一样，是用来交换的劳动产品，都是价值的凝结体；另一方面，它也能满足人们某些方面的需要，如做装饰品、首饰等，具有使用价值。

#### （二）货币是一般等价物

货币不是普通商品而是特殊商品，因为它在商品交换中取得了一般等价物的独占权，且只有它才能起着一般等价物的作用。具体的表现是：①货币能够表现一切商品的价值。在交换中，普通商品是以各种各样的使用价值出现的，而货币却是作为一切商品价值的表现者出现的。②货币对于一切商品具有了直接交换的能力。用它可以购买一切商品，从而货币就获得了一般的、社会的使用价值，即拥有货币，就可以得到任何一种使用价值。货币排除了物物交换的双重偶合的必要性，降低了交易成本，在经济活动中提高了经济效率。

知识链接：对货币本质的理解

#### （三）货币体现一定的生产关系

货币在充当一般等价物的过程中，体现着一定的社会生产关系，商品之间的劳动价值不能直接表现和衡量，所以才采取了货币形式来交换。因此，货币作为商品的一般等价物，也就使商品的不同所有者，通过等价交换，实现了他们之间的社会联系，这种联系就是人和人之间一定的社会生产关系。

## 二、货币的职能

货币的职能是货币本身所具有的功能,由货币的本质决定,并在商品经济的发展中逐渐形成,按照其产生和形成的先后顺序,共有五项职能。

### (一) 价值尺度

价值尺度是货币衡量和表现商品价值大小的职能。因为货币本身是商品(金银),它与其他所有商品一样都是人类劳动的结晶,具有相同的本质(即价值),因此,它可以作为衡量、表现一切商品价值的材料。

由于商品的价值大小各不相同,其所表现的货币数量也就有多有少。为了比较不同的货币量,就需要确定货币本身的计算单位,也就是在技术上确定每一货币单位的含金量。这种每一货币单位所内含的、用于测定一切商品价值的含金量,就是价格标准。最初,金属货币的价格标准是与其重量相一致的,后来由于社会财富的增长、币材的改变、外国货币的输入及国家铸造重量不足的货币,价格标准与重量标准就逐渐分离开来了。

价值尺度和价格标准是两个完全不同的概念。二者的区别是:①价值尺度是在商品交换中自发形成的,并不依靠国家权力,而价格标准则是为价值尺度服务的一种技术性规定,它由国家法律确定。②货币作为价值尺度代表一定量的社会劳动,以此来衡量不同商品的价值,而货币作为价格标准,规定一定的金属量,用来衡量货币金属本身的量。③货币作为价值尺度,它的价值随着劳动生产率的变动而变动,而价格标准单位本身金的含量,是不随劳动生产率的变动而变动的。二者的联系是货币的价值尺度依靠价格标准来发挥作用。因此,价格标准是为价值尺度服务的。

用一定量的货币单位来衡量和表现商品的价值,就形成了价格。例如,1 双皮鞋价格为 500 元,1 件衬衣价格为 150 元等。商品价格与商品价值的大小成正比例关系,与单位货币即价格标准的含金量成反比例关系。在实际经济运行过程中,由于供求关系的影响,商品价格完全符合价值的情况是比较偶然的。

货币充当价值尺度的职能,可以用观念中的货币,因为货币表现商品的价值只是给商品标价,这时并不需要实在的货币,只要观念上的或想象中的货币就可以了。

### (二) 流通手段

流通手段是货币在商品流通中充当交换媒介的职能。商品生产者先用自己的商品换成货币,并用货币去交换自己所需的商品,形成"商品——货币——商品"的循环过程。在这里,货币仅充当商品交换的媒介,由此产生了货币流通手段。

充当流通手段的货币的一个特点是不能是观念上的货币,而必须是现实存在的货币。因为货币作为商品交换的媒介时,它是代表一定的价值量来同商品相交换,交易双方必须一手交钱,一手交货,等价交换,买卖行为才能完成。当然,我们所说的现实存在的货币,并不单指有形的货币,它也可以是无形的存款货币、电子货币等。

货币作为流通手段，改变了过去商品物物交换的形式，即 W——W，使商品交换分为买和卖两个环节，即 W——G 和 G——W，货币这个媒介的出现，是商品生产史上的一次飞跃，意味着商品经济的内在矛盾有了进一步的发展，商品交换再也不受时空、需求巧合的限制，任何商品，只要换取了货币，价值就得到了社会承认，得以实现。但这种转化同时产生了新的矛盾，在这种条件下卖与买被分成了两个独立的过程，如果出卖了商品的人不立刻去买，就会使另一些人的商品卖不出去。也就是说，货币作为流通手段的职能，就已经包含了经济危机形式上的可能性。作为流通手段的货币，起初是贵金属条、块，以后发展成铸币，最后出现了纸币。纸币是从货币作为流通手段的职能中产生的。

充当流通手段货币的另一特点是它不一定是具有十足价值的货币。因为货币作为流通手段时只是一种交易的媒介，商品所有者出售商品，换取货币，其目的是用货币购买自己所需要的商品，只要货币能购得自己所需要的商品，货币本身的价值对商品所有者而言并不重要。这种事实，使不足值的货币甚至无价值的货币登上舞台，发挥交易媒介职能。历史上的不足值铸币、无价值的纸币、存款货币、电子货币以至数字货币，都凭借这一点而能够执行流通手段的职能。

（三）贮藏手段

贮藏手段是货币退出流通领域被人们当作独立的价值形态和社会财富的一般代表保存起来的职能。由于货币是价值的化身，可以用它换取自己需要的任何商品，使人们感到它就是财富的代表。人们为了积累和保存社会财富，便产生了保存货币的需求。

作为典型的贮藏货币，不能是观念上的货币，也不能是不足值的货币或一种符号货币，它应是足值的金属货币或是作为货币材料的贵金属。

在足值的金属货币制度下，货币作为贮藏手段，具有自发调节货币流通的作用，当流通中的货币量大于商品流通所需要的货币量时，多余的货币会退出流通领域；当流通中所需要的货币量不足时，贮藏货币会重新加入流通。贮藏货币就像蓄水池一样自动调节着流通中的货币量，使它与商品流通相适应。因此，在足值金属货币流通条件下，一般不会发生通货膨胀和通货紧缩情况。货币贮藏手段的职能是以金属货币为前提的，即只有在金属货币流通条件下，货币才能自发地进入流通领域，发挥"蓄水池"的作用。

在现代不兑现信用货币制度下，货币不具有典型意义上的贮藏手段职能。因为信用货币是纸质的价值符号，本身没有内在的价值，也不能兑现金银。当不兑现信用货币退出流通，执行贮藏职能时，从持币人的角度看，有两种方式：一是货币所有者把现钞暂时沉淀在手中，是潜在的购买手段或待实现的购买力；二是持币人将货币以存款形式存入银行，保有银行存款凭证，这对存款人来说是货币的价值积累和保存。从银行来看，吸收的存款将会以贷款的形式贷放出去，形成新的购买力。因此，从整个流通领域来看，这种货币并没有退出流通，在这种情况下，贮藏手段的蓄水池功能已丧失殆尽。

## （四）支付手段

货币在实现价值的单方面转移时，执行支付手段的职能。如偿还赊购产品的欠款、上缴税款、银行贷款、发放工资、捐款、赠予等。

货币作为流通手段克服了物物交换的局限性，而货币作为支付手段，又进一步克服了作为流通手段一手交钱、一手交货的局限性，极大地促进了商品交换。同时，它使商品经济的矛盾进一步复杂化。在货币作为支付手段的情况下，由于很多商品生产者互相欠债，他们之间便结成了一个互相影响、相互制约的债务锁链。如果赊购者因为生产和销售的困难而不能按期支付欠款，预付者不能按期收到货物时，以及货币价值的变化，都能使债务关系不能如期清偿，而债务链条中的任何一个环节断裂，都可能导致全社会再生产的麻烦和困难，甚至酿成经济危机。此外，货币作为支付手段发挥作用时，也要求币值稳定，否则会在债权人和债务人之间造成不合理的再分配。

在现代商品经济中，货币作为支付手段发挥的作用越来越大：首先是由于大额交易的增多，而大额交易大部分是采取延期付款方式进行的；其次是在财政、银行方面的运用，财政的收入支出、银行的存款和贷款都是货币在发挥着支付手段职能。此外，在支付工资和各种劳务报酬时，货币也在发挥着支付手段职能。

## （五）世界货币

当货币越过国界，在世界市场上发挥一般等价物作用时便执行世界货币的职能。这是随着国家交往和国际贸易增加，适应价值在国家间转移而形成的职能。从原始意义上讲，世界货币要求货币本体以原来的条块形态存在并按实际含金量发挥作用。因为各国内部的价格标准、铸币形态以及货币符号都是建立在各国经济发展特点和法律规定基础上的，对其他国家来说无直接约束意义。但当代，一些西方发达国家的信用货币成为世界上普遍接受的硬通货，实际上发挥着世界货币的职能。世界各国把这些通货作为本国储备的一部分，并作为国家间的支付手段和购买手段。典型意义上的世界货币是原始的金银条块，其价格标准、铸币名称、价值符号等国家的、民族的"服装"都必须脱去。

货币执行世界货币的职能主要表现为三个方面：第一，作为国家间的一般支付手段，用以平衡国际收支差额。这是世界货币的主要职能。第二，作为国家间的一般购买手段，用以购买外国商品。作为购买手段的货币在此被当成货币商品与普通商品交换。第三，作为国家间财富转移的一种手段，如战争赔款、输出货币资本等。

价值尺度和流通手段是货币的两个最基本的职能。"一种商品变成货币，首先是作为价值尺度和流通手段的统一，换句话说，价值尺度和流通手段的统一是货币。"只有当一种商品转化成为货币后，它才成为价值的独立体现物，进而发挥贮藏手段的职能。支付手段的出现又是以价值尺度、流通手段和贮藏手段为前提，因为货币在支付前必须首先对商品标价；商品的信用交易形式则完全建立在以货币为媒介的商品买卖交易形式发展的基础之上；同样，货币贮藏产生于买卖链条的中断，进而才导致债权、债务关系的发展。自然，货币只有在各国国内已发挥了价值尺度、流通手段、贮藏手段和支付手段的职能之后，才能突破国界，成为国家间的一般支付手段、一般购买手段和财富的一般转移手段，发挥世界货币的职能。

案例分析

第二节小测验

### 金融科技专栏

**招商银行区块链直联跨境支付**

2017年9月22日,招商银行通过区块链直联跨境支付应用技术,为客户在上海自贸区分账核算单元中开立的FTN账户,向其香港同名账户实施了一笔港元汇款,这次跨境支付的成功标志着招行完成了首笔自由贸易区块链跨境支付业务。

招商银行的尝试验证了区块链技术与跨境支付的匹配度,区块链的特性对于治愈金融业务中的很多痛点具有意想不到的效果。具体到业务层面,目前跨境支付最大的问题就是结算的效率问题,招商银行利用区块链的去中心化、分布式账本技术能将复杂的结算过程变为简易的点对点交易,极大地方便了结算的双方。

资料来源:田晓霞. 招行完成全球首笔区块链技术跨境支付[EB/OL]. (2017-12-29)[2023-08-20]. https://www.163.com/news/article/D6PMSDBL00018AOP.html

## 第三节 货币制度及其构成要素

从有文字的历史以来,可以发现,各个国家在货币问题方面都制定了种种法令。这些法令反映了国家在不同程度、从不同的角度对货币所进行的控制,其意图总是在于建立能够符合自己政策目标,并可能由自己操纵的货币制度(Monetary System)。尤其是随着资本主义制度的确立,不严密、混乱的货币制度很难适应建立统一的市场对货币流通的要求,迫切期望国家通过法律程序建立统一的货币制度,以改变货币流通的紊乱状况。因而,建立一个有秩序的、稳定的,能为发展商品经济提供有利客观条件的货币制度,是各国政府共同追求的目标。

动画:货币制度的发展历程

### 一、货币制度的概念及其形成

货币制度又称"币制"或"货币本位制",是指一个国家或地区以法律形式确定的货币流通结构及其组织形式。一个国家或地区为了保持其货币流通的正常和稳定,通常要制定、颁布一系列的法律和规定。这些法律和规定强制性地把有关货币流通的各个方面、各个要素联系起来,并在实践进程中不断地修正、补充,从而形成一个有机整体,这就是一个国家或地区的货币制度。

货币制度是伴随着金属铸币的出现而开始形成的。早期铸币的特点有:①币材用贱金属多,如铜、银,而黄金的普遍使用较晚,并且不止一种金属充当币材。②铸币分散,流通混乱。在欧洲,每个城邦都设厂铸币,奴隶社会的希腊,有1500到2000座造币局。③铸币不断变质,即重量减轻,成色降低。各地铸币成色悬殊,平砝混乱,各种货币的折算极为复杂。铸币的变质常常影响商品的正常交易，以致物价动荡和阶级矛盾激化。

随着资本主义生产的发展和商品流通的扩大，分散和紊乱的货币流通越来越成为资本主义经济和信用发展的障碍。因此，当资产阶级在各国取得政权，并建立起统一的多民族国家后，就着手清理货币流通中的分散与混乱情况，先后颁布了许多有关币制改革的法令，通过这些法规的实施，最终形成了统一的、定型的资本主义货币制度。

## 二、货币制度的构成要素

### （一）货币材料的确定

微课：货币制度的构成要素

货币材料简称"币材"，是指用来充当货币的商品。一个国家使用何种商品来做本位货币，是整个货币制度的基础，也是建立货币制度的首要步骤。表面上看，选择哪一种币材是每个国家的主观意志决定的，但从币材演变的历史观察，本位币材料的选择受制于客观经济条件。国家规定哪种或哪几种商品（金属或非金属）为币材，实际上是对已形成的客观现实从法律上肯定。主观上把现实生活中不起作用的币材硬性规定为币材，或硬性不允许现实生活中起币材作用的商品发挥币材作用，不仅行不通，而且还会造成混乱。哪种或哪几种商品一旦被规定为币材，即称该货币制度为该种或该几种商品的本位制。

### （二）货币名称、货币单位和价格标准

在金属货币流通条件下，价格标准是铸造单位货币的法定含金量。例如，根据美国1934年1月的法令，1美元的含金量为0.888671克；按照1870年英国的铸币条例，1英镑的含金量合7.97克；民国时期，在1914年的《国币条例》中规定，每枚银圆含纯银23.977克，1933年"废两改元"，又规定每枚银圆含纯银23.493克。可见，在金属本位制度下，货币单位与货币的价格标准是密切相关又各不相同的两个概念。但是，在当代纸币本位制下，货币不再规定含金量，货币单位与其价格标准逐渐融为一体，货币的价格标准即是货币的单位及其划分的等份，如元、角、分。

### （三）本位币、辅币及其偿付能力

**1. 本位币和辅币**

本位币也称主币，是一个国家的基本通货和法定的计价结算单位。在金属货币流通条件下，本位币是指用货币金属按国家规定的货币单位和价格标准铸造的铸币，其名义价值（面值）与实际价值（市场金属价值）一致，为足值货币。在表征货币流通条件下，本位币依附于其发行基础——金属货币，表征货币只是金属本位币的符号。在当代纸币本位制度下，纸币已经成为独立的本位币，由该国货币制度所确定，是流通中商品价值的符号。

辅币是本位币以下的小额货币，主要供小额零星交易和找零之用。在金属货币流通条件下，辅币以贱金属铸造，其实际价值低于名义价值，为不足值货币。

**2. 本位币的铸造及其偿付能力**

在金属货币流通条件下，货币制度一般都规定本位币可以自由铸造和熔毁。

案例分析

即无论是国家还是私人，都可以将其持有的货币金属送铸币厂，按照国家规定的货币名称、单位和价格标准铸造成本位币；也可以将持有的金属本位币送铸币厂熔为金属条块，铸币厂仅收取少量的铸造或熔化费用。

金属本位币的自由铸造和熔毁具有自发调节货币流通的意义，使流通中的货币量与货币需要量保持一致。自由铸造和熔毁还可以保证金属本位币的名义价值与其实际价值相一致。由于金属本位币在流通过程中不断磨损，致使其名义价值不断高于实际价值。在这种情况下，货币制度规定对实际价值严重低于名义价值的金属本位币进行熔毁，以重新铸造出名义价值与实际价值相符的足值本位币。所谓"磨损公差"，就是指铸币磨损以后的实际重量与国家规定的标准重量相比可能允许的最大差距，也就是磨损的最大限度。

在当代纸币流通条件下，纸币是由国家垄断发行、强制流通的价值符号。除中央银行外，任何单位和个人都不得自行印制、变造和故意损毁货币，否则视为非法行为，并按国家有关法规的规定予以惩处。

无论是足值金属货币本位币还是纸币本位币，各国货币制度都有"无限法偿"的规定。所谓"无限法偿"，是指无限的法定偿付能力，不管是用本位币偿还债务或其他支付，也不管每次支付的本位币的数额大小，债权人和受款人都不得拒绝接受，否则视为违法。

3. 辅币的铸造及其偿付能力

在金属货币流通条件下，各国货币制度一般都规定辅币限制铸造，即只能由国家铸造，不准私自铸造。这是因为金属辅币是不足值货币，铸造辅币可获得额外收益，国家垄断辅币铸造权，可使这部分收益归国家所有。如果允许公民自由铸造，就会造成公民为获得"额外收益"而用贱金属大量铸造不足值的辅币，使辅币充斥市场，影响货币流通的正常和稳定。

在金属货币流通条件下，法律一般规定辅币为有限法偿货币。所谓"有限法偿"即在偿还债务和支付时，每次支付辅币的数量不能超过规定的额度，否则债权人或受款人有权拒收。但是，用辅币缴税、向政府兑换本位币的数额则不受此限。在纸币本位制条件下，各国对辅币法偿能力的规定不完全相同，有的规定为有限法偿，如美国；有的则没有作明确规定，如中国。

（四）准备制度的确定

准备制度又称黄金储备制度。它是一国货币稳定的基础，也是一个国家经济实力强弱的重要标志之一。世界上大多数国家的黄金储备由中央银行或财政部门掌握。在金属货币流通的条件下黄金准备的用途有三个方面：①作为国际支付的准备金，也就是作为世界货币的准备金。②国内金属货币流通的准备金，以备流通扩大和收缩对金属货币的不同需要。③支付存款和兑换银行券的准备金。

案例分析

在当今世界各国不兑现的信用货币流通条件下，金准备制度只作为国际支付的准备金，其余两个用途不复存在。为强化国际支付准备金，各国建立了外汇储备，即以特定的世界货币如美元、欧元、日元等作为准备。

第三节小测验

## 第四节 货币制度的演变

货币制度的演变（见图1-2）。

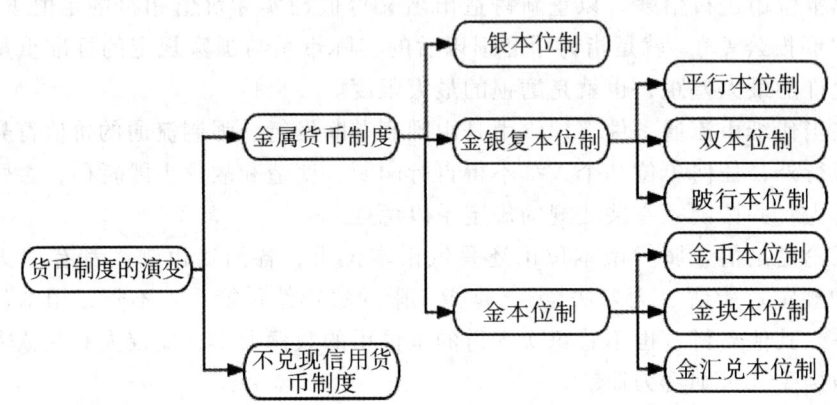

图1-2 货币制度的演变

### 一、银本位制

银本位制（Silver Standard System）是用白银做本位货币的制度，通货的基本单位由定量的银规定。银本位制的基本内容包括：以白银为本位货币币材，银币为无限法偿货币，具有强制性流通的能力；主币的名义价值与所含的一定成色、重量的白银相等，银币可以自行铸造、自由熔化；银行券可以自由兑现银币和等量白银；白银和银币可以自由输出输入。银本位制虽然是最早的金属货币制度，但是在世界其他国家银本位制推行时间都较短，主要原因是：①19世纪以后，白银产量激增，国际上银价不稳定，并且供大于求，其价值不断下跌；金银比价大幅波动，伦敦市场金银比价由1860年的1:15，一直降到1932年的1:73.5。②白银与黄金相比，其体积大而价值小，资本主义大工业与批发商业的兴起，大规模交易日益增多，白银显然已经不再适应经济发展的客观需要。

银本位制分为银两本位制和银币本位制两种形式。银两本位制度是以白银的重量单位——"两"作为价格标准，实行银块流通的货币制度。银币本位制度则是以一定重量和成色的白银铸币流通的货币制度。

银本位制的基本特征是：①银币可以自由铸造和自由熔化；②银币为无限法偿货币；③辅币和其他各种货币可以自由兑换银币或等量白银；④白银和银币可以自由输出输入。

银本位制是历史上最早的货币制度之一，主要适用于商品生产不够发达和黄金供给较少的国家。银本位制度从16世纪后开始盛行，至19世纪末，除少数经济落后国家外，各国纷纷放弃，大致经历了200多年。

## 二、金银复本位制度

金银复本位制又叫复本位制（Bimetallic Standard System），它是继银本位制之后向金本位制过渡时期，金银两种金属同时作为本位币币材的货币制度。金银复本位制的主要内容是：金银两种铸币都是本位币，本位币的价值与其所含贵金属的价值相等；两种货币均可自由铸造、自由熔化、自由兑换、自由输出输入；两种货币均是无限法偿货币。

从16世纪后半叶起，英国发生了工业革命，随后席卷欧洲，商品生产迅速发展，商品交易日益频繁，规模不断扩大，增加了货币需求量，白银供应虽然有了大幅度增加，但仍不能满足商品生产和交换对货币材料的需求。同时大宗交易急剧增加，价值较低的货币在交易中缺少便利性。此时巴西发现了丰富的金沙，黄金开采量也随之增加，并从美洲流入欧洲。为适应经济发展的需要，黄金进入流通领域和白银一起共同充当货币材料，从而出现了金银复本位制度。

按金银两种贵金属的不同关系可分为：平行本位制、双本位制和跛行本位制三种。

### （一）平行本位制

平行本位制是金铸币和银铸币各按其所含金银重量的市场比价进行流通，国家不规定这两种铸币的兑换比率。于是，市场上各种商品都同时存在着两重价格，即金价格和银价格。由于金、银的市场价格随劳动生产率的变化和供求关系的变化而不断发生波动，从而造成市场物价及债务关系的紊乱，决定其必然要向双本位制演进。

### （二）双本位制

双本位制是典型的金银复本位制，是指国家和法律规定金、银两种铸币的固定比价，两种铸币按国家比价流通，而不随金、银市场比价的变动而变动。

双本位制虽然克服了平行本位制的缺陷，但又产生了新的矛盾，即出现了"劣币"驱逐"良币"的现象。所谓"劣币"，是指国家法定价值高于市场价值的货币；所谓"良币"，则是指国家法定价值低于市场价值的货币。因为货币具有排他性，即一个市场只能有一种货币。如果使用双重价值标准，必然引起市场混乱，出现"劣币驱逐良币"现象。由于这一现象最初由英国财政大臣托马斯·格雷欣发现并提出，因此也称为"格雷欣法则"。"格雷欣法则"的内容是：当一个国家同时流通两种实际价值不同而法定价值固定的通货时，实际价值高于名义价值的货币（良币）会被人们收藏，退出流通；而实际价值低于名义价值的货币（劣币）则会充斥市场，最终劣币将良币完全驱逐出市场。

### （三）跛行本位制

跛行本位制是两种金属货币同为本位币并有固定比率，但政府同时规定金币可以自由铸造而银币不能自由铸造。这种制度，事实上银币地位已经降低，演化

金融职业素养：劣币驱逐良币

动画：劣币驱逐良币

拓展阅读：中国历史上的劣币驱逐良币

案例分析

为金币的符号,它是由金银复本位制向金币本位制过渡的一种货币制度。

金银复本位制是一种不稳定的货币制度,因为它与货币作为一般等价物而具有的排他性、独占性的本质特性相冲突,所以,随着资本主义经济的进一步发展,金银复本位制让位于金本位制,乃是历史的必然。

### 三、金本位制

金本位制（Gold Standard System）是指以黄金作为本位币的货币制度。以货币与黄金的联系程度为标准,可分为金币本位制、金块本位制、金汇兑本位制三种形式。

微课：金本位制的发展与衰落

#### （一）金币本位制

1. 金币本位制的主要特征

（1）铸造流通金币,金铸币无限法偿。

（2）金铸币可自由铸造、自由熔化为金块（条）。

（3）银行券和辅币作为价值符号,能自由兑换金铸币或黄金。

（4）黄金可以自由输出输入国境。

（5）建立金准备制度,保证价值符号（表征货币）的可兑换性。

2. 金币本位制度的作用

从上述金币本位制度的特点可见,金币本位制是一种具有相对稳定性的货币制度,它对资本主义经济发展具有积极的作用。

（1）自发调节货币量,保持币值稳定,国际收支平衡。金币的"自由铸造"和"自由熔化",使得金本位货币与其所含的一定量的黄金的价值保持了等值关系,从而起到对一国的物价水平与国际收支进行自发调节的作用,达到维持物价稳定和国际收支平衡的效果。首先是保持物价稳定。在金币本位制度下,当物价水平上涨时,单位货币所能购买的商品数量减少,单位货币所能购买的黄金数量也就减少,这表明币值下跌,黄金价格上涨,此时人们就会将金币熔化成为黄金而出售,于是流通中的金币数量减少,物价水平就相应地降低下来,币值回升以至与黄金平价。同时银行券的自由兑付也使银行券的发行受到黄金储备和真实信用的限制,不会过多发行,导致货币贬值。其次是保持国际收支平衡。当一国的国际收支出现逆差时,说明该国的出口小于进口,造成金币流向国外,从而减少了国内的金币数量,造成国内物价水平下降,而物价水平的下降就会使进口减少,出口增加,从而使国际收支逆差得到调整并逐渐消失。相反,当出现国际收支顺差时,物价上涨,进口增加,从而使国际收支顺差得到调整并逐渐消失。总之,金币本位制度具有维持物价稳定和国际收支平衡的作用。

（2）黄金与金币的自由输出和输入,使得金本位货币的对外汇率保持了稳定。在国际金本位下,汇率是以各国货币的含金量为基础的。比如1英镑含金量为113.006格令,1美元含金量为23.22格令,于是英镑对美元的基本汇率为1英镑=4.8665美元。但是,实际汇率是由外汇供求决定的,不一定与基本汇率相一致。一旦实际汇率发生变动,偏离了基本汇率,那么通过黄金的输出与输入，便可对汇率进行自动调节，使实际汇率偏离基本汇率的程度不会超过输出或输入黄金所需的费用，从而维持了汇率的稳定。

3. 金币本位制崩溃的原因

（1）金币自由铸造与自由流通的基础受到削弱。在帝国主义阶段，资本主义各国发展的不平衡性加剧，引起世界黄金存量的分配极端不平衡。到 1913 年年末，美、英、法、德、俄五国占有世界黄金存量的 2/3。世界黄金存量的大部分掌握在少数几个强国手中，其他许多国家的黄金储备和流通中的金币量自然就相应减少，因而动摇了这些国家的金本位制的基础。同时，就是在少数强大的资本主义国家中，金币流通也相对地缩减了，大量黄金集中于中央银行和国库。如在 1913 年，世界黄金储备已有 60% 集中于中央银行和国库。当黄金主要由民间分散储存转为中央银行与国库集中储存的时候，金币自由铸造与自由流通的基础就被严重地削弱了，从而金币流通规模和范围大大缩小，金本位制的稳定性受到威胁。

（2）价值符号（主要是银行券）对金币的自由兑现受到削弱。要保证价值符号能够自由兑换黄金或金币，不仅需要有充足的黄金准备，而且价值符号的发行数量也不能过度地超过流通中对于货币的需要量。到了 19 世纪末 20 世纪初，中小国家因黄金准备不足，所发行的银行券难以自由兑换金币。少数帝国主义列强为瓜分世界准备战争，大量增加军费开支，引起国家财政支出急剧增长，为了解决财政上的困难，这些国家都开动印钞机，大肆增加价值符号的发行，从而导致价值符号难以保持自由兑现。

（3）黄金在国家间的自由转移受到很大限制。在帝国主义阶段，资本主义国家为了本国垄断资本的利益，经常通过很高的关税来限制外国商品的输入，遭受限制的国家由于难以出口商品换取外汇收入，被迫输出大量黄金以支付对外债务。但是黄金大量外流又会削弱黄金准备，影响价值符号随时兑现的可能性，于是，这些国家采取措施，阻止黄金的自由输出。另外，在危机时期，商品输出困难以及货币资本向国外逃避等，也会引起黄金大量流出，这也会迫使资本主义国家限制黄金自由输出，甚至完全禁止输出。

金币本位制度是一种相对稳定的货币制度，对资本主义经济的发展曾起到积极的作用。

### （二）金块本位制

金块本位制亦称生金本位制，是指在国内不铸造、不流通金币，只发行流通可替代一定重量黄金的银行券，而银行券不能自由兑换黄金和金币，只能按一定条件向发行银行兑换金块的一种金本位制。金块本位制是第一次世界大战以后的产物，主要是由于战争后的黄金供给不足，但又要维持金本位制而出现的这种有限使用黄金的方式。

1. 金块本位制的特点

（1）金币虽然是本位货币，但是在国内不流通，只有纸币才流通。

（2）黄金集中存储于政府，金币不能自由铸造。

（3）规定银行券含金量，银行券具有无限法偿能力。

（4）银行券兑换黄金有数量限制。

2. 金块本位制与金币本位制的区别

（1）金块本位制以银行券作为流通货币，不再铸造、流通金币，银行券仍然是金单位，规定含金量。

（2）金块本位制不再像金币本位制那样实行辅币和价值符号同黄金自由兑换，规定黄金由政府集中储存，居民可按本位币的含金量在达到一定数额后兑换金块。

（3）银行券是一种强制流通、无限法偿的货币。在这种情况下，各国根据自己的金储备情况规定银行券的最低兑现额。这是一般老百姓所不能兑换的金额，因此有人又把它称为"富人本位"（Richman's Standary），这种本位制后来发展到银行券不能兑换黄金，只能兑换外汇，这也是为富裕阶层服务的。"有限金块本位制"（Limited Gold Bullion Standary）是美国1934—1971年实行的一种金块本位制。国内不铸造和流通金币，也不发行和流通金证券，只流通作为信用货币的纸币和辅币。美元可以兑现金块，但受一定限制，如财政只向外国中央银行或官方机构出售黄金，以及供"合法的"国内工业、艺术等专业使用黄金。

（三）金汇兑本位制

金汇兑本位制也称虚金本位制，指国内不再铸造和使用金币，只流通银行券，银行券同另一实行金币本位制或金块本位制的国家货币保持固定比价，该国货币只能兑换成此种外汇而不能兑换成黄金的货币制度。

金块本位制和金汇兑本位制是两种不稳定的货币制度：一是这两种货币制度都没有铸币流通，黄金失去了流通手段的职能，从而也失去了自发调节货币流通的可能性；二是由于银行券不能自由兑换黄金，所以，一旦过多就会贬值；三是在金汇兑本位制下，本国货币制度依附于外国货币制度，一旦外国货币制度发生动摇，本国货币制度也必然随之动摇。

实行这种货币制度的国家通常有两类：一种是本国经济落后，黄金储量少、无法独立实行金本位制的国家；另一种是战败国，国内产生严重的通货膨胀，货币制度面临崩溃，需挂靠一种强势货币，进行调整，如第一次世界大战前夕，菲律宾、印度等国实行过金汇兑本位制。无论哪种情况，一个国家把自己的货币与另一个经济实力雄厚国家的货币挂钩，实际上成为其附庸，在货币政策上受到控制和利用，特别是被依附的国家币值发生动荡，其依附国的币值也会受到严重影响，无法保持本国货币的稳定。

1929—1933年世界经济危机的风暴迅速摧毁了这种残缺不全的金本位制，使金本位制彻底崩溃，随之，资本主义各国先后实行了纸币制度。

## 四、纸币本位制

纸币是由国家强制发行、不兑换金银的纸质货币符号。它是在货币作为流通手段职能基础上产生的。

纸币本位制也称不兑现的信用货币制度，指以纸币为本位货币，且纸币不规定含金量，也不能兑换为黄金的货币制度。纸币本位制是当前世界各国普遍实行的货币制度。

不兑现信用货币取代黄金本位制度，是货币制度演进的质的飞跃。它突破了商品形态的桎梏，而以本身没有价值的信用货币成为流通中的一般等价物。当然，透过历史演变的表现，也能看到其深刻的历史必然性。

**（一）纸币本位制的特点**

（1）政府或中央银行发行的纸币为本位货币。

（2）由国家法律强制流通。在现代信用货币制度下，国家赋予不兑现银行券具有无限法偿的支付能力。

（3）与黄金的联系逐渐削弱并最后取消。

（4）货币通过银行信用渠道进入流通。

（5）非现金流通构成货币流通的主要部分。随着银行转账结算的广泛开展，大量现金交易被非现金形式所替代，现金结算所占比重越来越小。

**（二）纸币本位制的优缺点**

1. 纸币本位制的优点

（1）货币供给数量不再受贵金属的束缚，国家可以根据经济的实际需要调整货币供应量。

（2）对外实行外汇管理，在国际收支不平衡时，随时调整汇率，可以减少国际经济变化对本国经济的影响。

（3）采用纸币流通，不仅便于携带，更重要的是减少了社会财富的浪费。

2. 纸币本位制的缺点

（1）货币发行不受贵金属准备的限制，而且失去自发调整功能，非常容易产生信用膨胀和通货膨胀。

（2）人为地调整汇率，会对国际贸易和国际金融产生不良影响。尤其是对发展中国家更为不利。当国际收支出现逆差时，如果要加强外汇管理，很容易造成对外汇率偏高，出口减少，增大逆差。只有降低汇率，增加了出口，才能平衡收支。因此，发展中国家对外汇率常有下降趋势。

（3）纸币本位制增加了各国政府对货币管理的责任。为了适应经济发展的需要，各国政府必须将货币政策与其他政策相配合，采取各种政策工具和管理方式，来调控供给量，以稳定币值，保证经济的正常运行。

**（三）我国的信用货币制度**

我国内地的货币制度是人民币制度，是通过信用渠道发行的货币制度。

（1）人民币是我国的法定货币，由中国人民银行发行，具有无限法偿能力。

（2）人民币是代表一定价值的符号，它不与任何金属挂钩，不规定含金量，也不能自由兑换黄金。

（3）人民币的单位是"元"，本位币是元，辅币名称是"角"与"分"。1元等于10角，1角等于10分。

（4）人民币是我国内地唯一的法定通货。任何金银和外国货币不得在国内的市场计价、结算和流通；严禁伪造、变造人民币，破坏我国货币的声誉。

金融职业素养：火眼金睛识假币

案例分析

案例分析

微课：新版人民币的防伪特征

(5) 人民币是信用货币。

(6) 人民币是一种管理通货，实行严格的管理制度。

自从1997年香港回归、1999年澳门回归后，我国开始实行"一国四币"的特殊货币制度。规定四种货币各为不同地区的法定货币：人民币是我国内地的法定货币；港元是香港特别行政区的法定货币；澳门元是澳门特别行政区的法定货币；新台币是台湾地区的法定货币。四种货币各限于本地区流通，人民币与港元、澳门元之间按以市场供求为基础决定的汇率进行兑换，澳门元与港元直接挂钩。

第四节小测验

第一章自测题

### 金融职业素养专栏

人民币国际化体现了中华民族的大国担当。人民币国际化，即中国主权货币的国际化，是人民币开始广泛进入非居民资产负债表的过程，也是成为国际货币的过程。人民币国际化既体现了中国特色社会主义的道路自信、理论自信、制度自信、文化自信，也彰显了应对世纪变局，把握主动权，彰显大国担当的战略选择，也是我们的民族自信心和责任感不断增强的体现。

### 思维导图

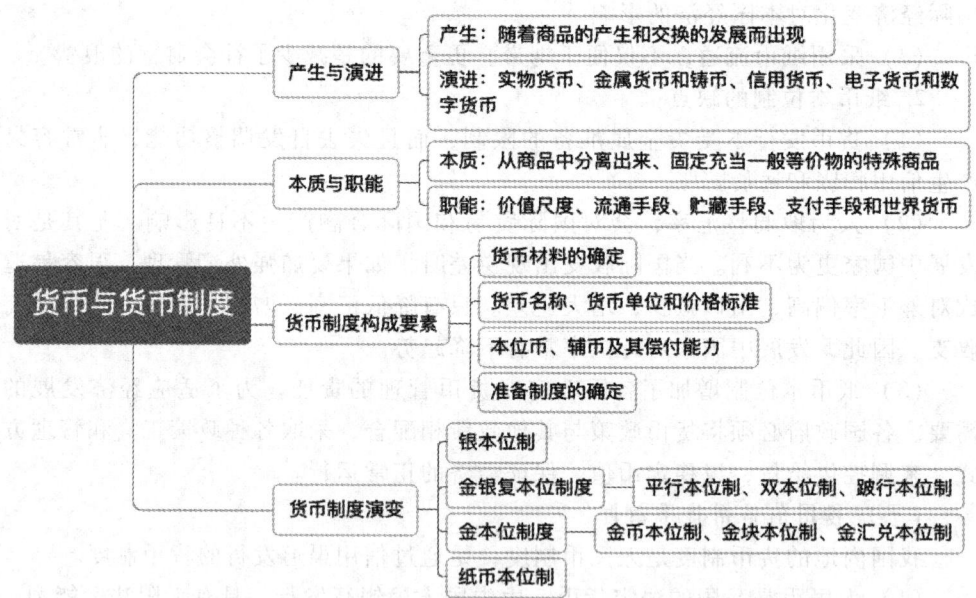

# 第二章 Chapter 2
## 信用与信用工具

【本章学习目标】

　　知识目标：了解信用的产生，掌握信用的基本概念和特征；掌握各种信用形式的概念与特点；掌握主要的信用工具；理解信用与经济的内在联系。

　　能力目标：能够运用信用活动的特点、要素分析简单的信用活动；能够运用信用形式的特点对具体的主体进行合理、科学的投融资规划；能够正确认识信用在经济中的具体作用。

【导入案例】

### 如何规范民间借贷

　　2020年5月，为遏制利用债权转让或担保人追偿等形式掩盖非法债权，从严打击"套路贷""虚假诉讼""职业放贷"等违法犯罪行为，防范金融风险，维护社会稳定，我国高级人民法院关于民间借贷案件的审理提出几项通知，其中提到：要注意审查民间借贷纠纷背后隐藏的票据贴现行为，票据贴现属于国家特许经营业务，法律法规禁止未取得贴现资质的当事人从事贴现业务。在民间借贷纠纷案件审理中，发现合法持票人向不具有法定贴现资质的当事人进行"贴现"的，该行为应当认定无效，贴现款和票据应当相互返还，发现不具有法定资质的当事人以"贴现"为业的，应当将有关材料移送公安机关并提出司法建议；严格审查民间借贷是否涉嫌"套路贷""虚假诉讼""非法经营""非法集资""涉黑涉恶"等刑事犯罪，存在犯罪嫌疑的，应依法裁定驳回起诉，并及时将涉嫌犯罪的线索、材料移交公安机关。

　　(资料来源：高院网站，2020.05.05)

## 第一节 信用的产生与发展

微课：信用的含义

拓展阅读：喜迎党的二十大——走进乡村看发展，"积分"当钱花，信用更有"价"

### 一、信用的含义

在日常生活中，我们经常提到"信用"一词，这里的"信用"通常是指道德范畴上的"信用"，即"诚实守信、遵守诺言"的意思。

经济学意义上的信用是指在商品交换过程中建立在信任基础上的借贷行为，是以按期还本付息为条件的交易关系和价值运动的特殊形式。对其含义应从如下三个方面来理解。

#### （一）信用是有条件的借贷行为

这个条件就是还本、付息，即信用是以取得利息为条件的贷出，以偿还本金为义务的借入。现实生活中也有无息借贷，这是出于政治或其他目的的社会关系而非信用关系（如捐赠），但也有一些属于信用关系的无息借贷，如西方一些国家对企业的活期存款不支付利息，从表面看，存款者未获得让渡资金使用权的补偿，但由于银行向其提供了相应的服务及获得贷款的权利，实际上也是有息的。因此可以说，在市场经济条件下偿还和付息是信用最基本的特征。

#### （二）信用是价值运动的特殊形式

在传统的商品交换关系中，一手交钱，一手交货，双方是对等的交换。当交易结束后，买卖双方便没有任何的经济关系。而在信用活动中，只有商品和货币的使用权让渡，没有改变所有权。只有当债务方还本付息以后，信用关系才结束。所以，信用是价值的单方面转移，是价值运动的特殊形式。

#### （三）信用关系是债权债务关系

从本质上说，信用关系是债权债务关系，信用行为就是放债和承债行为。在信用行为中，商品和货币的所有者因为让渡商品或货币的使用权而成为债权人，商品或货币的需要者成为债务人。

### 二、信用的产生与发展

#### （一）信用的产生

信用产生的基础是商品货币经济。信用关系的产生是以剩余产品和私有制为前提条件的。

**1. 信用交易是在商品货币经济有了一定发展的基础上产生的**

随着商品生产和交换的发展，在商品流通过程中便会产生矛盾。商品生产过程有长短之分，销售市场有远近之别，这些都给商品价值的实现带来了困难，造成有的商品生产者出售商品时，其购买者却因自己的商品尚未卖出而无钱购买。为了使社会再生产能够继续进行下去，在销售商品时就不能再坚持现金交易，而必须实行赊销或称延期支付，即信用交易，于是形成了一种债权债务关系，即信用关系。由此可见，在信用交易过程中，不只是买与卖的关系，还存在着借贷关系。由于信用关系的存在，商品的让渡与商品价格的实现在时间上是分离的。而这种分离，既支持了商品所有者尽快销售出去，又使商品购买者能较早支付现金，从而促进了商品生产与流通的发展。

金融职业素养：诚信在身边

2. 信用只有在货币的支付手段职能存在的条件下才能发生

当赊销到期、支付货款时，货币不是充当流通手段，而是充当支付手段，这种支付是价值的单方面转移。由于货币拥有支付手段职能，所以，它能够在商品早已让渡之后独立地完成商品价值的实现。否则，赊销就不可能出现。

信用行为总是与一定的社会形态相联系，并体现一定的生产关系。所以，信用活动的基本特征，在不同的社会形态下虽是共同的，但就其体现的社会生产关系的内容而言，在不同的社会形态下却有根本的差别。

总之，信用是以偿还和付息为基本特征的借贷行为，从属于商品货币关系的一个经济范畴。在不同的社会体现不同的生产关系。

### （二）信用的发展

信用产生之后，经历了一个由低级向高级发展的过程。从信用的产生和发展历史看，信用基本上表现为两种典型的形态，即高利贷信用和借贷资本信用。在商品经济发展初期，相对来讲信用经济不发达，高利贷信用占据统治地位，但随着商品货币经济的发展，尤其是随着资本主义生产关系的确立，现代信用形态——借贷资本信用迅速发展起来，并逐渐取代了高利贷信用的统治地位。于是，在自然经济占主导地位的前资本主义社会里，高利贷信用占据统治地位，只有当现代经济及其生产关系不断渗透到城乡经济生活的各个角落，高利贷信用才逐渐丧失了存在的基础。

微课：高利贷信用

1. 高利贷信用

高利贷信用，就是以取得高额利息为特征的借贷活动，是生息资本的古老形态，它产生于原始社会末期，在奴隶社会和封建社会得到了广泛发展，成为占统治地位的信用形态。

高利贷信用最初出现于原始公社末期。第一次社会大分工促进了生产力水平的迅速提高和商品经济的发展，并使原始公社内部出现了私有制和贫富之分。穷人缺乏必要的生产资料和生活资料，不得不向富人借贷，并被迫接受支付高额利息的要求，这样就产生了高利贷。高利贷最初是以实物形式出现，随着商品货币关系的发展，货币借贷才逐渐成为高利贷的主要形式，并出现了专门从事货币贷放的高利贷者。

拓展阅读："高利贷"被写进《中华人民共和国民法典》

高利贷在奴隶社会和封建社会得到了广泛的发展。这是因为，高利贷资本作为生息资本的特殊形式，是同小生产者即自耕农和小手工业者占优势的情况相适应的。小生产者拥有少量的财产作为借款的保证，同时他们的经济基础又十分薄

动画：高利贷的含义和特征

知识链接：高利贷信用的特点与作用

案例分析

知识链接：借贷资本的产生与特点

弱，极不稳定，遇到天灾人祸就无法维持生计。为了获得购买手段，以换取必需的生产资料和生活资料，他们不得不求助于高利贷。小生产者的广泛存在是高利贷信用存在和发展的经济基础。中华人民共和国成立之前，高利贷十分活跃、名目繁多，华北盛行"驴打滚"，江浙一带有"印子钱"，广东则有"九扣十三归"等。

除了小生产者之外，高利贷的需求者还包括一些奴隶主和封建主。奴隶主和封建主借高利贷是为了满足其穷奢极欲的生活需要，如购买昂贵的装饰品、建造豪华的宫殿等。有时，他们还出于政治上的需要而借高利贷，如豢养军队、发动战争等。这些大量的货币支出往往无法通过租税收入得到满足，于是，便不得不向高利贷者求贷，这也促进了前资本主义社会高利贷信用的发展。

2. 借贷资本信用

资本主义生产方式的建立和社会化大生产的出现，使得与小生产生产方式相适应的高利贷信用逐渐失去了赖以存在的基础。借贷活动服从于生产利润，这是资本主义生产方式的要求，因此，资本主义信用表现为借贷资本的运动形式。所谓借贷资本，就是为了获取剩余价值而暂时贷给职能资本家使用的货币资本，它是生息资本的一种形式。贷者把闲置的货币作为资本贷放出去，借者借入货币用以扩大资本规模，生产更多的剩余价值，贷者和借者共同瓜分剩余价值。所以说，借贷资本信用是借贷资本的运动。

### 三、信用的构成要素

信用付诸实践，就是信用行为。信用行为发生时，必然存在主体、客体等相关内容，这些内容就构成了信用的基本要素。

（一）信用主体

信用作为特定的经济交易行为，要有行为的主体，即行为双方当事人，其中转移资产、服务的一方为授信人，而接受的一方则为受信人。授信人通过授信取得一定的权利，即在一定时间内向受信人收回一定量货币和其他资产与服务的权利，而受信人则有偿还的义务。在有关商品或货币的信用交易过程中，信用主体常常既是授信人又是受信人；而在信用贷款中，授信人和受信人则是分离的、不统一的。

（二）信用客体

信用作为一种经济交易行为，必定有被交易的对象，即信用客体。这种被交易的对象就是授信人的资产，它可以是有形的（如以商品或货币形式存在），也可以是无形的（如以服务形式存在）。没有这种信用客体，就不会产生经济交易，因而不会有信用行为的发生。

（三）信用内容

授信人以自身的资产为依据授予对方信用，受信人则以自身的承诺为保证取得信用，因此，在信用交易行为发生的过程中，授信人取得一种权利（债权），受信人承担一种义务（债务），没有权利与义务的关系也就无所谓信用，所以具

金融职业素养：套路贷防不胜防，倾家荡产是后果

有权利和义务关系是信用的内容，是信用的基本要素之一。

（四）信用载体

信用双方的权利和义务关系，需要表现在一定的载体上（如商业票据、股票、债券等），这种载体被称为信用工具。信用工具是信用关系的载体，没有载体，信用关系无所依附。

（五）时间间隔

信用行为与其他交易行为的最大不同就在于，它是在一定的时间间隔下进行的，没有时间间隔，信用就没有栖身之地。

第一节小测验

## 第二节 信用的形式

借贷活动的表现方式，也就是信用形式，是信用活动的外在表现。随着商品货币经济的发展，信用形式也多样化、复杂化。在发达的商品经济中，主要信用形式有商业信用、银行信用、政府信用和消费信用等形式。

微课：信用的形式

### 一、商业信用

（一）商业信用的含义

商业信用是企业之间以赊销商品和预付货款等形式提供的，是与商品交易密切相关的信用。它是现代信用制度的基础。其具体形式包括企业间的商品赊销、分期付款、预付货款、委托代销等。

在商品经济条件下，生产企业之间相互依赖，但它们在生产时间和流通时间上往往存在着不一致，从而使商品运动和货币运动产生脱节。而通过企业之间相互提供商业信用，则可满足企业对资本的需要，从而保证整个社会的再生产得以顺利进行。

例如，某企业生产的商品积压，而购货企业又缺少购买其商品的资金的情况。为了克服这一问题，销售企业将生产的商品赊销给购货企业；从而，销售企业保证了商品的销售，购货企业购买到了所需商品，购货企业同时又可以采用延期付款或分期付款方式支付货款。

（二）商业信用的特点

1. 商业信用的主体（债权债务双方）都是生产经营企业

由于商业信用是企业之间以商品买卖为基础而相互提供的信用，因此，债权人和债务人都必然是商品经营者。

2. 商业信用的客体是商品资本

商业信用提供的不是暂时闲置的货币资本，而是处于再生产过程中的商品资本。这种借贷行为还没有从再生产过程中独立出来。

3. 商业信用和产业资本的动态一致

由于前一个特点，即商业信用是和处于再生产过程中的商品资本的运动结合在一起的，所以，它在再生产周期的各个阶段上和产业资本的动态是一致的：在繁荣阶段，商业信用会随着生产和流通的发展及产业资本的扩大而扩张；在衰退阶段，商业信用又会随着生产和流通的削减及产业资本的收缩而萎缩。

### （三）商业信用的局限性

商业信用是直接以商品生产和商品流通为基础，并为商品生产和流通服务的，所以，商业信用对加速资本的循环和周转，最大限度地利用产业资本和节约商业资本，促进生产和流通的发展，具有重要的推动作用。但是，由于商业信用受其本身特点的影响，因而又具有一定的局限性。

1. 商业信用的规模受到厂商资本数量的限制

因为商业信用是厂商之间相互提供的，所以，它的规模只能局限于提供这种商业信用的厂商所拥有的资本额。而且，厂商不是按其全部资本额，仅是按照其储备资本额来决定其所能提供的商业信用量，所以，商业信用在量上是有限的。

2. 商业信用受到商品流转方向的限制

由于商业信用的客体是商品资本，因此，提供商业信用是有条件的，它只能向需要该种商品的厂商提供，而不能倒过来向生产该种商品的厂商提供。例如，造纸厂厂商在购买造纸机械时，可以从机器制造商那里获得商业信用，但机器制造商却无法反过来从造纸厂那里获得商业信用，因为造纸厂生产的商品——纸张，不能成为机器制造商所需的生产资料。

3. 商业信用具有时间上的局限性

受生产和商品流转周期的限制，只能解决短期资金融通的需要，所以说，商业信用一般只能是短期信用。

4. 商业信用受信用能力的限制

商业信贷行为之所以能成立，是因为出卖商品的厂商比较确切地了解需求者的支付能力，即相信购买者能按期如数偿还债务。因此，相互不甚了解信用能力的厂商之间不易发生商业信用关系。

由于商业信用存在着上述局限性，因此，它不能完全适应现代经济发展的需要。于是，在经济发展过程中又出现了另一种信用形式，即银行信用。

## 二、银行信用

### （一）银行信用的含义

银行信用是由银行和各类金融机构以货币形式提供给借款人的信用，是以货币资金借贷为运营内容，以银行和某些非银行金融机构为行为主体的信用关系。其主要形式是吸收存款和发放贷款，以及开具汇票、支票、开立信用账户等。银行信用是在商业信用发展到一定程度时产生的间接信用，它是现代信用的主要形式，在现代经济社会信用体系中占据核心地位，发挥着主导作用。

拓展阅读：我国商业信用的发展情况

金融职业素养：企业向银行借款解决资金困难

(二) 银行信用的特点

1. 银行信用的主体广泛

银行信用的债务人是生产经营企业、政府、家庭和其他机构，而债权人则是银行和各类金融机构。

2. 银行信用的客体是货币资本

这一特点使银行信用能较好地克服商业信用的局限性。一方面，银行信用能有效地聚集社会上的各种游资，它可聚集从企业再生产过程中游离出来的暂时闲置的货币资本。另一方面，银行信用是以单一的货币资本形态提供的，可以不受商品流转方向的限制，能向任何企业及任何机构、个人提供银行信用，从而克服了商业信用在提供方向上的局限性。

3. 银行信用与产业资本的动态不完全一致

银行信用是一种独立的借贷资本的运动，它有可能与产业资本的动态不一致。例如，当经济衰退时，会有大批产业资本不能用于生产而转化为借贷资本，造成借贷资本大量增加。在产业周期的各个阶段，对银行信用与商业信用的需求不同。在繁荣时期，对商业信用的需求增加，对银行信用的需求也增加；而在危机时期，由于商品生产过剩，对商业信用的需求会减少，但对银行信用的需求却有可能会增加，此时，企业为了支付债务、避免破产，有可能加大对银行信用的需求。

(三) 银行信用的作用

银行信用从某种程度上克服了商业信用的局限性。

1. 银行信用从规模上打破了商业信用的局限性

银行信用能从社会上广泛筹集资金，不仅有企业的闲置资本，还有居民的储蓄存款，并且商业银行具有创造派生存款的能力，使信用规模大大增加。

2. 银行信用从方向上打破了商业信用的局限性

因为银行信用的客体是货币资本，投放方向不受限制。它可以投向任何一个部门和企业，以满足任何方面的需要，不受方向上的限制。这克服了商业信用方向上的局限性。

3. 银行信用从时间上打破了商业信用的局限性

因为银行信用在期限上长短均可。银行信用可以发放短期贷款满足临时性资金周转额需要，也可发放中长期贷款。因此，银行信用成为现代信用的主要形式。

4. 银行信用从信用能力上打破了商业信用的局限性

因为银行是信用机构，掌握丰富的信用资源，聚集了相对优秀的人才资源，可以自然获取并有能力提取重要的信息，为信用交易的产生提供有力的支撑。

尽管银行信用是现代信用的主要形式，但商业信用依然是现代信用制度的基础。这是因为商业信用能直接服务于产业资本的周转，服务于商品从生产领域到消费领域的运动，因此，凡是在商业信用能够解决问题的范围内，厂商总是首先利用商业信用。而且，从银行信用本身来看，也有大量的业务（如票据贴现和票据抵押放款等）仍然是以商业信用为基础的。目前，商业信用的作用还有进

拓展阅读：我国银行信用的规模

一步发展的趋势，商业信用和银行信用相互交织。许多跨国公司内部资本的运作都是以商品供应和放款两种形式进行的。不少国际垄断机构还通过发行相互推销的商业证券来动员它们所需借入的资本，用来对其分支机构提供贷款，而银行则在这一过程中为跨国公司提供经济信息、咨询等服务，使商业信用和银行信用相互补充、相互利用。

## 三、政府信用

### （一）政府信用的含义

政府信用也称国家信用，是政府以债务人的身份通过举债来筹措资金的一种信用形式。

政府信用包括国内信用和国外信用两种。国内信用是政府以债务人身份向国内居民、企业、团体等以发行公债或国库券方式所形成的信用，它形成一国的内债；国外信用是政府以债务人身份向国外居民、企业团体和政府取得的信用，即所谓的"外债"，或者国家以债权人的身份向国外政府提供贷款形成的信用。

政府信用的产生与国家财政直接相关。现代经济的特点之一是国家债务不断增长，这主要是由于国家为了发展经济和维持国家机器运转，在预算有赤字时，为了弥补赤字，不得不经常发行政府债券。政府债券也因此而成为政府信用的一种主要形式。政府债券的推销对象主要是银行、股份公司及个人，也可通过银行向各类投资基金进行销售。

### （二）政府信用的特点

1. 安全性高、信用风险小

在政府信用关系中，国家财政作为政府的代表成为债务人，是以国家的信用做担保，信用度高，相对于其他信用工具，政府债券的持有者几乎不承担任何风险。在国外，政府债券有"金边债券"之称。

2. 具有财政和信用的双重性

政府信用一方面是根据政府经济政策、产业政策的要求，支持有关产业、项目及地区的发展，为调节经济、实现国家的宏观政策服务，使经济的发展拥有良好的社会环境和条件；另一方面要依据信用原则有偿有息、国家充当债务人。政府信用建立在双方自愿互利、协商签约的基础上，不能强迫任何个人和企业购买国债，这又与财政分配的强制性不同。

3. 用途具有专一性

利用政府信用筹集资金，都是为了特定的财政支出需要，或为国家和地方的重点建设项目举债，或为了社会公益事业建设借款，是取之于民，用之于民，因此必须专款专用，不能随意用于其他开支。

### （三）政府信用的作用

1. 政府信用是调剂政府收支不平衡的手段

在一个财政年度内财政收入常常会发生收支不平衡的情况，政府常借助国库券解决财政年度内收支暂时的不平衡。

2. 政府信用是弥补财政赤字的重要手段

国家由于各种原因，经常出现较大的财政赤字。尤其第二次世界大战以来，西方各国普遍利用赤字财政，扩大需求，刺激生产发展。因此，这样的政府债券发行具有明显的非生产性。

3. 政府信用是调节经济的重要手段

随着政府信用的发展，各国中央银行以买进或卖出政府债券来调节货币供给，影响金融市场资金供求关系，从而达到调节经济的目的。

政府信用所筹集的资金主要用于政府各项支出，如政府投资及各种行政支出，包括教育支出、社会福利支出、军费支出等。政府债券的还本付息主要依靠税收，因此，利用政府信用必须注意防止三个问题的发生：①防止造成收入再分配的不公平。在政府信用中，能够大量购买国债的投资者便可获得较多的国债利息收入，他们可得到收入再分配，而未能购买国债的纳税人则得不到这部分收入再分配。有些资本主义国家发行的政府债券面额很大，这也会剥夺广大中小投资者获得收入再分配的机会，从而造成收入再分配的不公平。②防止出现赤字货币化。所谓"赤字货币化"，是指政府发行政府债券弥补赤字，如果向中央银行推销政府债券，而中央银行又没有足够的资金承购，此时，中央银行就有可能通过发行货币来承购政府债券，从而导致货币投放过度，便有可能引发通货膨胀。③防止政府债券收入使用不当，造成财政更加困难，陷入循环发债的不利局面。

案例分析

### 四、消费信用

#### （一）消费信用的含义

消费信用是企业或者金融机构向消费者个人提供的、以消费为目的的信用。当商人向消费者个人以赊销方式出售商品时，就已经产生了消费信用。自20世纪60年代起，消费信用开始快速发展，其原因有以下两个：一是凯恩斯的需求管理思想得到认同，各国大力鼓励消费信用，以消费带动生产；二是第二次世界大战后经济增长快速而稳定，人们的收入有了较大幅度的提高，对消费信用的需求也增长很多。由于人们的收入水平提高了，商家和金融机构减少了对消费信用风险的顾虑，敢于积极地提供消费信用，从而使消费信用有了长足的发展。

#### （二）消费信用的主要方式

1. 分期付款

分期付款是商家向消费者提供的信用。这是最常见的消费信用，多用于购买耐用消费品如汽车、家电等。其具体做法是先由顾客与商店签订分期付款合同，该合同载明期限、利息、每期付款的金额等。消费者第一次先付一部分现款后即可取走消费品使用，剩余金额分期连本带息付清。本息付清后，消费品所有权即归消费者所有。

拓展阅读：信用卡的起源

动画：征信的概念

### 2. 赊销

赊销是指零售商对消费者提供的信用，即以延期付款的方式销售商品，属于短期消费信用。西方国家对一般消费信用多采用信用卡方式，即由银行或其他金融机构发给消费者信用卡，消费者可凭卡在约定单位购买商品或做其他支付，定期结算清偿。如目前大众的信用卡消费就属于先消费，后付款。

### 3. 消费贷款

消费贷款是银行向消费者提供的信用，包括信用贷款和抵押贷款。信用贷款无须抵押品，而抵押贷款通常需要由消费者将其所购商品或其他商品作为担保品。例如，汽车贷款即以消费者所购买的汽车作为取得贷款的担保品，住房贷款即以消费者所购买的房屋作为取得贷款的担保品。

## （三）消费信用的作用

### 1. 积极作用

消费信用可以提高人们的消费水平，人们使用一部分未来收入去消费，提前享受到目前购买力达不到的商品和劳务。消费信用可以促进社会经济发展，是一种刺激消费需求的方式，也是一种促进生产发展的手段。一般而言，赊销商品的价格大多比较昂贵，消费贷款的利率也比较高。在一国经济发展到一定水平后，发展消费信用可以扩大商品销售，减少商品积压，促进社会再生产；同时也可以为大量的银行资本找到出路，提高资本的使用效率，改善社会消费结构。

### 2. 消极作用

消费信用的发展为经济增加了不稳定因素。消费信用的盲目发展，使一部分人陷于沉重的债务负担中，如果消费者到期不能偿付款项，商品往往要被收回，已付的贷款往往也会损失。而在经济萧条时期，借款者和贷款者都会减少借贷数额，使商品销售更加困难，从而使经济更加恶化。

案例分析

## 五、民间信用

### （一）民间信用的含义及特点

民间信用亦称民间借贷或个人信用，是指居民个人之间的直接借贷往来。它主要分布在城乡居民中，尤其是在农村较为普遍。民间信用在方式上比较灵活、简便，可以随时调节居民个人之间的资金余缺，在一定范围内弥补了银行信用的不足。但由于它具有利率高、手续不够齐备、随意性大、风险大、分散性和盲目性等特点，必须采取积极措施，正确引导和加强管理，使其逐步合法化、规范化；否则，就会干扰金融市场的正常运行，也可能会影响社会稳定。

金融职业素养：想要贷款该找谁

### （二）民间信用在我国的发展

### 1. 规模、范围扩大

从借贷范围看，过去一般只限于本村本乡，现在发展到跨乡、跨县甚至跨省；从交易额看，过去由于生活水平及借款用途的限制，一般只有几十元、数百元，现在由于生活水平的提高及借款用途的变化，借贷额多为万元，甚至几十万元；从借贷双方关系看，过去一般只有亲朋好友才发生借贷，相互调剂余缺，现在发展到只要信用可靠，即可发生借贷关系；从借贷期限看，过去一般是春借秋还，少的甚至只有 2～3 个月，现在有的期限长达 1～2 年。

2. 借贷方式由繁到简

过去的借贷方式，可以借钱还物，或借物还钱，或借物还物，或借钱还钱。现在逐渐发展到以货币借贷为主。

3. 借款用途变为以解决经营资金不足为主

过去借贷主要是为了解决温饱、婚丧嫁娶、天灾人祸的需要，现在农村的民间借贷主要是为了购买生产资料，如农药、化肥、耕畜、船只、汽车、拖拉机等，用于扩大再生产或用于建房等。城市居民之间发生的借贷则主要是用于经商或购买高档耐用消费品。

4. 发生借贷关系的利率档次差别扩大

据调查，目前民间借贷利率低的是 2%～5%，一般为 10%～20%，有的高达 30% 以上。借贷利率一般是根据淡旺季节、资金供求状况、借贷双方之间关系的亲疏、期限长短及通货膨胀率的高低而确定的。

 **课堂讨论**

组织学生对如何规范民间借贷进行讨论。

拓展阅读：我国法律对民间借贷利率的解释

## 六、股份信用

股份信用是股份公司以发行股票的方式筹集资金所体现的一种信用形式。从理论上讲，股票筹资体现的是财产所有关系，而非债权债务关系，将其视为一种信用关系是因为：首先，股份公司的资本所有权和经营权在形式上分离。股东一般不直接经营，而是聘请经理经营，经理有支配实际资本的权力，但没有所有权；其次，股份公司筹资后，投资者不必具体过问生产经营的过程，而获得股息和分红收入，这点类似存款者的存款取息；再次，投资者若需要现金，可以随时出售股票，股票具有很强的流动性；最后，股份公司的存在是以信用关系的普遍发展为前提条件的。

案例分析

股份信用的组织形式是股份公司。股份公司按照股东对公司的负债是否承担连带清偿责任分为股份有限公司、股份无限公司和股份两合公司。股份有限公司是其股东对公司的负债只以自己的股金为限，不承担连带清偿责任的组织。这类公司数量最多、规模最大。股份无限公司其股东对公司的负债承担无限连带清偿责任的组织，即当公司的资本不足以清偿债务时，债权人可以要求公司的股东清偿债务。这类公司虽不普遍，但也有存在。股份两合公司是兼有股份有限公司和股份无限公司双重性质的组织，即公司的股东中，既有对公司的负债承担无限连带清偿责任的，也有对公司的负债承担有限连带清偿责任的。由于需要协调负有有限责任和无限责任股东之间的权责利的关系，因而这类公司没有普遍发展。

拓展阅读：《中华人民共和国公司法》规定的公司类型

**金融科技专栏**

### "十四五"规划下的金融科创联动增强

2021年8月27日上午,由上海市科学研究所、上海市科技创业中心、浦发银行上海分行联合编撰的《上海科技金融生态年度观察2021》在浦江创新论坛成果发布会上正式亮相,这是从生态视角综合评析上海科技金融年度发展的报告。

2021年是"十四五"规划的开局之年,为支持科技自立自强、加快上海科创中心建设,多项金融支持政策纷纷出台,支持"双碳"目标取得新成效,上海国际金融中心与科创中心的联动效应日益增强。

2021年上海科技信贷克难保稳,信贷结构持续优化,推出"科创助力贷"等产品创新。其中,直接融资"硬科技"属性凸显,2021年上海企业在境内外市场首发上市共73家,其中在科创板上市22家,占总数30%,投向科创的氛围更为浓厚。

资料来源:朱奕奕. 一图读懂上海科技金融2021:股权投资市场融资额增50%〔EB/OL〕.(2022-08-27)[2025-04-07]. https://m.thepaper.cn/newsDetail_forward_19641883

## 七、租赁信用

租赁信用是指出租人以收取租金为条件,将持有的物品(财产)定期出租给承租人的一种信用形式。租赁信用按性质可分为金融租赁和经营租赁两大类。

### (一)金融租赁

金融租赁又称财务租赁,是融资与融物相结合的一种信用方式,以融通资金为主要目的。先由承租人选好所需机器设备,再由租赁公司出资购买并出租给承租人。

租赁期间,承租人不得中途解约,否则要赔偿损失。金融租赁有五种具体形式:

1. 直接购买租赁

直接购买租赁是由承租人选定设备,与卖方(设备供应商)商议好价款,然后由出租人(金融租赁公司)出资购买,再出租给承租人。直接购买租赁如图2-1所示。

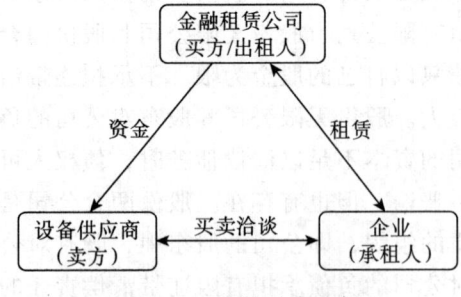

图2-1 直接融资租赁

2. 转租赁

转租赁是由租赁部门向外租进设备,再转租给使用单位。

3. 杠杆租赁

杠杆租赁又称平衡租赁或借贷租赁，由出租人先付出购买设备所需价款的20%~40%，余下部分以租赁物品作为抵押向银行借款，设备出租后，由承租人向贷款银行交付租金以替代租赁公司偿还贷款，这种方式适用于飞机、轮船等大型设备的长期租赁。

4. 代理租赁

企业单位有多余的动产或不动产，委托金融信托租赁部门代办出租，收取租金。

5. 回租租赁

回租租赁即先卖后租或代偿货款租赁，企业将自己的设备卖给租赁部门，然后再作为承租人租用设备。

（二）经营租赁

经营租赁又称服务性租赁，属于短期租赁，是一种不完全付清的租赁。出租人除提供资金外，还提供特别的维修和保险等服务。这种租赁方式主要适用于租赁专业性强、技术先进、需特殊保管和维修、承租人自行维修保养有困难的物品，所以租金一般较高。

租赁信用有利于加速设备更新，促进科学技术尽快转化为生产力，正被越来越多的企业所运用。但也存在着风险，其主要风险形式有供货商违约、承租人违约、出租人违约和设备技术落后的风险。

 **课堂讨论**

组织学生讨论金融租赁与经营租赁的区别。

拓展阅读：租赁公司售后回租保理融资金融服务

拓展阅读：《融资租赁公司监督管理办法》（征求意见稿）

## 八、国际信用

国际信用也叫国际信贷，是国家间的借贷关系。国际信用是国际经济关系的重要组成部分，并对国际经济贸易关系有着重要的影响。国际信用包括国际商业信用、国际银行信用、政府间信用和国际金融机构信用四类。

（一）国际商业信用

国际商业信用是出口商以延期付款方式向进口商提供的信用，这种信用往往要借助国际银行信用来实现，主要包括来料加工和补偿贸易两种方式。来料加工是指由出口国企业提供原材料、设备零部件或部分设备，在进口国企业加工，成品归出口国企业所有，进口国企业收取加工费。补偿贸易是指由出口国企业向进口国企业提供机器设备、技术力量、专利、各种人员培训等，联合发展生产和科研项目，待项目完成或竣工投产后，进口国企业可将该项目的产品或以双方商定的其他办法偿还出口国企业的投资。

（二）国际银行信用

国际银行信用是进出口双方银行所提供的信用，可分为出口信贷和进口信贷。

1. 出口信贷

出口信贷是出口方银行提供贷款，解决出口商资金周转需要。由于在进出贸易中，交易规模都比较大，进口商经常会没有足够的资金偿付出口商的货款，此时，如果出口商以赊销方式提供商品，没能及时收到货款，便会使出口商的资金周转发生困难。为了鼓励本国出口商增加出口，出口方银行便向进口方或出口方提供贷款，其目的是支持本国出口商扩大出口。出口信贷又可分为卖方信贷和买方信贷两种形式。

（1）卖方信贷，是指在大型机械装备或成套设备贸易中，为便于出口商以延期付款方式出卖设备，出口商所在地的银行对本国出口商提供的信贷。

（2）买方信贷，是指由出口商国家的银行向进口商或进口商国家的银行提供的信贷，用以支付进口货款的一种贷款形式。其中，由出口方银行直接贷给进口商的，出口方银行通常要求进口方银行提供担保；如由出口方银行贷款给进口方银行，再由进口方银行贷给进口商或使用单位的，则进口方银行要负责向出口方银行清偿贷款。

2. 进口信贷

进口信贷通常是指进口方银行提供贷款，解决买方资金需要，以支持本国进口商购买所需的商品或技术等。另一种是指本国进口商向国外银行申请贷款，如果进口商是中小企业，则往往还要通过进口方银行出面取得这种贷款。

不管是出口信贷还是进口信贷，其提供的金额一般只占该项进出口贸易总额的85%，这是因为在国际贸易中，一般要求进口商预付15%的定金，所以，银行只需提供85%的资金贷款。

（三）政府间信用

政府间信用是指国与国之间相互提供的信用。通常由财政部出面借款，其特点是利率较低、期限较长、具有援助性质，但一般附带限制性的条件，如要求受信国必须将贷款用于购买提供贷款的国家的商品等。

（四）国际金融机构信用

国际金融机构信用是指世界性或地区性国际金融机构为其成员国所提供的信用。这种贷款一般期限较长、利率较低、条件优惠，但审查较严格，多用于受信国的经济开发和基础设施建设。

知识链接：部分全球性金融机构

第二节小测验

# 第三节 信用工具

## 一、概述

### （一）信用工具的含义

信用工具又称为金融工具，是以书面形式发行和流通、借以保证债权人或投资人权利的凭证。它是资金或资本的载体，借助这个运载工具实现资金或资本由供给者手中转移到需求者手中。信用工具是重要的金融资产，是金融市场上的重

微课：信用工具的含义与特征

要交易对象。

（二）信用工具的特征

1. 返还性

返还性又称偿还性，除股票外，其他信用工具的债权人或投资人都可按信用凭证上所记载的应偿还债务的时间，到期收回债权金额。而投入股票上的资金则可通过随时出卖股票而收回。只有活期存款和股票这两种信用工具没有明确的偿还期。

2. 流动性

流动性又称变现力或可转让性，是指信用工具能够迅速变现而不致遭受损失的能力。对信用工具的所有者来说，可以随时将信用工具卖出，获取现款，收回投放在信用工具上的资金。

理论上讲，所有信用工具都应可以在金融市场上进行转让，但实际操作中要视具体国家或地区的金融市场发达程度而定。显然，能随时出卖而换取现金的信用工具，其流动性就强，在短期内不易脱手卖出的信用工具，流动性较差。一般说，流动性和偿还期成反比，即偿还期越长，流动性越差；与债务人的信用能力成正比，债务人的信誉越高，流动性越强。

3. 收益性

收益性，即信用工具能定期或不定期地给持有者带来收益。收益的大小通过收益率来反映，信用工具之所以成为交易的对象，与这个特点是分不开的。

4. 风险性

风险性是指某些不确定因素导致的金融资产价值损失的可能性。任何一种信用工具的本金和收益都存在着遭受损失的可能性，风险主要来自两个方面：①信用风险，即债务人不履行合同，不按期偿还本金和支付利息。②市场风险，即由于市场利率发生变化而引起的信用工具市场价格的下跌。例如，市场利率上升，股票价格下跌，股票持有者的利益就受到损失。

（三）信用工具的种类

1. 按权利的标的物划分，信用工具可分为票据和证券

票据着重体现持有者对货币的索取权，例如汇票、本票、支票。证券则着重表明投资的事实，体现投资者的权利，例如股票和债券。

2. 按发行者的地位划分，信用工具可分为直接信用工具和间接信用工具

直接信用工具，是指非金融机构如工商企业、个人和政府所发行和签署的商业票据、股票、公司债券、国库券、公债券、抵押契约等。间接信用工具，是指金融机构所发行的银行券、存单、人寿保险单、各种借据和银行票据等。这些信用工具，是由融资单位通过银行和信用机构融资而产生的。

3. 按金融市场交易的偿还期划分，信用工具可分为长期信用工具和短期信用工具

长期信用工具也称为资本市场信用工具，如公债券、股票等。短期信用工具也称货币市场信用工具，如国库券、商业票据等。长期与短期的划分没有一个绝对的标准，目前一般把1年以下（含1年）期限的信用工具称为短期信用工具，1年以上期限的信用工具称为长期信用工具。

4. 按索取权的性质划分，信用工具可分为债权证券和股权证券

债券代表对发行者的债权，投资者以债权人的身份出现，索取的是本金和利息；股票代表对发行者的所有权，投资者以股东的身份出现，索取的是股息和红利。股票可以转让，但是不可赎回。

5. 按是否与实际信用活动直接相关划分，信用工具可分为基础性金融工具和衍生金融工具

基础性金融工具是指在实际信用活动中出具的能证明信用关系的合法凭证，如商业票据、股票、债券等。衍生金融工具是指在基础性金融工具的基础上派生出来的新型金融工具，如远期、期货、期权、可转换证券、互换和存托凭证。

6. 按发行的地理范围划分，信用工具可分为地方性、全国性和世界性

总之，信用工具可按照需要，从不同角度划分为不同种类。

## 二、短期信用工具

短期信用工具一般指期限在 1 年以下的票据、信用证、信用卡等。西方国家一般把短期信用工具称为"准货币"，这是由于其偿还期短、流动性强，随时可以变现，近似于货币。

### （一）商业票据

商业票据是商业信用的工具，它是在信用买卖商品时证明债权债务关系的书面凭证。包括以下两种：

1. 商业本票

商业本票又叫期票，它是由债务人向债权人发出的，承诺在一定时期内支付一定款项的债务凭证。

2. 商业汇票

商业汇票是出票人（付款人或存款人）签发的，委托付款人在指定日期无条件支付确定的金额给收款人或者持票人的票据。

商业汇票分为商业承兑汇票和银行承兑汇票。

（1）商业承兑汇票，由银行以外的付款人承兑的票据。商业承兑汇票可以由付款人签发并承兑，也可以由收款人签发并交由付款人承兑。商业汇票的付款人为承兑人。

（2）银行承兑汇票，是由在承兑银行开立的存款账户的存款人签发，向开户银行申请并经银行同意承兑的，保证在指定日期无条件支付确定的金额给持款人或持票人的票据。银行承兑汇票按票面金额向承兑申请人收取万分之五的手续费，不足 10 元的按 10 元计。承兑期限最长不超过 6 个月。承兑申请人在银行承兑汇票到期未付款的，按规定收取逾期罚息。

案例分析

### （二）银行票据

1. 银行本票

银行本票是由银行签发，由银行付款的票据，可以代替现金流通。银行本票按是否记载收款人的姓名，分为记名本票和不记名本票；按票面有无到期日，分为定期本票和即期本票。

## 2. 银行汇票

银行汇票是汇款人将款项交存当地银行，由银行签发给汇款人，持往异地由指定银行办理转账结算或向指定银行兑取款项的票据。

银行汇票具有使用灵活、票随人到、兑现性强等特点，适用于先收款后发货或钱货两清的商品交易。银行汇票的出票银行为银行汇票的付款人。

### （三）支票

支票是出票人签发，委托办理支票存款业务的银行或者其他金融机构在见票时无条件支付确定的金额给收款人或持票人的票据。

支票是以银行为付款人的即期汇票，可以看作汇票的特例。支票出票人签发的支票金额，不得超出其在付款人处的存款金额。如果存款低于支票金额，银行将拒付，这种支票称为空头支票，出票人要承担法律责任。

支票的种类：①按照支付期限，可分为即期支票和定期支票；②按照是否记载收款人姓名，可分为记名支票和不记名支票；③按照是否支付现金，可分为现金支票和转账支票。

此外，还有划线支票。划线支票是在支票正面画两道平行线的支票。与一般支票不同，划线支票非银行不得领取票款，故只能委托银行代收票款入账。使用划线支票的目的是在支票遗失或被人冒领时，还有可能通过银行代收的线索追回票款；保付支票，是指为了避免出票人开出空头支票，保证支票提示时付款，支票的收款人或持票人可要求银行对支票"保付"。

动画：银行承兑汇票

案例分析

### （四）大额可转让定期存单

大额可转让定期存单（CD），是由商业银行签发的注明存款金额、期限、利率，可以流通转让的信用凭证。存单不记名、期限较短、面额固定且金额较大、可流通转让，但在期满之前不能要求银行偿付。

### （五）国库券

国库券是政府为弥补短期财政收支的差额而发行的一种短期债务凭证。国库券的信誉度高、风险小、流动性强、期限短，因而受到众多投资者的青睐。

### （六）回购协议与逆回购协议

回购协议是卖方在卖出某项金融资产时与买方约定在未来的某一时间将该资产以规定的价格，按照规定的条件再买进的合约。逆回购协议是买方买进某项金融资产时约定在未来将该金融资产以规定的价格，按照规定的条件再卖出的合约。

## 三、长期信用工具

长期信用工具包括股票和各种中长期债券，它们一般被称为公共有价证券。公共有价证券是具有一定的票面金额，代表财产所有权或债权，并能定期取得一定收入的凭证。

### （一）债券

#### 1. 债券的含义

债券（Bonds）是政府、金融机构、工商企业等机构直接向社会借债筹措资

微课：债券的含义和种类

金时，向投资者发行，承诺按一定利率支付利息并按约定条件偿还本金的债权债务凭证。

债券的本质是债的证明书，具有法律效力。债券购买者与发行者之间是一种债权债务关系，债券发行人即债务人，投资者（或债券持有人）即债权人。债券是一种有价证券，是社会各类经济主体为筹措资金而向债券投资者出具的，并且承诺按一定利率定期支付利息和到期偿还本金的债权债务凭证。由于债券的利息通常是事先确定的，所以，债券又被称为固定利息证券。

2. 债券的种类

（1）根据发行主体的不同划分，债券可分为政府债券、公司债券和金融债券。

①政府债券。政府债券是政府为筹集资金而发行的债务凭证。它包括公债券、国库券和地方政府债券。

公债券和国库券并无本质区别，主要区别是偿还期不同。公债券的偿还期一般在1年以上，国库券的期限在1年以下。由于它是以中央政府的信用为担保，通常被认为是没有风险的。

地方政府债券是由地方政府发行的债券，其目的是满足地方财政的需要，或筹资兴办地方公共事业。地方政府债券主要用地方税收支付利息，其性质与中央政府债券无本质区别，但信用程度不如后者高。

②公司债券。公司债券是由非金融类公司发行的债务工具。公司发行债券一般需要经过信用评级。由于公司债券的流动性和安全性不及政府债券和金融债券，所以利率较高。

公司发行债券的手续比发行股票简单，如果采取私募方式，甚至不用报主管机关批准审核；其缺点是费用较高，推销需要一定时间，不如银行贷款可以立即取得所需资金等。

拓展阅读：我国公司债券和企业债券的区别

③金融债券。金融债券是由银行等金融机构发行的债券。它一方面是商业银行负债管理的重要内容。另一方面根据《巴塞尔新资本协议》，对于期限较长的债务资金来源，可以列入商业银行的二级资本，是商业银行提高资本充足率的一种有效办法。

（2）根据债券是否有担保划分，债券可分为担保债券和信用债券。

①担保债券。担保债券也称抵押债券，是以某种抵押品（如土地、房屋建筑、设备等）为担保而发行的。若债务人不能按期支付利息和本金时，债权人有权就该财产优先受偿。

②信用债券。信用债券则完全是凭发行者的信用发行的。通常信用债券的发行人要拥有较高的资信。

（3）根据债券的利息支付方式划分。

①息票债券，是一种附有各期息票的债券，持有人可在到期时凭息票领取利息；此息票也可转让。

②折扣债券，是采取折价发行的债券，其利息体现在债券面值与出售价格的差价上。

（4）根据债券的形态划分，债券可分为实物债券、凭证式债券和记账式债券。

①实物债券，也称无记名债券，是一种具有标准格式实物券面的债券。它与无实物票券相对应，简单地说就是所发行的债券是纸质的而非计算机里的数字。

②凭证式债券，是债权人认购债券的一种收款凭证，而不是债券发行人制定的标准格式的债券。我国从1994年开始发行凭证式国债。我国的凭证式国债通过各银行储蓄网点和财政部门国债服务部面向社会发行，券面上不印制票面金额，而是根据认购者的认购额填写实际的缴款金额，是一种国家储蓄债，可记名、挂失，以凭证式国债收款凭证记录债权，不能上市流通。

③记账式债券，指没有实物形态的票券，以计算机记账方式记录债权，通过证券交易所的交易系统发行和交易。我国近年来通过沪、深交易所的交易系统发行和交易的记账式国债就是这方面的实例。如果投资者进行记账式债券的买卖，就必须在证券交易所设立账户。所以，记账式国债又称无纸化国债。

拓展阅读：凭证式国债与记账式国债的区别

（5）根据付息的方式划分，债券可分为零息债券、定息债券和浮息债券。

①零息债券，也叫贴现债券，是指债券券面上不附有息票，在票面上不规定利率，发行时按规定的折扣率，以低于债券面值的价格发行，到期按面值支付本息的债券。从利息支付方式来看，贴现债券以低于面额的价格发行，可以看作是利息预付，因而又可称为利息预付债券、贴水债券。贴现债券是期限比较短的折现债券。

②定息债券，也叫固定利率债券，是将利率印在票面上并按期向债券持有人支付利息的债券。该利率不随市场利率的变化而调整，因而固定利率债券可以较好地抵制通货紧缩风险。

③浮息债券，也叫浮动利率债券。债券的利率是随市场利率变动而调整的。因为浮动利率债券的利率同当前市场利率挂钩，而当前市场利率又考虑到了通货膨胀率的影响，所以浮动利率债券可以较好地抵制通货膨胀风险。其利率通常根据市场基准利率加上一定的利差来确定。浮动利率债券往往是中长期债券。

（6）根据是否能够提前偿还划分，债券可分为可赎回债券和不可赎回债券。

①可赎回债券，是指在债券到期前，发行人可以事先约定的赎回价格收回的债券。公司发行可赎回债券主要是考虑公司未来的投资机会和规避利率风险等问题，以增加公司资本结构调整的灵活性。发行可赎回债券最关键的问题是赎回期限和赎回价格的确定。

②不可赎回债券，是指不能在债券到期前赎回的债券。

（7）根据偿还方式不同划分，债券可分为一次到期债券和分期到期债券。

①一次到期债券，是指于债券到期日一次偿还全部债券本金的债券。

②分期到期债券，是指在债券发行的当时就规定有不同到期日的债券，即分批偿还本金的债券。分期到期债券可以减轻发行机构集中还本的财务负担。

（8）根据计息方式不同划分，债券可分为单利债券、复利债券和累进利率债券。

①单利债券，是指在计息时，不论期限长短，仅按本金计息，所生利息不再加入本金计算下期利息的债券。

②复利债券，是指在计算利息时，按一定期限将所生利息加入本金再计算利息，逐期滚算的债券。

③累进利率债券，是指年利率以利率逐年累进方法计息的债券。累进利率债

券的利率随着时间的推移，后期利率比前期利率更高，呈累进状态。

（二）股票

1. 股票的含义

股票是股份公司发给股东以证明其入股的资本额并有权取得股息的书面凭证，是资本市场上借以实现长期投资的工具。

2. 股票的类型

（1）按股东权益不同划分，股票可分为普通股票和优先股票。

①普通股票是股票中最普遍和最主要的形式。普通股东，其获得的股息随着股份公司利润的变动而变动。其权利主要有：第一，经营决策参与权，主要通过股东大会来行使，并反映在股东的选举权、被选举权、发言权和表决权上。第二，盈余和剩余财产的分配权。公司盈利时，有权取得相应的股息，但在分配次序上，在支付完工资、借贷款项、债券利息、法定公积金和优先股股息之后。第三，优先认股权，即公司增发普通股票时，可优先购买新发行的股票，以维持其在该企业的持股比例。认股权既可以出售，也可以不认股，使认股权过期失效。第四，剩余资产分配权。当公司破产或清算时，若公司的资产在偿还欠债后还有剩余，其剩余部分按先优先股股东、后普通股股东的顺序进行分配。

②优先股票是一种股东有优先于普通股分红和优先于普通股资产求偿权的股票。表现为：一是利润分配优先权。在公司分配利润时，拥有优先股票的股东比持有普通股票的股东，分配在先，但是享受固定金额的股利，即优先股的股利是相对固定的。二是优先求偿权。若公司清算，分配剩余财产时，优先股在普通股之前分配。但优先股股东一般不享有公司经营参与权。

（2）按照股票上市地点不同划分，股票可分为A股、B股和H股。

①A股是以人民币计价，面向中国公民发行且在境内上市的股票。

②B股是以美元、港元计价，面向境外投资者发行，但在中国境内上市的股票。

③H股是以港元计价在香港地区发行并上市的境内企业的股票。

按照这一标准，中国企业在美国、新加坡、日本等国家股票市场上市的股票，分别称为N股、S股和T股。

在20世纪90年代初期的香港股票市场诞生了"红筹股""蓝筹股"的概念。红筹股是指最大控股权直接或间接隶属于中国内地有关部门或企业，并在香港联合交易所上市的公司所发行的股份，即在港上市的中资企业。蓝筹股是指股票市场上最有实力、最活跃的股票。美国人打牌下赌注，蓝色筹码为最高，红色筹码为中等，白色筹码为最低，后来人们就把股票市场上最有实力、最活跃的股票称为蓝筹股。蓝筹股几乎成了绩优股的代名词。

随着内地企业陆续赴港上市，现也有人将红筹股做了更严谨的定义，即必须是某公司在港注册，接受香港法律约束的中资企业才称为红筹股，而公司在内地注册，只是借用香港资本市场筹资的企业，另称为"H股"。但一般仍以红筹股广泛地作为在港上市的中资企业的代名。

此外股票的概念中还有成长股、热门股、绩优股、周期股、再生股、防守性股、概念股、投机性股等。

微课：股票的含义和类型

拓展阅读：普通股与优先股的利弊比较

金融职业素养：股票的分类

第三节小测验

## 第四节 信用对经济的影响

微课：信用对经济的影响

### 一、信用与生产

信用是商品货币经济的组成部分。在商品货币经济发达的社会里，信用作为一种独立的经济关系得到充分的发展。整个经济活动被信用所联结，商品货币关系主要表现为信用关系。马克思曾指出："在发达的资本主义生产中，货币经济只表现为信用经济的基础。因此，货币经济和信用经济只适应于资本主义生产的不同发展阶段，但绝不是和自然经济对立的两种不同的独立的交易形式。"在这里，马克思明确地告诉我们：①信用经济不是与货币经济对立的经济形式，信用经济是统一的商品货币经济发展的不同阶段。②货币经济是信用经济的基础，信用经济是货币经济发展的更高阶段。③信用经济更能反映现代商品货币经济的特征。

因此，我们在考察信用对经济的影响时，不能仅仅从资金余缺调剂和交易手段的变换上去研究，而应从信用经济对生产和生产关系的影响来探讨。

#### （一）信用促进利润平均化

为实现社会再生产的正常进行，社会总产品的各部分必须保持适当的比例关系。在生产资料私人占有的资本主义社会，各种比例关系的形成是自发地通过价值规律实现的。在这个过程中，通过利润低的部门向利润高的部门转移资本，来实现比例关系的协调。

在资本转移的过程中，生产资本已经固定在特定的自然形态上，都有特定的用途。固定在生产资本上的资本是不能随意按客观需要转移到其他部门和行业。如果企业把原来的生产资本变卖或加工改造，则需要较长时间，而信用可以帮助实现这种资本的转移。

#### （二）信用可以节约流通费用

首先，使用信用工具节约了流通中的货币，主要通过两种方式：一是信用使大量的交易通过赊销赊购或债权债务相互抵销来完成；二是闲置的货币资本通过银行再贷放出去，投入流通，使货币流通速度加快。

其次，信用加快了资本形态的变化，从而使社会再生产过程加快，减少了占用在商品储存上的资本，节省了流通费用。流通费用是非生产费用，把节省的流通费用投入生产领域，会使生产规模扩大，促进经济的发展。

#### （三）信用促进了股份制的迅速发展

个别资本不能建立的企业，以股份形式可以很快建立起来。股份制存在的前提是信用。股份制出现后，股票又是信用活动的重要工具。所以，信用经济越是发展，股份制也必然越发达。马克思说："假如必须等待积累去使某个资本增长到能够修建铁路的程度，那么恐怕直到今天世界上还没有铁路，但是，通过股份公司转瞬间就把这件事完成了。"

## 二、信用与消费

### （一）调剂消费

一个家庭在一定时期内收入总额减去支出总额的差额就是储蓄。以一个家庭为例，可以出现三种情况：①无储蓄，即本期收入和本期消费恰好相等；②有储蓄，即本期消费小于本期收入；③负储蓄或动用上期储蓄，即本期消费超过本期收入。再者，有的家庭和个人重视现时的消费，而另一些家庭和个人则对未来的消费看得更重，这样会遇到货币收入和消费需要的矛盾，就有必要对这两种消费者的消费进行调剂，使两者都感到满意，提高消费效用。在没有信用存在的情况下，现在消费和未来消费相调剂的可能性是很小的。但是由于信用的存在，那些对现在消费不太重视的家庭和个人，可以把他们收入的一部分以储蓄的形式通过信用机构转贷给那些重视现在消费的家庭和个人。

### （二）推迟消费

信用工具具有返还性、流动性、收益性和风险性。储蓄者可将暂时多余的货币任意选购适当的信用工具。如果一个国家，其消费品呈现需求大于供给，信用工具可以在推迟购买力、平衡消费品供求方面发挥积极作用。

### （三）刺激消费

分期付款等形式的消费信用为那些当前无力购买消费品而又希望享用的消费者，提供了提前购买的条件。如果一个国家，其消费品呈现供给大于需求，消费信用可以在扩大本期购买力、平衡消费品供求方面发挥积极作用，同时它也把得到消费信用的消费者置于债务的重压之下。

## 三、信用与经济调节

商品货币经济的发展，带来信用的发展，信用成为联结经济的桥梁和纽带。在信用发达的社会中，经济层次多而复杂，活动领域宽阔而多变。因此，国家采取直接行政干预来调节经济越来越困难，于是转而采取间接调节经济的办法。信用为国家用经济的办法间接调节经济创造了条件。一方面，由于信用的发展，出现了多种银行和信用机构，并在此基础上产生了中央银行体制，中央银行作为国家调节经济的启动者，商业银行和其他金融机构作为中央银行意志的传导者，共同作用于国民经济各部门和单位，整个金融体系组成了调节宏观经济的有机体。另一方面，由于信用的发展，出现了多种信用工具，这又为中央银行的调节提供了经济手段。中央银行可以利用货币供给、利率变动、法定准备金制度、公开市场业务等经济手段达到调节经济的目的。

利用信用调节经济，各国调节的重点均放在总供给和总需求上。调节总需求，主要是通过信用控制货币供应量即缩紧银根或放松银根，达到调节支付能力的目的；调节总供给，主要是通过信用紧缩或放松银根，从而达到控制生产规模和产品总量及结构的目的，以调节市场商品和劳务供给。

综上所述，要实现对经济的调节，特别是以间接调节为主，必须以信用的发展为基础和前提。

### 四、信用与危机

货币产生以后，与货币的支付手段相联系的信用活动的范围逐步扩大，信用形式日益多样化，信用关系已渗透到经济生活的方方面面，现代经济的运行机制已离不开信用。如前所述，无论是对经济的干预和调节，还是政府、企业、家庭的资金来源和价值的保存以及股份制度的发展，生产和消费都和信用息息相关。有人曾以交易方式作为标准，将经济的发展分成三个阶段，即自然经济（物物交换）、货币经济（以货币为媒介的交换）及信用经济（以信用为媒介的交换）。实际上，信用经济不仅仅是指交易方式，在当代经济的运行机制中，信用关系已起着主导作用。

但是信用活动又具有一定的不稳定性，这种不稳定性并未随信用关系的深化得到根本的改变，而是存在更大的潜在威胁。因为借贷行为本身就蕴含着风险：在全社会信用关系的链条中，任何一环出现问题——例如到期不能偿还债务，连锁反应就可能发生，引起一系列的支付中断，在其他条件具备时，甚至产生危机或加速危机。尤其是在信用关系起主导作用的今天，可以想象其造成的不良影响将是信用发展史上前所未有的。

即使是在经济运行正常的情况下，信用也会经常发生动荡。但此时的动荡一般容易平息，并且不会引起更大的经济震动。比如战争和政府的更迭，经常会引起有价证券行市暴跌或黄金行市波动，但一般绝不会引起整个经济危机。但在经济运行不正常时，信用的动荡有可能使经济形势更为严峻，成为金融危机及经济危机的加速器。

案例分析

第四节小测验

第二章自测题

 **金融职业素养专栏**

信用作为现代金融体系的基石，其内涵、形式与风险管理是理解金融活动的关键。我们需紧扣"诚信"这一社会主义核心价值观的核心要素，要认识到信用不仅是经济交易的纽带，更是社会责任的体现。信用缺失会对经济社会产生的连锁危害，要强化"守信受益、失信受限"的价值导向。信用管理是国家治理现代化的重要抓手，在防范金融风险、优化营商环境中具战略意义。在未来的工作中我们要将诚信内化为职业信仰，在信贷审核、金融产品销售等环节坚守职业操守，拒绝虚假宣传、数据造假等行为。

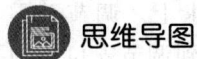 思维导图

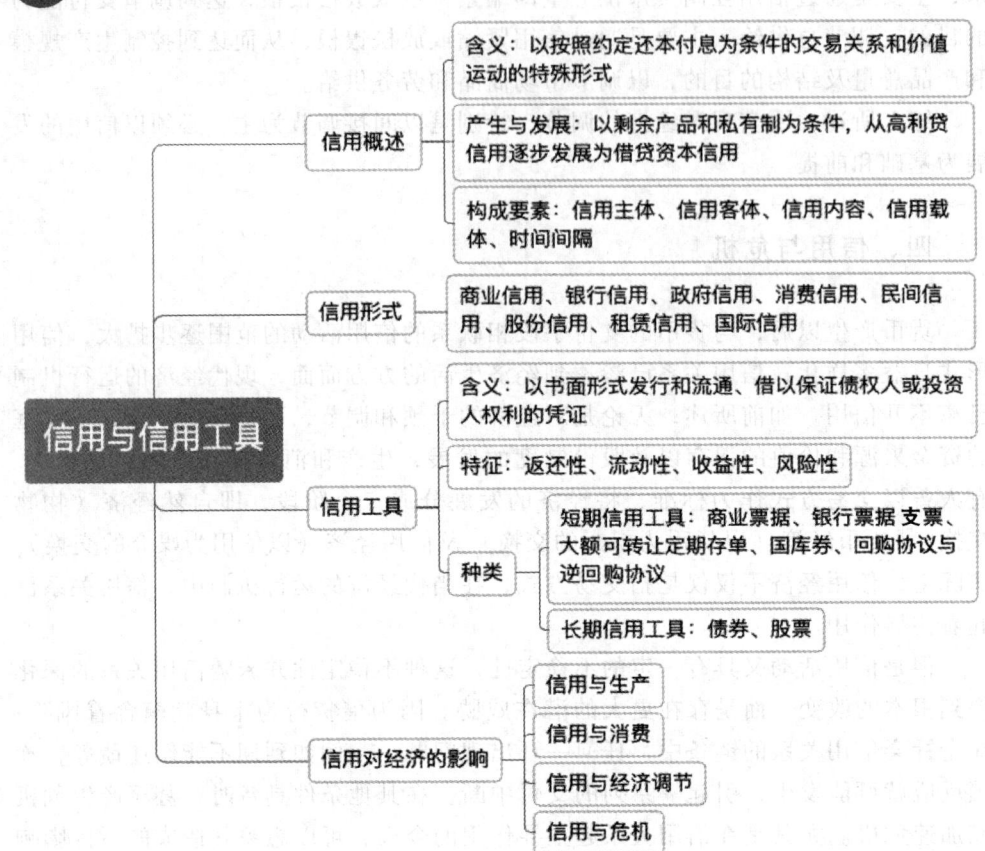

# 第三章 Chapter 3
## 利息与利率

---

【本章学习目标】

　　**知识目标**：了解利息及其本质；掌握利息的计算方法；了解利率的分类及其相互关系；掌握决定和影响利率变化的因素；掌握利率市场化的内涵。

　　**能力目标**：利用本章的基础理论，分析利率作为经济杠杆对经济的调节作用。了解我国利率市场化改革的现状并分析讨论其发展趋势和对经济的影响。

---

【导入案例】

### 利率——具有神奇魔力的工具

　　1987年10月19日，这一天对华尔街的投资人来说是"黑色星期一"，道琼斯指数在3个小时内暴跌22.6%。6个半小时后股票市值缩水5000多亿美元，38名富翁告别了福布斯富豪榜，这一天格林斯潘就任美联储主席刚满2个月。第二天一早，格林斯潘立即采取行动，宣布降低联邦基金利率，市场长期利率也随之下降。在此之后，经过了数月的调整，投资者逐步获得了信心，也收回了资金，美国经济平稳度过了一场经济泡沫破裂的浩劫。此后的18年，格林斯潘多次适时适度地调整利率，美国经济因此数次化险为夷。为什么利率具有如此神奇的魔力？

## 第一节 概述

### 一、利息及其本质

#### (一) 利息的含义

微课：利息与利率概述

案例分析

什么是利息？关于这个问题，西方经济学家们有多种说法。但他们大多从某个侧面入手来观察利息、解释利息的性质。例如，"节欲论"认为，利息是资本所有者"节约"或"节欲"，抑制当前消费欲望而推迟消费的报酬。"时差利息论"认为，人们对现有财货的评价要大于对未来财货的评价，同样价值的财货，现在使用的效用要高于未来使用的效用，若现在放弃使用财货，推迟到未来使用用，就会有时差损失，而利息就是对这种价值时差损失的贴水。"流动性偏好论"认为，人们都偏爱流动性高的货币，若要人们暂时放弃这种高流动性的货币，而等待将来使用，则必须给放弃流动性偏好者支付报酬，即利息。上述这些观点实际上都是从17世纪英国古典政治经济学创始人威廉·配第（William Petty）关于利息的解释中引申出来的。配第认为，货币持有者贷出货币，就会减少用这笔货币购置土地而能获得的地租，为此，他必须获得相应的补偿，才会出借货币，这种补偿即利息。

总之，在西方经济学家们看来，利息是对放弃货币的机会成本的补偿。

马克思经过科学地考察货币借贷过程及其结果后，指出：利息是使用借贷资金的报酬，是货币资金所有者凭借对货币资金的所有权向这部分资金使用者索取的报酬。

#### (二) 利息的来源

动画：利息的来源

马克思认为，利息来源于剩余产品或利润的一部分，它是剩余价值的特殊转化形式。这说明，利息是由劳动者创造的价值的一部分。利息与利润之间有一定的量的关系。由于利息是利润的一部分，所以，利润就成为利息的最高界限。对全社会而言，平均利润就是利息的最高界限。由于利息与利润之间存在量的关系，利息也就成为反映使用借贷资金投资效率高低和货币资金使用是否合理的一个标志。

### 二、利率及其计算

#### (一) 利率

利率是利息对本金的比率。一般情况下，利率的最高界限为平均利润率，最

低界限为零。利率的计算公式为:

$$利率 = \frac{利息}{借贷资金额} \times 100\%$$

按照计算利息的时间,可将利率分为年利率、月利率和日利率。年利率又称年息几厘,一般用本金的百分比来表示;月利率又称月息几厘,一般用本金的千分比来表示;日利率又称日息几厘,一般用本金的万分比来表示。此外,还可以用"分"作为利率单位。如果是月息5分,则表示月利率为5%。年利率与月利率及日利率之间的换算公式为:

$$年利率 = 月利率 \times 12 = 日利率 \times 360$$

(二) 利息计算方法

在计算利息时,有两种方法:一为单利法,二为复利法。

按单利法计算利息时,不论借贷期限长短,仅按本金计算利息,上期本金新增利息不作为计算下期利息的依据。单利法的计算公式为:

$$I = P \cdot r \cdot n$$
$$S = P(1 + n \cdot r)$$

其中:$I$ 为利息;$P$ 为本金;$r$ 为利率;$n$ 为借贷期限;$S$ 为本金与利息之和,又称本利和。

按复利法计算利息时,可将上一期本金所生利息计入本金,一并计算下一期利息,即如果本金与利息都不提现的话,则每期都是按上年本利和来计息。复利法的计算公式为:

$$S = P \cdot (1 + r)^n$$
$$I = S - P$$

例如,一笔期限为3年、金额为100万元的贷款,贷款年利率为6.15%。
按单利法计算,利息和本利和分别为:
$I = 1000000 \times 6.15\% \times 3 = 184500$(元)
$S = 1000000 \times (1 + 3 \times 6.15\%) = 1184500$(元)
按复利法计算,利息和本利和分别为:
$S = 1000000 \times (1 + 6.15\%)^3 = 1196079$(元)
$I = 1196079 - 1000000 = 196079$(元)

从上述结果可见,在利率相同的情况下,按复利计息,可多得利息11579元。

(三) 现值与终值

现值是指未来一定时间的特定资金按复利计算的现在价值。求现值的方法实际上就是复利的逆运算,也就是求终值的逆运算。现值的计算公式(公式中的符号含义同上):

$$P = S/(1 + r)^n$$

例如:5年后有一笔100000元的货币,如果年利率为6%,现在应有的本金是:

拓展阅读:为什么月利率是年利率除以360?

知识链接:人民币存款利率表

案例分析

$$P = \frac{S}{(1+r)^n} = 100000 \div (1+6\%)^5 = 74725.82 \text{（元）}$$

终值是指一定量的本金按复利计算若干期后的本利和。终值的计算公式（公式中的符号含义同上）：

$$S = P \cdot (1+r)^n$$

例如：现有100000元，假设年利率为6%，5年后本利和为：

$$S = P \cdot (1+r)^n = 100000 \times (1+6\%)^5 = 133822.56 \text{（元）}$$

现值概念广泛运用于投资决策和财务管理中。

### 三、利率的种类

微课：利率的种类

利率是一个十分复杂的经济变量系统。这一方面是由于金融资产的多样化，另一方面是由于利率的决定因素也复杂多样，人们可以从不同角度考察利率，使金融市场中的利率具有多种表现形式。

#### （一）市场利率、官定利率与公定利率

市场利率、官定利率与公定利率是按利率的决定主体不同来划分的。

**1. 市场利率**

市场利率是指由资金供求关系和风险收益等因素决定的利率。一般来说，当资金供给大于需求时，市场利率会下降；当资金供给小于需求时，市场利率会上升。并且，当资金运用的收益较高，资金运用的风险也较大时，市场利率也会上升；反之则相反。因此，市场利率能够较真实地反映市场资金供求与运用的状况。

**2. 官定利率**

官定利率也叫官方利率，是指由货币管理当局确定的利率。官定利率是由货币管理当局根据宏观经济运行的状况和国际收支状况及其他状况来决定的，它可用作调节宏观经济的手段。因此，官定利率往往在利率体系中发挥指导性作用。

**3. 公定利率**

公定利率是指由金融机构或行业公会、协会（如银行公会等）按协商的办法所确定的利率。公定利率只对参加该公会或协会的金融机构有约束作用，而对其他金融机构则没有约束作用。但是，公定利率对整个市场利率有重要影响。

#### （二）固定利率与浮动利率

固定利率与浮动利率是按资金借贷关系存续期内利率水平是否变动来划分的。

拓展阅读：由债权人和债务人共同承担利率变化风险的是固定利率还是浮动利率？

**1. 固定利率**

固定利率是指在整个借贷期限内，利率水平保持不变的利率。在物价稳定的条件下，固定利率具有简便易行、便于借贷双方进行成本收益核算的优点。固定利率适合于短期资金借贷关系。因为未来是不确定的，如果借贷期限较长，市场变化又难以预测，使用固定利率就可能使借款人或贷款人承担利率变化的风险——当未来利率上升时，贷款人要承担利息损失的风险；当未来利率下降时，借款人则要承担利息成本较高的风险。

## 2. 浮动利率

浮动利率是指在借贷关系存续期内，利率水平可随市场变化而定期变动的利率。浮动利率水平变动的依据和变动的时间长短都由借贷双方在建立借贷关系时议定。在国际金融市场上，多数浮动利率都以 LIBOR（伦敦银行间同业拆借利率）为参照指标而规定其上下浮动的幅度。这种浮动幅度是按若干个基点来计算的，通常每隔 3 个月或 6 个月调整一次。实行浮动利率对借贷双方来说，其计算成本、收益的难度要大一些，并且对借贷双方利率管理的技术要求也比较高。但是，实行浮动利率的借贷双方所承担的利率风险比较小。浮动利率适合于在市场变动较大、而借贷期限又较长的融资活动中实行。

### （三）名义利率与实际利率

名义利率与实际利率是按利率水平是否剔除通货膨胀因素来划分的。

名义利率是指没有剔除通货膨胀因素的利率，实际利率则是指剔除通货膨胀因素后的利率。所以，实际利率又可理解为是在物价不变、货币购买力也不变的条件下的利率。

如果以 $r$ 代表实际利率，$i$ 代表名义利率，$p$ 代表通货膨胀率，则实际利率的计算有两种方式：

$$r = \frac{1+i}{1+p} - 1 \qquad \text{（公式 3.1）}$$

$$r = i - p \qquad \text{（公式 3.2）}$$

前一种计算方式比较精确，多用于核算实际成本和实际收益；后一种计算方式比较直观，多用于估算成本、收益及理论阐述之中。运用这两种计算方式的结果有一定的差异。

例如，某银行发放一笔为期 1 年的贷款，其利率为 9%，当年的国内通货膨胀率为 4%。按①方式计算，$r$ 为 4.808%，而按②方式计算，$r$ 为 5%，两者相差 0.192%。如果贷款金额较大，则按两种方式计算的实际成本和实际收益就有较大的差异，假设该贷款金额为 1000 万元，则差额为 1.92 万元。

### （四）一般利率与优惠利率

一般利率与优惠利率是按金融机构对同类存贷款利率制定不同的标准来划分的。

一般利率与优惠利率相比，后者的贷款利率往往低于前者，后者的存款利率往往高于前者。贷款优惠利率的授予对象大多为国家政策扶持的项目，如重点发展行业、部门及对落后地区的开发项目等。在国际借贷市场上，低于 LIBOR 的贷款利率被称为优惠利率。存款优惠利率大多用于争取目标资金来源。例如，我国曾经实行的侨汇外币存款利率就高于普通居民外币存款利率。此外，各银行为了争取大额稳定的资金来源，也会给某些特定存款户以高于市场一般水平的利率。

案例分析

案例分析

### （五）长期利率与短期利率

长期利率与短期利率是按借贷期限长短来划分的，通常以 1 年（含 1 年）为标准。凡是借贷期限满 1 年（含 1 年）的利率为长期利率，不满 1 年的则为短期利率。

知识链接：中国货币市场基准率

案例分析

第一节小测验

微课：利率决定理论

### （六）存款利率与贷款利率

存款利率是指客户在银行或其他金融机构存款所取得的利息与存款本金的比率。贷款利率是指银行或其他金融机构发放贷款所收取的利息与贷款本金的比率。贷款利率与存款利率的差额即为存贷利差，存贷利差是我国银行利润的主要来源，它直接决定着银行的经济效益。

### （七）基准利率

基准利率是在整个利率体系中起主导作用的基础利率。它的水平和变化决定其他各种利率的水平和变化。

基准利率是金融市场上具有普遍参照作用的利率，其他利率水平或金融资产价格均可根据这一基准利率水平来确定。基准利率是利率市场化的重要前提之一，在利率市场化条件下，融资者衡量融资成本，投资者计算投资收益，以及管理层对宏观经济的调控，客观上都要求有一个普遍公认的基准利率水平作参考。所以，从某种意义上讲，基准利率是利率市场化机制形成的核心。从一般国际经验看，只有结构合理、信誉高、流动性强的金融产品的利率，才能作为基准利率。

## 第二节 利率的决定理论与影响因素

### 一、利率决定的理论研究介绍

利率决定理论主要研究利率水平的决定机制，探讨利率变动的原因及利率差异的原因。利率决定理论内容丰富，在实践中不断得到完善。这里选择其中比较重要并且在现实经济活动中可加以应用的几种理论予以介绍。

#### （一）马克思利率决定理论

总体上来看，马克思的利率决定理论是以剩余价值在不同资本家之间的分割作为起点的。马克思认为，利息是贷出资本的资本家从借入资本的资本家那里分割来的一部分剩余价值，而利润是剩余价值的最终转化形式，利息的这种性质就决定了利息的多少只能在利润总额的限度内，利率取决于平均利润率。

由于利息只是利润的一部分，所以以利润本身就成为利息的最高界限，而平均利润率也构成利率的最高界限。通常，利率不会与平均利润率相等，更不会超过平均利润率。只有在某些极特殊的情况下，利率才会等于或超过平均利润率。例如，当出现债务危机时，企业往往为维持其存续不惜承受高利率而四处求贷，此时，企业所承受的利率水平可能超过平均利润率。至于利率的最低界限，从理论上讲，是难以确定的，它取决于职能资本家与借贷资本家之间的竞争，但不管怎样总不会等于零，否则借贷资本家就不会把资本贷出。因此，利率的浮动区间在零与平均利润率之间。

马克思进一步指出，在平均利润率与零之间，利率的高低取决于两个因素：一是利润率；二是总利润在贷款人和借款人之间进行分配的比例。如果总利润在贷款人和借款人之间分割的比例是固定的，则利率随着利润率的提高而提高；相反，会随着利润率的下降而下降。在利息等于平均利润的一个不变部分的情况下，利润率越高，归职能资本家支配的那一部分利润就越大。所以，一般来讲，职能资本家能够并且愿意与利润率的高低成正比例地支付利息。但是，在总利润率一定的情况下，利息的变动便与职能资本家手中留下的那一部分利润的变动成反比，即利息多，那一部分利润便少；相反，利息少，那一部分利润便多。另外，马克思在利率决定论中，还分析了利率形成过程中的特点，即：①随着技术发展和资本有机构成的提高，平均利润率有下降趋势，从而影响平均利率出现同方向变化的趋势。②平均利润率的下降是一个非常缓慢的过程，就一个阶段考察，每个国家的平均利润率则是一个相对稳定的量。相应地，平均利率也具有相对的稳定性。③由于利率的高低取决于两类资本家对利润分割的结果，因而使利率的决定具有很大的偶然性，无法由任何规律决定。相反，传统习惯、法律规定、竞争等因素，在利率的确定上都可以直接或间接起作用。

拓展阅读：瑞典央行停止负利率政策

（二）可贷资金利率理论

可贷资金利率理论是在 1939 年由 D. H. 罗伯逊提出的，这是一种认为利率是由可贷资金供给与需求所决定的理论。这一理论提出后，受到瑞典学派的 B. 俄林等的支持，成为一种有较大影响力的理论。

可贷资金利率理论是在综合古典学派利率理论和凯恩斯利率理论的基础之上建立起来的。

古典学派认为，利率是由投资和储蓄这两个因素决定的。投资代表对资金的需求，而储蓄则代表资金供给。古典学派认为，市场经济会自动达到充分就业均衡。投资需求变化较小，它取决于资本边际生产力；而储蓄则取决于人们的意愿，人们的储蓄意愿又受其"时间偏好"的影响。所谓"时间偏好"，即人们总是偏爱即时消费，并认为对于同样的财货，其现在的价值要大于未来的价值。因此，要让人们推迟消费，进行储蓄，就必须给予一定的补偿，这种补偿即利息，而利率的高低则与人们的"时间偏好"程度强弱有关，人们的"时间偏好"强烈，就需要较高的利率才能吸引人们储蓄。

凯恩斯认为，古典学派的理论前提即市场经济会自动达到充分就业均衡是不现实的，市场经济中更多的情况是需求不足。他认为，利率是由人们的"流动性偏好"即货币需求与货币供给共同决定的。由于中央银行的货币供给是相对确定的，所以，人们的"流动性偏好"，就成为决定利率高低的主要因素。在凯恩斯看来，利息是对人们放弃货币、牺牲流动性的补偿。人们需要货币、偏爱流动性，主要是为了满足三种愿望，也称作货币需求的三个动机，即交易动机、预防动机和投机动机。人们的货币需求动机多样化，将导致货币需求不稳定。因此，在货币供给相对确定的情况下，利率在很大程度上要受货币需求的影响，而当利率下降到一定水平（通常为人们根据以往经验所认定的利率低限）时，货币需求弹性将会变得无限大,即形成"流动性陷阱"。

人们对于古典学派和凯恩斯分别提出的利率决定理论褒贬不一。在可贷资金利率理论的支持者看来,上述两种理论都失之偏颇。利率不是简单地由投资和储蓄或货币供给与货币需求来决定的,而是由可贷资金的供给与可贷资金的需求来决定的。可贷资金的供给既来自中央银行,也来自人们的储蓄以及人们的货币反交易,还有商业银行的信用创造。可贷资金的需求则来自投资和人们的货币窖藏。如果考虑投资和窖藏是利率的递减函数,储蓄和商业银行的信用创造以及人们的反窖藏则是利率的递增函数这些因素,那么,可以发现,利率的决定是一个非常复杂的过程。

以 $I(i)$ 代表投资是利率的反函数,$\Delta H(i)$ 代表窖藏是利率的反函数,$S(i)$ 代表储蓄是利率的增函数,$\Delta M(i)$ 代表信用创造或货币发行是利率的增函数,$DH(i)$ 代表反窖藏是利率的增函数,$Ls$ 代表可贷资金供给,$L_D$ 代表可贷资金需求,则:

$$Ls = S(i) + \Delta M(i) + DH(i)$$
$$L_D = I(i) + \Delta H(i)$$

可贷资金利率理论认为,利率取决于可贷资金的供给与需求的均衡点。当可贷资金供给与可贷资金需求达到均衡时,有:

$$S(i) + \Delta M(i) + DH(i) = I(i) + \Delta H(i)$$

用图表示,见图3-1。

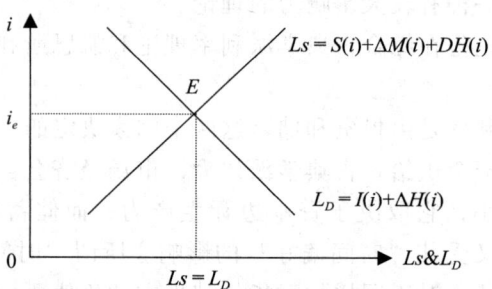

图3-1 俄林—罗伯逊可贷资金利率理论

从可贷资金利率理论所研究的决定利率水平的主要因素来看,正好将古典学派的利率理论和凯恩斯的利率理论综合其中,古典学派所重视的投资和储蓄、凯恩斯所重视的货币供给与货币需求,在可贷资金利率理论的模型中都得到了反映。在可贷资金利率理论中,是用 $\Delta H(i)$ 来表示货币需求,而用 $\Delta M(i) + DH(i)$ 来表示货币供给的。

### (三) IS—LM 分析的利率理论

可贷资金利率理论批判地继承了前人的研究成果,使利率决定理论研究取得了较大的发展。但是,该理论存在一个明显的缺陷,那就是没有考虑收入因素对利率的作用。而在实际经济活动中,收入状况对利率的决定是有着重要作用的,这种作用是通过对储蓄和货币需求的影响而实现的。

由英国经济学家 J. R. 希克斯首先提出,美国经济学家 A. H. 汉森加以发展而成的 IS—LM 分析模型，则充分考虑了收入在利率决定中的作用，从而促进了利率理论的发展。

IS—LM 分析模型是从整个市场全面均衡来讨论利率的决定机制的。该理论认为，储蓄与收入水平存在正向运动关系，即收入水平越高则储蓄越多；储蓄与利率亦存在正向运动关系，即利率越高则储蓄越多。在不同利率水平下，不同收入水平具有不同的储蓄曲线。这些不同的储蓄曲线与投资曲线相交形成 IS 曲线（见图3－2）。该曲线上所有各点表示储蓄与投资相等，表明产品市场上供求均衡时的利率和收入的组合。

同时，收入与流动性偏好决定的货币需求也有密切关系。收入水平越高所需货币量就越多。而货币供应量是由金融当局控制的。货币供给曲线与不同收入水平下的货币需求曲线相交各点构成 LM 曲线（见图3－2）。该曲线上各点均表示在一定收入水平和一定利率水平上，货币供给与货币需求相等，表明货币市场上供求均衡时的利率与收入的组合。

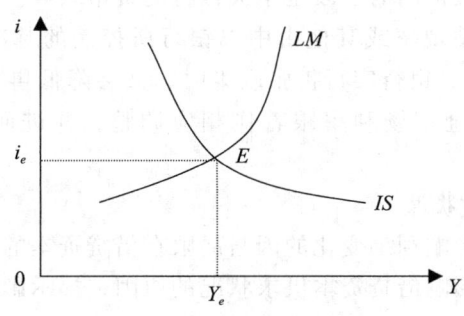

图 3－2　IS—LM 分析模型

IS 曲线与 LM 曲线的交点 $E$ 表示货币市场与产品市场同时均衡时的利率与收入的组合。这一均衡点所决定的利率为 $i_e$ 为均衡利率，这一均衡点所决定的收入为 $Y_e$ 为均衡收入。模型表明，利率是由投资、储蓄、货币需求、货币供给共同决定的。

## 二、影响利率变化的因素

### （一）平均利润率

由于利息是利润的一部分，因此，利润率是决定利率的首要因素。根据市场法则，等额资本要获得等量利润，通过竞争和资源的流动，一个经济社会在一定时期内会形成一个平均利润率。这一平均利润率是确定各种利率的主要依据，是决定利率的基本因素，它是利率的最高界限。当然，在一般情况下，利率也不会低于零。如果利率低于零，就不会有人出借资金了。所以，利率通常在平均利润率和零之间波动。

### （二）借贷资金的供求关系

虽然从理论上讲，利率既不会高于平均利润率，也不会低于零，但实际上，

微课：决定和影响利率变化的因素

知识链接：中国通货膨胀率与实际利率

案例分析

决定某一时期某一市场上利率水平高低的是借贷资金市场上的供求关系，即利率是由借贷资金供求双方按市场供求状况来协商确定的。当借贷资金供大于求时，利率水平就会下降；当借贷资金供不应求时，利率水平就会提高，甚至高于平均利润率。

### （三）预期通货膨胀率

在信用货币流通条件下，特别是在纸币制度下，通货膨胀是一种经常的现象。通货膨胀使借贷资金本金贬值，会给借贷资金所有者带来损失。为了弥补这种损失，债权人往往会在一定的预期通货膨胀率基础上来确定利率，以保证其本金和实际利息不受到损失。

当预期通货膨胀率提高时，债权人会要求提高贷款利率；当预期通货膨胀率下降时，利率一般也会相应地下调。

### （四）中央银行的货币政策

自从20世纪30年代凯恩斯主义问世以来，各国政府都加强了对宏观经济的干预。政府干预经济最常用的手段是中央银行的货币政策。中央银行采用紧缩政策时，往往会提高再贴现率或其他由中央银行所控制的基准利率（如美国的联邦基金利率）；而当中央银行实行扩张政策时，又会降低再贴现率或其他基准利率，从而引起借贷资金市场利率跟着作相应调整，并进而影响整个市场利率水平。

### （五）社会再生产状况

马克思并没有把影响利率变化的因素局限在借贷资本的供求上，而是深入生产领域，进一步研究影响借贷资本供求状况的原因，揭示影响利率变化的决定性因素，即社会再生产状况决定着借贷资本的供求。他详尽地分析了资本主义产业周期的四个阶段（即危机、萧条、复苏、繁荣）的货币资本的供求状况和利率的变化情况。

危机阶段：商品滞销，物价暴跌，生产下降，工厂倒闭，工人失业。由于支付手段极端缺乏，对借贷资本需求增大，而借贷资本供给减少，利率急剧上升至最高限度。因此，马克思说："达到高利贷极限程度的最高利息与危机阶段相适应。"

萧条阶段：危机刚过，物价下降到最低点，产业资本不再收缩，借贷资本大量闲置，但由于企业信心不足而不愿增加生产投资，购买生产资料和支付工人工资所需货币减少；物价虽低，但交易量减少，对借贷资本的需求量也减少。所以，借贷资本供大于求，导致利率下降到最低程度。正如马克思所说："低的利息可能和停滞结合在一起。"

复苏阶段：投资逐渐增大，交易逐渐增加，工厂开始复工，对借贷资本的需求开始增长。由于这个阶段信用周转灵活，支付环节畅通，借贷资本充足，因此，借贷资本的需求是在低利率情况下得到满足的，借贷资本的供大于求没有使利率上升。

繁荣阶段：初期，生产迅速发展，物价上涨，利润增加，对借贷资本需求增大，这时信用周转灵活，资本回流加快，商业信用扩大，利率还是维持在较低水平上。随着生产规模继续扩大，对借贷资本的需求继续增加，尤其是信用投机出现，使借贷资本需求大增，此时利率虽已提高到平均利率水平，仍然继续迅速上升。

从资本主义产业周期不同阶段利率呈现的不同变化，可以清楚地看到：借贷资本的供求状况不是由借贷双方的主观愿望决定的，而是由社会再生产状况决定的。因此，社会再生产状况是影响利率变化的决定因素。

### （六）国际收支状况

一国的国际收支状况对该国的利率水平也有重要的决定作用。当一国国际收支平衡时，一般不会变动利率。当一国国际收支出现持续大量逆差时，为了弥补国际收支逆差，需要利用资本项目大量引进外资。此时，金融管理当局就会提高利率。当一国国际收支出现持续大量顺差时，为了控制顺差，减少通货膨胀的压力，金融管理当局就可能会降低利率，减少资本项目的外汇流入。这当然也会使本国的借贷资金利率水平发生变化。国际收支情况对利率的影响见图3-3。

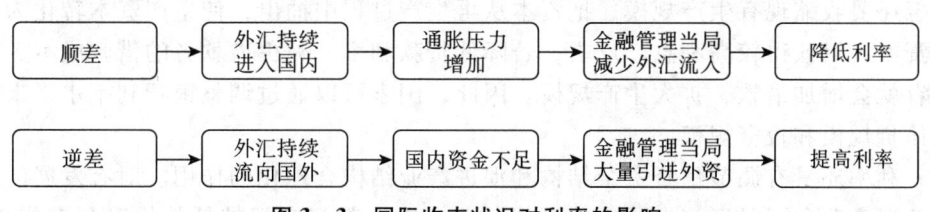

**图3-3　国际收支状况对利率的影响**

除上述因素外，决定一国在一定时期内利率水平的因素还有很多。例如，一国的利率水平还与该国货币的汇率有关，当本币贬值时，会导致国内利率上升。此外，借贷期限长短、借贷风险大小、国际利率水平高低、一国经济开放程度等，都会对一国国内利率产生重要影响。因此，对利率水平的变动必须综合分析各种因素，才能找出利率水平变动的主要原因。

## 第三节　利率的作用

### 一、利率对经济活动的影响和调节作用

#### （一）利率变动对资金供求的影响

在市场经济中，利率是一个重要的经济杠杆，这种杠杆作用首先表现在对资金供求的影响上。

在商品货币经济运行过程中，资金短缺是一种经常现象，它是制约一国经济发展的重要因素。然而，在经济活动中，由于生产的季节性变化和收入、支出的

非同步性等原因，又总是有一部分资金处于暂时闲置状态，即出现资金盈余。这部分处于闲置状态的资金是不能增值的，这对资金所有者来讲是一种损失，对整个社会而言，则是资源浪费。利息的产生能够较好地吸引资金盈余者将处于暂时闲置状态的资金让渡出去，解决资金短缺者的需求。

利率水平的变动对资金盈余者的让渡行为有重要影响，它对资金盈余者持有资金的机会成本大小起决定性作用。当利率提高时，意味着人们持有资金的机会成本增大，资金盈余者贷出资金的动力也越大。利率水平的变动对资金短缺者的借贷行为也有重要影响。当利率提高时，意味着人们借款的成本增大，资金短缺者借款的负担也越重，其借款需求就会受到制约；而当利率下降时，借款人的借款需求会扩大，但资金盈余者的资金供给却会受到抑制。

### （二）利率变动对信贷规模和结构的影响

利率对信贷规模有重要的调节作用。提高贷款利率，企业贷款数量和投资规模可能相应收缩；当贷款利率提高到一定程度时，生产企业不仅会减少新借款，甚至还要收缩现有生产规模，把资本从再生产过程中抽出，使生产资本转化为借贷资本，以获得较高利息。反之，若降低贷款利率，减少借款者的借款成本，借款者就会增加借款，扩大生产规模。因此，国家可以通过调整银行利率水平来调节信贷规模和投资规模。

利率还具有调节信贷资金结构和促进产业结构合理化的作用。对有发展前途的新兴产业和国民经济发展中的短线行业、重点部门实行较低的优惠利率贷款，使这些行业、部门的企业以较低的成本获取货币资金，支配较多的信贷资金，促进其迅速发展。反之，对需限制发展的部门，实行较高的贷款利率，增大其借款成本，使其收缩借贷规模和生产规模。因此，运用利率调节信贷结构对促进产业结构合理化和国民经济协调、稳定发展有重要作用。

### （三）利率变动对稳定物价的影响

利率变动对稳定物价的作用是通过以下途径实现的：

首先，调节货币供应量。利率的高低直接影响银行的信贷总规模，而信贷规模又直接决定货币供应量。当流通中的货币量超过货币需要量时，调高利率可以收缩信贷规模，减少货币供应量，促使物价稳定。

其次，调节需求总量和结构。在商品经济中，国民收入分配都是以货币形式进行的价值分配，客观上存在着分配后形成的有支付能力的社会需求与商品供应量在总量和结构上不相适应的可能性，潜藏着危及物价稳定的因素。运用利率杠杆把待实现的购买力以存款形式集中到银行，并在总量和结构上进行调节，以实现供求平衡和物价稳定。

最后，增加有效供给。利率对稳定物价的作用还可以从商品生产和供应方面体现出来。如降低某类企业的贷款利率，增加其收入，促使其扩大生产，增加商品供应量，使其价格下降。

### （四）利率变动对国际收支的影响

当一国国际收支出现严重不平衡时，即出现大量持续逆差或大量持续顺差时，一国金融管理当局就有可能通过变动利率来调节国际收支，特别是当国际收

案例分析

金融职业素养：贷款的流程与贷款利息

支不平衡的原因主要在于资本项目时，中央银行通过调整利率水平能取得明显的效果。当发生严重逆差时，可将本国短期利率提高，以吸引外国的短期资本流入减少或消除逆差；当发生过度顺差时，可将本国利率水平调低，以限制外国资本流入，减少或消除顺差。

由于国际收支出现严重不平衡时，会给一国经济带来不利影响，例如，长期的巨额逆差会使一国货币贬值，从而削弱一国对外国商品、劳务和技术等的购买力，进而影响国内经济的发展；而长期的巨额顺差则会使本国面临较大的通货膨胀压力，此外，还可能给顺差国带来较大的外交压力。因此，不管是发达国家还是发展中国家，当其面对国际收支巨额不平衡时，都会采取措施予以舒缓，在一定的条件下，变动利率是一个有效的手段。

案例分析

### 金融科技专栏

**以科技金融点燃高质量发展强引擎**

科技金融大文章既赋予了金融服务科技创新的历史使命，也明确了金融服务实体经济的重点方向。中国银行苏州分行升级科技金融"SIP模式"，不唯抵押担保、不唯财务报表，更加注重科创企业的核心技术、凸显其有效专利的资本属性，可为科创企业提供最高3000万元的纯信用授信，并为企业提供更优惠的利率定价。

位于常熟的苏州某新能源装备公司，随着新生产线的建设，企业对流动资金有需求。中行常熟东南开发区支行了解到情况后，迅速研究授信业务背景，第一时间提供服务方案，重点推荐科技金融"SIP模式"，合作方案敲定后，仅用4个工作日就审批完1000万元授信额度。

资料来源：王梦菲，郭文嘉．做好五篇大文章｜苏州中行以科技金融点燃高质量发展强引擎［EB/OL］．（2024－08－24）［2025－03－20］．http：//www.js.xinhuanet.com/20240802/792fd43b73ae4d3c86ed658c5200c137/c.html．

## 二、利率发挥作用的渠道

利率变动能够对经济产生影响，即通过利率变化，引起一些经济变量的变化，进而影响整个国民经济活动水平。因此，中央银行可以根据宏观经济运行的状况及其货币政策目标，通过采取一些措施影响利率水平，进而影响社会的投资与储蓄总额，使人们的投资行为和储蓄行为符合实现货币政策目标的要求。

中央银行常用的方法或采取的措施有：调整再贴现率、进行公开市场业务操作、直接调整由中央银行所控制的其他基准利率。

中央银行可主动调高或降低再贴现率，以此来影响商业银行和其他金融机构向中央银行取得再贷款的成本。当中央银行提高再贴现率时，会使商业银行和其他金融机构的再贴现成本上升，金融机构为了实现其既定的利润目标，就会相应提高贷款利率，从而使市场利率水平上升；反之，中央银行降低再贴现率时，会使市场利率下降。此外，商业银行和其他金融机构还可以根据中央银行变动再贴

金融职业素养：
社会呼唤诚信

现率这一举措来预测市场资金供给状况和中央银行的货币政策趋向。一般来说，中央银行提高再贴现率表明中央银行要实行紧缩政策，或表明市场资金供应比较紧张，商业银行就会收缩信贷，减少贷款供给。这又会导致市场利率进一步提高，从而进一步抑制投资需求，刺激储蓄增长。而当中央银行降低再贴现率时，商业银行和其他金融机构则会扩大贷款。

中央银行也可通过公开市场业务操作来影响利率水平。当中央银行持续大量买进有价证券时，一方面会导致市场上对有价证券的需求增加，从而使有价证券的价格上升；另一方面，又会使商业银行的超额准备金增加，导致贷款扩大，从而使利率水平下降。当中央银行持续大量卖出有价证券时，一方面会导致有价证券的价格下降，另一方面又会引起利率水平上升。

# 第四节 利率市场化

微课：利率市场化及其意义

拓展阅读：利率市场化是否等同于利率自由化？

案例分析

## 一、利率市场化的含义及其意义

### （一）利率市场化的含义

利率市场化是指金融机构在货币市场经营融资的利率水平由市场供求来决定，包括利率决定、利率传导、利率结构和利率管理的市场化。实际上，它就是将利率的决策权交给金融机构，由金融机构自己根据资金状况和对金融市场动向的判断来自主调节利率水平，最终形成以中央银行基准利率为基础，以货币市场利率为中介，由市场供求决定金融机构存贷款利率的市场利率体系和利率形成机制。

利率市场化主要内容包括：金融交易主体享有利率决定权；利率的数量结构、期限结构和风险结构应由市场自发选择；中央银行享有间接影响金融资产利率的权利。

### （二）利率市场化的步骤

发达国家和发展中国家之间，发达国家之间以及发展中国家之间放松利率管制的时间、步骤和顺序各有不同。但大体上有两种情况，一种是渐进的方式，另一种是一步到位的方式。大多数国家都采用渐进的方式逐步放开利率，发达国家如美国、德国、日本等，发展中国家如巴西、菲律宾、韩国、泰国等。也有一些国家采取一步到位的形式，如英国、法国、瑞典等。一些发展中国家，如阿根廷、智利、玻利维亚、乌拉圭、匈牙利等国，则是从金融压抑状态快速进入完全自由化状态。

渐进的方式可分为三个阶段：第一阶段的目标是将利率提高到接近市场均衡

状态的水平，保持经济、金融运行稳定；第二阶段的目标是通过扩大利率浮动范围，下放利率浮动权，以完善利率浮动机制；第三阶段的目标是通过增加金融交易品种，扩大交易规模，形成金融资产多样化，先在非存贷款金融交易中实现利率自由化，然后通过这些金融交易与银行存、贷款业务的竞争，促使银行先放开贷款利率，再放开存款利率，最终实现利率市场化。

从一步到位的情况来看，发达国家与发展中国家之间的区别比较明显。采取一步到位方式的发达国家（如英国），其利率自由化的效果比较好；而发展中国家如阿根廷，则是从金融压抑状态快速进入完全自由化状态，极易引发金融市场的动荡。

### （三）利率市场化的意义

利率市场化是利率管理体制发展的必要趋势，美国、英国等一些发达国家，在金融自由化前大多都实行利率管理体制，也是长期的政策取向。第二次世界大战以后日本、韩国、新加坡等国家，长期实行低利率政策，为国家的经济发展发挥了重要的作用。但是由于利率体制的性质最终决定于经济金融体制，随着经济的转型，这种管制的弊端也越来越暴露。从20世纪70年代开始，西方大多数国家逐步放松了利率管制。自20世纪80年代以来，利率市场化成为世界性潮流。在当今经济金融全球化的浪潮中，发达国家和多数发展中国家实现金融自由化，充分说明了利率市场化的现实意义。

（1）市场经济的发展要求商品的价格放开，利率作为特殊商品——资金的价格也必须放开。这是市场竞争的需要，也是市场经济体制的客观要求。

（2）能够促使银行提高管理水平。利率放开，也是银行之间竞争的需要。如果利率不放开，那么各银行的利率就差不多，这样，竞争就不够充分，银行的发展就难以做到优胜劣汰，这就等于保护了落后者。利率放开后，银行就会面临着存贷款利率竞争的巨大压力，金融机构之间的竞争能够让广大客户得到更优惠的价格和更优质的服务。这时，如果银行不提高管理水平和服务质量，银行的利润水平就低，银行在存贷款利率的竞争上就会处于不利的地位。也就是说，利润水平高的银行就可以通过提高存款利率、降低贷款利率来吸引存贷款户；利润水平低的银行就会陷入两难境地，如果它也采取提高存款利率、降低贷款利率的办法，由于没有利润支撑，生存都将困难，如果存贷款利率不动，那么就会失去客户。

知识链接：全球利率市场化改革进程

而利率市场化可及时反映价格总水平的变化，在贷款利率基本由市场决定的情况下，可允许存款利率向上浮动一定幅度，存款利率上浮可首先在具备财务硬约束条件的金融机构中试点，逐步将加息预期转变为市场定价，这既有助于改变负利率状态，抑制通货膨胀，也能有效推进利率市场化，促进资源的合理配置。

（3）利率市场化有利于防范和化解金融风险。金融运行潜藏着金融风险，而利率市场化的改革则是防范和化解风险的必要条件。一方面，通过放开利率管制，可使商业银行根据市场状况自主决定资金供给和资产运用状况；另一方面，利率市场化必然带来贷款利率弹性的增加，商业银行根据资产负债情况对存贷款利率的调整，有助于改善资产负债结构的矛盾。

拓展阅读：国外利率市场化相关理论及改革经验分析

## 二、我国的利率体制改革

为了适应经济的发展和金融体制改革的需要，我国自 20 世纪 90 年代起，加快了利率体制改革的步伐。中国人民银行货币政策委员会明确提出，金融体制改革的一个重要内容是实现利率市场化。中国人民银行还提出了我国利率市场化改革的次序，那就是：先外币，后本币；先农村，后城镇；先贷款，后存款；先大额，后小额。近年来，我国的利率市场化改革也正是按照这一思路在进行，并在实践中取得了较好的效果。

（一）利率市场化改革的起步阶段（1996—2000 年）

货币市场是利率市场化的基础，它有利于形成市场化的利率信号。市场化的利率信号的真实性和可信度，取决于货币市场的规模及其覆盖面。货币市场的覆盖面越广，参与者的种类越多，则市场的广度和深度越好，其资金交易中形成的利率水平越能准确反映资金供求状况。特别是同业拆借市场上形成的同业拆借利率，代表着市场主体取得批发性资金的成本，对整个金融市场利率水平具有导向性的作用。1996 年 6 月 1 日中国人民银行放开了银行间同业拆借利率，标志着我国利率市场化改革正式启动；1997 年 6 月放开银行间债券回购利率，这一措施一方面提高了金融机构的资金使用效率，使金融机构能够更加积极自由地调整自身资产负债结构，另一方面使市场的价格发现能力得到进一步发挥，为进一步后续的利率改革奠定了基础，同时也标志着银行间债券市场的成立；1998 年，中国人民银行改革了贴现利率生成机制，贴现利率和转贴现利率在再贴现利率的基础上加点生成，在不超过同期贷款利率（含浮动）的前提下由商业银行自定；1999 年 10 月，国债发行也开始采用市场招标形式，央行批准中资商业银行法人与中资保险公司法人可以试行自定大额定期存款利率，连续三次扩大金融机构贷款利率浮动区间，就此全面实现了银行间市场利率、国债和政策性金融债发行利率的市场化。

（二）利率市场化改革的过渡阶段（2000—2004 年）

此阶段主要是改革外币存贷款利率，同时扩大本币浮动区间，这也是利率市场化改革的一个过渡适应阶段。2000 年 9 月，国务院批准正式开始对外币利率管理体制进行改革，放开了外币贷款利率。2003 年 7 月，中国人民银行决定不再对境内英镑、法郎、加拿大元这 3 种外币的小额存款利率实行管制，并且国家仅对境内美元、欧元、港币和日元这 4 种货币限定小额外币存款利率。2003 年 11 月，中国人民银行决定小额外币存款利率下限全面放开，商业银行可在不超过央行确定的利率上限的前提下，自行确定各种外币的小额存款利率，这一举措是推进存款利率市场化改革的有益探索，为人民币存款利率市场化起到了示范作用。在 2004 年 11 月，中国人民银行决定放开 1 年期以上小额外币存款利率的上限，外币利率的定价权已基本掌握在商业银行手中，自此外币利率市场化已基本完成。

2004 年 1 月 1 日，中国人民银行再次扩大金融机构贷款利率浮动区间。商业银行、城市信用社贷款利率浮动区间扩大到 0.9%~1.7%，农村信用社贷款利率浮动区间扩大到 0.9%~2%，贷款利率浮动区间不再根据企业所有制性质、规模大小分别制定。扩大商业银行自主定价权，提高贷款利率市场化程度，企业贷款利率最高上浮幅度扩大到 70%，下浮幅度保持 10% 不变。在扩大金融机构人民币贷款利率浮动区间的同时，推出放开人民币各项贷款的计息、结息方式和 5 年期以上贷款利率的上限等其他配套措施。

### （三）利率市场化改革的完善阶段（2004 年至今）

利率市场化进入完善阶段主要是针对人民币存贷款利率开始了漫长的改革之路。2004 年，先将商业银行贷款利率浮动上限调到 70%，后全部放开贷款上限（只有城乡信用社还限制为基准利率的 2.3 倍），与此同时开始允许存款利率下浮。2008 年，对个人住房贷款利率下限进行改革，继续向下浮动，扩大为贷款基准利率的 0.7 倍。

从 2012 年 6 月开始，我国也受到了国际金融危机的极大影响，中国人民银行决定开始下调金融机构人民币存贷款基准利率。2013 年 7 月 19 日，中国人民银行决定金融机构贷款利率的管制全面放开，不再设置调整上下限，贷款基准利率仅作为金融机构定价的参考，自此贷款利率市场化已取得突破性进展，而作为改革核心的存款利率市场化也在慢慢深入。

2015 年，中国人民银行进行了 5 次降息降准的操作，以释放流动性，保持经济中高速增长。2015 年 3 月 1 日，中国人民银行决定将金融机构存款利率浮动区间的上限调整为基准利率的 1.3 倍。2015 年 5 月 11 日，中国人民银行决定再次将金融机构存款利率浮动区间的上限调整为基准利率的 1.5 倍。自 2015 年 10 月 24 日起，商业银行和农村合作金融机构等不再对存款利率进行限制，就此存款利率的管制也基本放开。

2019 年 8 月 17 日，中国人民银行宣布，改革完善贷款市场报价利率形成机制，中国人民银行已经授权全国银行间同业拆借中心于每月 20 日 9 时 30 分公布贷款市场报价利率（LPR），中国人民银行贷款基准利率这一标准已经取消。这一举措被视为迈出了"利率并轨"的务实一步。货币市场利率与存贷款基准利率的利率并轨是利率市场化改革的重要一步。

回顾中国利率市场化改革的进程，主要分为：银行间同业拆借利率和债券利率的市场化；贷款利率、贴现利率的市场化；存款利率的市场化三个阶段。当前随着存款利率的放开，意味着我国长达 20 多年的利率市场化改革基本完成。取消对利率浮动的行政限制后，并不意味着央行不再对利率进行管理，只是利率调控会更加倚重市场化的货币政策工具和传导机制。从这个角度讲，利率市场化改革将进入新阶段。

### 金融职业素养专栏

利息的本质、利率的决定机制及其经济调节功能是理解现代金融运行的核心内容。我们从国家战略高度认识到利率不仅是资金价格的体现，更是服务实体经

知识链接：利率市场化改革后的商业银行存款利率

拓展阅读：贷款市场报价利率（LPR）

案例分析

第四节小测验

第三章自测题

济、促进社会公平的重要政策工具。作为金融从业者，我们要理解利率市场化改革中"效率与公平并重"的治理逻辑，思考我国 LPR 改革如何引导资金流向小微企业、乡村振兴等薄弱环节。作为普通公民还需警惕"校园贷""套路贷"等乱象，避免畸高利率对社会稳定产生重大破坏。

**思维导图**

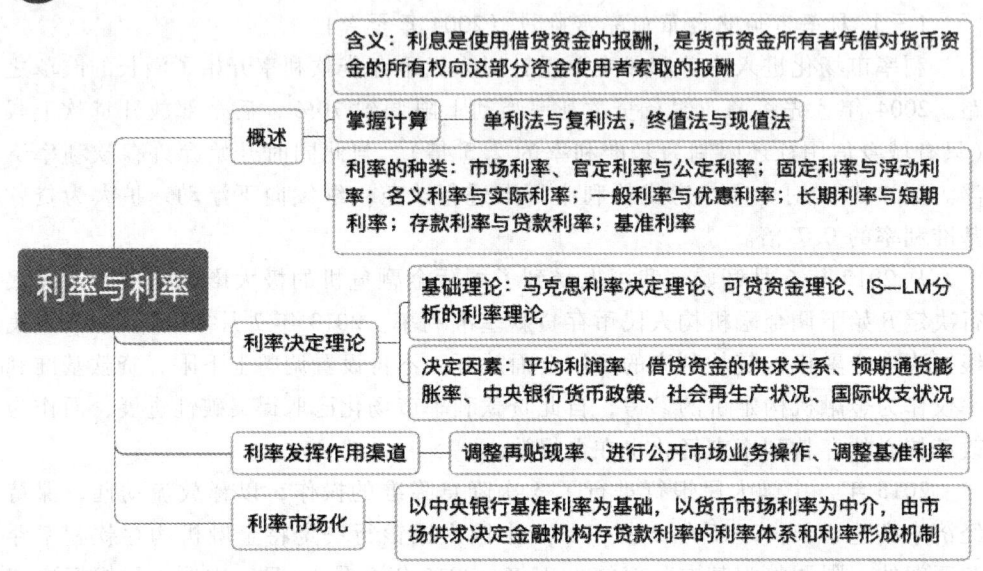

# 第四章 Chapter 4

# 金融市场

【本章学习目标】

知识目标：了解金融市场的产生与发展；掌握金融市场的含义、功能及包含的要素；理解掌握各类金融市场的概念与特点；熟悉各种市场工具的特点与操作。

能力目标：能够运用基础理论简单分析金融市场在经济活动中如何发挥作用；分析我国金融市场发展中存在的问题及发展趋势。

【导入案例】

## 2020 年我国货币市场利率平稳，市场交易活跃

1. 货币市场利率平稳

2020 年 12 月同业拆借月加权平均利率为 1.3%，2020 年末，隔夜和 1 周 Shibor 分别为 1.09% 和 2.38%，分别较上年年末下降 60 个和 36 个基点。银行间回购和拆借交易活跃。

2. 银行间回购和拆借交易活跃

2020 年，银行间市场债券回购累计成交 959.8 万亿元，日均成交 3.9 万亿元，同比增长 17.6%；同业拆借累计成交 147.1 万亿元，日均成交 5909 亿元，同比减少 2.6%。从期限结构看，回购和拆借隔夜品种的成交量分别占各自总量的 84.7% 和 90.2%，占比分别较上年同期下降 0.5 个和 1.2 个百分点。交易所债券回购累计成交 287.3 万亿元，同比上升 20.3%。

3. 同业存单和大额存单业务平稳运行

2020 年，银行间市场发行同业存单 2.9 万期，发行总量 19.0 万亿元，二级市场交易总量为 167.3 万亿元，2020 年年末同业存单余额为 11.2 万亿元；金融机构

发行大额存单 5.2 万期，发行总量为 9.7 万亿元，同比减少 2.3 万亿元。2020 年，3 个月期同业存单发行加权平均利率为 2.60%，比同期限 Shibor 高 20 个基点。

4. 利率互换市场成交稳步增长

2020 年，人民币利率互换市场达成交易 27.4 万笔，同比增长 15.3%；名义本金总额 19.6 万亿元，同比增长 7.8%。从期限结构来看，1 年及 1 年以下交易最为活跃，名义本金总额达 12.5 万亿元，占总量的 63.8%。人民币利率互换交易的浮动端参考利率主要包括 7 天回购定盘利率和 Shibor，以 LPR 为标的的利率互换全年成交 1718 笔，名义本金 2665 亿元。

5. LPR 利率期权业务稳步发展

2020 年 3 月 23 日银行间市场 LPR 利率期权业务正式上线，市场主体踊跃参与，机构类型覆盖大型商业银行、股份制银行、城商行、农商行、外资银行、证券公司等。至 2020 年年末，LPR 利率期权共计成交 484 笔，金额 907.5 亿元。其中，LPR 利率互换期权成交 126 笔，名义本金 143.5 亿元；LPR 利率上/下限期权成交 358 笔，名义本金 764 亿元。

（资料来源：中国货币政策执行报告 2020 年第四季度）

# 第一节 概　述

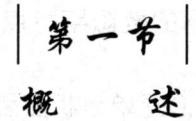

## 一、金融市场的含义

微课：金融市场的含义

案例分析

金融市场是金融产品的交易场所。金融市场有广义和狭义之分。狭义的金融市场一般指有价证券市场，即股票和债券的发行和流通市场。广义的金融市场还包括货币资金融通的场所，具体包括货币流通以及与其相关的货币发行与回笼，吸收存款，发放贷款，有价证券、外汇和金银等贵金属的买卖，以及国内、国际货币支付和结算，办理国内外保险等金融活动的场所。

与普通商品市场相比，金融市场的特点为：①金融市场的交易对象是同质的金融产品，如货币资金、有价证券等；②金融市场的交易方式有货币资金的借贷、有价证券的发行和买卖。金融市场的交易双方不再是单纯的买卖关系，而是建立在信用基础上的、一定时间内的资金使用权的有偿转让；③金融市场不受固定场所、固定时间的限制。金融市场最初是一个金融商品交易的具体场所。随着通信手段的发展，交易可以不再局限于一个具体的场所进行。从金融市场目前的发展态势看，随着计算机和通信技术的发展，金融市场的地域和空间特征都在不断弱化，出现了大量无形的、跨国的金融市场。

进一步来看，金融市场不仅指金融商品的交易场所，还涵盖了一切由于金融交易而产生的关系。其中最主要的是金融商品的供求关系，以及金融交易的运行机制——价格机制，表现为金融产品的价格和资金借贷的利率。在金融市场上，利率就是资金的价格，在这种特殊价格信号的引导下，资金自动、迅速、合理地流向高效率的部门，从而优化资源配置，推动经济持续快速发展。

## 二、金融市场的构成要素

尽管各国各地金融市场的组成形式和发达程度不尽相同，但都包括四大基本要素，即市场主体，市场客体、市场价格和市场组织系统。

### （一）市场主体

金融市场的主体即金融市场的参与者，包括资金最终供求者、金融中介机构和金融市场管理者。

金融市场上的资金最终供求者主要包括企业、个人、政府部门和国外部门。尽管他们往往都同时既是资金供给者，又是资金需求者，但通常人们习惯按净额把企业和政府部门归为资金净需求者，而把个人归为资金净供给者。国外部门的身份要依一国的国际收支状况而定，但如果我们考虑把国外部门作为一个可利用的资金来源，则可将其视为资金供给者。

金融中介机构主要是各类银行和证券公司、证券交易所以及信托、保险等非银行金融机构。它们通过吸收各种存款、发行债券和契约性的方式聚集社会闲散资金；通过贷款、投资等方式运用资金。它们在金融市场上充当资金的供给者、需求者和中介人等多重角色，其作用是在资金的最终供求者之间架起桥梁，满足不同投资者和筹资者的需要，促进金融市场上的资金融通。

金融市场的管理者主要是中央银行。作为金融市场的管理者，中央银行制定金融交易的基本规则，管理、参与金融市场交易的金融机构，并通过参与金融市场交易，运用经济手段进行宏观调控。

### （二）市场客体

金融市场的客体即金融市场的交易对象。人们参与金融市场的最原始目的是融通资金，因此，货币资金是金融市场的交易对象。在交易中，资金盈余者出让了一定时期内货币资金的使用权，根据该笔资金的所有权收取报酬——利息或股息；资金短缺者则在付出一定的代价即支付一定的利息或股息后获得一定时期内对货币资金的使用权。随着流通市场的发展和衍生金融市场的兴盛，金融市场的功能已远远超出了调节资金余缺的范围。实际交易的对象是什么已经变得不那么重要，人们关注更多的是交易的工具，即金融工具。

金融工具是金融交易的凭证，是金融交易关系的载体。金融市场的发展与创新使金融工具品种繁多。传统的金融工具包括各种债权凭证和产权凭证，如存款单证、商业票据、债券、股票等，还有各种以传统金融工具为基础开发出来的衍生金融工具，如期权合约、期货合约、掉期合约等。金融工具就其本身制作成本而论是没有什么价值的，只是因为它所表示的交易的内在价值而被标价，随着金融交易超出货币资金余缺调剂的范围，金融工具成了名副其实的交易工具，像期权合约之类的金融工具，本身就有标准价格，该价格与其中潜在的交易对象的价值并无联系，有些合约如股票指数期货合约，则连潜在的交易对象都没有。金融工具对于卖方来说代表的是负债或资本，对于买方来说代表的是资产。

### （三）交易价格

每笔金融交易都是按照一定的价格成交的，其交易价格同其他市场价格一样，也是由金融工具所代表的内在价值决定的。当价格大于价值时卖出，当价格小于价值时买入。因为价格高于价值意味着实际收益高于平均收益，反之，实际收益则低于平均收益。交易者应当把握时机，低价买入，高价卖出，争取盈利。在激烈竞争的推动下，这种买卖活动会很快使价格接近价值，机会稍纵即逝。由此看来，金融工具的估值成了判断价格高低的关键。估值的方法有很多，如计算金融工具的现值，还有多种资产定价模型可供选择。金融交易的价格通常以利率或收益率来表示，也有直接以证券的价格出现，如股票价格、债券价格、基金价格等。均衡价格是市场供求实现均衡时的交易价格，此时的实际收益被认为与均衡收益相吻合。

### （四）交易组织系统

金融交易都是在特定的制度安排下进行的。传统上，与金融中介机构发生的交易都在这些机构的营业场所内按规定程序完成，证券市场的交易组织系统可划分为交易所交易和场外交易两种。随着信息技术的普及和应用，现在越来越多的金融交易组织系统正在朝电子化、网络化方向发展。

## 三、金融市场的主要功能

### （一）资金聚集功能

第一，在一国经济中，各部门之间和部门内部的资金收入和资金支出在时间上往往是不一致的。金融市场通过金融工具，把储蓄者或资金盈余者的货币资金转移给筹资者或资金短缺者使用，为两者提供了沟通的渠道，使社会投资得以顺利完成，使社会资源得到充分利用。

第二，各单位的闲置资金往往比较零散，数量通常较小，不足以满足大规模投资的需要。金融市场的存在，能汇聚众多小额资金，形成巨大的货币资本，满足大规模的生产投资和政府部门的大规模公共支出的需求。

### （二）资源配置功能

金融市场的存在，扩大了资金供给者和需求者的接触机会，为双方开辟了广阔的投、融资途径，同时有利于双方降低各自的交易成本。为实现自身经济利益的最大化，投资者要将资金投向最有利可图的部门和项目，筹资者则要在实现融资目标的前提下选择成本相对较低廉的融资渠道。于是，市场上的资金自然流向经济效益高、发展潜力大的部门和企业，没有效益或效益不佳的部门与投资项目就很难取得较多的资金，这是优胜劣汰的竞争过程。金融市场竞争的结果，是使有限的社会资金向着使用效率最大化的方向发展，实现资源的优化配置。

### （三）经济调节功能

金融市场对于宏观经济具有重要的调节作用。一方面，金融市场通过其资源

拓展阅读：9 张图看懂 2020 年中国金融市场

配置功能，对微观经济部门效率的提高起到积极促进作用，进而有效提高整个宏观经济的运行质量。另一方面，金融市场是政府实施宏观经济政策的重要手段和渠道之一。中央银行通过金融市场，运用存款准备金率、再贴现率和公开市场业务操作三大货币政策工具，向金融市场注入货币或抽回货币，调节货币供应量，对经济起到刺激或平抑作用。此外，财政政策的实施也与金融市场紧密相连，政府通过国债的发行和运用，对经济进行引导和调节。

### （四）信息反映功能

金融市场连接着一国经济的各个部门和环节，是整个市场体系的枢纽。

首先，从宏观经济角度来看，金融市场向来被视为经济发展的"晴雨表"。经济的每次繁荣总是表现为金融市场的异常活跃，而经济的衰退又总是以金融市场的崩溃为信号。金融市场与国民经济的关系十分密切，总是能为国民经济的景气与否及时提供准确灵敏的信息。

其次，从微观角度看，金融市场上的各种证券，其价格波动的背后总是隐藏着相关的信息。一般而言，经济效益比较良好、行业景气乐观且运行平稳的单位所发行的证券，长期来看其价格稳中有升；相反，如果某种证券的价格相对于市场上其他品种一路下跌，则大概率上是该企业出现了运行危机。投资者可以根据金融市场上的证券价格信息分析判断出相关企业、行业运行状况和发展情景，做出合理选择。

最后，金融市场是中央银行进行公开市场业务操作的地方，对货币供应量的变化反应最快；能灵敏地觉察宏观经济中货币政策、财政政策等的变化，反映整个国家宏观经济的发展态势。

案例分析

## 四、金融市场的类别

在金融市场上，各种金融交易的对象、方式、条件、期限等都不尽相同，为了更充分地了解金融市场，需要对之加以分类。根据不同的区分标准金融市场可以有不同的分类，各种不同类型的金融市场构成了广义的金融市场。

**（一）按照金融市场交易的期限划分，金融市场可分为货币市场和资本市场**

货币市场是指融资期限在1年以内（含1年）的资金市场，其资金主要用于短期生产周转需要，因其偿还期比较短，流动性比较高，风险比较小，这种资金与货币的差别不大，而且这些金融工具往往被当作货币的代用品，如商业票据、短期银行票据等，所以货币市场也称短期资金市场。

资本市场是指融资期限在1年以上的资金市场，这种长期资金主要是用于固定资产投资。因为它的期限比较长，风险比较大，而且它能给购买这些长期金融资产的人定期带来收入，所以资本市场也称长期资金市场。资本市场既包括股票市场、中长期债券市场等长期投资市场，还包括中长期借贷市场。

**（二）按照金融交易的程序划分，金融市场可分为发行市场和流通市场**

发行市场也称初级市场或一级市场，是票据或证券等金融工具最初发行的场所。

流通市场也称二级市场、次级市场或交易市场，是已发行票据或证券等金融工具转让买卖的市场。

**（三）按照金融交易有无具体的场地或空间划分，金融市场可分有形市场和无形市场**

有形市场指有具体的固定交易场地，如证券交易所。

无形市场则是观念上的市场，没有具体的固定场地，如资金拆借、证券场外交易，可以电话联系成交，也可以通过柜台联系。无形市场因无固定场所，又称为场外交易、店头交易、柜台交易和电话交易。

**（四）按照金融交易的交割时间划分，金融市场可分为现货市场和期货市场**

现货市场也称现金市场，即当天成交，当天就进行交割（交钱付货），最迟在3天内交割。

期货交易则是指交易双方达成协议后，不立即交割，而在一定时期后，如1个月或者3个月后交割。

**（五）按照金融市场交易有无中介机构，可分为间接金融市场和直接金融市场**

间接金融市场是指资金供给者将资金存入金融机构，金融机构再将集中起来的资金提供给资金需求者，这种以金融机构为中介的融资市场为间接金融市场。比如货币资金借贷市场，包括存款市场和放款市场。

直接金融市场是指资金供给者与资金需求者直接进行资金融通，比如企业之间赊销商品和预付货款，企业直接发行股票、债券向社会集资等。

直接融资与间接融资示意图见图4-1。

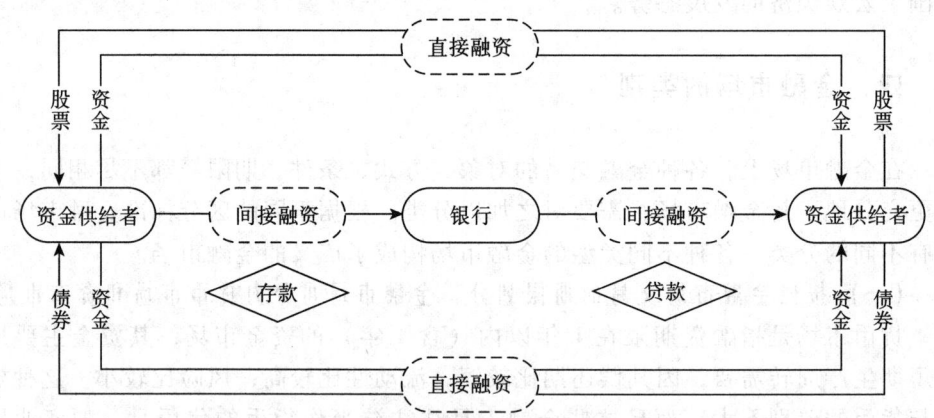

**图4-1 直接融资与间接融资示意图**

**（六）按照金融资产存在的形式，可分为拆借市场、贴现市场、证券市场、外汇市场、黄金市场和保险市场等**

拆借市场，是指金融机构之间买卖它们在中央银行存款账户上的存款余额的场所。在美国称之为联邦基金市场。

贴现市场，是指银行以现款买进未到期票据或其他短期债券，为持票人提供资金的市场。

证券市场，是一种长期资金市场，指股票、债券等长期证券的发行和买卖的市场。

外汇市场是买卖外汇的场所。

黄金市场是买卖黄金等贵金属的场所。

保险市场，是指从事各种保险业务的市场，它以保险单和年金单的发行和转让为交易对象，是一种特殊的金融市场。

**（七）按照交易的双方是否为本国居民，可分为国内金融市场与国际金融市场**

国内金融市场指本国居民之间发生金融关系的场所，仅限于有居民身份的法人和自然人参加，经营活动一般只涉及本国货币，其交易活动都要受到本国法律和制度的管制。

国际金融市场的活动领域则超越国界，其参与者涉及境外居民或多国居民。

第一节小测验

## 第二节 货币市场

货币市场是短期资金市场，是指融资期限在1年以内的金融市场，是金融市场的重要组成部分，其主要功能是满足短期流动性需求。货币市场主要包括银行间同业拆借市场、商业票据市场、大额可转让定期存单市场、债券回购市场、短期债券市场以及短期信贷市场等。货币市场的重要性在于，它是整个金融体系调剂流动性的重要渠道，为中央银行实施公开市场业务操作提供了场所。另外，货币市场利率在整个利率体系中也占有重要地位。

### 一、同业拆借市场

狭义的同业拆借市场是金融机构间进行临时性"资金头寸"调剂的市场，期限非常短，多为"隔夜融通""七天拆借"。

广义的同业拆借市场是指金融机构之间进行短期资金融通的市场，除了弥补或调剂资金头寸，以及1日或几日的临时性资金调剂外，已发展成为各金融机构尤其是各商业银行弥补资金流动性不足和充分有效运用资金、减少资金闲置的市场，成为商业银行协调流动性与盈利性关系的有效市场机制。

微课：同业拆借市场的特点

银行间同业拆借市场的特点有：①融通资金的期限比较短。一般是1天、2天或1个星期，最短为几个小时或隔夜，是为了解决头寸临时不足或临时多余而进行的资金融通。目前，拆借市场已成为各金融机构弥补短期资金不足和进行短期资金运用的市场，成为解决或平衡资金流动性和盈利性矛盾的市场，从而临时调剂性市场就变成了短期融资市场。②同业拆借都是信用拆借。因为拆借市场交易金额较大，且不需要担保或抵押，完全凭信用交易、风险较大，所以拆借市场有着严格的市场准入条件，只有被准入的金融机构才能入场交易，准入的金融机构通常都具有较好的资质和信用状况，交易双方都严格遵守交易协议。③交易手段比较先进，交易手续比较简便、成交时间较短。同业拆借市场的交易主要是采取电话协商的方式进行，是一个无形的市场；达成协议后，就可以通过各自在中央银行的存款账户自动划账清算；或向资金交易中心提出供求和进行报价，由资金交易中心进行撮合成交，并进行资金交割划账。④拆借利率由双方协商决定，可以随行就市。因此，同业拆借利率是市场利率，能够充分灵敏地反映市场资金供求的状况和变化。拆借利率一般要低于再贴现利率。当然，有时由于同业拆借市场中短期资金需求很大，也会偶尔出现拆借利率高于再贴现利率的情况。

目前，全国银行间同业拆借中心与中国外汇交易中心合用一个交易系统，并包括全国银行间拆借和债券（包括现券买卖、回购交易）两个交易子系统。截至 2025 年 6 月 7 日，全国银行间同业拆借中心共有市场成员 2448 家，机构类型包括中资商业银行及授权分行、外资银行、中外合资商业银行、金融租赁公司、保险公司、资产管理公司、汽车金融公司、基金公司、政策性银行、农村信用联社、信托投资公司、财务公司、证券公司、投资公司和城市信用社等。值得注意的是，与证券交易所的集中报价竞价交易方式不同，同业拆借市场采用询价方式进行交易，在同一个时点上，如果存在两对以上的市场主体进行同期限的拆借，它们的利率很可能不一样。根据全国银行间同业拆借中心的规定，拆借期限最短为 1 天，最长为 1 年，同业拆借交易双方可自行商定拆借期限，交易中心按 1 天、7 天、14 天、21 天、1 个月、2 个月、3 个月、4 个月、6 个月、9 个月、1 年共 11 个品种计算和公布加权平均利率。

国际上，银行间同业拆借利率是一种重要的金融市场基准利率，它在很大程度上决定着商业银行的存放款利率，最著名的有伦敦同业拆借利率（LIBOR）和美国联邦基金利率（Federal Fund Rate，FFR）。

## 二、票据市场

票据市场是包括商业汇票和商业本票这两类票据发行和转让的场所。

### （一）商业票据的构成要素

根据《中华人民共和国票据法》（以下简称《票据法》）的规定，商业票据应具备七个要素：①明确标明"汇票"或"本票"字样；②无条件支付的委托；③确定的金额；④付款人名称；⑤收款人名称；⑥出票日期；⑦出票人签章。此外，汇票上记载付款日期、付款地、出地等事项的，应当清楚、明确，汇票上未记载付款日期的，为见票即付；汇票上未记载付款地的，付款人的营业场所、住所或者经常居住地为付款地；汇票上未记载出票地的，出票人的营业场所、住所或者经常居住地为出票地。

### （二）商业票据的业务种类

与商业票据相关的业务主要有票据发行、票据转让、票据承兑、票据保证、票据清偿和票据贴现。

1. 票据签发和发行

（1）商业票据的签发。商业票据的签发一般基于商业交易，由收款人或付

拓展阅读：2013年钱荒事件回顾

知识链接：伦敦银行同业拆借市场及同业拆借市场利率

拓展阅读：《中华人民共和国票据法》

微课：票据市场

款人根据交易金额签发。没有经过承兑的商业汇票没有法律效力。

（2）商业票据的发行。商业票据是商业企业筹集短期资金的工具。其发行方式分为直接发行和金融机构承销两种，发行条件主要包括贴现率、发行价格、发行期限、兑付和手续费、发行金额。为了保证商业票据的顺利发行，通常发行企业要通过一定的评级程序。商业票据的信用等级不同，发行的难易程度及发行利率水平也各不相同。

大部分商业票据是通过包销商发行的，发行公司将商业票据全部卖给包销商，由包销商再转售给投资人，发行公司按包销金额支付给包销商一定的手续费。也有一部分商业票据由发行公司直接销售给投资人。商业票据的投资人主要是金融机构和个人，如商业银行、保险公司、年金组织、投资公司等。

2. 票据转让

商业票据通常可以通过背书方式进行转让。背书是指在票据背面或者粘单上记载有关事项并签章的票据行为，持票人可以将票据权利转让给他人或者将一定的票据权利授予他人行使。

3. 票据承兑

承兑是指付款人承诺在票据到期日支付票载金额的票据行为。承兑是商业汇票特有的票据行为，主要目的在于明确汇票付款人的票据责任。付款人承兑汇票的，应当在汇票正面记载"承兑"字样和承兑日期并签章。付款人承兑汇票，不得附有条件；承兑附有条件的，视为拒绝承兑。付款人承兑汇票后，应当承担到期付款的责任。

在付款之前，一般需要由持票人提示承兑。提示承兑是指持票人向付款人出示汇票，并要求付款人承诺付款的行为。汇票未按照规定期限提示承兑的，持票人丧失对其前手的追索权。指定商业银行作为商业汇票付款人的，称为银行承兑汇票。向银行申请办理汇票承兑的商业汇票的出票人，必须在承兑银行开立存款账户，资信状况良好，并且具有支付汇票金额的可靠资金来源。

金融职业素养：京票秒贴为票据贴现提供数字化解决方案

4. 票据保证

票据保证是指票据债务人以外的其他人担保票据债务人履行债务的票据行为。保证人对合法取得票据的持票人所享有的票据权利承担保证责任，但是，被保证人的债务因票据记载事项欠缺而无效的除外。票据到期后得不到付款的，持票人有权向保证人请求付款，保证人应当足额付款。

5. 票据贴现

票据贴现是指持票人为了资金融通的需要而在票据到期前以贴付一定利息的方式向银行出售票据。对于贴现银行来说，就是收购没有到期的票据。票据贴现的贴现期限都较短，一般不会超过6个月，可以办理贴现的票据也仅限于已经承兑并且尚未到期的商业汇票。一般而言，票据贴现可以分为贴现、转贴现和再贴现。

拓展阅读：银行承兑汇票贴现案例

贴现是指客户（持票人）将未到期的票据卖给贴现银行，以便提前取得现款。一般来说，工商企业向银行办理的票据贴现就属于这一种。

转贴现是指银行以贴现购得的没有到期的票据向其他商业银行所做的票据转让，这一般是商业银行间相互拆借资金的一种方式。

案例分析

再贴现是指贴现银行持未到期的已贴现汇票向中央银行进行贴现。

票据贴现流程图见图4-2。

图4-2 票据贴现流程图

 **金融科技专栏**

**为票据贴现提供数字化解决方案**

京东科技基于供应链金融科技的票据技术服务平台，打造了服务中小微企业的票据贴现专属平台——京票秒贴。京东科技票据业务相关负责人表示，基于OCR技术识别票据信息，平台能够将票据录入时间压缩至秒级。通过与银行系统直连，实时反馈多家银行的报价供企业选择，最快可以十秒钟完成，且没有任何手续费，不仅能够帮助企业高效地直连最适合的票据贴现服务银行，同时也让银行更加精准地受理客户需求。

基于京东在数智化社会供应链的大量实践与积累，京东供应链金融科技平台还携手核心企业、金融机构等，搭建新型小微金融服务体系，为不同产业供应链解决中小微企业融资难、融资贵的问题。

资料来源：魏京婷. 为票据贴现提供数字化解决方案 "京票秒贴"入选中互金协会数字普惠优秀案例[EB/OL].（2022-01-12）[2023-08-20]. http://finance.ce.cn/stock/gsgdbd/202201/12/t20220112_37251233.shtml.

## 三、大额可转让定期存单市场

大额可转让定期存单是由商业银行发行的、可以在市场上转让的存款凭证。1961年，大额可转让定期存单由美国花旗银行首先发行，其后许多银行纷纷效仿，成为一种非常流行的货币市场工具。

大额可转让定期存单储蓄是一种具有固定面额、固定期限，可以转让的大额存款定期储蓄。发行对象既可以是个人，也可以是企事业单位。大额可转让定期存单无论单位或个人购买均使用相同式样的存单，分为记名和不记名两种。存单期限共分为3个月、6个月、9个月、12个月四种期限。

大额可转让定期存单是银行发行的具有固定期限和一定利率，并且可以转让的金融工具。这种金融工具的发行和流通所形成的市场被称为可转让定期存单市场。

大额可转让定期存单市场的参与人包括发行人和投资人。发行人是商业银行，投资人包括货币市场基金、商业银行、政府和其他非金融机构投资者，市场收益率高于国库券。

大额可转让定期存单与一般的银行定期存款不同之处在于：①其有规定的面额，面额一般很大；而普通的定期存款金额由存款人决定。②其可以在二级市场上转让，具有较高的流动性；而普通的定期存款只能在到期后提款，提前赎回要支付一定的利息。③大额可转让定期存单的利率通常高于同期限的定期存款利率，可以获得接近于金融市场的利息收益；另外，还有的大额可转让定期存单按照浮动利率计息。④通常只有规模较大的银行才能发行大额可转让定期存单。

存单转让方式主要由存单是否记名决定。不记名存单在市场上转让时，交给相应的购买人即可，不需要背书，绝大多数大额定期存单属于此类。记名存单的转让需要背书，通常在交易完成时，要在存单背面写上原存单持有人和新存单持有人的姓名。

大额可转让定期存单因面额较高，交易起点额更高（如美国为100万美元），在很大程度上限制了个人投资者进入市场，但却为机构投资者提供了大规模交易的条件。

我国的大额可转让定期存单业务是从1986年开始的，投资者主要是个人，面额为500元及其整数倍。期限有1个月、3个月、6个月、9个月和1年，不分段计息，逾期不计利息。利率水平通常是在同期定期储蓄存款的利率基础上再加上1~2个百分点。20世纪80年代大量发行的大额可转让定期存单到1996年后整个市场停滞，几近消失。近几年随着我国市场机制的进一步完善发展，为了拓宽筹资渠道，2015年6月，中国人民银行公布《大额存单管理暂行办法》曾一度停止发行的大额可转让定期存单又开始在各银行发行。

拓展阅读：《大额存单管理暂行办法》

## 四、短期债券市场

短期债券市场是指交易金融工具的剩余期限在1年以内的市场。这些债券包括两种情况：一种是债券的原始期限就在1年以内；另一种是债券的原始期限在1年以上，但随着到期日的临近，剩余期限已经不足1年。本节主要介绍国库券和短期市政债券。

### （一）国库券

国库券（Treasury Securities）是指国家财政当局为弥补国库收支不平衡而发行的期限不超过1年的短期政府债券。国库券通常包括3个月、6个月和12个月三个品种。在大多数国家的货币市场上，国库券都是第一大交易品种。

拓展阅读：国库券图例

国库券的债务人是国家，其还款保证是国家财政收入，所以几乎不存在信用违约风险，是金融市场风险最小的信用工具。国库券发行通常采用贴现方式，即发行价格低于国库券面值，票面不记明利率，国库券到期时，由财政部按票面值偿还。发行价格采用招标方法，由投标者公开竞争而定，故国库券利率代表了合

拓展阅读：《中华人民共和国国库券条例》

理的市场利率，灵敏地反映了货币市场资金供求状况。

国库券的二级市场流通一般在有组织的证券交易所或无组织的银行间国债市场上进行，以商业银行、证券商、中央银行、企业和个人为主要参与者。由于国库券在各种证券中信誉度最高、风险最小，因此具有非常活跃的流通市场。商业银行将这一市场作为获取无风险收益的资金运用场所，同时还将其作为保持二级储备、灵活变现的资产转换场所；企业和个人投资者在这一市场上得到获取无风险的稳定收益的投资机会；中央银行则将这一市场作为其实施公开市场业务操作的最佳领域，以达到调节信用总量的目的。由此可见，国库券市场除了为政府财政融通资金外，还为商业银行的安全性投资和流动性安排提供了方便，为企业和个人投资者创造了投资机会，为中央银行的宏观调控提供了市场基础。

（二）短期市政债券

一些国家，地方政府也有权发行债券（Municipal Bonds），通常这些债券的期限在1年以上，但从理论上说，它们也可以发行短期债券，发行方式与国库券相似。短期市政债券由地方政府的税收能力作为担保，一般情况下，违约风险很小，还可以享受免除地方税收的优惠，很受投资者的欢迎。但是，与中央政府债券相比，短期市政债券没有货币发行权作为担保，出现信用风险的例子依然存在，如美国橙县（Orange County）的市政债券就曾经无法偿还。

### 五、债券回购市场

债券回购交易（Repos）是指债券买卖双方在成交的同时就约定于未来某一时间以约定价格再进行反向交易。回购交易是一种与同业拆借紧密关联的短期资金融通形式，同货币市场上其他大多数融资工具一样，是机构之间进行大规模资金融通方式。回购交易一般是市场参与者通过电话电传达成交易，是一种柜台交易市场。

债券回购交易实质上是一种以有价证券作为抵押品融通资金的信用行为：债券的持有方（回购方）以持有的债券作抵押，获得一定期限内的资金使用权，期满后归还所借用的资金，并支付一定的利息；资金供给方（逆回购方）则暂时放弃资金的使用权，从而获得回购方的债券抵押权，并于期满后归还对方抵押的债券，收回资金和利息。回购交易的利率与同业拆借利率紧密相关，但由于回购交易采取了证券抵押的形式，所以回购交易利率一般较同业拆借利率低。

回购交易常常被中央银行作为货币政策的工具。中央银行采取回购交易的形式同商业银行和证券商进行交易，对银根的松紧进行微调，以贯彻货币当局的政策意图。

拓展阅读：《全国银行间债券市场债券买断式回购业务管理规定》

目前我国不仅在上海、深圳两个交易所开展了回购交易，全国银行间同业拆借市场也开展该项业务。我国已经推出的债券回购交易有两种：质押式回购和买断式回购，银行间质押式回购和交易所买断式回购最长期限均为365天。

2007年10月24日起中央银行票据在全国银行间债券市场上市交易，交易方式为回购，同时作为公开市场业务回购交易工具。

## 六、短期信贷市场

货币市场还包括短期资金的借贷市场,即银行通过吸收各种存款,然后对工商企业及其他货币资金需求者提供短期信贷,是间接金融市场的重要组成部分。

第二节小测验

## 第三节 资本市场

资本市场是指融资期限在1年以上的金融商品交易的场所,主要包括股票市场、中长期债券市场、基金市场和中长期银行信贷市场。资本市场工具的主要交易对象是股票、中长期债券和基金。

### 一、证券发行市场

证券发行市场,是发行者向投资者出售有价证券所形成的市场。新股份公司成立、原有的股份公司扩股增资、政府和企业为特定的目的筹资等,都要通过证券市场。因此,证券发行市场是资金由盈余单位向赤字单位转移的市场,是储蓄向投资转化的市场,最能体现金融市场的基本功能。但由于这一市场的交易活动只在证券发行者和若干承销商之间进行,因此公众的目光往往只盯住流通市场。实际上,对于一个需要扩充资本的公司或企业来讲,直接见效的是发行市场,因为无论流通市场交易量有多大,一般也不会直接引起公司实际营运资本的变化。

证券发行市场的运行过程一般都要经过前期准备和实际发售两个阶段,从总的运行过程看,股票和债券的发行基本相同,只在个别方面有差异。下面以股票发行为例,说明证券发行市场运行过程中几个重要环节。

(一)选择发行方式

在股票发行的前期准备阶段,发行者要在投资银行协助下,根据本公司的发行条件、投资人市场、拟承受的发行费用及是否争取上市等要求,选择合适的发行方式。基本方式有:

1. 私募发行和公募发行

私募发行(Private Placement),即只向少数特定的投资者发行。私募发行的优点是手续简便,一般不必向管理机构办理注册审核手续,因此,发行成本较低;但其最大的不足是发行的股票不能公开上市,股票难以转让。

公募发行(Public Placement),即面向市场上所有的投资者公开发行。这种方式下,发行者必须向有关管理机构申请注册,接受审批,还要向市场如实提供可供投资者参考的各种财务报表和与公司经营发展相关的资料。公募发行的优点是发行量大,发行的股票可在证券交易所上市,能够提高发行公司的知

微课:证券发行市场发行方式选择

拓展阅读:证券发行注册制和核准制的区别

案例分析

名度；缺点是发行手续复杂、发行成本高。

#### 2. 初次发行和增资发行

初次发行是指新组建股份公司时或原非股份制企业改制为股份公司时或原私人持股公司要转为公众持股公司时，公司首次发行股票。

增资发行是指随着公司的发展，业务的扩大，为达到增加资本金的目的而发行股票的行为。股票增资发行，按照取得股票时是否缴纳股金来划分，可分为有偿增资发行、无偿增资发行和有偿无偿搭配增资发行三种方式。

#### 3. 直接发行和间接发行

直接发行，又叫公司自办发行，指有价证券发行人自己办理发行手续、自己销售证券募集资金的方式。这种方式适合于筹资数量比较少、手续简单的筹资活动，一般私募发行采用此方式。这种方式的优点是节省承销费用、降低发行成本。缺点是发行人自己承担发行风险，割断了与证券公司等专业金融机构的联系，失去它们的具体指导，发行人对发行条件、市场时机的把握有限。

间接发行，即委托发行，指发行公司委托证券推销机构代理发行。公募发行都要通过承销商进行间接发行。承销商的承销方式一般有三种：一是代销方式。由发行者委托承销商代为向社会销售证券，承销商按照协议规定的发行条件，在约定的发行期内尽力推销，到了销售截止日期，证券如果没有按原定发行数额售完，未售出部分仍退还给发行者，承销商不承担任何发行风险。二是余额包销方式。由承销商按照承销协议规定的发行额和发行条件，在约定的期限内面向社会推销证券，到销售截止日期，未售出的余额由承销者负责认购，承销商要按照规定的时间向发行者支付全部证券的款项。三是全额包销方式。由承销商先将全部证券认购下来，并向发行者支付全部证券款项，然后按照市场条件转售给投资者。这种方式承销者要承担全部发行风险，但可以保证发行者及时得到所需的资金。

### （二）选择承销商

多数情况下，股票发行是由承销商作为中介机构来完成。对于承销商的选择，可以采取竞争性招标的方式，这有利于降低发行成本，但不利于与承销商建立固定的关系，也得不到承销商提供的相关服务；也可以采取私下联络的方式。所以，多数情况下，股票发行是在比较固定的承销商的合作下完成的。发行数量大时，通常由多家承销商组成的承销团来完成。

### （三）申请注册

公募方式下，事先要在证券管理机构获准登记注册，才有资格发行股票。申请注册过程中的关键是准备好招股说明书。说明书的主要内容包括公司的各项财务数据、公司的发展历史、高级管理人员的状况、筹资目的和资金使用计划等。而且这些数据、资料都必须在有关律师、独立注册会计师和其他专家的参与下提供，以保证信息的可靠、完整和准确。证券管理机构确认招股说明书和同时上交的上市登记表属实后，批准申请者登记注册，意味着股票已获准发行，招股说明书具有了法定性质，投资者可以此作为对股票投资价值进行判断的依据。

### （四）确定发行价格

在招股说明书中，要求标明拟发行股票的发行价格。发行价格的是否合理，

金融职业素养：招股说明书

拓展阅读：股票发行价格是如何确定的呢？

是股票发行能否取得成功的关键之一。其定价过高，没有市场竞争力，达不到预计发行数量和筹资目的；其定价过低，会降低公司声誉，使公司得不到与自身业绩相对称的潜在市场收益。合理发行价格的确定应考虑多种因素，如公司业绩的增长性、股票的股利分配、市场利率水平、证券市场供求状况等。最终确定的发行价格有三种：一是平价，即以股票票面金额作为发行价格；二是溢价，即发行价格高于股票面额；三是折价，即按面额打一定折扣后作为发行价格，也就是发行价格低于股票面额。其中溢价发行股票又有两种方式确定发行价格，一是按时价或市价确定，即以同种或同类股票的流通价格为基准来确定发行价格；二是按中间价确定，即取票面额与时价的中间值为发行价格。在发达的证券市场中，股票发行多为溢价发行，很少有平价和折价发行。溢价发行可以使发行公司以较少的股份筹集到较多的资金，还可以降低筹资成本。

（五）销售与承购

发行申请获准后，进入正式销售股票阶段。这一阶段，发行公司的任务就是按预定的方案发售股票，直接承购者是以投资银行为主的证券承销商。通常是由发行公司与承销商签订承销协议，而后实施承销。承销方式有全额包销、代理推销和余额包销（助销）。

以上是以股票为例来说明证券发行中的主要环节。债券发行除了与这些关键环节基本相同之外，其特殊之处在于：

（1）由于债券是一种承诺到期偿还本金和利息的凭证，为确保发行人的承诺能够兑现，须由债券持有人与发行人签订包括一系列否定性条款和肯定性条款在内的债券发行合同书，依法确定双方的权利和义务。

（2）为了客观地估计债券的违约风险，向投资者提供对债券价值判断的可靠信息，也为了使债券顺利地销售，通常需要在债券发行之前由权威性的证券评级机构对债券进行信用评级。评级时主要考察：①发行公司的偿债能力。可通过公司的预期盈利水平、负债结构等来确认；②发行公司的资信状况。可通过公司的市场评价、偿债历史记录和违约记录来确认；③投资者的潜在风险。即发行公司破产的可能性和由破产造成投资者实际损失的可能程度。

拓展阅读：《证券发行与承销管理办法》

## 二、证券流通市场

证券流通市场是已经发行的证券在投资者之间转手买卖的市场，或者说是旧证券交易的市场。在发行市场上被投资者认购的证券，只有在流通市场才能够获得随时兑现的机会，否则就得一直持有到期才能收回投资，没有确定到期日的证券，如股票则永远不能收回投资。因此，流通市场是发行市场投资者的必然要求，是发行市场赖以存在与发展的重要保证。

（一）证券流通市场的结构

证券流通市场主要由场内交易市场（证券交易所市场）和场外交易市场（柜台交易市场）构成。

知识链接：我国的证券交易所

金融职业素养：股票的性质和特征

1. 证券交易所市场

证券交易所是证券买卖双方公开交易的场所，是一个有组织的市场。证券交易所作为一种集中性的交易市场，不仅为交易者提供了交易场地，而且提供有关的各种服务，如交易的清算、管理制度、信息资料的发布和处理等。但它本身不参加交易，也不决定交易的价格，只为交易提供服务。

根据组织形式划分，证券交易所可以实行公司制，也可以实行会员制。一般而言，证券交易所具有以下特征：

（1）具有固定的交易场所和交易时间。

（2）参加交易者为交易所会员，交易采取经纪制，即一般投资者不能直接进入证券交易所买卖证券，只能委托会员作为经纪人间接进行交易。

（3）通过公开竞价方式决定交易价格。

2. 场外交易市场

场外交易市场是指证券交易所以外的证券交易市场的总称。在证券市场发展初期，许多有价证券的买卖都是在柜台上进行的，因此，称为柜台市场或店头市场（OTC）。随着通信技术的发展，目前许多场外交易市场并不直接在证券经营机构的柜台上进行，而是由客户与证券经营机构通过电话、电传、计算机网络进行交易。

一般而言，典型的场外交易市场具有以下特征：

（1）交易对象是非上市证券。

（2）交易活动多在投资者与证券自营商之间单独分散进行，没有集中的交易场所。

（3）交易程序简单，交易成本低廉。由于交易是在投资者和证券商之间进行的，经过直接洽谈即可成交，无须订立规范的委托契约，无须提供交易所内那种规范的服务，甚至不需要向证券商支付佣金，因此，可节约交易费用。

（4）交易价格由双方协商确定，而不像交易所内公开竞价那样由多个买方和多个卖方同时报价，以最高买价和最低卖价一致时的价格作为成交价。

（5）交易活动所受管制少、灵活性强。

3. 二板市场

拓展阅读：我国的创业板块、科创板块介绍

二板市场又称创业板市场、第二交易系统，是与现有证券市场即主板市场相对应的概念。面向中小企业的证券市场，就是二板市场。近几十年来，为了扶持中小企业和高新技术企业发展，世界上不少国家和地区纷纷探索设立二板市场，以建立一种有利于支持高新技术产业化，有利于中小企业融资的金融体系。

全球的二板市场大致可分为两类模式：一类是"独立型"，另一类是"附属型"。二板市场主要针对寻求高回报、愿意承担高风险、熟悉投资技巧的机构和个人投资者，包括专项基金、风险投资公司、共同基金以及有经验的个人投资者。

（1）二板市场的特点

①前瞻性市场。二板市场对公司历史业绩要求不严，过去的表现不是融资资格的决定因素，关键看公司是否有发展前景和成长空间，是否有较好的战略计划和明确的主题概念。市场认同的也是公司的高成长性和独特概念。

②上市标准低。二板市场主要面向新兴中小企业和高科技企业，因此，上市规模和盈利条件都不做高的要求。有的市场甚至允许经营亏损的或者无形资产比重很高的企业上市。

③推行做市商制度。所谓做市商是指承担股票买进和卖出义务的交易商。根据这一制度，所有为某种证券交易做市的做市商必须报出买入价格和卖出价格，并随时准备按照自己的报价进行交易。

④市场监管更加严格。公司规模较小，交易不活跃，资产与业绩评估分析的难度也较高，而且容易出现内幕交易和被少数人操纵市场的现象。

⑤实行电子化交易。二板市场大多采用高效率的计算机交易系统，无须交易场地，因而具有费用低和效率高的突出优势，而且交易的透明度极高。

（2）二板市场的功能

二板市场是为极具发展潜力的中小企业提供超常规金融支持、为风险投资的退出打开通道而设计的。因此，其功能就是：①为中小创新企业提供融资服务。②为风险投资提供退出渠道。③有助于资本市场体系的健全。

案例分析

### （二）证券流通市场交易方式

证券交易所产生几百年来，证券交易方式不断地变化和创新。现在，证券流通市场上的交易方式很多，大致可以分为以下几类：

1. 现货交易

现货交易也称现金现货交易，是证券交易双方成交后，立即办理交割手续的交易方式，即卖出者交出证券，买入者付出现款，钱货两清。它是证券交易中最古老的交易方式。

现货交易有几个显著的特点：①成交和交割基本上是同时进行。②实物交易，真正的"一手交钱，一手交货"。③部分现货交易有投资的性质，它反映了购入者有进行长期投资的意愿，希望能在未来的时间内，从证券上取得较稳定的利息或分红等收益，而不是为了获取证券买卖差价而进行的投机。

2. 期货交易

期货交易是指买卖双方在期货交易所内以公开竞价的方式成交后，承诺在未来某一日期或某一段时间内，以事先约定的价格交割某种数量标准化标的物的交易方式。

期货交易的特点：①期货交易是成交与交割不同时进行，"现在成交，将来交割"。由于成交价和交割时证券市场价会有不同，会给买卖双方带来额外收益或损失。②期货交易可以对冲，即双方在清算时可以相互轧差，不一定要实际交割。③期货交易对象是交易所规定的标准化合约，该合约规定了商品的规格、品种、数量、交割时间、交割方式等，其中唯一可变的是价格，而价格是在一个有组织的期货交易所内通过公开竞价产生的；④以保证金制度为保障。保证金一般为合约值的3%~5%，这样就使得用很少的钱做很大的交易成为可能，以小博大，这就是保证金的杠杆作用。同时，也使期货市场具有了高风险性。

3. 信用交易

信用交易又叫垫头交易，是指投资者在进行证券交易时，向经纪人交付一定数量的现款或证券作为保证金,其余不足的部分由经纪人垫付来进行交易的方式。信用交易分为融资买进(买空)和融资卖出(卖空)两种。由于经纪人的垫款通常是从银行以可赎回资金的利率贷款得来,所以投资者借款的总成本是银行利率加上服务费。所有保证金信贷购买的证券都必须由经纪人保管,因为该证券相当于用来作为贷款的抵押。

信用交易的特点,在于使客户能以较少资本进行大宗交易。但由于信用交易风险较大,而且过多的信用交易会造成市场的虚假需求,人为地造成市场波动,造成泡沫经济,所以各国证券管理当局,对信用交易多进行较严格管理。

4. 期权交易

期权交易亦称选择权交易,是指预先支付一定费用之后,投资者买入一个可选择执行的买权或卖权,即有权在一定时间内按协议的价格买进或卖出规定数量标的物的权利。

期权交易的特点:①交易对象是一种权利而非实物。②交易双方享有的权利与义务不对等,期权的买入者享有决定期权执行与否的权利,没有义务;但期权的卖出者只有被动执行的义务,没有权利。③期权买方的风险较小,买方的损失是已知的和固定的,因此这种交易实质上是一种转移风险的交易方式。

## 三、证券价格

### (一) 证券价格

证券价格是有价证券在证券市场上交易的价格。

由于有价证券能够脱离真实资本而独立运动,其价格的决定也就有其特殊的规律。有价证券在交易中的价格与证券上标明的名义价值或面值常常是不一致的。市场的投机性炒作、预期等原因会导致证券供求状况发生变化,引起价格变动。证券价格背离其名义价值而自行决定的内在机理是:在利息作为独立范畴存在的条件下,人们把每一个固定的有规则的收入都看成是一定资本带来的利息。凡是拥有货币资本并愿意把它投放出去以谋取收益的人,其最起码的要求是能够按市场平均的借贷利率水平获得收益,至于投放于哪些部门和哪些资产,是存入银行还是购买有价证券,对他来说都是一样。就购买证券而言,投资者关心的并不是证券的名义价值或票面额,而是考虑以怎样的价格购买,才能获得相当于将该笔资金贷放出去或存入银行所得到的利息收入。所以,决定证券价格水平及其变化的并不是证券的名义价值或面额,而是证券的收益水平和借贷市场利率水平的比较。用公式可表示为:

$$证券行市 = \frac{预期证券收益}{市场利率}$$

这个等式关系表明:证券价格与预期证券收益成正比,与市场利率成反比。在预期证券收益一定的情况下,市场利率越高,意味着把本金存入银行会有更高的收益,如果要获得与银行利率水平相同的收益水平,只能降低证券的价格。反之,如果市场利率较低,要获得同银行利率水平一样的收益率,在预期证券收益一定的情况下,就只能提高证券价格。所以当预期证券收益高于市场利率时，人们会选择购买有价证券，从而增加对证券的需求，推动证券价格的上涨，反之，则推动证券价格下降。

该公式计算的只是证券的理论价格，证券的市场价格是随着供求关系的变化而变化的。供给超过需求，就会使证券价格下跌；需求大于供给，就会使证券价格上涨。影响证券供求的因素错综复杂、多种多样，在不同国家、不同时期都有所不同，所以准确的证券价值很难以一个简单公式得到。

### （二）股票价格指数

股票的市场价格瞬息万变，为了反映市场总体价格走势，需要编制股票价格指数。股票价格指数表示多种股票平均价格水平及其变动，是衡量股市行情的指标。一般由专门的指数编制公司负责编制和发布股票价格指数，在证券交易所、证券经营机构的各种金融类媒体上公开发布。

微课：股票价格指数的制定

股价指数是用来反映不同时点上股价变动情况的相对指标。通常是报告期的股票价格与选定的基期价格相比，并将二者的比值再乘以基期指数即为该报告期的股价指数。人们通过观察股价指数的变化，可以衡量出报告期股价与基期相比的变动方向及其幅度。

股价平均指数是用来反映一定时点上多种股票价格变动的一般水平，通常用算术平均数或加权平均数表示。人们通过对不同时期股价平均指数进行比较，可以看出股票价格的变动情况和趋势。

算术平均法是从市场上每种股票中拿出1股，将各种股票价格相加，再以所取的股票总数去除，计算出股票价格的平均数。然后以基期股票价格的平均数为100，计算各个时期的股票价格指数。计算公式如下：

动画：股票价格指数

$$股票价格平均数 = \frac{各种股票中1股股票的价格总和}{股票种类数}$$

加权平均法是以若干种股票作为计算前提，以各种股票的价格乘以已发行数量的总和作为分子，用每种股票的基期价格乘以发行数量的总和作为分母，相除所得百分比，即为股票价格指数。计算公式如下：

$$股票价格指数 = \frac{\sum 每种股票价格 \times 已发行数量}{\sum 基期股票价格 \times 已发行数量}$$

目前世界上比较著名的股票价格指数有美国道·琼斯股票价格指数、美国标准普尔股票价格指数、纽约证券交易所股票价格指数、伦敦《金融时报》股票价格指数、日本日经股票指数、香港恒生指数等。

我国的主要股票价格指数有：

拓展阅读：A股纳入富时罗素指数

（1）上海证券交易所股价指数，简称上证指数，是上海证券交易所在吸取美国、日本等国家和香港、台湾等地区股价指数编制的同时，对静安股价指数作了充分分析，经过比较，采用市场价总额加权计算法，依据当时在交易所上市的所有股票为样本，以正式开业日1990年12月19日为基期，以股票发行量为权数进行编制的。计算公式为：

$$本日股价指数 = \frac{本日市价总值}{基期市价总值} \times 100$$

（2）深圳证券交易所股价指数，简称深证成指，是深圳证券交易所的主要股指。它是按一定标准选出 500 家有代表性的上市公司作为样本股，用样本股的自由流通股数作为权数，采用派氏加权法计算，以 1994 年 7 月 20 日为基期，基数为 1000 点。深证成指的基本公式为：

$$股价指数 = \frac{现时样本股总市值}{基期样本股总市值} \times 1000$$

## 四、基金市场

### （一）基金的概述

1. 基金含义

微课：基金概述

基金是一种利益共享、风险共担的集合投资方式，即通过发行基金单位，集中投资者的资金，由基金托管人托管，由基金管理人管理和运用资金，从事股票、债券等金融工具投资。从本质上说，投资基金是一种金融信托，具有专家理财、小额投资、组合投资、分散风险和共同收益的众多特点。

2. 基金分类

（1）按照投资者能否自由申购和赎回划分，基金可分为开放式基金和封闭式基金。

微课：基金类型

开放式基金，是指基金发行总额不固定，基金单位总数随时增减，投资者可以按基金的报价在国家规定的营业场所申购或者赎回基金单位的一种基金。其基金股权是开放的，基金总额不封顶，可视经营策略和实际需要连续发行。投资者可以随时购买该基金，也可以随时赎回该基金。购买或赎回的价格按基金的净资产计算。

封闭式基金，是指事先确定发行总额，在封闭期内基金单位总数不变，上市后投资者可以通过证券市场转让、买卖基金单位的一种基金。基金的流动性体现在二级市场的交易上，投资者可以在二级市场上买卖封闭式基金，但基金公司本身不参与交易。封闭式基金的价格是由市场的供求关系决定的，可能高于或低于基金的资产净值。

（2）按照基金的组织形态划分，基金可分为契约型基金和公司型基金。

动画：银行理财产品

契约型基金，根据一定的信托契约原理而组织起来的。它由委托人、受益人和受托人组成。委托人就是基金的设定人，创立基金，发行受益凭证，负责投资基金的管理和操作。受益人则是受益凭证的持有人，是普通的投资者，凭受益凭证享有投资成果。受托人一般为银行或信托公司，根据信托契约的规定，具体办理证券、现金的管理及其他有关的代理业务和会计核算业务。

公司型基金，根据我国《公司法》组成的以营利为目的的股份有限公司形式，发行公司股票募集资金，由公司经理、董事执行业务，并向股东负责。其最大的特点是基金与投资者之间的关系是股东和股份公司的关系。

（3）按照资金募集方式和来源划分，基金可为私募基金和公募基金。

公募基金是以公开发行证券募集资金方式设立的基金；私募基金是以非公开发行方式募集资金所设立的基金。

私募基金面向特定的投资群体，满足对投资有特殊期望的客户需求。私募基金的投资者主要是一些大的投资机构和一些高净值的个人客户。如美国索罗斯创设的量子基金的投资者，或是金融寡头，或是工业巨头。

（4）按照投资对象的不同划分，基金可分为股票基金、债券基金、货币市场基金、混合基金和指数基金等。

股票基金，是以股票为投资对象的证券投资基金，是证券投资基金的主要种类。根据中国证券监督管理委员会（以下简称证监会）颁布的《证券投资基金运作管理办法》的规定，60%以上的基金资产投资于股票的基金为股票基金。

债券基金，是一种以债券为投资对象的证券投资基金，它通过集中众多投资者的资金，购买债券进行组合投资，寻求较为稳定的收益。按照《证券投资基金运作管理办法》的规定，80%以上的基金资产投资于债券的基金为债券基金。债券基金的波动性通常要小于股票基金，因此一般为风险承受能力较低的投资者所喜爱。

货币市场基金，是指仅投资于货币市场工具的基金。货币市场基金适合于将资本短期投资生息以备不时之需，是机构和个人有效的现金管理工具，特别是在利率高、通货膨胀率高、证券流动性下降、可信度降低时，可使本金免遭损失。

混合基金，是同时投资于股票、债券、货币市场工具或其他金融产品的基金。混合基金的风险低于股票基金，预期收益则要高于债券基金。混合基金为投资者提供了一种在不同资产类别之间进行分散投资的工具，比较适合风险程度适中或较为保守的投资者。

指数基金，是指按照某种指数构成的标准购买该指数包含的全部或者一部分证券的基金，其目的在于达到与该指数同样的收益水平，实现与市场同步成长。如 ETF（交易型开放式指数基金）就是目前在世界证券市场上迅速崛起的金融新产品。

（二）基金的发行、认购

1. 基金的发行

基金的发行也叫基金的募集，它是指基金发起人在其设立或扩募基金的申请获得国家主管部门批准之后，向投资者推销基金单位、募集资金的行为。发行方式就是指基金募集资金的具体办法。

在国外，常见的基金发行方式有四种：①直接销售发行，是指基金不通过任何专门的销售部门直接销售给投资者的销售方式。②包销方式，是指基金由经纪人按基金的资产净值买入，然后再以公开销售价格转卖给投资人，从中赚取买卖差价的销售办法。③销售集团方式，是指由包销人牵头组成几个销售集团，基金由各销售集团的经纪人代销，包销人支付给每个经纪人一定的销售费用的销售方式。④计划公司方式，是指在基金销售过程中，有一公司在基金销售集团和投资人之间充当中间销售人，以使基金能以分期付款的方式销售出去的方式。

在我国，证券投资基金的发行方式主要有两种：网上发行方式和网下发行方式。网上发行方式是指将所发行的基金单位通过与证券交易所的交易系统联网的全国各地的证券营业部,向广大的社会公众发售基金单位的发行方式。网下发行方式是指将所要发行的基金通过分布在一定地区的证券或银行营业网点,向社会公众发售基金单位的发行方式。

2. 基金的认购

(1) 网上认购。网上发行时,投资者认购基金的程序主要可以分为两个步骤:

第一步,投资者在证券营业部开设股票账户(或基金账户)和资金账户,这就获得了一个可以购买基金的资格。基金发行当天,投资者如果在营业部开设的资金账户存有可申购基金的资金,就可以到基金发售网点填写基金申购表申购基金。

第二步,投资者在申购日后的几天内,到营业部布告栏确认自己申购基金的配号,查阅有关报刊公布的摇号中签号,看自己是否中签。若中签,则会有相应的基金单位划入账户。

微课:基金申办流程

随着互联网技术的发展,投资者网上认购基金变得越来越便捷,投资者可以通过PC端或者移动端的应用程序,远程完成在线开立证券账户、资金划转、基金申购与赎回等操作,足不出户即可完成基金相关业务的办理,一定程度上推动了基金业务的发展。

(2) 网下认购。网下发行,投资者在规定的时间里到当地的证券登记公司开设股票账户(或基金账户),并将认购资金直接存入指定的银行或证券营业网点;之后,负责发售的机构按照规定的程序进行比例配售。投资者获得配售的基金将自动转入账户,未获配售的余款将在规定的时间内退还给投资者。

$$认购价格 = 基金单位面值 + 认购费用$$

$$认购金额 = 认购价格 \times 认购份数$$

### (三) 基金的交易

基金的交易是在基金成立之后进行的买卖活动。

1. 开放式基金的交易

开放式基金一般不到证券交易所挂牌上市交易,而是通过指定的销售网点进行申购或赎回。开放式基金的开放性对于投资者来说,就是可以随时从基金发起人和基金管理公司申购或赎回基金。开放式基金是根据单位基金资产净值进行申购或赎回。

微课:基金定投

$$申购价格 = 单位基金资产净值 \times (1 + 申购费率)$$

$$申购单位数 = 申购金额 \div 申购价格$$

$$赎回价格 = 单位基金资产净值 \times (1 - 赎回费率)$$

$$赎回金额 = 赎回单位数 \times 赎回价格$$

2. 封闭式基金的交易

封闭式基金一般是在证券交易所申请挂牌上市的。由于封闭式基金的封闭性,即买入的封闭基金是不能卖回给发起人的,投资者若想将手中的基金卖出,只能通过证券经纪商再通过证券交易所的交易主机进行撮合转让给其他投资者;若想买入,也要通过证券交易所从其他投资者手中买进。

第三节小测验

# 第四节 金融衍生工具市场

金融衍生工具是由原生金融工具如股票、债券等构成的或衍生而来的工具，其价格随原生金融产品的价格（或数值）变动而变动。金融衍生工具主要有期货、期权、掉期、互换等。

## 一、金融期货市场

金融期货，是指以金融工具作为标的物的期货合约。金融期货交易是指交易者在特定的交易所通过公开竞价方式成交，承诺在未来特定日期或期间内，以事先约定的价格买入或卖出特定数量的某种金融商品的交易方式。金融期货一般分为三类，外汇期货、利率期货和股票指数期货。

### （一）期货交易的职能

期货交易的重要职能在于提供套期保值的手段。金融期货交易提供的套期保值，主要有两种：

1. 卖出套期保值（Sell Hedge）

卖出套期保值也称空头期货保值，它是指利用利率期货交易避免将来利率上升引起的持有债券的价值下跌或预定的借款费用上升的风险；或者指利用外汇期货交易避免将来外汇汇率下跌引起持有外币资产的价值下跌，以及将来的外汇收入的价值减少的风险。

2. 买入套期保值（Buy Hedge）

买入套期保值也称多头期货保值，是指利用利率期货交易避免将来利率下跌引起的债券投资的预定利益减少（债券的购入价格上升）的风险；或者指利用外汇期货交易避免将来外汇汇率上升引起以本币计价的预定外汇支付额增加的风险（即要多付出本币）。

拓展阅读："中行原油宝"事件

金融职业素养：金融期货交易风险

案例分析

 **金融科技专栏**

### 数字化和区块链赋能，期货交割也"赶时尚"

2021年郑商所上线的国内期货市场首家智慧监管平台，汇集了交割仓库的年审、现场查库、第三方资信数据，精准构建仓库画像；同时，应用物联网、区块链等技术自动化采集期货仓单各仓储环节的关键数据，加强了对期货仓单货权、存储等的监管能力。

实物交割是期货市场服务实体经济的"最后一公里"，顺畅平稳的交割业务不仅是服务产业企业避险的有效手段，而且是维护市场稳定和实现市场功能发挥的重要保障。发挥好实物交割的作用和机制,可以为企业打通新的远期贸易渠道,服务大宗商品保供稳价大局。同时,交易所适时增加可交割品牌、扩大交割资源,有利于交割业务平稳开展,满足实体企业参与需求。

资料来源:王宁. 数字化和区块链赋能期货交割也"赶时尚"[EB/OL]. (2022-01-23)[2023-08-20]. https://www.163.com/dy/article/GUEDJTJC0550C0ON.html.

### (二) 金融期货交易的有关规则

**1. 以标准化合约为单位进行交易**

作为交易对象的金融商品,其收益率和数量都具有同质性和标准性,如交易数量、交易金额、清算日期、交易时间等都作了标准化规定,唯一不确定是成交价格。

**2. 采用公开竞价方式成交**

期货合约买卖的双方委托经纪商进入期货交易所,由众多的买方和卖方通过"公开喊价"方式决定成交价格和交易的合同份数,一对一的谈判被禁止。

**3. 规定报价的最小变动价位**

交易所对各类期货合约规定了最小变动价位,称为刻度。在期货交易所公开竞价过程中,期货交易的报价必须以最小变动价位的整倍数上下波动。

**4. 规定每日最大波动幅度**

期货交易所规定了单个交易日内期货价格所允许的最大涨跌幅度。当单日价格波动超过这一限度时,期货交易所会停止该期货当天的交易,进一步的交易将在第二天进行。规定价格波动上下限可以避免期货参与者在单一交易日内承担过高的风险,可防止期货市场发生联手操纵的不法行为。涨跌停幅度的大小,取决于期货价格波动的频繁程度和波幅的大小。在一些成熟的期货交易所,现已不设涨跌停板,以使期货价格能真实反映商品供求关系,迅速地发现价格。

**5. 交付保证金**

买卖双方成交后必须分别交付保证金,缴于具有期货交易所清算会员资格的经纪商,经纪商再依照规定的比例将客户的部分保证金转存于清算所或期货交易所,开立客户的保证金账户。

保证金分为两类:①初始保证金,在交易开始时交纳,其金额由清算所和交易所根据期货价格的变动情况决定,并可在交易过程中随时调整。初始保证金通常在每份合约面值的5%~10%。②维持保证金,允许保证金账户上保证金金额下降的最低限度,低于此限度时,交易所则向交易者发出补足保证金通知,客户必须于次日开盘前补足保证金至初始保证金水平。增加的保证金称为变值保证金。维持保证金金额一般为初始保证金金额的75%~80%。

保证金缴存的比例称为保证金率,由期货清算所规定。保证金率是保证金与投资额之比,一般在5%~10%左右,特殊情况可扩大到5%~20%,保证金率的高低视交易者信誉、交易商品种类、风险大小而定。

**6. 实行每日清算制度**

凡在期货清算所户头上未平仓的每笔期货交易,均需按当日市场收盘价格逐日清算,按盈亏额增减客户的初始保证金账户:盈利部分加记保证金账户,并于第二天结付给客户；亏损部分扣减保证金账户金额，当其金额降到维持保证金幅度时，要求客户补足保证金。

7. 交割期限的规格化

金融期货合约的交割期限大多是3个月、6个月、9个月或12个月，最长的是2年，交割期限内的交割时间随交易对象而定。

(三) 世界上主要的期货交易市场

期货交易是在期货交易所内进行的，国际期货交易所主要有芝加哥商业交易所（CME）、芝加哥期货交易所（CBOT）、纽约商业交易所（NYMEX）、纽约期货交易所（NYBOT）、伦敦金属交易所（LME）、伦敦国际石油交易所（IPE）、东京工业品交易所（TOCOM）、新加坡国际金融交易所（SIMEX）、韩国期货交易所（KOFEX）、香港期货交易所（HKFE）。

国内有5大期货交易所：

（1）上海期货交易所，于1990年11月26日成立，上市交易的有铜、铝、天然橡胶、燃料油、黄金、锌等品种。

（2）大连商品交易所，于1993年2月28日成立，挂牌交易的品种有玉米、黄大豆1号、黄大豆2号、豆粕、豆油、聚乙烯、棕榈油等。

（3）郑州商品交易所，于1990年10月12日成立，交易的品种有强筋小麦、普通小麦、PTA、棉花、白糖、菜籽油等期货品种。

（4）中国金融期货交易所，于2006年9月8日在上海成立。

（5）广州期货交易所，于2021年2月5日在南沙成立，是我国第一家混合所有制的交易所。

## 二、金融期权市场

金融期权是指以金融商品或金融期货合约为标的物的期权交易，是购买者在向出售者支付一定费用后，就获得了在规定期限内以某一特定价格向出售者买进或卖出一定数量的某种金融商品或金融期货合约的权利。金融期权是赋予其购买者在规定期限内按双方约定的价格购买或出售一定数量某种金融资产的权利的合约。

(一) 期权的种类

期权交易可分为买权和卖权两种。

买权，又叫看涨期权，即在期权的有效期内，期权的买方有按规定价格和数量买进证券的权利。投资者购买买权，是因为其认为证券价格看涨，将来可以获利。当证券价格高于协议价格时，买方选择执行期权，以协议价格和数量买入证券，在现货市场按市价卖出，从中赚取利润。反之，买方选择不执行期权，此时买方的损失只有期权费和佣金等其他费用。

卖权，又叫看跌期权，即在期权的有效期内，期权的买方有按规定价格和数量卖出证券的权利。投资者购买卖权，是因为其认为证券价格看跌，将来可以获利。当证券价格低于协议价格时，买方选择执行期权，以协议价格和数量卖出证券，在现货市场按市价买进，从中赚取利润。反之，买方选择不执行期权，此时买

微课：期权的种类

方的损失只有期权费和佣金等其他费用。

（二）期权合约的构成要素

1. 履约价格

履约价格又称执行价格、协定价格、敲定价格、行使价格等，指在期权合约中事先确定，在履行合约时，买入（或卖出）该期权标的物的价格，履约价格一旦敲定，不容更改。

2. 合约金额

在期权合约中规定的交易金额。该金额有固定标准，但因地而异。

3. 合约有效期限

金融期权合约有效期限一般不超过9个月，以3个月和6个月最常见。但对股票期权、股票指数期权来说，由于股票价格变化频繁，走势难以预期，合约有效期也比较短，一般为1个月、2个月和3个月。

4. 期权价格

期权价格又称期权费、权利金、保险费或保证金等，是期权买方为取得合约所赋予的权利，而向卖方支付的费用，通常是预先支付的。

5. 合约格式

在金融期权合约中一般要规定合约的交易单位、最小变动单位、每日最高波动幅度、合约月份、最后交易日、履约日、交割方式等。

## 三、掉期交易市场

掉期也称互换或时间套汇，是指在买入或卖出即期外汇的同时，卖出或买进同一货币的远期外汇，以防止汇率风险的一种外汇交易。即同时做两笔方向相反的交易：一笔即期和一笔远期。在掉期交易中，把即期汇率与远期汇率之差，即升水或贴水叫作掉期率。

掉期交易的特点有：①买与卖是有意识地同时进行；②买与卖的货币种类相同，金额相等；③买卖交割期限不相同。

掉期交易的作用有：①有利于进出口商进行套期保值；②有利于证券投资者进行货币转换；③有利于银行避免与客户单独进行远期交易。

## 四、金融互换市场

互换是一种将不同的债务、不同利率的债务或交割期不同的同种货币的债务，由交易双方按照市场行情签订合约，在约定期限内相互交换，并进行一系列支付的金融交易行为。

金融互换是以金融机构为中介人，为两个或两个以上的当事人按商定的条件，在约定的时间内，交换一系列支付款项的金融交易。它可以使互换双方获得低成本、高收益的融资，并可避免利率与汇率风险。

拓展阅读：利率互换案例

第四节小测验

# 第五节 外汇市场与黄金市场

除货币市场与资本市场以外，还可以按照交易资产的性质，将金融市场细分为外汇市场、黄金市场等。

## 一、外汇市场

### （一）外汇市场的含义

外汇市场是兑换和交易各国货币的场所。外汇市场有广义和狭义之分。

狭义的外汇市场是指进行外汇交易的有形的固定场所，一般采用交易中心方式，参与交易的各方在每个营业日的规定时间，通过交易中心网络进行交易和清算交割。

广义的外汇市场还包括没有特定交易场所，通过电话、电报、电传和计算机网络等方式进行的外汇交易，是指由各国中央银行、外汇银行、外汇经纪商和客户组成的外汇经营业以及由它们形成的外汇买卖关系的总和。

外汇市场的中心是汇价，它既是外汇交易活动的结果，又是外汇交易活动的指示信号，它表示各国货币的软硬变化与趋势，支配着市场交易活动的方向和平衡，是外汇市场是否稳定的标志。

世界上较大的外汇市场在伦敦、纽约、法兰克福、苏黎世、巴黎、东京和中国香港等地。

知识链接：外汇市场的分类

案例分析

### （二）外汇市场的功能

1. 实现购买力的国际转移

国际贸易和国际资金融通至少涉及两种货币，而不同的货币对不同的国家形成购买力，这就要求将本国货币兑换成外币来清理债权债务关系，使购买行为得以实现。而这种兑换就是在外汇市场上进行的。外汇市场所提供的就是这种购买力转移交易得以顺利进行的经济机制，它的存在使各种潜在的外汇售出者和外汇购买者的意愿能联系起来。当外汇市场汇率变动使外汇供应量正好等于外汇需求量时，所有潜在的出售和购买愿望都得到了满足，外汇市场处于平衡状态之中。这样，外汇市场提供了一种购买力国际转移机制。同时，由于发达的通信工具已将外汇市场在世界范围内连成一个整体，使得货币兑换和资金汇付能够在极短时间内完成，购买力的这种转移变得迅速和方便。

2. 提供资金融通

外汇市场向国家间的交易者提供了资金融通的便利。外汇的存贷款业务集中了各国的社会闲置资金，从而能够调剂余缺，加快资本周转。外汇市场为国际贸易的顺利进行提供了保证，当进口商没有足够的现款提货时，出口商可以向进口商开出汇票，允许延期付款，同时以贴现票据的方式将汇票出售，拿回货款。外汇市场便利的资金融通功能也促进了国际借贷和国际投资活动的顺利进行。美国发行的国库券和政府债券中很大部分是由外国官方机构和企业购买并持有的，这种证券投资在脱离外汇市场的情况下是不可想象的。

3. 提供外汇保值和投机的机制

在以外汇计价成交的国际经济交易中，交易双方都面临着外汇风险。由于市场参与者对外汇风险的判断和偏好的不同，有的参与者宁可花费一定的成本来转移风险，而有的参与者则愿意承担风险以实现预期利润。由此产生了外汇保值和外汇投机两种不同的行为。在金本位和固定汇率制下，外汇汇率基本上是平稳的，因而就不会形成外汇保值和投机的需要及可能。而在浮动利率下，外汇市场的功能得到了进一步的发展，外汇市场的存在既为套期保值者提供了规避外汇风险的场所，又为投机者提供了承担风险、获取利润的机会。

## 二、黄金市场

（一）黄金市场的含义

黄金市场是专门集中进行黄金等贵金属买卖的交易中心或场所。目前，在世界黄金市场上，黄金交易的目的由保值、投资、发展到投机，黄金的属性也由货币性、金融性并向多样性演变。

（二）黄金市场的分类

1. 按照黄金市场所起的作用和规模划分，黄金市场可分为主导性市场和区域性市场

主导性黄金市场是指国际性集中的黄金交易市场，其价格水平和交易量对其他市场都有很大影响中最重要的主导性黄金市场有伦敦、苏黎世、纽约、芝加哥和中国香港的黄金市场。

区域性市场是指交易规模有限且集中在某地区，而且对其他市场影响不大的市场，主要是满足本国本地区或邻近国家的工业企业、首饰行、投资者及一般购买者对黄金交易的需要，其辐射力和影响力都相对有限，如东京、巴黎、法兰克福等黄金市场。

2. 按照交易类型和交易方式的不同划分，黄金市场可分为现货交易市场和期货交易市场

黄金现货交易基本上是即期交易，在成交后即交割或者在2天内交割。交易标的主要是金条、金锭和金币，珠宝首饰等也在其中。

黄金期货交易主要目的为套期保值，是现货交易的补充，成交后不立即交割，而由交易双方先签订合同，交付押金，在预定的日期再进行交割。其优点主要有：以少量资金就可以掌握大量期货，并事先转嫁合约的价格，具有杠杆作用。期货合约可于任一营业日对冲变现，具有流动性；可以随时买进和结算，具有较大弹性；在不同的市场之间又可以进行套货，具有灵活性等。

3. 按有无固定场所划分，可分为无形黄金市场和有形黄金市场

无形的黄金交易市场，主要指黄金交易没有专门的交易场所，如主要通过金商之间的联系网络形成的伦敦黄金市场；以银行为主买卖黄金的苏黎世黄金市场以及香港伦敦金市场。

有形黄金市场主要指黄金交易是在某个固定的地方进行交易的市场。其中又可以分为有独立的黄金交易场所的黄金市场和设在商品交易所之内的黄金市场，前者如香港金银业贸易场、新加坡黄金交易所等；后者如设在纽约商品交易所（COMEX）内的纽约黄金市场，设在芝加哥商品交易所（IMM）内芝加哥黄金市场以及加拿大的温尼伯商品交易所内的温尼伯黄金市场。

4. 按交易管制程度划分，黄金市场可分为自由交易市场、限制交易市场和国内交易市场

自由交易市场是指黄金可以自由输出输入，而且居民和非居民都可以自由买卖的黄金市场，如苏黎世黄金市场。

限制交易市场是指黄金输出输入受到管制，只允许非居民而不允许居民自由买卖黄金的市场，这主要指实行外汇管制国家的黄金市场，如1979年10月英国撤销全部外汇管制之前的伦敦黄金市场。

国内交易市场是指禁止黄金进出口，只允许居民，而不允许非居民买卖黄金的市场，如巴黎黄金市场。

（三）国际主要黄金市场

1. 伦敦黄金市场

伦敦黄金市场是世界上最大的黄金市场。1804年，伦敦取代荷兰阿姆斯特丹成为世界黄金交易的中心。1919年伦敦金市正式成立，每天进行上午和下午的两次黄金定价。由五大金行定出当日的黄金市场价格，该价格一直影响纽约和香港的交易。市场黄金的供应者主要是南非。1982年以前，伦敦黄金市场主要经营黄金现货交易，1982年4月，伦敦期货黄金市场开业。

2. 苏黎世黄金市场

这是第二次世界大战后发展起来的国际黄金市场。由于瑞士特殊的银行体系和辅助性的黄金交易服务体系，为黄金买卖提供了一个既自由又保密的环境，加上瑞士与南非也有优惠协议，获得了80%的南非金，以及苏联的黄金也聚集于此，使得瑞士不仅是世界上新增黄金的最大中转站，也是世界上最大的私人黄金的存储中心。苏黎世黄金市场在国际黄金市场上的地位仅次于伦敦黄金市场。

3. 美国黄金市场

纽约和芝加哥黄金市场是20世纪70年代中期发展起来的，主要原因是1977年后，美元贬值，美国人（主要是以法人团体为主）为了套期保值和投资增值获利，使得黄金期货迅速发展起来。目前纽约商品交易所和芝加哥商品交易所是世界最大的黄金期货交易中心。两大交易所对黄金现货市场的金价影响很大。

4. 香港黄金市场

香港黄金市场已有90多年的历史。其形成是以香港金银贸易场的成立为标志。1974年，香港特区政府撤销了对黄金进出口的管制，此后香港金市发展极

拓展阅读：一分钟告诉你什么是纸黄金

案例分析

知识链接：我国黄金市场的产生和发展

第五节小测验

第四章自测题

快。由于香港黄金市场在时差上刚好填补了纽约、芝加哥市场收市和伦敦开市前的空档，可以连贯亚、欧、美，形成完整的世界黄金市场。其优越的地理条件引起了欧洲金商的注意，伦敦五大金商、瑞士三大银行等纷纷来港设立分公司。他们将在伦敦交收的黄金买卖活动带到我国香港地区，逐渐形成了一个无形的当地"伦敦金市场"，促使香港地区成为世界主要的黄金市场之一。

### 金融职业素养专栏

金融市场作为金融产品的交易场所，能够起到优化资金配置、管理金融风险等作用。我们需要理解国家"金融服务实体经济"的政策导向，避免"脱实向虚"。金融市场的透明度与诚信建设过程中，需要我们树立正确的市场价值观，反对内幕交易、操纵市场等违法行为。作为未来的金融从业人员，我们需要遵守金融法律法规，培养理性投资意识，警惕投机行为，远离非法金融活动。

### 思维导图

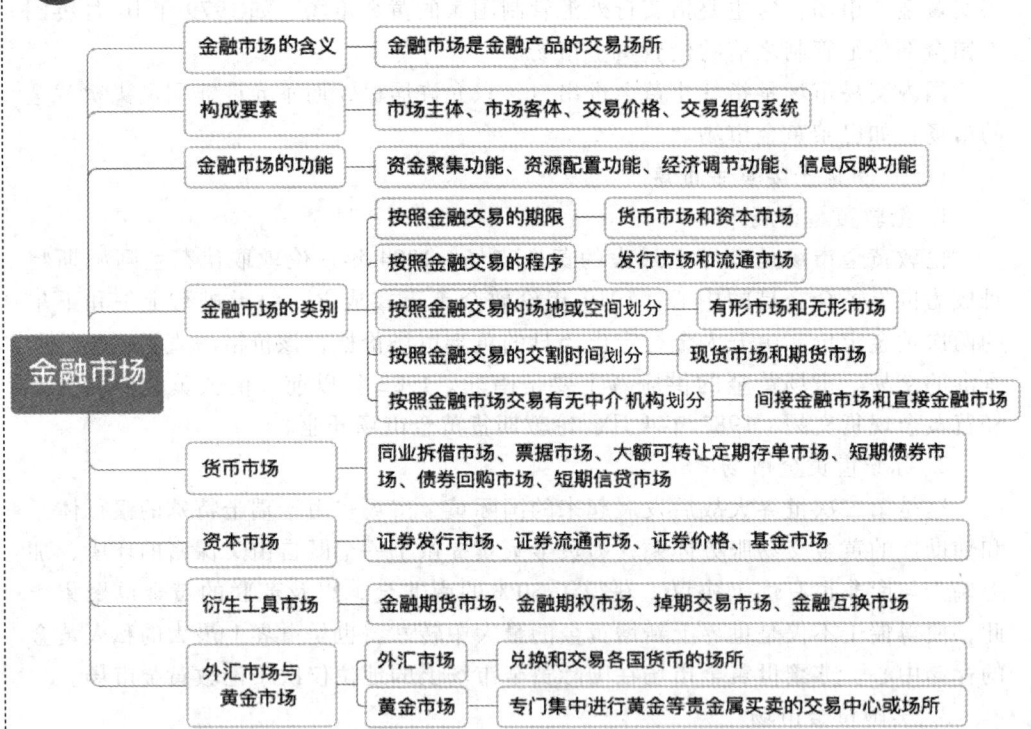

# 第五章 Chapter 5
# 金融机构体系

【本章学习目标】

知识目标：了解金融机构的分类和金融机构的功能；掌握金融体系的一般构成；了解香港、澳门和台湾的金融体系；重点掌握中国大陆现行的金融体系。

能力目标：能够运用金融机构的基本知识对西方和中国的金融机构进行分类；能够深入分析金融机构的功能。

【导入案例】

《2022金融机构数智化转型白皮书》：剖析五大业务变革趋势<br>描绘银保证数智化转型全景

2022年11月15日，由南方财经全媒体集团指导，21世纪经济报道、21财经主办，浦银理财联合主办的"2022中国资产管理年会"在上海举行。在财富管理论坛上，由21世纪资管研究院、浙江大学国际联合商学院、德勤中国联合出品的《2022金融机构数智化转型白皮书》（以下简称《白皮书》）正式发布。

在国内外金融市场剧烈波动下，资管新规、现金管理新规等一系列新政出台，在金融服务实体经济的趋势下，金融科技已成为金融机构数智化转型的重要手段。

一方面，数字基建夯实了金融业数智化转型的底座。新技术在金融场景的应用拓宽了金融服务的边界，全国一体化大数据中心体系为金融业数据治理提供了底层基础，信息网络基础设施的建设也推动金融机构的架构得以从集中式走向分布式。另一方面，《金融科技发展规划（2022—2025年）》等一系列顶层设计的出台为行业指明了转型方向。

《白皮书》全方位剖析了我国金融行业在产业数字金融、个人金融服务、金融市场交易、数智化风控等五大业务的变革趋势，并对中国银行、保险、证券业数智化转型的痛点、难点与趋势进行全景描绘。

《白皮书》建设性地指出，在以客户为中心进行数智化转型的过程中，不仅应当关注科技能力的建设与财务预算投入，更需要从组织架构、体制机制、企业文化与价值主张等方面进行全方位革新与转型。

基于课题组对300家金融机构数字化转型案例梳理、超过60家机构调研访谈实录，《白皮书》独家发布两大指标评估体系：金融机构数智化转型适应性评估、金融机构数智化转型成熟度评估，以期为金融机构衡量数智化转型水平、监管制定相关指标提供帮助。

后续，南方财经全媒体集团将持续推出《金融机构数字化转型成果巡展》系列报道，呈现访谈调研的优秀案例，并持续推出"金融科技30人"访谈、南财金融机构数字化转型领航者论坛、金融科技系列圆桌会、闭门研讨会等活动，深耕"金融机构数字化转型"课题，为推动金融行业数字化发展、构建数字金融新生态贡献智慧和力量。

资料来源：新浪财经网，2022.11.28。

# 第一节 概述

## 一、金融机构的含义

金融机构也叫金融中介或金融中介机构，是指主要以货币资金为经营对象，专门从事货币信用、资金融通、金融交易以及相关业务的专业化组织机构。

金融市场上的各种金融活动都要借助于一定的金融机构来完成，金融机构是金融市场上不可缺少的中介主体。现代金融机构种类繁多，各种金融机构组成相互联系、分工协作的统一体便构成了金融机构体系。一国社会经济条件对该国金融机构体系的构成具有制约作用，各国经济发展状况不同，因此，形成了不同的金融机构体系。

在市场经济条件下，各国金融体系大多数是以中央银行为核心来进行组织管理的，因而形成了以中央银行为核心、商业银行为主体、各类银行和非银行金融机构并存的金融机构体系。

微课：金融机构的含义和功能

## 二、金融机构的分类

（一）按照业务目标不同，金融机构可分为管理性金融机构、商业性金融机构、政策性金融机构和合作性金融机构

管理性金融机是代表政府对金融业进行监督管理的金融机构，如我国的中国

人民银行、国家金融监督管理总局、中国证券监督管理委员会（简称证监会）和国家外汇管理局等。

商业性金融机构是按照现代企业制度改造和组建起来的，以营利为目的的金融机构，如商业银行、证券公司、商业性保险公司等。

政策性金融机构是指由政府发起并出资成立，为贯彻和配合政府特定的经济政策和意图而进行金融活动的金融机构，如我国的国家开发银行、中国农业发展银行、中国进出口银行和中国出口信用保险公司等。

合作性金融机构是按照国际通行的合作制原则，以股金为资本，以入股者为主要服务对象，以基本金融业务为经营内容而形成的金融合作组织，如信用合作社、储蓄信贷协会等。

**（二）按照业务形式不同，金融机构可分为银行类金融机构和非银行类金融机构**

银行是金融机构体系的主体，以银行为中心，把金融机构分为银行类金融机构和非银行类金融机构两大类，这是最为常见的一种分类方法。

银行类金融机构是指专门或主要经营货币信用业务的金融机构，它通过吸收存款、发放贷款、办理结算汇兑等业务，在整个社会范围内融通资金，充当信用中介。银行类金融机构在金融机构体系中居于支配地位，构成现代金融机构体系的主体。

非银行类金融机构又称其他金融机构，是指经营各种金融业务，但又不称为银行的金融机构或主要经营某种特定方式的金融业务的金融机构。这类金融机构包括保险公司、信用合作社、消费信用机构、信托公司、证券公司、租赁公司、金融资产管理公司和财务公司等。它们在整个金融机构体系中是非常重要的组成部分，其发展状况是衡量一国金融机构体系是否成熟的重要标志之一。

**（三）按照资金来源形式不同，金融机构可分为存款类金融机构和非存款类金融机构**

存款类金融机构是指通过吸收个人和企事业单位存款的方式筹集资金，通过贷款、投资等方式运用资金的金融机构。它主要包括商业银行、储蓄信贷协会、储蓄互助银行、信用合作社、信托公司、金融资产管理公司、企业集团的财务公司、金融租赁公司、汽车金融公司等。

非存款类金融机构是指通过自行发行证券或接受某些社会组织或公众的契约性缴款或投资等筹措资金并进行长期性投资的金融机构，如各类保险公司、证券公司、信托公司、共同基金、养老基金等。

存款类金融机构和非存款类金融机构的主要区别在于存款类金融机构可吸收公众存款，而非存款类金融机构不可以吸收公众存款。

**（四）按照融资方式不同，金融机构可分为间接融资性金融机构和直接融资性金融机构**

间接融资指金融机构先作为资金融入者，从资金供给者那里融入货币资金，然后再作为资金融出者将融入的货币资金融通给资金需求者的融资方式。在这里，资金供给者和资金需求者不直接形成融资关系，而是以金融机构作为中介间接形成融资关系。间接融资性金融机构包括商业银行、政策性银行、信用合作社、社区银行和保险公司等。

直接融资指资金需求者在金融市场上发行有价证券（如股票、债券）等筹资工具，由投资者（供给者）直接购买相应金融工具而实现资金转移的融资方式。由于在金融市场上资金的需求者从证券发行、销售至转让都需要一系列的金融机构提供相关服务，我们称提供此类服务的金融机构为直接融资性金融机构。直接融资性金融机构主要包括投资银行（证券公司）、基金管理公司、资产管理公司以及风险投资公司等。

（五）按照业务活动覆盖的地域范围不同，可分为国际金融机构和国内金融机构

国际金融机构，是指世界多数国家的政府之间可通过签署国际条约或约定而建立的，从事国际金融业务，协调国际金融关系，维系国际货币和信用体系正常运作的超国家金融机构。1930年在巴塞尔成立的国际清算银行是建立国际金融机构的重要开端。此外，一些国家的金融机构其业务活动范围跨越不同国家和地区，也属于国际金融机构，如花旗银行、汇丰银行等。国际金融机构按照业务活动覆盖的范围大小又分为全球性国际金融机构、区域性国际金融机构和半区域性国际金融机构。

国内金融机构，是指其业务活动范围仅局限于该国家和地区的金融机构，可分为全国性金融机构和地方性金融机构。

（六）其他分类

对金融机构的分类方法还有很多，如按照所有制的不同分为国有金融机构、股份制金融机构；按照资本额、营业额以及从业人数等的不同分为大型金融机构、中型金融机构和小型金融机构；按照服务地域不同分为城市金融机构和农村金融机构；按照出资人的国别不同，可以把金融机构分为中资金融机构、外资金融机构和中外合资金融机构。

## 三、金融机构的功能

金融机构的功能可以概括为六大功能：信用中介；支付中介；降低交易成本；提供金融服务；改善信息不对称；调节经济。

（一）信用中介

金融职业素养：
走进大数据

信用中介是金融机构最基本、最能反映其经营活动特征的职能。这一职能的实质是通过金融机构的负债业务，把社会上的各种闲散货币集中起来，再通过资产业务，把它投向经济各部门。金融机构作为货币资本的贷出者与借入者的中介或代表，来实现资本的融通，并从吸收资金的成本与发放贷款利息收入、投资收益的差额中，获取利润。金融机构通过信用中介的职能实现资本盈余和短缺之间的融通，并不改变货币资本的所有权，改变的只是货币资本的使用权。几乎所有的金融活动都是以金融中介机构为中心展开的，因此，信用中介功能在经济活动中占据着十分重要的位置，与经济运行密切相关，直接影响经济活动的绩效。

## （二）支付中介

金融机构通过存款在账户上的转移，代理客户支付；在存款的基础上，为客户兑付现款等，成为工商业团体和个人的货币保管者、出纳者和支付代理人。存款性金融机构还可通过开立支票和活期账户，提供了交易媒介、支付凭证和结算账户。这样，以金融机构为中心，形成了经济社会无始无终的支付链条和债权债务关系。支付中介职能的发挥，大大减少了现金的使用，节约了社会流通费用；加速了结算过程和货币资金周转，促进了经济发展。

随着经济发展和社会需求的变化，金融体系通过汇票、本票、支票、信用卡等多种支付结算工具，通过建立清算机构、电子支付系统等组织形式，拓宽支付结算的渠道，增强现代金融体系的支付结算功能与效率。

## （三）降低交易成本

交易成本是金融交易双方，特别是资金盈余者在提供资金时首先要考虑的问题。资金盈余单位向资金短缺单位融资，不管采用贷款形式还是购买证券的形式，都要了解资金短缺单位相关信息，信息的搜集、调查要花费大量的信息成本。若双方采用贷款形式建立融资关系后，还必须谈判、签约，签约后，还要监督其执行，由此产生的成本叫合约成本。金融中介机构可以帮助他们降低交易成本。其原因是：①金融中介机构具有规模经济的优势，即金融中介机构把许多投资者的资金聚合起来，当交易规模扩大时，会使单位资金的交易成本下降。另外，金融中介机构把聚合起来的高额资金投资于股票和债券时，可实现投资多样化处理，从而降低投资风险。对小额储蓄者和借款者来说，通过银行等金融中介机构间接融资可以保证较少的风险和可靠的收益。②金融中介机构具有专业技术优势。金融中介机构具有一批经济、金融、会计、审计、法律方面的专家，他们精通国家的经济政策、企业财务、融资技巧和计算机技术，能够以较低的成本向资金盈余者和资金短缺者提供多种便利的服务，从而减少了单位资金的合约成本。

## （四）提供金融服务

金融机构有遍布全国的分支机构的优势，通过提供大量的具有特定内涵与特性的金融工具、金融服务、交易方式或融资技术等成果，从数量和质量两个方面能够同时提高需求者的满足程度，为经济社会提供各种金融便利和服务，为人们生活中的各种不确定性风险提供保险和保障，增加金融商品和服务的效用，提高金融运作的效率，有利于提升人们经济生活的质量并增加社会总福利。金融机构还能够帮助顾客创造金融资产，提供各种金融工具满足其不同的风险规避和投资获利的需求。

 **金融科技专栏**

### 数智化金融应为客户创造更多价值

银行数字化转型的理念是使企业具备数字化创新与成长的能力，实现数字化、智能化的发展，实现"敏经营、轻管理、易金融、简IT"的客户价值。银行定位于服务小微、中型、成长型企业，提供"营销、供应链、制造、采购、财务、税务、金融、人力、协同、平台"一体化云服务包，支持企业全球化经营、社会化商业，使企业数字化、智能化发展，成就以客户为中心、数据驱动、实时运营，轻松管理的数字化智能企业。

在国家积极推进数字经济、普惠金融与金融数字化转型的大趋势下，未来数智化金融发展值得期待的方向主要有精准获客、用户运营、数据运营和产业金融等。

资料来源：胡萍. 数智化金融应为客户创造更多价值：访用友金融创新业务部总经理张裕［EB/OL］.（2022-08-22）［2023-08-20］. http：//xinsanban.10jqka.com.cn/20220822/c641280369.shtml.

### （五）改善信息不对称

由于金融体系在国民经济中的特殊地位，以及分支机构遍布城乡各个角落的优势，能够及时搜集获取比较真实、完整的信息，以便选择合适的借者及其投资项目，避免或减少由于信息不对称产生的投资风险和道德风险。金融体系凭借在信息处理和监督方面的优势，通过给客户开立账户，了解客户的个性化信息，掌握客户资金运转动态，对客户的信用状况做出较准确的判断，以便做出投资的决策。因此，金融体系在改善信息不对称中的筛选与监督作用是其重要功能之一。金融机构都是市场专家，一方面其获取信息具有优势，另一方面信息生产在技术上具有专业性的特点，金融中介可以专业地分析信息的真伪，降低获取报酬的风险。

### （六）调节经济

金融机构调节经济的功能主要通过以下三个方面来实现：

#### 1. 反映货币资金的供求状况

金融机构的各种资产负债业务反映了经济运行的货币资金供求状况，尤其是信贷状况反映了企业资金周转状况及其质量，也反映了企业经营管理和经济效益的状况。

#### 2. 政府宏观调控的主要渠道

政府实施货币政策和财政政策主要依靠金融机构。中央银行利用各种货币政策工具实行扩张或紧缩的货币政策，是通过金融机构间接实现控制信用或调节货币流通流量的目的。例如实行紧缩政策，中央银行提高法定存款准备金率或再贴现率，商业银行及其他金融机构也会提高各种贷款利率，市场利率也相应提高。另外，商业银行的派生作用会使货币流通量成倍地紧缩。

#### 3. 金融工具是经济结构调整的手段

在经济结构方面，人们对金融工具的选择，实际是对投融资方向的选择，这种选择的结果，必然发生优胜劣汰的效应，从而达到调节经济结构的目的。

案例分析

第一节小测验

微课：金融机构体系的一般构成

## 第二节　金融机构体系的一般构成

金融机构种类繁多，彼此之间相互联系和影响，形成业务链条，弥补业务短板，为个人、企业和政府等组织提供金融产品和金融服务。世界各国的金融机构体系各有不同，但大体可以将金融机构体系归纳为监管型、存款型、契约型、投资型、政策型及其他类型的金融机构。

## 一、监管型金融机构

不同的国家对监管型金融机构设置不同，相差悬殊。从全球来看，各国的监管机构设置可分为两类，一是单一的全能型监管机构，即监管职能以中央银行为中心，其他部门和机构参与分工的监管体制下的机构设置；二是多重监管机构，即在中央银行之外同时设立几个部门分别对银行、证券、保险等金融机构进行监管。从现实来看，无论是哪一类机构设置都不同程度存在着一些问题，因此，现在还没有一个"最理想的模式"可在全球应用。

目前，各国的金融管理性机构主要有四类：一是负责管理存款货币并监管银行业的中央银行或金融管理局，二是按分业设立的监管机构，三是金融同业自律组织如行业协会，四是社会性公律组织如会计师事务所、评估机构等。其中，中央银行或金融管理局通常在一个国家或地区的金融监管组织机构中居于核心位置。

知识链接：英国金融监管概况

## 二、存款型金融机构

存款型金融机构（Depository Institution）是从个人和机构接受存款并发放贷款的金融中介机构。它以经营存贷款业务为主，并为客户提供多种金融服务。存款型金融机构主要有商业银行、储蓄银行和信用合作社等。

### （一）商业银行

商业银行（Commercial Bank）主要通过吸收存款来筹措资金用于发放贷款，购买政府债券，提供广泛的金融服务。商业银行以其机构数量多、业务渗透面广和资产比重大等特点，因此在任何国家其始终居于其他金融机构不能代替的重要地位。有关商业银行的内容将在本教材第六章中详细阐述。

### （二）储蓄银行

储蓄银行（Savings Bank）是指办理居民储蓄并以吸取储蓄存款为主要资金来源的银行。与我国几乎所有的金融机构均经营储蓄业务的情况有所不同，在不少国家，储蓄银行是专门建立的、独立的金融机构。各国储蓄银行的具体名称有所差异，有的甚至不以银行命名，而以储蓄贷款协会、信贷协会等名称出现。不少国家的邮政系统也办理储蓄业务，有的国家为了推动住宅建设还发展了建房储蓄银行。这些银行既有私营的，也有公营的，在一些国家大部分储蓄银行都是公营的。不论储蓄银行如何命名，其功能基本相同。

储蓄银行所吸收的储蓄存款余额比较稳定，因此主要用于长期投资，如发放不动产抵押贷款、投资于政府公债、公司股票及债券，对市政机构发放贷款等。

### (三) 信用社

信用社又称信用合作社，是普遍存在的一种互助合作性金融组织，分为农村信用合作社和城市信用合作社。这类信用机构一般规模不大，它们的资金来源于合作社成员缴纳的股金和吸收的存款，社员存款称为股份，支付给社员的收益一般不以利息而以股利的方式支付。

### 三、投资型金融机构

投资型金融机构是在直接金融领域内为投资活动提供中介服务或直接参与投资活动的金融机构。投资型金融机构名称各异，但服务方式或经营的内容都以证券投资活动为核心，主要包括投资银行、金融公司、共同基金和货币市场共同基金等。

#### (一) 投资银行

知识链接：投资银行的主要业务

投资银行（Investment Bank）是最典型的投资型金融机构。投资银行的定义是根据投资银行的业务范围确定的。美国著名金融专家罗伯特·库恩给出了定义，较广义的投资银行，从事部分或全部资本市场业务的金融机构。其业务范围包括证券承销、公司理财、企业并购、基金管理、风险投资等，但不包括向客户零售证券、消费者房地产经纪业务、抵押银行业务、保险产品经销业务等。

投资银行的组织形态主要有四种：①独立型的专业性投资银行，这种类型的机构比较多，遍布世界各地，他们有各自擅长的业务方向，比如我国的中信证券、中金公司，美国的高盛、摩根士丹利；②商业银行拥有的投资银行，主要是商业银行通过兼并收购其他投资银行，参股或建立附属公司从事投资银行业务，这种形式在英、德等国非常典型，比如汇丰集团、瑞银集团；③全能型银行直接经营投资银行业务，这种形式主要出现在欧洲，银行在从事投资银行业务的同时也从事商业银行业务；④跨国财务公司。

案例分析

投资银行的主要业务包括证券承销、证券交易、证券私募、资产证券化、收购与兼并、基金管理、风险资本投资、衍生金融工具的创造与交易、咨询服务等。

#### (二) 其他投资型金融机构

1. 金融公司

金融公司（Finance Company）是指通过出售商业票据、发行股票或债券，以及向商业银行借款等方式来筹集资金，并用于向购买汽车、家具等耐用消费品的消费者或小型企业发放贷款的金融机构。金融公司可分为三种类型，即销售型金融公司、消费者金融公司和商业金融公司。

（1）销售型金融公司是由一些大型零售商或制造商建立的，其目的是以提供消费信贷的方式来促进企业产品销售的公司。例如，福特汽车信贷公司是福特汽车公司为了促进汽车销售建立的。

（2）消费者金融公司专门发放小额消费贷款，由于贷款规模小，平均管理成本高，这些公司的贷款利率较商业银行贷款利率高。其主要作用是为那些在别的渠道很难获得贷款的消费者提供资金，从而使它们免受高利贷之苦。其可以是一家独立的公司，也可以是银行的附属机构。

（3）商业金融公司主要是向企业发放以应收账款、存款和设备为担保的抵押贷款。但有一种称作保付代理行（Factor）的商业金融公司却不这样，它们专门以买断企业应收款的形式来为企业提供资金。由于是买断而不是抵押，所以当这些账款到期无法收回时，保付代理行必须自行承担其损失，而无权向出售这些应收账款的企业进行追索。显然，这种业务有很高的风险，因此利润也较高。

2. 共同基金

共同基金（Mutual Fund）也叫投资基金，是一种以追求投资收益回报为目标，以利益共享、风险共担为原则，由发起人以发行基金单位方式将众多投资者的资金汇集起来，由基金托管人托管，基金管理人以组合投资方式将资金运用于各种金融资产投资的投资组织形式或集合投资制度。其具体组织形态有两种：公司型基金和契约型基金两种。公司型基金是基金本身为一家股份有限公司，它发行自身的股份，投资者通过购买基金股份成为基金的股东，并凭借股份取得股息和红利，基金公司的内部治理结构与一般股份公司相同。契约型基金也称信托基金，它由委托者、受托者和受益者三方订立信托投资契约而组织起来。基金本身并不是一个法人，所以它不向投资者发行股份，而只能发行受益凭证。

### 四、契约型金融机构

契约型金融机构是以契约方式定期定量地从契约人手中收取现金，然后按契约规定向契约人履行赔付或资金返还义务的金融机构。这类机构主要有保险公司、养老基金和退休基金等。

（一）保险公司

保险公司（Insurance Company）是经营保险业务的经济组织。它是以吸收保险费的形式建立起保险基金，用于补偿投保人在保险责任范围内发生的经济损失，具有法人资格的企业。西方国家的保险业十分发达，各类保险公司是各国最重要的非银行类金融机构。在绝大多数国家里，人寿保险公司都是储蓄机构。人寿保险公司有两种不同的组织形式：一种是股份公司型，其股份为全体股东所有；另一种是基金型，其所有者为各投保人。

（二）养老基金和退休基金

养老基金（Pension Fund）或退休基金是以年金形式向参加基金计划的职工提供养老金或退休金的金融组织形式。养老基金按照设立者不同，可分为私人养老基金和公共养老基金两种形式。私人养老基金通常是由企业为其雇员设立的，养老基金预付款由雇员和雇主共同分摊，同时政府还给予某些税收上的优惠。私人养老基金可以由商业银行信托部、人寿保险公司和专门的养老基金经理来管理，往往大量投资于公司股票。公共养老基金则包括各级政府为其雇员所设立的养老基金和社会保障系统。

### 五、政策性金融机构

政策性金融机构是指由政府和政府机构发起、出资创立、参股或保证的，不以利润最大化为经营目的，在特定的业务领域内从事政策性融资活动，以贯彻和配合政府的社会经济政策或意图的金融机构。政策性金融机构以其特殊的融资机制，将有限的政府和社会资金引导到重点部门、行业和企业，弥补了单一政府导向的财政资金不足和单一市场导向的商业性金融不足。

#### （一）政策性金融机构的法律地位和基本特征

1. 政策性金融机构的法律地位

政策性金融机构一般不直接吸收活期存款，不具备存款创造功能，其业务活动特点决定了政策性银行不在普遍银行法约束的范围之列，一般通过专门的法律来规范其业务行为，确定其任务、宗旨、名称、资金来源、业务活动及与各方面的关系等，为政策性金融机构开展活动提供法律保障。由于政策性金融机构业务种类繁杂，机构特点各异，不宜笼统地由一部法律来约束和规范。例如日本，其对每一个政策性金融机构，都制定有专门的法律约束规范。而有些国家对同一类机构（如开发银行）制定专门的法律（开发银行法）进行规范约束，对政策性金融机构的监管，也由中央银行和政府有关部门（如财政部组织的专门委员会）进行联合监管。

2. 政策性金融机构基本特征

（1）组织方式上的政府控制性。从组织形态上看，世界各国的政策性金融机构基本上均处于政府的控制之下。其原因有：①多数政策性金融机构都是由政府直接出资创立，完全归政府所有；②虽然一些政策性金融机构并不完全由政府设立，但也往往由政府参股或保证，并在实质上为政府所控制。

（2）行为目标的非营利性。政策性银行是贯彻政府政策的工具，一般被要求从事若干具有较高金融和商业风险的融资活动，如承担资产结构不符合正常商业性标准和现金流转不能符合商业银行正常支付条件的项目等。这决定了政策性银行不以营利作为其最终行为的目标。但实际上，许多政策性金融机构在经营过程中并非不讲求效益，也并非没有盈利，只是在满足政府政策要求和获取自身盈利的选择上，首先应选择前者。

（3）融资准则的非商业性。这是由政策性银行的行为目标决定的。具体表现在：①它主要或全部提供廉价资金，有些资金的贷款利率甚至低于筹资成本，若融资项目不能按期偿付本息，由此发生亏损则由政府补贴，以避免受利润诱惑和干扰。②不介入商业性金融机构能够从事的项目，主要承担商业性金融机构不愿涉足的项目的资金融通。③对其他金融机构所从事的符合政策目标的金融活动给予偿付保证、利息补贴或再融资。由于政策性金融机构的资金来源除国家拨款外，主要通过发行债券、借款和吸收长期存款获得，具有高成本负债的性质，因此，其融资也明显不同于财政，基本运作方式是信贷，通常情况下要保证资金的安全运营和金融机构的自我发展能力。

（4）业务领域的专业性。政策性金融机构在政府政策导向的支配下不同商业银行进行市场竞争，它的服务领域或服务对象一般都不适合商业性金融机构，而适合那些受国家经济和社会发展优先保护，需要以巨额、长期和低息贷款支持的项目或企业。

（5）信用创造的差异性。政策性银行一般不办理活期存款业务，其负债是银行体系已经创造出来的货币，故不实行存款准备金制度，其资产一般为专款专用，因此通常不具有派生存款和增加货币供给的功能。

（二）政策性金融机构的主要类型

在各国的金融制度中，政策性银行可以按不同的标准进行划分。如按经济活动范围不同可划分为国际政策性金融机构（如国际复兴开发银行、国际开发协会、亚洲开发银行、亚洲基础设施投资银行等）和国内政策性金融机构。国内政策性金融机构又可分为全国性政策性金融机构和地方性政策性金融机构。按业务领域划分，有农业、中小企业、进出口、住宅业、基础产业、经济开发领域的政策性银行等。一般而言，政策性银行主要有开发银行、农业政策性银行、进出口政策性银行。

1. 开发银行

开发银行是指专门为经济开发提供长期投资或贷款的金融机构，如日本的开发银行、德国的复兴信贷银行、美国的复兴金融公司、印度的工业开发银行、国际复兴开发银行、亚洲开发银行等。

开发银行资金来源的渠道有：①政府资金，包括政府提供全部资本金和部分营运资金。②发行债券，开发银行发行的债券一般由政府担保，被视为"政府债券"，风险很小，有很大的吸引力，成为开发银行的主要筹资手段和资金来源。③吸收存款，主要靠吸收定期存款和储蓄存款，发放大额可转让定期存单。但广泛吸收存款的开发银行并不多。④借入资金，指开发银行可以从政府得到官方资助，还可以从中央银行、其他金融机构、契约储蓄机构借入资金。借用政府资金的条件极为优惠，成本低、数额大，是开发银行降低经营成本、保持充足资金量、承担发放优惠贷款和投资造成利差"损失"的重要保证。⑤借入外资，指开发银行通过借入一定比例的外资，引进技术设备，建设重要项目，发放贷款和投资，支持经济发展。

开发银行资金运用主要有：①贷款。开发银行主要业务是对开发项目提供贷款，其特点是中长期性和资本性。其条件是符合政府政策，尤其是产业政策意图。开发银行贷款除直接发放外，还采取联合贷款的方式，满足大型建设项目的资金需求。②投资，指开发银行的直接投资，即参与某一项目的筹建并持有一定量的股权资本。③债务担保，指开发银行从事担保的目的在于使项目（企业）能够得到更广泛的融资渠道，从而获得更多的开发资金。

2. 农业政策性银行

为贯彻、配合政府农业政策，为农业提供低利率中长期优惠贷款，以促进和保护农业生产与经营的政策性金融机构。如美国农民审计局、英国农业信贷公司、法国农业信贷银行、日本农林渔业金融公库、印度国家农业及农村开发银行、亚洲太平洋地区农业信贷协会等。

农业政策性银行的资金来源呈多样化，主要包括借入政府资金、发行债券、借入其他金融机构资金、吸收存款和国外借款等。其资金运用主要有：①贷款，是农业政策性银行的主要资金运用形式。其贷款方向几乎涵盖农业生产方面的一切资金需要，从土地购买到农业机械设备、化肥、种子、农药的购买及建造建筑物。有些国家对农业政策性银行的某些贷款还给予利息补贴、税收优惠等。②担保，主要是农业政策性银行以自身的实力弥补农业生产经营者担保力不足的弱点，目的在于扩大农业融资规模。③发放补贴，是通过向农业生产销售和农产品出口等项目提供政策性补贴，以降低农业生产者的经营成本，提高农业产业竞争力。

3. 进出口政策性金融机构

进出口政策性金融机构是一国为促进出口贸易，促进国际收支平衡以带动经济增长的重要金融机构。如美国的进出口银行、加拿大的进出口发展公司、英国出口信贷担保局、新加坡出口信贷保险公司等。进出口政策性金融机构一般承担商业性金融机构和普通出口商不愿或无力承担的高风险贷款，弥补商业性金融机构提供进出口信贷上的不足，改善本国出口融资条件，增强本国商品的出口竞争力。

进出口政策性金融机构的资金来源有政府拨入资金、借入资金、发行债券和其他渠道等。其资金运用主要是通过提供优惠出口信贷来增强本国企业的出口竞争力，并且为私人金融机构提供出口信贷保险，承保的范围主要是政治风险。同时，进出口政策性金融机构往往也是执行本国政府对外援助的一个金融机构。

第二节小测验

### 金融科技专栏

**金融科技创新改变监管与市场生态**

深交所充分利用人工智能、大数据等前沿技术，开发建设风险监测智能平台，推进监管经验与智能科技深度融合。在交易监管和风险监测方面，深交所统一风险监测平台基本搭建完成，涵盖了深交所自主研发的市场运行风险监测系统以及股票质押、融资融券、固定收益三大重点业务风险监测系统，构建交易所风险防控"组合拳"，借助大数据、人工智能等前沿科技，初步实现事前、事中、事后全过程风险监测。同时，深交所结合监管实践经验和业务风险特征，凝结成一套风险监测指标体系，为不同业务量身打造风险监测"工具箱"，强化风险动态监测跟踪。

资料来源：张小洁. 金融科技创新改变监管与市场生态［EB/OL］.（2021-09-10）［2023-08-20］. http://www.jjckb.cn/2021-09/10/c_1310178916.htm

## 第三节 我国金融机构体系

微课：我国金融机构体系

我国金融机构体系包括了我国大陆现行的金融机构体系、香港地区的金融机构体系、澳门地区的金融机构体系和台湾地区的金融机构体系。

## 一、我国大陆现行的金融机构体系

改革开放四十多年以来，我国金融业获得了巨大的发展，金融机构体系结构日臻完善，已形成了由"一委一行一总局一会一局"（中央金融委员会、中国人民银行、国家金融监督管理总局、中国证券监督管理委员会、国家外汇管理局）为主导，各类商业银行为主体，政策性银行、非银行金融机构为辅翼的层次丰富、种类较为齐全、分工合作、服务功能比较完备的金融机构体系，多种金融机构并存，对国民经济发展起了重要的作用。

我国大陆现行的金融机构体系，按照其地位和功能，可划分为四个层次：第一个层次是金融管理监管层，即"一委一行一总局一会一局"；第二个层次是政策性银行，包括国家开发银行、中国进出口银行、中国农业发展银行；第三个层次是商业银行，包括国家控股大型商业银行、股份制商业银行、城市商业银行、农村商业银行和外国在华商业银行；第四个层次是非银行类金融机构，包括保险公司、证券公司、信用合作社、信托投资公司、金融租赁公司、财务公司、资产管理公司、银行理财子公司等。

（一）金融监管机构

2023年，党的二十届二中全会通过了《党和国家机构改革方案》，改革方案加强了科学技术、金融监管、数据管理、乡村振兴、知识产权、老龄工作等重点领域的机构职责优化和调整，自此，我国的金融监管体系从"一委一行两会一局"转变为"一委一行一总局一会一局"的综合监管体系。

1. 中央金融委员会

中央金融委员会，是党中央决策议事协调机构。2023年3月，中共中央、国务院印发了《党和国家机构改革方案》。组建中央金融委员会。不再保留国务院金融稳定发展委员会及其办事机构。将国务院金融稳定发展委员会办公室职责划入中央金融委员会办公室，其主要职责是加强党中央对金融工作的集中统一领导，负责金融稳定和发展的顶层设计、统筹协调、整体推进、督促落实，研究审议金融领域重大政策、重大问题等。中央金融委员会办公室，作为中央金融委员会的办事机构，列入党中央机构序列。

2. 中国人民银行

中国人民银行作为中央银行，是国务院领导下制定和实施货币政策，对金融业实施监督管理的国家机关。它是随着改革开放不断改革、发展，形成现在的格局。

中国人民银行总行设在北京，并在全国设有多家分支机构。1997年以前按照中央、省（市）、地（市）、县（市）四级分别设置总分支行，省市及以下分支行的管理实行条块结合，地方政府干预较多。1997年下半年，中央银行体制进行重大改革，撤销省级分行、设置大区分行，实行总行、大区分行、中心支行和县市支行四级管理体制。形成总行1个，大区分行9个，2个营业管理部（北

知识链接：中国人民银行的职责

京、重庆），326个中心支行，1827个县（市）支行的庞大体系。2023年，《党和国家机构改革方案》统筹推进中国人民银行分支机构改革，撤销中国人民银行大区分行及分行营业管理部、总行直属营业管理部和省会城市中心支行，在31个省（自治区、直辖市）设立省级分行，在深圳、大连、宁波、青岛、厦门设立计划单列市分行。中国人民银行北京分行保留中国人民银行营业管理部牌子，中国人民银行上海分行与中国人民银行上海总部合署办公。不再保留中国人民银行县（市）支行，相关职能上收至中国人民银行地（市）中心支行。对边境或外贸结售汇业务量大的地区，可根据工作需要，采取中国人民银行地（市）中心支行派出机构方式履行相关管理服务职能。

3. 国家金融监督管理总局

2023年3月，中共中央、国务院印发了《党和国家机构改革方案》。决定在中国银行保险监督管理委员会基础上组建国家金融监督管理总局。将中国人民银行对金融控股公司等金融集团的日常监管职责、有关金融消费者保护职责，中国证券监督管理委员会的投资者保护职责划入国家金融监督管理总局。不再保留中国银行保险监督管理委员会。5月18日，国家金融监督管理总局揭牌，作为国务院直属机构统一负责除证券业之外的金融业监管、强化机构监管、行为监管、功能监管、穿透式监管、持续监管，统筹负责金融消费者权益保护，加强风险管理和防范处置，依法查处违法违规行为。

4. 中国证券监督管理委员会

中国证券监督管理委员会为国务院直属机构，是全国证券期货市场的主管部门。证监会按照国务院授权履行行政管理职能，依照法律、法规对全国证券、期货业进行集中统一监管，维护证券市场秩序，保障其合法运行。同时，《党和国家机构改革方案》将资本市场监管职责，划入国家发展和改革委员会的企业债券发行审核职责，由中国证券监督管理委员会统一负责公司（企业）债券发行审核工作。

案例分析

（二）商业银行

1. 国有控股大型商业银行

在我国金融体系中处于主体地位的国有控股大型商业银行：中国工商银行、中国农业银行、中国银行、中国建设银行、中国交通银行和中国邮政储蓄银行。其中，中国工商银行、中国农业银行、中国银行和中国建设银行是由国家四大专业银行转轨成国有控股商业银行；中国交通银行由股份制银行升级为国有控股商业银行；中国邮政储蓄银行是在改革邮政储蓄管理体制的基础上组建而成的国有控股商业银行。大部分国有控股大型商业银行的主体地位是在其作为专业银行时期就奠定了的。

拓展阅读：我国的商业银行

中国工商银行成立于1984年1月1日，总部设在北京。2005年10月28日，整体改制为股份有限公司。2006年10月27日，成功在上海证券交易所和香港联合交易所同日挂牌上市。

中国建设银行成立于1954年10月，总部设在北京。2005年10月在香港联合交易所挂牌上市，2007年9月在上海证券交易所挂牌上市。

1912年2月，经孙中山先生批准，中国银行正式成立。1949年以后，中国银行长期作为国家外汇外贸专业银行，1994年，中国银行改为国有独资商业银行。2004年8月，中国银行股份有限公司挂牌成立。2006年6月、7月，中国银行先后在香港联合交易所和上海证券交易所成功挂牌上市。

中国农业银行前身最早可追溯至1951年成立的农业合作银行，是我国第一家专业银行，也是我国第一家国有商业银行。1979年2月，中国农业银行恢复成立，总部设在北京。2010年7月15日和16日，农行A股、H股分别在上海证券交易所和香港联合交易所成功挂牌上市。

中国交通银行于1987年4月1日重新组建，成为我国第一家全国性的国有股份制商业银行，总行设在上海。2005年6月交通银行在香港联合交易所挂牌上市，2007年5月在上海证券交易所成功挂牌上市。

根据国务院金融体制改革的总体安排，在改革原有邮政储蓄管理体制基础上，中国邮政储蓄银行于2007年3月正式挂牌成立，2012年1月，整体改制为股份有限公司。2016年9月，在香港联合交易所挂牌上市。2019年12月10日，在上海证券交易所上市。

2. 股份制商业银行

股份制商业银行是指两个或两个以上的利益主体，以集股经营的方式自愿结合的一种按照市场化经营、以盈利为目的的金融企业。

目前（全国性）股份制商业银行共12家，包括中国光大银行、中信银行、广东发展银行、中国民生银行、招商银行、福建兴业银行、华夏银行、平安银行（原深圳发展银行）、上海浦东发展银行、渤海银行、恒丰银行、浙商银行。

这些商业银行在筹建之初，绝大多数是由中央政府、地方政府、国有企业集团公司、集团或合作组织等出资创建，并先后实行了股份制改造。

深圳发展银行（现平安银行）是我国银行业中第一家股票上市公司。继深圳发展银行之后，上海浦东发展银行、中国民生银行和招商银行等也先后上市。中国民生银行是我国第一家民营银行，其股份构成主要来自民营企业、集体企业和乡镇企业，服务对象也以民营企业为主。加入WTO后，我国金融业对外开放扩大，1999年我国已开启允许外国资本参股国内银行的大门。

3. 城市商业银行

城市商业银行是中国银行业的重要组成和特殊群体，其前身是20世纪80年代设立的城市信用社。20世纪90年代中期，中央以城市信用社为基础，组建城市商业银行。城市商业银行是在中国特殊历史条件下形成的，是中央金融主管部门整肃城市信用社、化解地方金融风险的产物。

目前全国共有城市商业银行144家，包括北京银行、天津银行、上海银行、南京银行、江苏银行、盛京银行、宁波银行、大连银行等。城市商业银行是以各个城市为主要业务区域的银行，近些年的发展势头迅猛，从规模上看，上海银行、江苏银行、北京银行资产规模已经突破1.7万亿元，超过了部分股份制商业银行。

4. 农村商业银行和村镇银行

农村商业银行是由辖内农民、农村工商户、企业法人和其他经济组织共同

案例分析

入股组成的股份制地方性金融机构。2001年11月，我国首批股份制农村商业银行就是在农村信用社基础上改制组建的。农村商业银行是目前我国银行机构数量最多的一类银行，截至2024年年末，我国总共有1563家农村商业银行。

为了有效填补农村地区金融服务的空白，增加农村地区金融支持力度，2006年我国开始在农村地区设立村镇银行，主要为当地农村、农业和农村经济发展提供金融服务。这类银行一般都是由大的商业银行作为股东发起的，它并不是村集体的银行，截至2024年年末，我国总共有1538家村镇银行，是我国众多银行类型当中法人机构最多的一类银行。

5. 外资商业银行

外资商业银行是在我国境内由外国独资创办的银行。外资商业银行在我国金融市场中占据比较重要的位置，一般会选择在经济发达的省份或地区设立机构。其在银团贷款、零售业务、贸易融资、金融衍生品等业务方面发展较好。截至2024年年末，我国外资银行总共有41家。

6. 民营银行

民营银行是2014年之后新诞生的一类银行，是由民营企业作为发起人成立的银行。民营银行是中国国有金融体制的重要补充，建立民银行主要是为了打破中国商业银行业单元国有垄断，实现金融机构多元化。其有两个重要特征：一是自主性，民营银行的经营管理权，包括人事管理等不受任何政府部门的干涉和控制，完全由银行自主决定；二是私营性，即民营银行的产权结构主要以非公有制经济成分为主，并以此最大限度地防止政府干预行为的发生。目前我国一共有19家民营银行，即天津金城银行股份有限公司、上海华瑞银行股份有限公司、浙江网商银行股份有限公司、温州民商银行股份有限公司等。

（三）政策性银行

1994年以前，我国没有专门的政策性金融机构，国家的政策性金融业务分别由四家国有专业银行承担。1994年，为了适应经济发展的需要，根据将政策性金融与商业性金融相分离的原则，相继建立了国家开发银行、中国进出口银行和中国农业发展银行三家政策性银行。

1. 国家开发银行

国家开发银行于1994年3月成立，直属国务院领导。2008年12月改制为国家开发银行股份有限公司。2015年3月，国务院明确国开行定位为开发性金融机构。目前，银保监会在统计口径中仍将国家开发银行与政策性银行并列统计，所以我们在本章中，仍将国家开发银行归属到政策性银行的范畴。

2. 中国进出口银行

中国进出口银行成立于1994年，是直属国务院领导的、政府全资拥有的国家政策性银行，总部设在北京。其依托国家信用支持，积极发挥在稳增长、调结构、支持外贸发展、实施"走出去"战略等方面的重要作用，加大对重点领域和薄弱环节的支持力度，促进经济社会持续健康发展。

3. 中国农业发展银行

中国农业发展银行成立于1994年11月，总行设在北京，是国家出资设立、直属

知识链接：我国的政策性银行

国务院领导、支持农业农村持续健康发展、具有独立法人地位的国有政策性银行。

银行业金融机构见图 5-1。

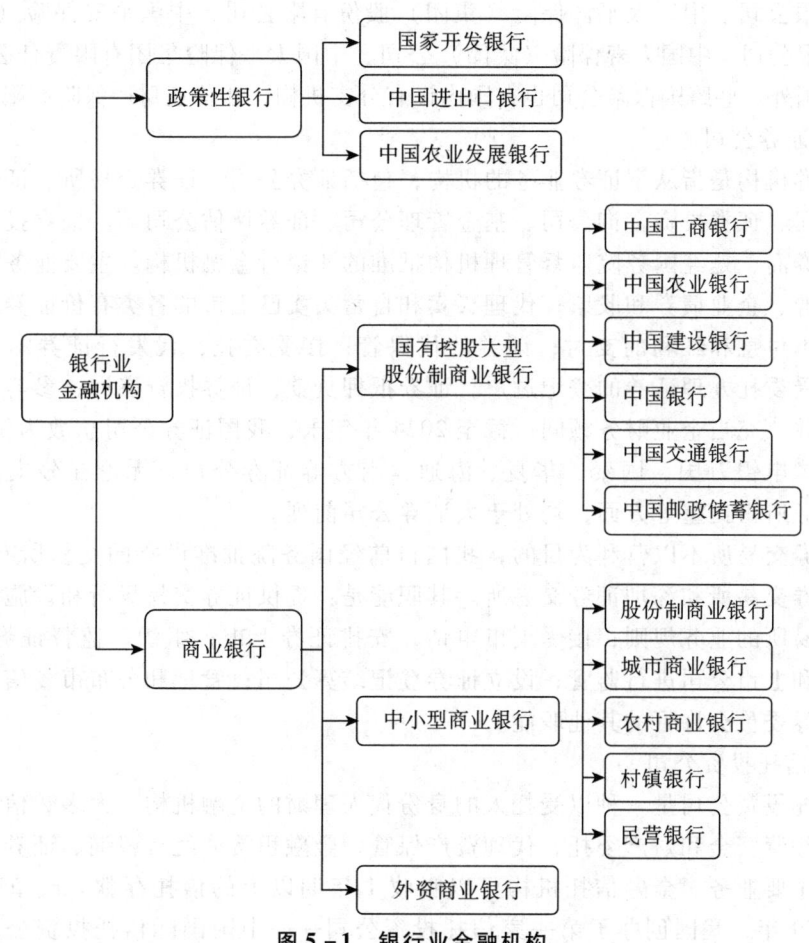

图 5-1 银行业金融机构

### (四) 其他非银行金融机构

我国其他非银行的金融机构主要包括保险公司、证券公司、信托投资公司、财务公司、融资租赁公司、农村信用合作社、国有资产管理公司、商业银行理财子公司等。

**1. 保险公司**

保险公司是以经营保险业务为主的经济组织。除了对于某个单位有分散风险、消减损失的职能外，保险公司在宏观上还有四大功能：①承担国家财政后备范围以外的损失补偿；②聚集资金，支持国民经济发展；③增强对人民生命财产的安全保障；④为社会再生产各个环节提供经济保障，防止因某个环节的突然断裂而破坏整个社会经济的平稳运行。

1949 年 10 月 20 日，中国人民保险公司作为保险业的管理机关宣告成立。1958 年以后，保险业陷入停顿状态。直至 1980 年，中国人民保险公司才恢复办理国内外保险业务，大力开展海外保险以后，中国的保险业才得以真正复苏，并进入快速发展阶段。目前，我国初步形成了以中资保险公司为主，中外保险公司并存，多家保险公司竞争的局面。我国主要的保险公司有中国人民保险（集团）股份有限公司、中国太平洋保险（集团）股份有限公司、中国平安保险（集团）股份有限公司、中国人寿保险（集团）公司、中国太平保险集团有限责任公司等。另外，国外一些跨国保险公司也在国内设有分支机构，如美亚财产保险有限公司。

金融职业素养：
农业保险

2. 证券公司

证券机构是指从事证券业务的机构，包括证券公司、证券交易所、证券登记结算公司、证券投资咨询公司、基金管理公司、证券评估公司等。证券投资公司又称证券商，是经国务院监督管理机构批准的非银行金融机构。主要业务为推销政府债券、企业债券和股票；代理买卖和自营买卖已上市的各类有价证券；代理证券还本付息和红利的支付；证券的代保管；接受委托，代发行证券本息和红利；接受委托办理证券的登记过户；证券抵押贷款；证券投资咨询；参与企业收购、兼并、充当企业财务顾问。截至 2024 年年末，我国证券公司总数为 146 家，其中，像申银万国、国泰、华夏、海通、南方等证券公司，无论在分支机构设置、业务所占比重等方面，均处于大证券公司前列。

证券交易所不以营利为目的，我国目前经国务院批准设立的交易所有两家：上海证券交易所和深圳证券交易所。其职能是：提供证券交易场所和设施；制定证券交易所的业务规则；接受上市申请，安排证券上市；组织、监督证券交易；对会员和上市公司进行监管；设立证券登记结算公司；管理和公布市场信息及国务院证券委员会许可的其他职能。

3. 信托投资公司

信托投资公司是一种以受托人的身份代人理财的金融机构。大多数信托投资公司以经营资金和财产委托，代理资产保管、金融租赁、经济咨询、证券发行和投资为主要业务。金融信托机构可以吸收 1 年期以上的信托存款。改革开放之初，1979 年，我国创办了第一家信托投资公司——中国国际信托投资公司。目前，我国具有金牌牌照的信托机构有 68 家，可以分为三种类型，即国家银行附属的信托投资公司，如交银国际信托有限公司；全国性的信托投资公司，如中信信托有限责任公司；地方性信托投资公司，如吉林省信托有限责任公司。

4. 财务公司

我国的财务公司是由企业集团内部各成员单位入股，向社会募集中长期资金，为企业技术进步服务的金融股份有限公司。它们通过存款、贷款、结算、票据贴现、融资租赁、投资、委托及代理发行有价证券等业务活动，支持与促进了企业集团特别是大型企业集团的改革和发展。

金融职业素养：
家庭理财知识
基础

5. 金融租赁公司

租赁公司分为经营性租赁公司和融资性租赁公司。融资性租赁公司即为金融租赁公司。金融租赁公司是指以经营融资租赁业务为其主要业务的非银行金融机构。所谓融资租赁业务是指出租人根据承租人对租赁标的物和供货人的选择，将其从供货人处购买，取得租赁物的所有权与使用权，并按照合同的约定出租给承租人占有、使用，承租人也需按合同要求支付租金的行为。金融租赁公司是所有权与使用权相分离的一种新的经济活动方式，具有融资、透支、促销和管理的功能。中国首家租赁公司——中国租赁有限公司于1987年成立。目前，金融租赁公司的主要业务包括：①用于生产、科、教、文、卫、旅游、交通运输设备等动产、不动产的租赁、转租赁、回租租赁业务；②前述租赁业务所涉及的标的物的购买业务；③出租物和抵偿租金产业的处理业务；④向金融机构借款及其他业务；⑤吸收特定项目下的信托存款；⑥租赁项目下的流动资金贷款业务；⑦外汇及其他业务。

### 6. 农村信用合作社

农村信用合作社是由农民和集体经济组织者自愿入股组成，由入股人民主管理，主要为入股人服务的、具有法人资格的金融机构。最高权力机构是社员代表大会，负责具体事务的管理和业务经营的执行机构是理事会。其主要业务是办理个人储蓄；办理农户、个体户、农村合作经济组织的存、贷款；代理银行委托业务及办理批准的其他业务。农村信用社的业务范围主要局限于县域之内，2000年起我国启动农村信用社改制农村商业银行试点，截至2020年年底，我国还有641家农村信用社，信用社的数量呈逐年下降的趋势。

### 7. 资产管理公司

我国的金融资产管理公司是专门收购、管理和处置国有商业银行不良资产的非银行金融机构。1999年，我国先后成立了四家金融资产管理公司（华融、长城、东方、信达），注册资本均为100亿元人民币，分别收购、管理和处置从工、农、中、建四大国有商业银行剥离出来的不良资产。其资金来源有两个：一是划转中国人民银行发放给商业银行的部分再贷款，二是向相应的银行发行金融债券。成立金融资产管理公司的目的有：改善四大国有商业银行的资产负债状况，深化改革，使其变成真正意义上的现代商业银行；实现不良资产价值回收的最大化；通过债转股等方式支持国有大中型亏损企业摆脱困境。金融资产管理公司的经营范围包括：追偿债务；对所收购的不良贷款形成的资产进行租赁或者以其他形式转让、重组；债权转股权，并对企业实行阶段性持股；资产管理范围内公司的上市推荐及债券、股票的承销；财务及法律咨询，资产及项目评估。

### 8. 商业银行理财子公司

商业银行理财子公司，是指商业银行经国务院银行业监督管理机构批准，在中华人民共和国境内设立的主要从事理财业务的非银行金融机构。2018年4月，央行、银保监会、证监会、外汇局联合发布的资管新规明确要求"主营业务不包括资管业务的金融机构应当设立子公司开展资管业务"；9月，银保监会出台理财新规，进一步规定"商业银行应当通过具有独立法人子公司开展理财业务"。截至2020年年末，我国共有32家商业银行理财子公司。这些理财子公司包括6家国有大行理财子公司、12家股份制银行理财子公司、8家城商行理财子公司、5家合资理财子公司和1家农商行理财子公司。

2018年12月2日公布的《商业银行理财子公司管理办法》规定，银行理财子公司业务范围包括：①面向不特定社会公众公开发行理财产品，对受托的投资者财产进行投资和管理；②面向合格投资者非公开发行理财产品，对受托的投资者财产进行投资和管理；③理财顾问和咨询服务；④经国务院银行业监督管理机构批准的其他业务。

#### （五）外资金融机构

我国改革开放以来，越来越多的外资银行开始进入中国市场，为我国金融体系的完善和金融市场的发展发挥了重要作用。在经济转轨过程中，外资金融机构在公司治理、风险控制、风险管理、信贷文化、决策程序、激励机制以及资产管理方面均具有一定的优势，外资银行发展空间巨大，特别是在促进金融市场发展和产品发展方面潜力很大。它们遍布于上海、北京、广州、深圳、厦门等沿海城市和内陆主要中心城市，已渗透金融业的各个行业。外资金融机构已成为中国金融体系的重要组成部分。

外资金融机构的形式包括：①总行在中国境内的外国资本的银行；②外国银行在中国境内的分行；③外国的金融机构同中国的金融机构在中国境内合资经营的银行；④总公司在中国境内的外国资本的财务公司；⑤外国的金融机构同中国的金融机构在中国境内合资经营的财务公司。

**课堂讨论**

调查你所在地区的金融机构设置情况，并根据所学知识进行分类和分析哪些方面需要完善和改进。

### 二、香港地区的金融机构体系

香港地区是以国际金融资本为主体，以银行业为中心，外汇、黄金、证券、期货、共同基金和保险金融市场高度发达的多元化的国际金融中心。银行业是香港地区金融业的主体。

#### （一）金融机构体系

1. 银行业

香港地区的银行业实行三级制：分别是持牌银行、有限制牌照银行及接受存款公司。根据《银行业条例》，这三类机构统称为认可机构。香港金融管理局是这三类认可机构的发牌机关。只有持牌银行才可从事全面的银行业务，特别是往来与储蓄账户业务，以及接受不限数额及存款期的存款。有限制牌照银行可接受 50 万元或以上的存款，存款期不限。接受存款公司大部分由持牌银行拥有或与持牌银行有联系。接受存款公司只可接受 10 万元或以上的存款，最初的存款期至少为 3 个月。截至 2024 年 10 月，全港共有 151 家持牌银行、16 家有限制牌照银行和 11 家接收存款公司。此外，还有 31 家外资银行在香港设立代表办事处。

2. 证券业

香港地区的证券市场和期货市场分别由联合交易所和期货交易所经营，联交所和期交所都是香港交易所的全资附属公司。香港中央结算有限公司是香港交易所的全资附属公司，负责管理为联交所的证券交易而设的证券中央结算及交收系统。这个系统利用自动账面记录系统处理证券交收工作。除了经纪和托管商外，

微课：香港地区的金融机构体系

动画：香港金融机构体系

个人投资者也可使用中央结算及交收系统。

3. 保险业

香港地区是全球最开放的保险中心之一。截至 2024 年 9 月，香港地区共有 157 家获授权保险公司，其中 85 家经营一般业务，52 家经营长期业务，其余 18 家经营综合业务，2 家为特定目的保险公司。在海外注册的保险公司中，美国和英国数目居于前列。

### （二）金融监管体系

1. 香港金融管理局

香港金融管理局成立于 1993 年 4 月 1 日，由外汇基金管理局与银行业监理处合并而成，是负责香港的金融政策及银行、货币管理的法定机构，担当类似中央银行的角色。金管局负责维持港元联系汇率，及确保整个银行体系的稳定，金管局亦管理数以千亿计的香港外汇基金。金管局的关联机构包括香港按揭证券有限公司、香港印钞有限公司、香港金融研究中心、香港银行同业结算有限公司及外汇基金投资有限公司。而香港地区的货币发行则由指定的发钞银行负责，包括汇丰银行、渣打银行和中国银行。

2. 证券及期货事务监察委员会

证券及期货事务监察委员会成立于 1989 年 5 月，是不隶属于政府架构兼享有自主权的法定组织，负责监管香港地区的证券及期货市场。证监会的管治团体有 13 名董事（其中 6 名为执行董事），全部由行政长官委任。政府并不参与证券及期货市场的日常监管。证监会的经费由市场承担。证监会向所属的咨询委员会征询有关政策的意见。咨询委员会共有 3 名证监会执行董事及 11 名由行政长官委任的独立成员，独立成员代表不同的市场使用者，具有广泛代表性。2000 年 11 月，证监会程序复检委员会成立，负责持续检讨证监会在内部运作程序上是否公平及贯彻一致。复检委员会的成员由行政长官委任。

3. 保险业监督

保险业监理专员获行政长官委任为保险业监督。根据《保险公司条例》，保险业监督的主要职能是监管保险业，以促进保险业的整体稳定，并保护现有及潜在的保单持有人。根据《保险公司条例》，保险业监督可对保险人采取适当行动，以保障保单持有人的权益。这些行动包括限制保费收入、由保险业监督代为保管资产、由保险业监督委任的经理人接管保险人，或申请把保险人清盘。

另外，作为国际保险监督联会的会员，香港致力遵行联会制定的监管原则及标准，以使香港的监管水平与国际看齐。为此已成立由业界代表组成的保险业咨询委员会。

## 三、澳门地区的金融机构体系

澳门地区的金融机构体系主要由银行和保险机构构成。澳门的首家银行成立于 1902 年，即葡资的大西洋银行。1970 年 8 月，澳门颁布第一套银行法，标志着澳门银行制度正式建立，首次形成了由注册银行、注册银号和找换店构成的澳门银行业"三级制"银行体系,其注册资本要求分别为 500 万澳门元、200 万澳门元和 2 万澳门元。1982 年 8 月又出台了新的银行法,将银行的注册资本要求提高至 3000 万澳门元,并赋予了银行更大的活动空间,使银行信用系统有了很大的发展和改善,银行资本实力迅速增强,形成了一个初步国际化的银行业体系。

1993 年 7 月,澳门特区政府颁布关于《澳门金融体系法律制度》的法令,1994 年澳门特区政府又陆续颁布了保险法、金融投资机构监管法等法律,进一步完善了澳门金融业监管制度,这有助于澳门保持金融活动自由、开放的特征和银行业的稳健经营。同时澳门银行业进一步向电子银行和家庭银行服务迈进,在业内竞争激烈、市场增长缓慢的新形势下,重新调整发展战略,优化组合,加强管理,银行业呈现出多元化、国际化、现代化的发展趋势。

澳门地区不实行外汇管制,资金进出自由,银行既可经营本币业务,又可经营外币业务,还可经营离岸业务。澳门地区的银行资本国际化程度较高,有 14 家银行的总行设在澳门地区以外,包括汇丰、中银等世界知名银行。澳门地区不设立中央银行,一直由澳门货币暨汇兑监理署代行中央银行职能,由大西洋银行行使澳门发钞代理职能及代行政府库房职能。1987 年中资澳门南通银行更名为"中国银行澳门分行",成为中国银行第 9 家海外分行。从 1995 年 10 月 16 日起,中国银行澳门分行加入发钞行列,与澳门大西洋银行各自发钞的额度均为 50%,结束了自 1906 年澳门大西洋银行专业发钞的局面。

### 四、台湾地区的金融机构体系

台湾地区的金融体系包括正式的金融体系与民间借贷两部分。正式的金融体系分为金融中介机构与金融市场机构,由"财政部"及"中央银行"共同管理,其中金融中介机构依据是否创造存款货币又可分为存款货币机构和非货币机构。台湾地区设有中央存款保险公司。存款货币机构包括当地商业银行、储蓄银行、专业银行、基层合作金融机构、中央信托局和外国银行在台分行等。非货币机构包括邮政储金汇业局、信托投资公司和保险公司。民间借贷范围包括信用借贷、质押借贷、民间互助会、租赁公司、分期付款公司、投资公司等。

 **课堂讨论**

通过网络和书籍了解一下某个国家的金融机构体系,谈一谈与我国金融体系的差异。

 **金融职业素养专栏**

近年来,党中央对金融工作与金融安全予以了极高的重视程度,多次着重强调,需将防控金融风险置于尤为突出且关键的位置。围绕此,一系列有力举措相继推出,涵盖深化金融改革、推动金融发展、强化金融监管、防控金融风险等多

个方面。得益于这些措施,我国在金融安全与稳定工作方面成效显著。当前,金融体系、金融市场以及金融机构均保持平稳运行态势,金融风险总体处于可控范围,这为科学开展宏观调控、高效优化资源配置,以及有力推动经济社会持续发展,提供了坚实且关键的金融支撑。我们要筑牢金融安全屏障,做好金融风险防控持久战。

 **思维导图**

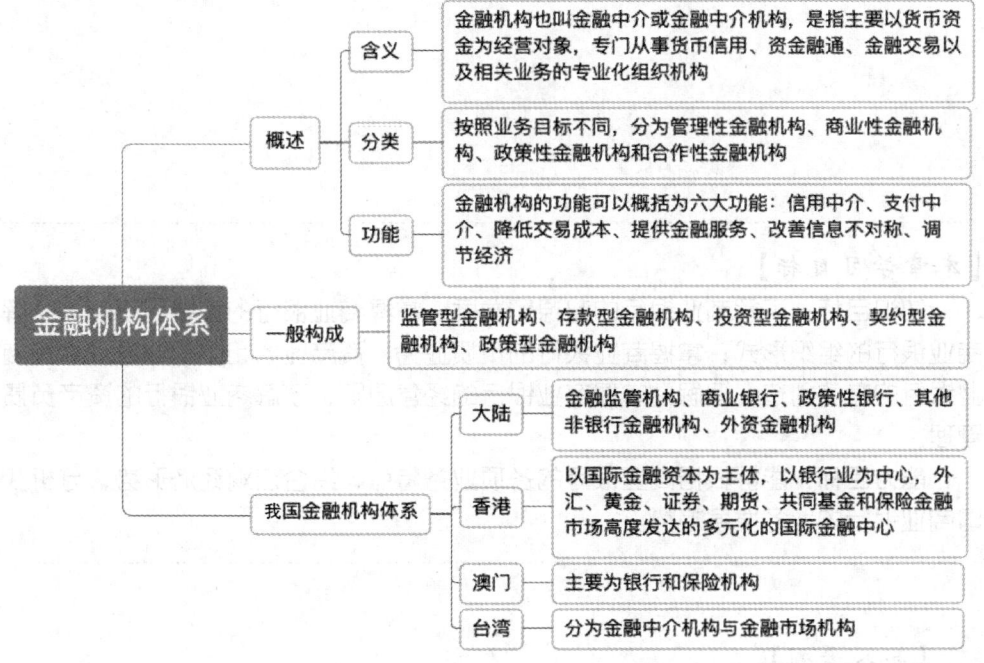

# 第六章 Chapter 6
# 商 业 银 行

**【本章学习目标】**

**知识目标：** 了解商业银行的起源和发展；掌握商业银行的性质与职能；了解商业银行的组织形式；掌握商业银行的负债业务、资产业务和中间业务；掌握商业银行的存款创造；理解并掌握商业银行的经营原则；了解商业银行的资产负债管理。

**能力目标：** 能够根据商业银行的各项业务特点，结合宏观经济形势，分析我国商业银行的业务发展趋势。

**【导入案例】**

### 新时代下我国商业银行主动合规的重要意义

截至2020年年末，中国银行业金融机构总资产为319.7万亿元，同比增长10.1%；总负债为293.1万亿元，同比增长10.2%，增速较上年加快2.6个百分点。初步统计，商业银行实现净利润2万亿元，同比下降1.8%。2020年，人民币贷款增加19.6万亿元，同比多增加2.8万亿元。民营企业、制造业贷款分别增加5.7万亿元、2.2万亿元。普惠型小微企业贷款、科学研究和技术服务业贷款、信息技术服务业贷款同比分别增长30.9%、20.1%、14.9%。银行业共处置不良资产3.02万亿元。不良贷款余额为3.5万亿元，较年初增加2816亿元；不良贷款率为1.92%，较年初下降0.06个百分点；逾期90天以上贷款与不良贷款比例76%，较年初下降5.1个百分点，商业银行流动性覆盖率为146.5%。2020年通过发行优先股、永续债、二级资本债等工具补充了商业银行资本1.34万亿元，银行业新提取拨备1.9万亿元，同比多提取1139亿元。2020年年末，拨备覆盖率为182.3%，贷款拨备率为3.5%，商业银行资本充足率为14.7%，均保持较高水平。

（资料来源：央广网，2021.1.22，中国银行保险监督管理委员会副主席梁涛国务院新闻办公室举行的新闻发布会上介绍银行业保险业2020年改革发展情况）

## 第一节 商业银行的起源与发展

银行的产生和发展，是与商品经济的发展紧密相连的。银行信用制度是在货币经营业的基础上产生，在与高利贷资本的斗争中发展起来的，并随着商品经济的发展不断完善。

### 一、早期银行的产生

在货币产生以后，随着商品交换的发展，出现了从事货币兑换、保管和汇兑业务的货币经营业，这就是银行的前身。在前资本主义时期，各个国家，甚至一国之内的不同地区，铸币的材料、重量、成色均不统一，这为贸易活动带来极大不便，铸币兑换已成为客观的必要。因而，逐渐从商人中分离出来一种专门从事铸币兑换业务的货币兑换商，这就是最早的货币经营业。

铸币兑换商起初只办理兑换铸币的技术性业务，并且收取一定的手续费。随着商品经济的进一步发展，兑换商不仅从事铸币兑换，而且为商人保管暂时不用的货币资产，进而接受他们的委托办理货币收付、汇兑和转账业务，这些都是由货币各种职能引起的技术性的业务。由于货币经营业务的扩展，货币兑换商手中经常聚集着大量的货币，他们利用这些货币资财进行放款业务。这样，货币经营业就发展成为既办理兑换，又经营存款、放款、汇兑等业务的银行业。

关于银行的起源，学者有不同的意见。如果就货币兑换及实物借贷业务来说，公元前2000年左右，古巴比伦已有这些经营业活动的记载。在古希腊和古罗马时代，也有以收受存款，办理汇兑，兑换货币及放款为业的类似银行的组织。中世纪时期，城市手工业不断发展，商业日渐兴盛，欧洲的国际贸易以意大利为中心，当时的威尼斯和热那亚曾经是沟通欧亚贸易的枢纽，货币经营业较为发达，1171年成立了威尼斯"国家借放所"，1587年成立了第一家近代银行威尼斯银行。以后，国际贸易中心由意大利移至荷兰及北欧，为了适应贸易的需要，1609年荷兰成立阿姆斯特丹银行，1619年成立汉堡银行，1621年成立纽伦堡银行。这些银行起初只经营货币兑换、接受存款、转账结算等业务，后来也经营放款业务。但是，那时这些银行的放款业务仍带有高利贷性质，借款人主要是政府，领主以及一些小商品生产者，大多数工商业资本家难以得到信用的支持。

在英国，早期银行则是由金匠业发展而来的。17世纪中叶，伦敦不少金匠从事金银首饰的制作。随着商业的迅速发展，大量金银流入英国，为了安全起见，人们经常将金银铸币送金匠铺代为保管。当时金匠替人们鉴定金银货币，接受委托代为保管，并签发保管收据，收取保管费。随着英国资本主义经济发展的需要，金匠业也发生了重大的变化。

### （一）保管收据演变为支付工具，即银行券的前身

金匠铺签发给顾客的保管收据只作为保管物品凭证的保管凭条，到期可据以提现。后来，由于交易频繁，提现支付的金额和次数的大量增加，为方便支付，节约费用，人们就直接用保管收据——金匠券进行支付。金匠券便逐渐演变为银行券。可见，保管收据是银行券的原始形式。

### （二）保管业务的划款凭证演变为银行的支票

金匠在经营保管业务中，可以遵照顾客的书面指示，将其保管的金银货币移交给第三者。这种书面指令便是银行支票的前身。随着保管业务发展为存款业务，这种划款凭证便演变为银行支票。

### （三）十足准备金演变为部分准备金，保管业务发展为存款业务

起初金匠对收存的金银货币所开出的保管收据保有100%的现金准备。后来发现，并不需要经常保持十足的现金准备，可将其中一部分用于放款，赚取利息。而且金匠签发的存款收据最终比原来存入金银货币大数倍之多，于是十足的保证准备制度变为部分准备制度。为了争取更多顾客，扩大放款的资金来源，他们不仅不收取保管费，反而付给交存金银货币的人一定的报酬，这就是利息，这就使原先的保管货币业务转变为存款业务。

金匠业发生的上述一系列变化，直至具有创造作用，增减货币量的功能，使它逐渐发展成为从事货币信用业务的银行业。

## 二、现代银行的产生

现代银行作为经营货币信用业务的资本主义企业，是随着资本主义生产方式的产生和发展而建立起来的。现代资本主义银行基本上是经过两个途径发展起来的：一是由早期的高利贷性质的银行演变的；二是根据资本主义经济的要求以股份制形式组建的商业银行。

现代银行与早期银行比较，具有三个主要特点：一是利息水平低。现代银行利息率通常低于平均利息率，突出其支持资本主义经济发展的性质。二是信用功能扩大。早期银行只是简单的信用中介，现代银行除了接受存款、发放贷款外，还发行银行券，代客办理信托、汇兑、信用证、购销有价证券等业务。三是具备信用创造功能。现代银行是信用媒介机构和信用创造机构的统一，其中"信用媒介"是早期银行已具备的功能，而"信用创造"则是现代银行具有的本质特征。所谓"信用创造"功能是指现代银行所具有的创造存款货币，并用以扩大放款和投资的能力。通过这一功能直接影响社会货币的供应量，影响货币和投资的规模，从而影响币值的稳定。（详见第六章第四节派生存款的内容）

知识链接：最早的存款机构——寺院

知识链接：现代银行产生的原因

### 三、银行的新业态——互联网银行

互联网银行（Internet bank or E-bank）也称网络银行，是指借助现代数字通信、互联网、移动通信及物联网技术开展业务的银行，互联网银行没有线下的物理网点，因而也被称为"没有银行的银行"。互联网银行可以吸收存款、发放贷款、结算支付，是通过云计算、大数据等方式在线实现为客户提供存款、贷款、支付、结算、汇转、电子票证、电子信用、账户管理、货币互换、投资理财、金融信息等全方位无缝、快捷、安全和高效的互联网金融服务机构。互联网银行又被称为"3A银行"，因为它不受时间、空间限制，能够在任何时间（Anytime）、任何地点（Anywhere）、以任何方式（Anyway）为客户提供金融服务。

1995年10月，全球第一家互联网银行——美国第一安全网络银行（Security First Net-work Bank，SFNB）成立。中国第一家互联网银行是深圳前海微众银行。2014年12月12日，原中国银监会正式批准国内互联网巨头腾讯公司旗下民营银行——深圳前海微众银行（以下称：微众银行）正式获准开业。腾讯占30%的股份，由于有了腾讯的基因，民间就把微众银行昵称为"企鹅银行"。12月28日，"深圳前海微众银行股份有限公司"的微众银行官网成立，成为中国第一家上线的互联网银行。

互联网银行业务是一种全新的服务模式，有如下特点：

#### （一）"3A"式银行

互联网银行是依托信息技术、互联网的发展而兴起的一种高科技、高智能的"3A"式银行，能在任何时间（Anytime）、任何地方（Anywhere）、以任何方式（Anyhow）为客户提供服务，突破了时间和空间的限制、突破了服务手段的限制。互联网银行无须分行，服务全球，业务完全在网上开展；互联网银行既无营业网点，也无营业柜台，更无须财产担保，而是通过人脸识别技术和大数据信用评级发放贷款。因此，互联网银行是24小时的银行、全球化的银行、服务方式多样化的银行。

#### （二）经营成本低

通过互联网技术，取消物理网点和降低人力资源等成本，极大地降低银行的经营及运行成本。与传统银行相比，具有极强的竞争优势。互联网银行的主要运行渠道是计算机网络系统，它是虚拟的，没有固定的场地，只需要在网络上设置相应的网站服务，避免了传统银行建立时所需要的大量人力、物力、财力的投入，例如场地费用、室内装修费、照明及水电费、人员费用等。

#### （三）客户体验感好

以客户体验为中心，用互联网精神做金融服务，共享、透明、开放、全球互联。客户可以享受到方便、快捷、高效和可靠的全方位服务，可以在家里利用计算机网络开立账户，除了可以办理一般的银行业务，还可以通过互联网银行全面地了解保险、证券、基金等金融产品的详细介绍，互联网银行专业人员也可以通过网络很方便地回答全球客户提出的各类问题。

### （四）服务高效便捷

互联网银行通过网络进行运作，处理业务的速度以计算机的处理能力为依托，处理速度远远高于传统银行的处理速度。互联网使银行服务活动的节奏大大加快，网络银行服务便捷、产品更新快、服务创新时间短。同时，银行业务的电子化大大缩短了资金的在途时间，也大大提高了资金的利用率和整个社会的经济效益。

### （五）无纸化交易

互联网银行在通过网络进行业务办理的过程中，传统银行业务所使用的票据和单据被电子支票、电子汇票和电子收据所代替；原有的纸币被电子货币，即电子现金、电子钱包、电子信用卡所代替；原有的纸质文件的邮寄变为通过数据通信网进行传送，真正实现了"无纸化"交易。

### （六）信息共享

互联网银行可以通过网络更广泛地收集和分析最新的金融信息，并以更快捷便利的方式传递给网络银行的客户。由于网络资源的全球共享性，可以使银行与客户之间相互了解对方的信用及资产状况，从而大大减少了信用风险和道德风险，实现了信息的有效共享。

第一节小测验

 **金融科技专栏**

**互联网银行的十字路口：从 C 端场景金融到 B 端小微金融的探索之路**

疫情加剧了 C 端消费金融的挑战，长尾客群坏账率上升成为显著压力。同时，疫情驱动的数字化浪潮（大数据、AI 应用）加速金融服务线上化，天然具备数字基因的互联网银行迎来发展契机。2020 年是《推进普惠金融发展规划》收官之年，也是金融科技与普惠金融深化融合的关键节点。创新者们需平衡社会责任与市场开拓。以新网银行为例，其 2020 年表现（资产总额 405.61 亿元，净利润 7.06 亿元，拨备覆盖率 334.51% 远高监管要求）证明其有效应对了疫情"压力测试"，展现了稳健风控能力。业内专家指出，市场正经历"出局与入局"的调整，更多优质、规范参与者的加入，将促进市场的健康规范发展。

资料来源：杨波．互联网银行的十字路口：从 C 端场景金融到 B 端小微金融的探索之路［EB/OL］．（2021－04－03）［2023－08－20］．https：//www.thepaper.cn/newsDetail_forward_12040248

## 第二节 商业银行的性质、组织形式与职能

微课：商业银行的性质和组织形式

### 一、商业银行的性质

商业银行是特殊的企业。因为银行的业务活动处在社会再生产过程之内，是实现资本循环周转的一个必要环节。在商品经济条件下，工农业生产部门创造的

价值，必须通过流通部门来实现。流通领域在实现商品价值时，不仅要有商业从事商品购销活动，而且也要有银行从事货币收付、资金融通、转账结算等业务。这些从事价值创造的工业、农业和实现价值转移的商业银行都属于企业。

银行与工商企业的经营目标相同，都是为了追逐利润，都受价值规律和利润平均化规模的支配。而利润的来源则是雇佣工人在生产过程中所创造的价值。银行通过贷出货币资本给职能部门，间接地参与对价值的瓜分。

但是，银行作为企业，又不同于一般的工商企业，因为银行经营的对象不是普通商品，而是货币资本这个特殊商品。银行的活动处于货币信用领域，以信用方式与工商企业发生广泛的经济联系。通过信用方式聚集和分配货币资本，具有调节社会经济生活的特殊作用，这就决定了银行在社会经济中的特殊地位。

## 二、商业银行的组织形式

### （一）单一银行制

单一银行制是指银行业务完全由一个银行机构（总行）经营，不设立任何分支机构的制度。目前仅美国银行采用这一体制，各州银行法禁止或限制银行开设分支行。主要原因是美国各州独立性很强，各州政府要保护其各自的利益。但是，随着经济的发展，地区经济联系的加强，以及金融竞争的加剧，美国金融业已一再冲破单一银行制的限制。因此，美国的单一银行制已开始发生变化。许多州对银行开设分支机构的限制已有所放宽。根据各州不同的法律规定，有的州并不限制银行设立分支机构，有的州限定商业银行的分支只能在某一特定区域开设，有的州则完全禁止。

拓展阅读：美国单一银行制

单一银行制在一定程度上限制了银行兼并和垄断，缓和了银行间的竞争和集中，有利于协调地方政府和银行的关系，在业务上具有较大的灵活性和独立性。但它在限制竞争的同时，也限制了自身的业务创新和规模的扩大。

### （二）分支行制

分支行制，是指银行机构除总行外，还在其他地区设立分支机构，主要代表者为英国。英国规模最大的五家商业银行，即汇丰银行、巴克莱银行、苏格兰皇家银行、劳埃德银行、国民西敏寺银行，共有分支机构一万余家，总存款额占银行体系的70%。分支行制的优点在于银行规模较大，分工较细，专业化水平高；分支行遍布各地，容易吸收存款；便于分支行之间的资金调度，减少现金准备；由于放款额分散于各分支行，可以分担风险。目前多数国家均采用这种制度。但分支行制会使银行业过分集中，不利于自由竞争。我国的商业银行主要采取这种组织形式。

### （三）银行控股公司制

银行控股公司制也称集团银行制，即由某一集团成立股权公司，再由该公司控制或收购两家以上银行的股票。大型银行通过持股公司把许多小型银行置于自己的控制之下。这一制度在美国最为流行。第二次世界大战后，美国商业银行为

拓展阅读：美国金融控股集团案例

了冲破各种对设立分支行的限制，为了实行银行业务多样化，银行控股公司迅速大量发展起来。银行控股公司有两种形式，一种是单一银行控股公司，另一种是多家银行控股公司。单一银行控股公司控制一家商业银行的股权，便于设立各种附属机构，开展多种非银行的金融业务，它多以大型银行为主。多家银行控股公司是指控制两家以上商业银行的股权，便于银行扩展和进行隐蔽的合并，多以中小型银行为主。

银行控股公司制有利于扩大资本总量，增强银行的实力，弥补了单一制的不足。但这种制度容易形成银行业的集中和垄断，不利于银行之间开展竞争。

### （四）连锁银行制

连锁银行制是指由个人或集团控制两家以上商业银行的制度。它可以通过股票所有权、共同董事或法律所允许的其他方式实现。连锁制的成员银行都保持其独立性，连锁银行是在禁止实行分支行制银行和多家控股公司的美国各州发展起来的，经营活动大都在较小地区，其成员多是小银行。它们一般环绕在一家主要银行的周围，其中的主要银行确立银行业务模式，并以它为中心，形成集团内部的各种联合。

## 三、商业银行的职能

### （一）信用中介

动画：互联网银行理财

信用中介是商业银行最基本、最能反映其经营活动特征的职能。银行通过其负债业务，可动员和集中社会上的各种闲置资金，再通过资产业务把资金投放到国民经济的各个部门，即在借贷之间充当中间人的角色。银行经营利润的形成，即来自吸收资金所花费的成本与发放贷款所获得的利息收入、投资净收益及其他手续费支出和收入之间的差额。

具体而言，商业银行的信用中介职能反映在以下三个方面：①变小额资本为大额资本；②变闲置资本为职能资本；③变短期资金为长期资金。商业银行将各种闲置资金投放到生产流通部门，成为生产流通部门的货币资本，扩大了社会资本的规模，促进了生产和流通的发展，实现了社会资本内涵的扩大与效率的提高。

### （二）支付中介

微课：商业银行的职能

支付中介职能是指商业银行在活期存款账户的基础上，为客户办理货币结算、货币收付、货币兑换和存款转移等业务活动。支付中介是商业银行的传统功能。从历史上看，货币支付和货币汇兑以货币的兑换收付、货币的保管为前提，而存贷款业务是上述业务的延伸与发展，因而，商业银行支付中介功能的产生要早于信用中介功能。但是，信用中介功能形成后，货币支付和货币汇兑要通过活期存款账户进行，因此，信用中介功能反而成为支付中介功能的前提与基础了。借助支付中介功能，商业银行成为工商企业、政府、家庭和个人的货币保管人、出纳人和支付代理人，商业银行因此成为社会经济活动的出纳中心和支付中心。由于商业银行所提供的转账结算、支付汇兑等服务主要是面向其存、贷款业务的扩大，从而促进银行信用中介功能的更好发挥。

### （三）信用创造

商业银行的信用创造职能，是在支付中介和信用中介功能的基础上产生的，是指商业银行通过吸收活期存款、发放贷款以及从事投资业务衍生出更多存款货币，从而扩大社会货币供给量。信用创造是商业银行的特殊功能，是在信用中介功能得以发挥的基础上派生出来的，商业银行以外的金融机构不具有这一功能。由于商业银行发挥信用创造功能会对整个社会的信贷规模及货币供给产生直接影响，因而商业银行成为货币管理当局监管的重点，商业银行的业务活动受到货币当局的极大关注。商业银行发挥信用创造功能的作用主要有：①通过创造存款货币等流通工具和支付手段，既可以节约现金使用，减少社会流通费用，又能满足社会经济发展对流通手段和支付手段的需要；②通过增加或减少存款货币等流通工具和支付手段的供应，可以调节社会货币流通规模，进而影响和调节国民经济活动。

但是，商业银行不可能无限制地进行信用创造，更不能凭空进行信用创造，它会受以下三个因素的制约：①商业银行的信用创造，要以存款为基础；②商业银行的信用创造，要受中央银行存款准备金率、自身现金准备率及贷款付现率的制约，并与上述比率成反比；③商业银行的信用创造，要以贷款需求为前提。

### （四）金融服务

金融服务是指商业银行利用其在充当信用中介和支付中介过程中所获得的大量信息，借助电子计算机等先进手段和工具，为客户提供其他金融服务，这些服务主要有现金管理、财务咨询、代理融通、信托、租赁、计算机服务等。商业银行作为支付中介和信用中介，同国民经济的各个部门、各个单位以及个人发生多方面的联系，它同时接受宏观调控和市场调节，掌握了大量的宏观信息和市场信息，成为国家经济和金融的信息中心，能够为社会提供各种金融服务。随着经济生活的日益现代化，银行服务已深入百姓家庭的各个方面，如代理支付水电费、电话费、转账结算、为企业代发工资等。在日益激烈的竞争压力下，各商业银行也在不断地开拓服务领域，推出新的服务项目，提高服务质量，促使商业银行向更高层次发展。

商业银行通过提供这些服务既提高了信息与信息技术的利用价值，加强了银行与社会的联系，同时也为银行增加了很多业务收入，提高了银行的盈利水平。而且，随着信息技术日新月异的发展，商业银行金融服务功能将发挥越来越大的作用，并对社会经济生活产生更加广泛而深远的影响。

在商业银行的上述四项职能中，最能表征商业银行特点的是其中介职能，即信用中介职能和支付中介职能。

## 第三节 商业银行的业务

商业银行的业务种类很多，可以有各种不同的划分方法。按其业务性质来划

案例分析

拓展阅读：商业银行创新发展进入了以人工智能为特征的新阶段

案例分析

第二节小测验

微课：商业银行的业务

分，可以分为信用业务和非信用业务。信用业务包括"受信"和"授信"两个方面，前者是接受别人信用，吸收资金的业务，后者是授予别人信用，运用资金的业务。非信用业务，主要是其他服务性的业务。通常按资金来源和运用来划分，将商业银行的业务分为负债业务、资产业务和中间业务三类，而有一些具体业务可能同时兼有其中两种业务的特性。

## 一、负债业务

商业银行的负债业务是指形成商业银行资金来源的业务，是商业银行资产业务的前提和条件。商业银行的负债业务主要包括资本金、存款负债和其他负债三部分。

### （一）资本金

1. 商业银行资本金的概念

商业银行是经营货币信用业务的特殊企业，与其他企业一样，需要一定数量的资本金作为业务经营与管理的基础。国际上通常把银行资本金定义为：银行股东为赚取利润而投入银行的货币和保留在银行中的收益。商业银行资本金代表投资者对商业银行的所有权，是商业银行设立和开展业务的先决条件，是银行承担经营风险、使客户存款免受偶然损失的保障。

2. 商业银行资本金的构成

为了保证银行的安全与国际银行业的公平竞争，1988年7月，巴塞尔委员会通过了《关于统一国际银行的资本计算和资本标准的协定》（简称《巴塞尔协议》）。《巴塞尔协议》明确规定商业银行的资本分为核心资本和附属资本。

（1）核心资本。核心资本也叫一级资本，主要由永久性股东产权组成，具体包括股本和公开储备两种。

股本包括普通股和非累积优先股。普通股是银行股金资本的基本形式，它是一种主权。永久性非累积优先股具有债券和普通股的双重性质：一方面，其像债券一样，通常只支付优先股固定股息；另一方面，其像普通股一样，没有固定支付股息和到期偿还本金的义务。公开储备是指通过保留盈余或其他盈余的方式在资产负债表上反映的储备，如资本公积、盈余公积、未分配利润。

（2）附属资本。附属资本也叫二级资本，是银行的债务资本，具体包括以下五项：

①未公开储备。未公开储备又叫隐蔽储备。各国标准不同，《巴塞尔协议》中的标准是：在该项目中，只包括虽未公开，但已反映在损益账上并为银行监管机构所接受的储备。

②重估储备。一些国家按本国的监管和会计条例允许对某些资产进行重估，以便反映它们的市值或使其相对于历史成本更接近其市值。

③普通准备金。普通准备金是为防备未来可能出现的一切损失而设立的。因为它可被用来弥补未来的不可确定的任何损失，符合资本的基本特征，可被包括在附属资本中。但不包括那些为已确认的损失或为某项资产价值的明显下降而设

拓展阅读：我国商业银行资本的构成

拓展阅读：巴塞尔协议

立的准备金。

④混合资本工具。混合资本工具是指一些带有一定股本性质又有一定债务性质的资本工具。例如，英国的永久性债务工具、美国的强制性可转换债务工具。

⑤长期附属债务。长期附属债务是资本债券与信用债券的合称。

3. 商业银行资本充足度的测定

按照《巴塞尔协议》的规定，银行的资本充足率（即银行的资本余额/加权风险资产余额）不低于8%，其中核心资本充足率（核心资本余额/加权风险资产余额）不低于4%，附属资本总额不得超过核心资本总额的100%。

拓展阅读：商业银行风险加权资产

案例分析

（二）存款负债

存款是商业银行动员外来资金的主要形式，也是银行营运资金的最大来源，一般占商业银行资金来源的70%以上。商业银行为了迎合存款人的多种需要，开办了各种各具特色的存款种类，并且随着经济发展和金融市场的变化以及政府管制的放宽而不断创新。按不同的标准，可将存款分为不同种类。存款按存款人的性质划分，可以分为个人存款、公司存款、政府存款和同业存款；按存储时间划分，可以分为短期存款和长期存款；按提取存款方式划分，可以分为活期存款、定期存款和储蓄存款。随着银行理财业务的发展，商业银行适时推出一些创新的存款业务，如结构性存款、智能存款等。下面就按提取存款方式的划分方法进行分述：

1. 活期存款

活期存款是一种以支票作为支付转账凭证，可以随时存取的存款，又称支票账户存款或往来账户存款。开立这类账户的客户，大都是工商企业和非营利性单位（包括个人），存款的目的是结算便利，一般不计付利息。

2. 定期存款

定期存款是一种以存单为存取凭证，事先规定存款期限的存款。期限通常为3个月、6个月、1年，也有2年或2年以上的，存款人的存款目的主要在于取得较高的利息，所以，定期存款一般利息较高，原则上不能提前支取。20世纪60年代开始，美国商业银行首创了可转让大额定期存单。可转让大额存单不能兑现，但可以流通转让，具有较高的流动性，并且不受利率规定的限制。

动画：定期储蓄存款业务处理

3. 储蓄存款

储蓄存款是社会公众将暂时闲置的资金存入银行而形成的存款。这种存款以鼓励居民个人节余积蓄货币为目的，银行给予一定的利息，不能使用支票支付。储蓄存款有活期储蓄和定期储蓄两种，活期储蓄存款凭存折或银行卡存取，定期储蓄又可分零存整取、整存整取、整存零取、存本取息、定活两便和通知存款等几种形式。

4. 智能存款

智能存款业务属于互联网银行存款的一部分，它是定期存款的一种变相形式，但是其本质和核心依然是定期存款。智能存款的所有权和收益权是可以转让的，当储户需要用钱时，就可以把这个收益权转让出去，类似于活期的一个实现形式，而转让的受益方则是一些机构。

拓展阅读：定期储蓄存款的类型简介

动画：互联网银行与传统银行的区别

金融职业素养：互联网金融诈骗及防范方法

拓展阅读：《关于规范商业银行通过互联网开展个人存款业务有关事项的通知》

互联网银行的智能存款业务和传统商业银行存款业务相比，主要有以下特点：

第一，基于互联网基因的民营银行而产生。

第二，智能存款的时间越长，利息越高，它可以随时支取，保障资金的流动性。

第三，首先要开通民营银行的电子银行卡，并绑定一张储蓄卡。购买存款产品时，可以先充值电子银行卡，或者是通过绑定卡直接支付。

第四，如果资金长期不用，也可以用时间换收益。智能存款的底层资产是定期存款，之所以能做到年利率超过4%，最主要是"收益权转让"（比如你存1万，相当于存3年或5年的定期存款，而提前支取，相当于把剩余期限的收益权转让给第三方金融机构）。

第五，风险较高。智能存款利率较高，已经超过了自律约束。另外，智能存款虽然能帮民营银行快速揽储，但同时也带来流动性风险，像一些民营银行，贷款余额都是远远高于存款余额的，类似这样揽储成本高，可能投向一些长期的项目，一旦被挤兑，甚至破产都有可能。鉴于此，监管部门对互联网银行开展智能存款业务的监管日益严格起来。

 **课堂讨论**

"银行的存款越多实力越强，所以银行的首要任务是吸收存款。"你同意这种观点吗？请说出你的理由。

 **金融科技专栏**

**智能存款的发展和应用**

近几年，在互联网模式的加持下，包括 BAT 旗下微众银行、网商银行等，均推出了不同于传统活期理财的存款类产品，业内统称"智能存款"。办理智能存款前仅需要开通民营银行电子账户，电子账户绑定其他商业银行的银行卡，通过电子账户与绑定的银行卡之间相互转账，化解了到店开户、存款的限制。

智能存款根据产品计息方式不同，可划分为四类：一是固定的提前支取利率产品，如三湘银行的"湘随存"产品；二是靠档计息产品，如富民银行的"富多利"产品；三是定期存款类产品，如蓝海银行的"蓝宝宝 T+180 天"产品；四是按期付息接力类产品。

资料来源：零壹财经.互联网银行无法吸收存款？看网商微众如何突破账户限制 [EB/OL]．(2016-10-31) [2023-03-20]．https://www.sohu.com/a/117737163_479789

### （三）其他负债

商业银行吸收外来资金，除存款以外，还有如下几种：通过发行金融债券，出售可转让的定期存单等金融资产借入资金；向中央银行再贴现或再抵押借入资金；向同业借入资金，又称同业拆借，是资金不足的银行向超额储备的银行借入资金。这种借贷方式在美国称为"借入联邦基金"，同业拆借一般是短期的，如果需要，经双方同意可以续借；借入欧洲美元市场资金，一些大商业银行也可以在国际金融市场上借款,以扩大国内的放款和投资规模;占用资金,商业银行在办理一些中间业务过程中,可以占用一部分客户的资金,作为自己的资金来源。例如,通过办理代客买卖有价证券、代收款项、信用证、承兑票据等业务,占用客户的资金;通过同业间代理业务,占用同业和其他金融机构的资金。

## 二、资产业务

资产业务是商业银行运用资金的业务,是商业银行取得收入的主要途径。为了应付客户的提存,商业银行不能为盈利而将所吸收的资金全部投放出去,一般要保留一定比例的现金和其他准备,由此构成了银行资金运用的一个特殊项目。除此之外,银行资金运用主要是贷款和投资,两者占存款比例一般在70%~75%。此外,还有金融租赁业务。

### (一) 现金资产

现金资产是指,与现金等同,可随时用于流动性支付的银行资产,其具有高流动性和低盈利性的特征。因此,银行要在确保负债和资产安全性、流动性需要的前提下,尽量减少现金资产的占用量,以最大限度地降低机会成本。商业银行的现金资产主要有库存现金、在中央银行存款、存放同业款项和托收中现金。

拓展阅读:我国商业银行的总资产情况表

1. 库存现金

库存现金一般是指商业银行为满足日常业务需要而保留在业务库中的纸币和硬币。在我国,由于居民储蓄存款基本都是现金收支,因此,我国商业银行的库存现金由业务库存现金和储蓄用金两部分组成。由于库存现金属于非营利性资产,而且对其保管又需要支付一定的费用,因此,商业银行通常仅保持必要的适度数额。

2. 在中央银行的存款

商业银行在中央银行的存款又叫准备金存款。各国货币当局一般均规定商业银行应在中央银行开设账户,作为银行准备金的基本账户。商业银行在中央银行的存款一般分为法定准备金存款和超额准备金存款两部分。

法定存款准备金是商业银行按照法定存款准备金率向中央银行缴纳的存款准备金。法定存款准备金具有强制性,商业银行必须按法律规定缴存,一般不得动用,并要根据存款额的增减定期调整。

超额准备金存款也叫一般性存款,是商业银行在中央银行的存款准备金账户中超出了法定准备金的那部分存款,是商业银行在日常业务活动中可以自由支配的支付准备金,主要用于转账结算、支付票据交换的差额、发放贷款和调剂库存现金的余缺。

3. 存放同业款项

存放同业款项是指金融机构因其相互之间代理业务而在其他银行和金融机构保留的存款。商业银行为了便于同业之间收付有关款项,往往在其他商业银行开立活期存款账户。由于其属于活期存款性质,随时可以支用,所以可视同为现金资产。

### 4. 托收中现金

托收中现金指本行通过对方银行向外地付款单位或个人收取的票据款项。商业银行经营中每天都会收到开户人拿来的支票或现金,其中的支票有可能非本行付款,而需向付款行收取,这种需向别的银行收款的支票称为托收中现金。

### (二) 贷款业务

**1. 根据偿还期限不同划分,贷款可划分为短期贷款、中期贷款和长期贷款**

(1) 短期贷款指贷款期限在 1 年以内 (含 1 年) 的贷款,用于满足企业短期流动资金需求或季节性资金需要。

(2) 中期贷款指贷款期限在 1 年以上 (不含 1 年) 5 年以下 (含 5 年) 的贷款,通常在放款期限内分期偿还本息。

(3) 长期贷款指贷款期限在 5 年以上 (不含 5 年) 的贷款,主要是银行发放的不动产抵押放款。

**2. 根据经济用途不同划分,贷款可划分为经营性贷款、有价证券经纪人贷款和消费性贷款**

(1) 经营性贷款,是商业银行对工商企业经营活动过程中的正常资金需要而发放的贷款,包括工商业贷款、农业贷款和不动产抵押贷款等。

工商业贷款是银行发放给工商企业的贷款。它在银行贷款总额中所占的比重最大,包括流动资金贷款、固定资产贷款和项目贷款等。农业贷款是银行对农场或农民个人发放的用于生产的贷款。不动产贷款,是以建筑物和土地为抵押品的贷款,主要用于建造和维修及购买房屋,此外,也可用于购买和开发农田或土地。在一些西方国家中,这种贷款是商业银行仅次于对工商业贷款的一种贷款业务。

(2) 有价证券经纪人贷款,是银行向专门从事证券交易的经纪人提供的贷款,目的是解决证券交易过程中资金暂时短缺的需要。

(3) 消费性贷款,是贷放给个人用来购买消费品或支付劳务费用的贷款。消费贷款又可分为直接和间接两种形式。直接的形式是指直接贷给消费者货币,约期一次归还或分期偿还,也可通过信用卡业务,采取随借随还的循环形式。间接的形式,是以资金融通给工商企业购买赊销合同,支持消费者以分期付款或推迟付款的形式购买消费品。

**3. 根据信用担保形式不同划分,贷款可划分为贴现贷款 (票据贴现)、抵押贷款、信用贷款**

(1) 票据贴现是客户将未到期的票据提交银行,由银行扣除自贴现日起至到期前一日止的利息而取得现款。票据到期时,贴现银行按票面额向票据的债务人收回款项。银行办理票据贴现,需按一定的利率计算利息,即贴现率。

(2) 抵押贷款是以各种商品和商品凭证作抵押的贷款。贷款不能按期归还,银行可以出售抵押的商品以补偿贷款的损失。银行贷款时,垫头较大,商品估价大大低于市场价格,一般为商品市价的 30%~50%,以防止商品跌价或销售发生困难而使银行遭受损失。票据抵押贷款是以各种票据为担保的贷款,贷款期限不得超过票据到期的期限。贷款到期时,借款人应偿还贷款、赎回票据;如不赎

动画:个人质押贷款业务

拓展阅读:《关于防止经营用途贷款违规流入房地产领域的通知》

拓展阅读:《关于进一步规范大学生互联网消费贷款监督管理工作的通知》

拓展阅读:上海票据交易所贴现通业务介绍

回，银行有权处理票据。银行为避免借款人不赎回票据而遭受损失，其贷款额总是低于票据的面额，一般为60%~80%。票据面额与贷款额的差额通常称为垫头。

（3）信用贷款是没有担保，仅依据借款人的信用状况发放的贷款。这种贷款债务人无须提供抵押品或第三方担保仅凭自己的信誉就能取得贷款，并以借款人信用程度作为还款保证。由于信用贷款风险较大，银行一般要对借款人的信用状况、经济效益、经营管理水平、发展前景等情况进行详细的考察，以降低风险。发放信用贷款时，银行必须对借款人进行严格审查、评估，确认其资信具备还款能力，信用贷款的利率水平较高。

拓展阅读：不能用于抵押贷款的房产

知识链接：商业银行对贷款审查采用"6C"原则

4. 根据贷款的风险程度不同划分，贷款可划分为正常贷款、关注贷款、次级贷款、可疑贷款和损失贷款

正常贷款是指借款人能够履行合同，没有足够理由怀疑贷款本息不能按时足额偿还的贷款。其特征是：借款人能正常还本付息，银行对借款人最终偿还贷款本息有充分把握，各方面情况正常；不存在任何影响贷款本息偿还的消极因素，没有任何理由怀疑贷款会遭受损失，贷款损失的概率为0。

关注贷款是指尽管借款人目前有能力偿还贷款本息，但存在一些可能对贷款偿还产生不利影响因素的贷款。其特征是借款人偿还贷款本息没有问题，但是存在潜在的缺陷，继续存在下去将会影响贷款的偿还，贷款损失的概率不会超过5%。

金融职业素养：贷款的注意事项

次级贷款是指借款人的还款能力出现明显问题，完全依靠其正常营业收入无法足额偿还贷款本息，即使执行担保，也可能会造成一定的损失。其特征是贷款的缺陷已经很明显，正常经营收入不足以保证还款，需要通过出售、变卖资产和对外融资，乃至执行担保来偿还，贷款损失的概率是30%~50%。

可疑贷款是指借款人无法足额偿还贷款本息，即使执行担保，也肯定要造成较大损失。其特征是贷款肯定要发生一定损失，只是因为存在借款人重组、兼并、合并、抵押物处理和未决诉讼等待定因素，损失金额还不能确定，贷款损失的概率是50%~75%。

损失贷款是指在采取所有可能的措施或一切必要的法律程序之后，本息仍无法收回，或只能收回极少部分的贷款。其特征是贷款大部分或部分发生损失，贷款损失的概率是75%~100%。

前两类属正常贷款，后三类合称不良贷款。

## （三）投资业务

投资业务是指银行用其资金购买有价证券的活动。银行购买公债、国库券以及股票等有价证券，其投资目的主要是取得利润，分散风险，保持资产流动性以及作为控制其他企业或与其他企业保持密切关系的手段。银行从事证券投资活动，更多的是从保持资产流动性方面考虑，因而，银行投资的证券一般都是信誉高，容易转让的证券。当第一现金准备不足时，可以立即把这些有价证券出售变现，以应急需。当然，如果不需要动用，则可将这些有价证券用作获利手段。政府证券信誉较好，商业银行大多乐于投资，一般占证券投资的70%左右，特别

拓展阅读：我国商业银行不良贷款情况

是国库券,由于期限短(一般3~6个月),很受欢迎,其次是政府中长期债券,政府机构债券等。此外,一些财力雄厚、信誉较高的公司债券,也是商业银行的投资对象。一些国家还允许商业银行投资于一些质量较高的股票。《中华人民共和国商业银行法》规定:"商业银行在中华人民共和国境内不得从事信托投资和证券经营业务,不得向非自用不动产投资或者向非银行金融机构和企业投资,但国家另有规定的除外。"

### 三、中间业务

中间业务是指银行不运用或较少运用自己的资金,以中间人的身份代替客户办理收付和其他委托事项,提供各类金融服务并收取手续费的业务。中间业务是银行在办理资产负债业务的过程中衍生出来的,作为一种资产负债之外的银行业务和占用资产较少的业务,它在银行的资产负债表上一般不能直接反映出来。中间业务形成银行非利息收入,在利润表上记入"手续费及佣金净收入"科目。

拓展阅读:《商业银行中间业务暂行规定》

中间业务种类繁多,传统的中间业务包括汇兑结算、票据承兑、代理收付、代客理财、信托租赁以及国际业务中的信用证、代客买卖外汇等。近二三十年来,为适应国际国内金融市场的变化,银行的中间业务得到了较快的发展,新兴业务层出不穷。如电子计算机技术的发展,出现了信用卡业务、电子转账系统业务;由于世界贸易和资本借贷的发展,出现了担保承诺、代理融通、债务互换、信息咨询业务;为了逃避金融监管和规避风险,出现了一大批新的金融衍生业务,亦称收费性业务及表外业务。这些新兴业务大多属于中间业务范畴。

#### (一)结算业务

结算业务是指商业银行通过提供结算工具,如本票、汇票、支票等,为收付双方完成货币收付、划账行为的业务,是由商业银行存款业务派生出来的一种业务。客户为了利用银行办理结算和取得贷款的便利,需到银行开立活期存款账户,商业银行为了吸收更多的存款,提高资金运用能力,会尽可能地加强和完善结算等服务性金融业务,为客户提供优质迅速的结算服务。银行经营汇兑业务可以占用客户一部分资金。客户把钱款交给银行,银行再把钱款汇给异地的收款人,这中间总会有一段时间间隔,在这段时间内银行就可以占用客户的资金。

我国现行的信用支付工具和结算方式主要通过汇票、本票、支票和银行卡,采用电子汇兑系统结算。近年来,随着金融科技的迅速发展,网上银行、第三方支付等电子支付方式产生并得到快速发展,大大加快了资金的周转,缩短了结算资金在途时间。

商业银行结算业务见图6-1。

#### (二)信用卡业务

拓展阅读:信用卡的起源

信用卡是贷记卡,是指由商业银行或者其他金融机构发行的具有消费支付、信用贷款、转账结算、存取现金等全部功能或者部分功能的电子支付卡。由商业银行或信用卡公司对信用合格的消费者发行的信用证明。它是一项银行为客户提供支付和信用手段的业务,在推动银行大众化服务过程中起着非常重要的作用。

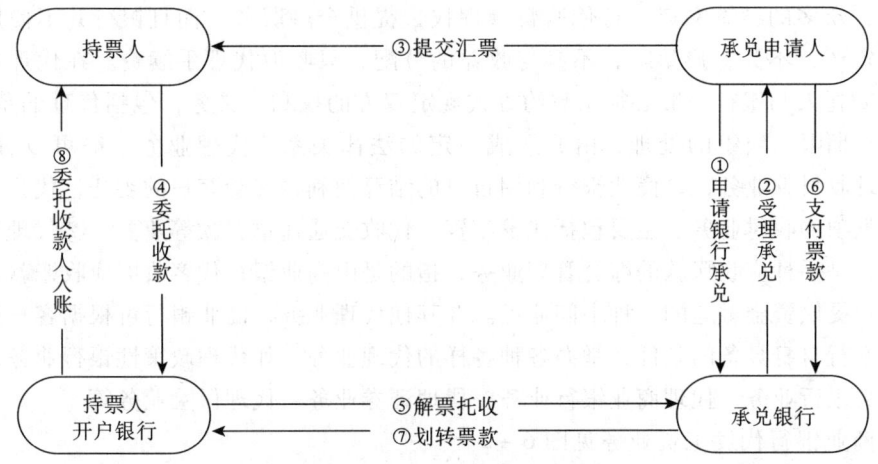

图 6-1 商业银行结算业务

信用卡分为贷记卡和准贷记卡。贷记卡是指持卡人拥有一定的信用额度，可在信用额度内先消费后还款的信用卡。准贷记卡是指持卡人按要求交存一定金额的备用金，当备用金账户余额不足支付时，可在规定的信用额度内透支的准贷记卡。我们常用的信用卡一般单指贷记卡。银行信用卡的功能是由发卡银行根据社会需要和内部经营能力所确定的。随着社会经济的发展，银行信用卡的功能也在不断完善和发展。其主要功能有以下几种：

1. 支付结算功能

持卡人在特约商户购物消费之后，无须以现金支付款项，用信用卡进行支付结算即可，这是信用卡最主要的功能。

2. 汇兑功能

当信用卡持有者外出旅游、购物或出差，需要在外地支取现金时，可以持卡在当地的发卡银行的储蓄所办理存款手续，然后持卡在异地发卡银行的储蓄所取款。

3. 储蓄功能

持卡人可以在发行信用卡的银行所指定的储蓄所办理存款或支取现金，还可以在发卡银行所属的自动柜员机上（简称 ATM）凭卡存取现金。

4. 透支功能

持卡人可在发卡银行允许的额度内透支取现、用款，同时计收透支息。2021年1月1日起，信用卡透支利率由发卡机构与持卡人自主协商确定，取消信用卡透支利率上限和下限管理（原上限为日利率万分之五、下限为日利率万分之五的0.7倍）。

银行信用卡的四大功能，不仅方便了持卡人与特约用户的购销活动，而且减少了社会现金流通量，节约了社会劳动。

（三）代理业务

代理业务是商业银行接受单位或个人的委托，以代理人的身份代表委托人办理一些经双方议定的经济事项，提供金融服务并收取一定费用的业务。代理时，客户并没有转移财产的所有权，只是有银行运用其丰富的知识与技能以及良好的

案例分析

拓展阅读：《商业银行代理保险业务管理办法》

信誉，众多的结算网点，行使监督管理权，提供金融服务，而且银行并不使用自己的资产，不为客户垫款，不参与收益的分配，只收取代理手续费。在代理业务中，委托人与银行一般必须用契约方式规定双方的权利、义务，包括代理的范围、内容、期限、纠纷的处理，由此形成一定的法律关系。代理业务一般可以分为：①代理收付款业务，是商业银行利用自身的结算便利，接受客户的委托，代为办理指定款项的收付业务。主要包括代发工资、代收交通违章罚款等业务。②代理融通业务，是一种应收账款的综合管理业务，指的是由商业银行代客收取应收账款，并向客户提供资金融通的一种中间业务。③其他代理业务，商业银行可根据客户的要求和本行自身具备的条件，举办各种各样的代理业务。如代理政策性银行业务、代理中央银行业务、代理商业银行业务、代理证券业务、代理保险业务等。

商业银行代发工资业务见图6-2。

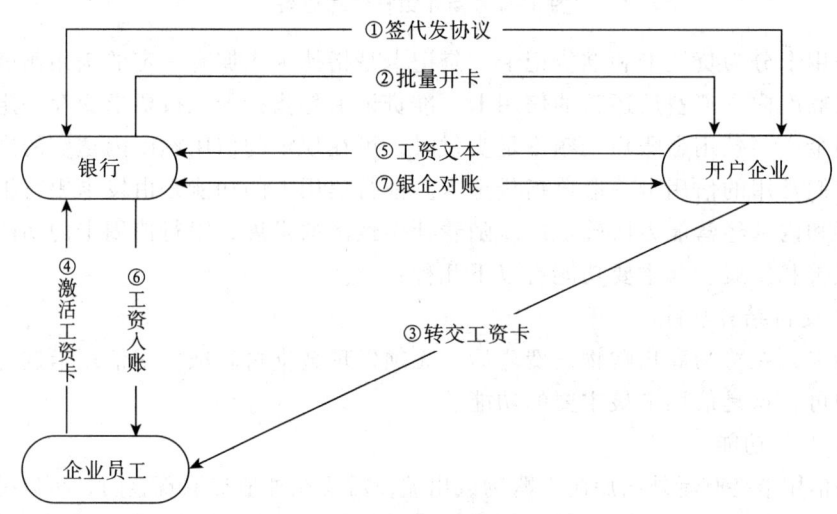

图6-2 商业银行代发工资业务

### （四）信托业务

信托业务是银行受客户的委托、代为管理、营运、处理有关钱财的业务。这种业务按对象可划分为个人信托和社团、企业信托。对个人的信托业务包括代管财产、办理遗产转让、保管有价证券和贵重物品、代办人寿保险等。对社团、企业的信托业务包括：代办投资，代办公司企业的筹资事宜，如股票、公司债券等的注册、发行及股息红利分发、还本等，代办合并或接管其他企业，代管雇员福利账户和退休养老金的发放、业务咨询，代理政府办理国库券、公债券的发行、推销以及还本付息等。银行经营信托业务一般只收取有关的手续费，至于在营运中获得的收入则归委托人所有。银行开展这项业务时，可把占用的一部分信托资金用于投资。

### （五）租赁业务

租赁业务是银行通过所属的专业机构将大型设备出租给企业使用的业务。银行以资金购买机器、船舶、飞机等昂贵的设备，出租给企业，收取租金。这种业务通常由银行所控制的专业机构——租赁公司来经营。各国对租赁的概念、立法都不一样，租赁种类很多，但大致可以分为金融租赁和经营租赁两大类。

拓展阅读：我国商业银行法对商业银行信托业务的规定

金融租赁的租期与设备的使用年限相同，在租期内不允许单方面撤销租约。出租人只负责资金，所有关于设备的安装、保管、维修、保险和财产税等，均由承租人负责，租期满后可以退回或续租，或按市价卖给承租人，银行经营的租赁大都是金融租赁。

经营租赁一般由出租人购置设备，由承租人选租，通常适用于一些需要专门技术保养，更新较快的设备，以及一些通用设备。出租人要负责维修保养，而且租期较短，承租人可以中途解约，随时改租设备。这种租赁又叫服务性租赁、操作性租赁，一般银行很少经营。

在上述两种基本租赁形式的基础上，通过灵活变通，出现各式各样的租赁种类。例如，金融租赁就有直接租赁、杠杆租赁、转租赁和维修租赁等。

### （六）表外业务

表外业务是指不会引起资产负债表内业务发生变化，却可以为商业银行带来收入的业务活动。表外业务虽不构成资产负债总额，但在一定条件下有可能转化为表内业务。表外业务也可能带来风险或损失，因此列入表外业务的项目也称为或有负债和或有资产。表外业务主要有以下几种：

1. 提供担保和类似的或有负债

商业银行为债务人提供担保，如果债务人不能及时付款，由担保人承担责任。它主要有票据承兑、备用信用证、贷款担保等。

案例分析

2. 提供承诺

承诺是未来特定时期内，向客户提供按事先约定的条件发放一定数额贷款的承诺。它主要有回购协议、贷款承诺、票据发行便利等。客户要求银行承诺主要是作为一种后备保证，从而提高自身的资信度。就银行而言，承诺不一定履行，但凭借信誉就可获得可观的收益。

第三节小测验

3. 金融衍生产品交易

金融衍生产品是指以股票、债券或货币等资产为基础派生出来的金融工具。它主要有货币互换、货币期货、货币期权、利率互换、利率期权、股票指数期货和期权等。商业银行经营此项业务主要是为自身资产规避风险，但也能进行盈利性投资。

## 第四节 商业银行存款的创造

### 一、原始存款和派生存款

在信用发达的国家，活期存款是存款人能用支票随时提取款项的一种存款。

微课：商业银行的存款创造

一般来说，只有商业银行才有权经营活期存款。商业银行在经营存贷款的过程中还具有创造存款的能力。

原始存款是客户以现金存入银行形成的存款。但是银行在经营活动中，只需保留一小部分现金作为付现准备，可以将大部分现金用于贷款。客户在取得银行贷款后，一般并不立即提取现金，而是转入其在银行的活期存款账户，这时银行一方面增加了贷款，一方面增加了活期存款。银行用转账方式发放贷款、贴现和投资时创造的存款，即为派生存款。在信用发达的国家，银行的大部分存款都是通过这种营业活动创造出来的。可见，原始存款是派生存款的基础，而派生存款是信用扩张的条件。

商业银行的存款准备金，由其现金库存和其在中央银行的存款两部分构成。目前各国的银行制度，一般均采用部分准备金制，因为如果是全额准备金制，银行则不可能利用所吸收的存款去发放贷款。但是商业银行也不能无限制地运用存款，否则存款货币创造过多，会导致通货膨胀。因此，目前各国一般都以法律形式规定商业银行必须保留的最低数额的准备金，即法定存款准备金。存款准备金超过法定存款准备金的部分，为超额准备金。

法定存款准备金（$R_d$）是银行按照法定存款准备金率（$r_d$），对活期存款总额（$D$）应保留的准备金，用公式表示为：

$$R_d = D \cdot r_d \quad \text{（公式 6.1）}$$

超额准备金（$E$），则是银行实有准备金（$R$）与法定存款准备金（$R_d$）之差。其正值表示 $R$ 的多余部分，负值则表示 $R$ 的不足部分。用公式表示为：

$$E = R - D \cdot r_d \quad \text{（公式 6.2）}$$

法定存款准备金率的高低，直接影响银行创造存款货币的能力。法定存款准备金率越高，银行吸收的存款中可用于贷款的资金越少，创造存款货币的数量则越少，反之，法定存款准备金率越低，创造存款货币的数额则越大。可见，法定存款准备率决定银行创造存款的能力，与信贷规模的变化有密切关系。因此，许多国家的中央银行都把调高或降低法定存款准备金率作为紧缩或扩张信用的一个重要手段。

### 二、存款的创造过程

在广泛采用非现金结算的情况下，银行将吸收的原始存款中的超额准备金用于发放贷款，客户取得借款后，不提取现金，全部转入另一企业的银行存款账户。接受这笔新存款的银行，在存款增加的同时，也增加了存款准备金。它在保留一部分法定存款准备金后，又可将超额准备部分用于发放贷款。这样，又会出现另一笔存款。如此不断延续下去，即可创造出大量的存款。

为了进一步说明商业银行创造存款货币的过程，必须先作几条假定：①每家银行只保留法定存款准备金，其余部分全部贷出，超额准备金等于零；②客户收入的一切款项均存入银行，而不提取现金；③法定存款准备金率为 20%。

现假设 A 企业将 10000 元存入第一家银行，该行增加原始存款 10000 元，按

20% 提留 2000 元法定存款准备金后，将超额准备金 8000 元全部贷给 B 企业，B 企业用来支付 C 企业货款，C 企业将款项存入第二家银行。该行提留 1600 元法定存款准备金后，又将超额准备金 6400 元贷给 D 企业，D 企业又用来向 E 企业支付货款，E 企业将款项存入第三家银行，该行又继续贷款，如此循环下去。派生存款的创造过程，见表 6-1。

表 6-1　　　　　　　　　派生存款的创造过程　　　　　　　　单位：元

| 银行名称 | 存款增加数 | 按 20% 应留法定存款准备金数 | 贷款增加数 |
| --- | --- | --- | --- |
| 第一家银行 | 10000.00 | 2000.00 | 8000.00 |
| 第二家银行 | 8000.00 | 1600.00 | 6400.00 |
| 第三家银行 | 6400.00 | 1280.00 | 5120.00 |
| 第四家银行 | 5120.00 | 1024.00 | 4096.00 |
| 第五家银行 | 4096.00 | 819.20 | 3276.80 |
| 第六家银行 | 3276.80 | 655.36 | 2621.44 |
| 第七家银行 | 2621.44 | 524.20 | 2097.15 |
| 第八家银行 | 2097.15 | 419.43 | 1677.72 |
| 第九家银行 | 1677.72 | 335.54 | 1342.18 |
| 第十家银行 | 1342.18 | 268.44 | 1073.74 |
| 十家银行合计 | 44631.29 | 8926.26 | 35705.03 |
| 其他银行 | 5368.71 | 1073.74 | 4294.97 |
| 总计 | 50000.00 | 10000.00 | 40000.00 |

由表 6-1 可知，在部分准备金制度下，10000 元的原始存款，可使银行共发放贷款 40000 元，并可使活期存款总额增至 50000 元。活期存款总额超过原始存款的数额，便是该笔原始存款所派生的存款总额。银行这种扩张信用的能力决定于两大因素，即原始存款数额的大小和法定存款准备金率的高低。用公式表示为：

$$\Delta D = \Delta P \cdot \frac{1}{r_d} \qquad \text{（公式 6.3）}$$

式中，$\Delta D$ 表示经过派生的活期存款的变动总额，$\Delta P$ 表示原始存款的变动，$r_d$ 为法定存款准备金率，$\Delta D - \Delta P$ 为派生存款总额。

同时，从分析上式可知，活期存款的变动与原始存款的变动显然存在着一种倍数关系（$K$），用公式表示为：

$$\Delta D = \Delta P \cdot K \qquad \text{（公式 6.4）}$$

由公式 6.1 $\Delta P = \Delta D \cdot r_d$ 得：

$$K = \frac{\Delta D}{\Delta P} = \frac{1}{r_d} \qquad \text{（公式 6.5）}$$

假定公式中 $\Delta P$ 为已知，则银行的贷款机制所决定的存款货币的最大扩张倍数为 $K$，称为派生倍数。该倍数是 $r_d$ 的倒数。法定存款准备金率越高，存款扩张的倍数值越小；法定存款准备金率越低，扩张的倍数值则越大。

### 三、派生倍数的修正

商业银行创造存款货币的能力，决定于原始存款的派生倍数。但是在实际经济活动中，派生倍数还会受种种因素的影响而大为缩减，因此必须作进一步的修正。

1. 现金漏损

我们对银行创造存款货币的过程曾作过简单的假定，即客户将收入的一切款项均存入银行系统，而不提现金。事实上，客户总会有提现的行为。如果在存款派生过程中某一客户提取现金，则现金就会流出银行系统，出现现金漏损（$\Delta C$），而使银行系统的存款准备金减少，派生倍数也必然缩小，银行创造货币的能力下降。由于 $\Delta C$ 常与 $\Delta D$ 有一定的比例关系，其现金漏损率为 $c$，这样，存款额变动（$\Delta D$）对原始存款变动（$\Delta P$）的比率，可以修正为：

$$K = \frac{\Delta D}{\Delta P} = \frac{1}{r_d + c} \qquad (公式6.6)$$

2. 超额准备金

上述内容是假定银行将超额准备金全部贷出。但实际上，银行的实有准备金总会多于法定准备金，有一定数额的超额准备金（$E$）尚未贷出。

由上可知法定存款准备金等于存款总额乘以法定准备率，即 $\Delta R_d = \Delta D \cdot r_d$。超额准备金（$\Delta E$）也常和 $\Delta D$ 有一定的比例关系，其系数为 $e$，则：$\Delta E = \Delta D \cdot e$。

这样，存款额的变动由于 $e$ 的存在，必使银行创造存款的能力削弱，从而引起派生倍数的变动为：

$$K = \frac{\Delta D}{\Delta P} = \frac{1}{r_d + c + e} \qquad (公式6.7)$$

3. 活期存款转为定期存款

企业持有的活期存款中，也会有一部分转化为定期存款，因为有的国家对活期存款和定期存款规定了不同的法定存款准备率。一般来说，定期存款法定存款准备率低，活期存款法定存款准备率高。因此，银行要按定期存款（$D_t$）的法定存款准备率（$r_t$）提留准备金，从而影响存款的派生倍数（$K$）。定期存款准备金（$r_t \cdot D_t$）同活期存款总额（$D$）之间也保有一定的比例关系，假设 $t$ 为定期存款占活期存款的比例，则：$t = \dfrac{D_t}{D}$

$$\frac{r_t \cdot D_t}{D} = r_t \frac{D_t}{D} = r_t \cdot t$$

$r_t \cdot t$ 的存在，可视同法定存款准备率（$r_d$）的调整，银行创造存款的能力相应变化，因此，派生倍数（$K$）即可修正为：

$$K = \frac{1}{r_d + c + e + r_t \cdot t} \qquad (公式6.8)$$

由上可知，银行吸收一笔原始存款能够创造多少存款货币，要受到法定存款准备金、现金流出银行、超额准备金、定期存款等许多因素的影响，分母数值越大，则派生倍数的数值越小。

第四节小测验

## 第五节 商业银行的管理

### 一、商业银行经营原则

根据商业银行长期经营管理的经验总结,世界上大多数国家的银行家普遍认为,商业银行的经营管理必须遵循安全性、流动性、效益性原则。

#### (一)安全性

安全性是指商业银行应努力避免各种不确定因素对它的影响,保证商业银行的稳健经营和发展。商业银行之所以必须坚持安全性原则,是因为商业银行经营的特殊性。

微课:商业银行的资产负债管理

1. 商业银行自有资本较少,经受不起较大的损失

商业银行是以货币为经营对象的信用中介机构,不直接从事物质产品和劳务的生产流通活动,不可能直接获得产业利润。银行的贷款和投资所取得的利息收入只是产业利润的一部分,如果商业银行不利用较多的负债来支持其资金运用,银行的资金利润率就会大大低于工商企业利润率。同时作为一个专门从事信用活动的中介机构,商业银行比一般企业更容易取得社会信用,接受更多的负债。因此,在商业银行的经营中就有可能保持比一般企业更高的资本杠杆率,由此使得商业银行承受风险的能力要比一般企业小得多。可见,为了保证银行的正常经营,对资金业务的安全性给予充分的关注是极其必要的。

2. 商业银行经营条件的特殊性,尤其需要强调安全性

一方面,商业银行以货币为经营对象,它们以负债的形式把居民手中的剩余货币集中起来,再分散投放出去,从中赚取利润。对于商业银行来说,对居民的负债是有硬性约束的,既有利息支出方面的约束,也有到期还本的约束。如果商业银行不能保证安全性经营,到期按时收回本息的可靠性非常低,则商业银行对居民负债的按期清偿也就没有了保证,这会大大损害商业银行的对外信誉;更有甚者,若居民大量挤提存款,可能导致商业银行倒闭。另一方面,在现代信用经济条件下,商业银行是参与货币创造过程的一个非常重要的媒介部门,如果由于商业银行失去安全性而使银行体系混乱,则会损伤整个宏观经济的正常运转。

3. 商业银行必须控制风险

商业银行在经营过程中会面临各种风险,因此,要保证商业银行的安全性经营就必须控制风险。

(1) 国家风险。国家风险是指由于债务国政治动乱或经济衰退而使债务人无法清偿债务,使债权人蒙受损失的可能性。

(2) 信用风险。信用风险是指借贷双方产生借贷行为后,借款方不能按时

动画:信用风险识别

归还贷款本息而使贷款方遭受损失的可能性。信用风险的存在非常广泛，商业银行的所有业务都有可能面临信用风险，其中以信贷业务的信用风险最大。近年来世界性的银行呆账、坏账问题就反映出信用风险对商业银行影响的严重性。

（3）利率风险。金融市场上利率的变动使经济主体在筹集或运用资金时可能遭受的损失就是利率风险。利率风险主要表现为经济主体在筹集或运用资金时选择的时机或方式不当，从而不得不付出比一般水平更高的利息或收到比一般水平更低的收益。

（4）汇率风险。由于汇率的变动而使经济主体所持有的资产和负债的实际价值发生变动可能带来的损失就是汇率风险。对于既有本币资产又有外币资产的商业银行来说，汇率风险是无处不在的。

（5）流动性风险。这是传统商业银行的主要风险之一，指商业银行能够掌握的可用于即时支付的流动性资产不足以满足支付需要，从而使其丧失清偿能力的可能性。虽然流动性风险是商业银行破产倒闭的直接原因，但实际情况往往是由于其他种类风险长期隐藏、积累，最后以流动性风险的形式爆发出来，因此流动性风险的防范必须与其他风险的控制相结合。

（6）经营风险。经营风险是指商业银行在日常经营中由各种自然灾害、意外事故等引起的风险。

（7）竞争风险。这是银行业激烈的同业竞争造成商业银行客户流失、资产质量下降、银行利差缩小，从而增大银行经营的总风险。商业银行的经营特点决定了商业银行保持经营安全的重要性。

拓展阅读：海南发展银行破产重组

案例分析

动画：经营场所风险

### （二）流动性

流动性是指商业银行随时应对客户提存与满足必要的贷款支付的能力，包括资产的流动性与负债的流动性两重含义。资产的流动性是指银行的资产在不发生价值损失条件下迅速变现的能力。衡量银行资产流动性的标准有两个：资产变现的成本，某项资产变现的成本越低，则该项资产的流动性就越强；资产变现的速度，某项资产变现的速度越快，则该项资产的流动性就越强。负债的流动性是指银行以适当的价格取得可用资金的能力。衡量银行负债流动性的标准也有两个：①获得可用资金的价格，即取得的可用资金价格越低，则该项负债的流动性越强；②获得可用资金的时效，即取得可用资金越及时，则该项负债的流动性就越强。

商业银行是典型的负债经营，其资金来源的主体部分是客户的存款和借入款。存款是以能够按时提取为前提的，借入款是要按期归还或随时兑付的。资金来源流动性这一属性，决定了资金运用方面即资产必须保持相应的流动性。

资金运用的不确定性也需要资产保持流动性。商业银行所发生的贷款和投资，会形成一定的占用余额，这个余额在不同的时点上是不同的。一方面，贷款逐步收回，投资到期收回；另一方面，在不同的时点上又会产生各种各样的贷款需求和投资需求，也就是说，商业银行又要有一定的资金来源应付贷款发放和必要的投资。贷款和投资所形成的资金的收和付，在数量上不一定相等，时间上也不一定对应，即带有某种不确定性，这就决定了商业银行资产也应具有一定程度的流动性，以应对商业银行业务经营的需要。

商业银行资产的流动性各不相同，因而必须分层次搭配资产，形成多层次的流动性储备，以满足资产流动性的需求。流动资产是商业银行资产中最具有流动性的，它包括现金资产、存放中央银行的准备金存款和存放同业的款项，一般称为第一准备；在短期内可以变现的国家债券，其流动性较好，一般称为第二准备；长期贷款、不动产抵押贷款和长期债券需要较长时间收回资金，流动性最差。如何合理分配商业银行的资产结构，保持流动性、安全性和效益性的和谐统一，是现代银行理论的重要内容之一。

动画：流动性风险——挤兑

### （三）效益性

银行的经营动机是为了获取利润。利润体现了商业银行的经营管理水平。商业银行在竞争中必须不断改善经营管理，采取各种措施以获取更多的利润。这些措施主要是：合理调度头寸，把银行的现金准备压缩到最低限度；大量吸收存款，开辟资金来源，把这些资金用于能够获取较多的贷款和证券投资上，并尽可能避免坏账的损失；加强经济核算，采用先进技术设备，提高劳动效率，降低费用开支，不断增加业务效益。

《中华人民共和国商业银行法》规定："商业银行以效益性、安全性、流动性为经营原则，实行自主经营、自担风险、自负盈亏、自我约束。"

银行业务经营的三项原则既有联系又有矛盾。它们联系密切，其中安全性是前提，只有保证了资金安全无损，业务才能正常运转；流动性是条件，只有保证了资金的正常流动，才能确立信用中介的地位，银行各项业务活动才能顺利进行；效益性是目的，银行经营强调安全性和流动性，其目的是获取利润。三者的矛盾表现为：效益性和安全性呈反方向变化，盈利水平高的资产，风险大、安全性低；而较安全的资产，盈利水平较低。效益性与流动性也呈反方向变化，效益性高的资产流动性差，而流动性强的资产盈利水平则较低。安全性与流动性之间呈同方向变化，流动性强的资产安全性高，而流动性差的资产安全性也较低。因此，银行要满足效益性、安全性、流动性三方面的要求，就要求在经营管理中统筹兼顾、协调安排，实现三者的最佳组合。

### 课堂讨论

假如你是A商业银行的经理，为满足流动性需要，设计一下以下七项资产的选择顺序①库存现金；②国债；③国库券；④央行短期票据；⑤央行长期票据；⑥5年到期的贷款；⑦1年到期的贷款。如果你的目标是提高经营业绩，你又如何选择这些资产形式呢？说明理由。

## 二、商业银行资产负债管理理论

### （一）资产管理理论

资产管理理论是以商业银行资产的流动性为重点的传统管理方法。在20世纪60年代以前，商业银行认为负债主要取决于客户的存款意愿，只能被动地接受负债；银行的利润主要来源于资产业务，而资产的主动权却掌握在银行手中。因此，商业银行经营管理的重点应是资产业务，以保持资产的流动性，达到效益性、安全性、流动性的统一。资产管理理论产生于商业银行经营的初级阶段，是在经历了商业贷款理论、资产转移理论、预期收入理论和超货币供给理论几个不同发展阶段逐渐形成的。

1. 商业贷款理论

商业贷款理论也称真实票据理论。这一理论是在18世纪英国银行管理经验的基础上发展起来的，由18世纪英国经济学家亚当·斯密在其《国富论》一书中提出的。其主要内容为：银行的贷款应以真实的有商品买卖内容的票据为担保发放，在借款人出售商品取得货款后就能按期收回贷款。一般认为这一做法最符合银行资产流动性原则的要求，最具有自偿性。所谓自偿性，就是借款人在购买货物或生产产品时所获得的贷款可以用生产出来的商品或商品销售收入来偿还。根据这一理论要求，商业银行只能发放与生产、商品联系的短期流动贷款，一般不能发放购买证券、不动产、消费品或长期农业贷款。对于确有稳妥的长期资产来源才能发放有针对性的长期贷款。

这一理论的出现与当时社会经济尚不发达，商品交易限于现款交易，银行存款以短期为主，经济社会对贷款的需要仅限于短期的现实相适应的。但是当借款人的商品卖不出去，或应收账款收不回来，或其他意外事故，贷款到期不能偿还的情况还是会发生的，自偿性就不能实现。而且在经济不断增长，公众手中流动资产剧增，信用普遍发展的情况下，银行所收存款不但数额庞大，其中定期存款所占比重也不断升高，这时银行贷款如仅限于自偿性的短期贷款，资金周转势必不畅，不但影响经济社会对中、长期贷款的需要，也定会影响银行的盈利水平。所以当今的西方学者和银行家已不再接受或不完全接受这一理论。

2. 资产转移理论

资产转移理论是20世纪初在美国银行界流行的理论，是美国的经济学家莫尔顿于1918年在《政治经济学杂志》上发表的"商业银行及资本形成"一文中提出的。该理论认为，随着银行业向综合化发展，市场越来越发达，银行为了应付提存所需保持的流动性，可以将一部分资金投资于具备转让条件的证券上，作为第二准备金。这种证券只要信誉高、期限短、易于出售，银行就可以保持其资产的流动性，如美国财政部发行的短期国库券就符合这种要求。这一理论的采用，银行除继续发放短期贷款外，还可以投资于短期的证券，使业务得到了扩大。另外，活期存款和短期存款总会有一部分长期沉淀，银行也可以用来发放长期贷款，资产与负债的期限没有必要严格对称。这种理论也有一定的缺陷：当各家银行竞相抛售证券的时候，有价证券将供大于求，持有证券的银行转让时将会受到损失，因而很难达到保持资产流动性的预期目标。资产与负债期限的不对称性也必须有一定的界限，在实际工作中这一界限往往很难准确确定。

3. 预期收入理论

预期收入理论是在第二次世界大战后美国学者普鲁克诺于1949年在《定期存款与银行流动性理论》一书中提出的，它是在商业贷款理论和资产转移理论的基础上发展起来,但又与这两种理论不同。该理论认为:只要资金需要者经营活动正常,其未来经营收入和现金流量可以预先估算出来,并以此为基础制订出分期还款计划,银行就可以相应筹措资金发放中长期贷款。这样,无论贷款期限长短,只要借款人具有可靠的预期收入,资产的流动性就可得到保证。这种理论强调的是借款人是否确有用于还款的预期收入,而不是贷款能否自偿,担保品能否及时变现。

基于这一理论,银行在一定的条件下,可以发放中长期设备贷款、个人消费贷款、房屋抵押贷款、设备租赁贷款等,使银行贷款结构发生了变化,成为支持经济增长的重要因素。这种理论的主要缺陷在于银行把资产经营建立在对借款人未来收入的预测上,而这种预测不可能完全准确。而且借款人的经营情况可能发生变化,到时不一定具备清偿能力,这就增加了银行的风险,从而损害银行资产的流动性。

4. 超货币供给理论

超货币理论产生于20世纪60年代末。该理论认为:随着货币形式的多样化,不仅商业银行能够利用贷款方式提供货币,而且其他的非银行金融机构也可以提供货币,使银行面临很大的社会竞争压力。因此,银行资产管理应该改变陈旧的观念,不能单纯地提供货币,而且还应该提供各方面的服务。根据这种理论,银行在发放贷款和购买证券提供货币的同时,还应积极开展投资咨询、项目评估、市场调查、委托代理等多种服务,使银行资产管理更加深化。其缺陷是,银行在广泛扩展业务之后,增加了经营的风险,如果处理不当容易遭受损失。

以上理论基本适应各阶段经济发展情况,有利于商业银行防止、减少贷款的盲目性,增强资产的安全性和流动性,有力地推动了商业银行资产业务的发展,因而在商业银行长期盛行。但是这些理论的缺陷是:随着经济的迅速发展,难以满足当时社会经济对资金的需求。

(二)负债管理理论

负债管理理论是以负债为经营重点来保证流动性和效益性的经营管理理论。其理论的核心是主张以借入资金的办法来保持银行流动性,从而增强资产业务,增加银行收益。

进入20世纪60年代以后,各国经济出现了迅速发展的局面。这一情况迫切需要银行提供更多的资金。因而促使银行不断寻求新的资金来源,满足客户借款的需要。此外,银行业竞争的加剧,存款利率的最高限制实施,都迫使商业银行必须开拓新的负债业务,不断增加资金来源。除传统的存款业务以外,商业银行还积极向中央银行借款,发展同业拆借,向欧洲货币市场借款,发行大额可转让定期存单,签订"再回购协议"借款等。

负债管理理论的缺陷是:提高了银行的融资成本;增加了经营风险;不利于银行稳健经营。

(三)资产负债管理理论

资产负债管理理论是要求商业银行对资产和负债进行全面管理,而不能只偏重资产或负债某一方面的一种管理理论。20世纪80年代初,金融市场利率大幅度上升，存款管制的放松导致存款利率上升，从而使银行吸收资金成本提高，这就要求商业银行必须合理安排资产和负债结构，以增强资金流动性，实现最大限度盈利。资产负债管理理论就是通过资产和负债的共同调整，协调资产和负债项目在期限、利率、风险和流动方面的搭配，尽可能使资产、负债达到均衡，以实现安全性、流动性和效益性的完美统一。由于资产负债管理理论是从资产和负债之间相互联系、相互制约的整体出发来研究管理方法，因而被认为是现代商业银行最为科学、合理的经营管理理论。

### 三、商业银行资产负债管理的内容

**（一）资产管理**

资产管理包括准备金管理、贷款管理和证券投资管理。

1. 准备金管理

按准备金的性质划分，准备金管理有存款准备金管理、资本准备金管理和贷款准备金管理等。

存款准备金管理是商业银行对吸收的存款按法定比例交存中央银行准备金的管理。中央银行对交存的法定存款准备金不支付利息。

资本准备金管理是商业银行对从税后利润中提取的准备金进行管理。

贷款准备金管理，即呆账准备金管理，是商业银行对从税前利润中提取的准备金进行管理。

2. 贷款管理

贷款是商业银行资产管理的重点，包括贷款风险管理、贷款长短期结构管理、信用贷款和抵押贷款比例管理等。

贷款风险管理是商业银行为减少贷款损失，要求对单个客户的贷款不超过银行贷款总额或银行自有资本的一定比例，以达到分散风险的目的。

贷款长短期结构管理，要求长期贷款不得超过贷款总额的一定比例。

信用贷款和抵押贷款比例管理，限制信用贷款占全部贷款的比例。

3. 证券投资管理

这是商业银行对证券买卖活动的管理，主要内容包括：证券投资应面向不同种类的证券，实现证券最佳组合，一般应优先购买风险性小、收益率高、流动性大的证券，如政府债券。证券投资应保持适当的比例，实现资产的最优组合。一般规定购买的证券总额不许超过资本总额的一定比例。

**（二）负债管理**

负债管理包括资本管理、存款管理和借款管理。

1. 资本管理

监管资本是银行监管当局为了满足监管要求、促进银行审慎经营、维持金融体系稳定而规定的银行必须持有的资本。《巴塞尔协议》是巴塞尔委员会制定的在全球范围内主要的银行资本和风险监管标准。2004年6月发布《巴塞尔新资本协议》，新资本协议作为一个完整的银行业资本充足率监管框架，由三大支柱

拓展阅读：《商业银行资本管理办法（试行）》

组成：一是最低资本要求；二是监管当局对资本充足率的监督检查；三是银行业必须满足的信息披露要求。2013年1月1日起，我国实施《商业银行资本管理办法（试行）》。

2. 存款管理

存款管理是商业银行负债管理的重点，包括对吸收存款方式的管理、存款利率管理和存款保险管理。

对吸收存款方式的管理，如规定不得以抽奖的方式吸收存款，不得使用欺骗引诱手段吸收存款等。

存款利率管理，如实行严格的利率管理，浮动利率管理，利率自由政策等。

存款保险管理，一般规定商业银行必须参加存款保险，以便在发生意外事故破产时，能够及时清偿债务，以维护存款人的利益。

3. 借款管理

借款管理主要包括向中央银行借款管理、同业借款管理和发行金融债券管理。其管理内容是：严格控制借款的使用，分散借款的偿还期和偿还金额，借款应控制适当的规模和比例等。

（三）资产负债综合管理

资产负债综合管理是将资产负债各科目之间按"对称原则"进行安排和管理，使安全性、流动性和效益性之间达到平衡协调。其基本方法是：将资产与负债各科目按期限对称或利率对称的原则加以安排，规定控制指标，以谋求经营风险最小化和收益最大化。

## 四、我国商业银行资产负债管理

（一）资产负债管理制度的建立

我国银行资产负债管理制度是随着经济体制、金融体制改革的深化而演变发展的。1994年，国有商业银行，包括城市、农村信用社，遵照我国人民银行《信贷资金管理暂行办法》要求，开始全面推行资产负债比例管理制度，即以比例加限额控制的办法，对商业银行资产负债实行综合管理。其基本要求是资产与负债的期限、数量结构相对应，提高资产的流动性，坚持效益性、安全性、流动性的统一，降低不良资产比例，提高经营效益。

为了确保这一制度的实施，我国在1995年先后颁布的《中国人民银行法》和《商业银行法》中做出了法律规定。自1998年1月1日起，中国人民银行将国有商业银行贷款增加量管理的指令性计划改为指导性计划，在逐步推行资产比例管理和风险管理的基础上，实行"计划指导、自我平衡、比例管理、间接控制"的信贷资金管理体制。

2005年12月31日，原银监会发布了《商业银行风险监管核心指标》，同时废止了1996年12月22日中国人民银行发布的《商业银行资产负债比例监控、监测指标和考核办法》。

**金融科技专栏**

**互联网贷款新规落地，风险管控是核心**

2020 年 7 月 17 日，为规范商业银行互联网贷款业务经营行为，促进互联网贷款业务平稳健康发展，中国银保监会制定了《商业银行互联网贷款管理暂行办法》，自公布之日起施行。其最大亮点在于明确强调了风险数据和风险模型方面的要求，要求互联网贷款业务模式涉及与外部机构合作的，核心风控环节应当由商业银行独立开展且有效，不得将授信审查、风险控制、贷款发放、支付管理、贷后管理等核心业务环节委托给第三方合作机构。

资料来源：陈姝含. 互联网贷款新规落地，风险管控是核心 [EB/OL]. (2020 - 07 - 20) [2023 - 08 - 20]. https://www.cet.com.cn/wzsy/ycxw/2606492.shtml

拓展阅读：我国商业银行不良资产的情况

### （二）资产负债管理的指标体系

商业银行风险监管核心指标分为三个层次，即风险水平、风险迁徙和风险抵补。

**1. 风险水平类指标**

风险水平指标包括流动性风险指标、信用风险指标、市场风险指标和操作风险指标，以时点数据为基础，属于静态指标。

（1）流动性风险指标，是用来衡量商业银行流动性状况及其波动性，包括流动性比例、核心负债比例和流动性缺口率。流动性风险指标按照本币和外币分别计算。

流动性比例为流动性资产余额与流动性负债余额之比，衡量商业银行流动性的总体水平，不应低于 25%。

核心负债比例为核心负债与负债总额之比，不应低于 60%。

流动性缺口率为 90 天内表内外流动性缺口与 90 天内到期表内、表外流动性资产之比，不应低于"-10%"。

（2）信用风险指标，包括不良资产率、单一集团客户授信集中度、全部关联度三类指标。

不良资产率为不良资产与资产总额之比，不应高于 4%。该项指标为一级指标，包括不良贷款率一个二级指标；不良贷款率为不良贷款与贷款总额之比，不应高于 5%。

单一集团客户授信集中度为最大一家集团客户授信总额与资本净额之比，不应高于 15%。该项指标为一级指标，包括单一客户贷款集中度一个二级指标；单一客户贷款集中度为最大一家客户贷款总额与资本净额之比，不应高于 10%。

全部关联度为全部关联授信与资本净额之比，不应高于 50%。

微课：商业银行资产负债管理指标体系

（3）市场风险指标。市场风险指标用来衡量商业银行因汇率和利率变化而面临的风险，包括累计外汇敞口头寸比例和利率风险敏感度。

累计外汇敞口头寸比例为累计外汇敞口头寸与资本净额之比，不应高于 20%。具备条件的商业银行可同时采用其他方法（比如在险价值法和基本点现值法）计量外汇风险。

利率风险敏感度为利率上升 200 个基点对银行净值的影响与资本净额之比，

指标值将在相关政策出台后根据风险监管实际需要另行制定。

（4）操作风险指标。操作风险指标用来衡量由于内部程序不完善、操作人员差错或舞弊以及外部事件造成的风险，表示为操作风险损失率，即操作造成的损失与前三期净利息收入加上非利息收入平均值之比。

2. 风险迁徙类指标

衡量商业银行风险变化的程度，表示为资产质量从前期到本期变化的比率，属于动态指标。风险迁徙类指标包括正常贷款迁徙率和不良贷款迁徙率。

（1）正常贷款迁徙率为正常贷款中变为不良贷款的金额与正常贷款之比，正常贷款包括正常类和关注类贷款。该项指标为一级指标，包括正常类贷款迁徙率和关注类贷款迁徙率两个二级指标。正常类贷款迁徙率为正常类贷款中变为后四类贷款的金额与正常类贷款之比，关注类贷款迁徙率为关注类贷款中变为不良贷款的金额与关注类贷款之比。

（2）不良贷款迁徙率包括次级类贷款迁徙率和可疑类贷款迁徙率。次级类贷款迁徙率为次级类贷款中变为可疑类贷款和损失类贷款的金额与次级类贷款之比，可疑类贷款迁徙率为可疑类贷款中变为损失类贷款的金额与可疑类贷款之比。

3. 风险抵补类指标

衡量商业银行抵补风险损失的能力，包括盈利能力、准备金充足程度和资本充足程度三个方面。

拓展阅读：我国商业银行风险抵补的能力

（1）盈利能力指标包括成本收入比、资产利润率和资本利润率。成本收入比为营业费用加折旧与营业收入之比，不应高于45%；资产利润率为税后净利润与平均资产总额之比，不应低于0.6%；资本利润率为税后净利润与平均净资产之比，不应低于11%。

第五节小测验

（2）准备金充足程度指标包括资产损失准备充足率和贷款损失准备充足率。资产损失准备充足率为一级指标，为信用风险资产实际计提准备与应提准备之比，不应低于100%；贷款损失准备充足率为贷款实际计提准备与应提准备之比，不应低于100%，属二级指标。

第六章自测题

（3）资本充足程度指标包括核心资本充足率和资本充足率，核心资本充足率为核心资本与风险加权资产之比，不应低于4%；资本充足率为核心资本加附属资本与风险加权资产之比，不应低于8%。

### 金融职业素养专栏

商业银行作为现代经济体系中的关键机构，不仅承担着资金融通、支付结算、风险管理等基本职能，还通过创新服务推动金融市场的稳定与发展。随着金融科技的快速发展，银行服务正向智能化、个性化方向转型。在未来工作中，我们不单学习如何利用科技手段优化金融服务，提升客户满意度，更要培养严谨的逻辑思维和风险意识，以扎实的金融素养，为未来在金融行业的成长奠定良好基础。

资料来源：孙璐璐．央行启动金融科技创新监管试点［EB/OL］．（2019－12－06）［2023－08－20］．https://baijiahao.baidu.com/s?id=1652131296407373160&wfr=spider&for=pc

思维导图

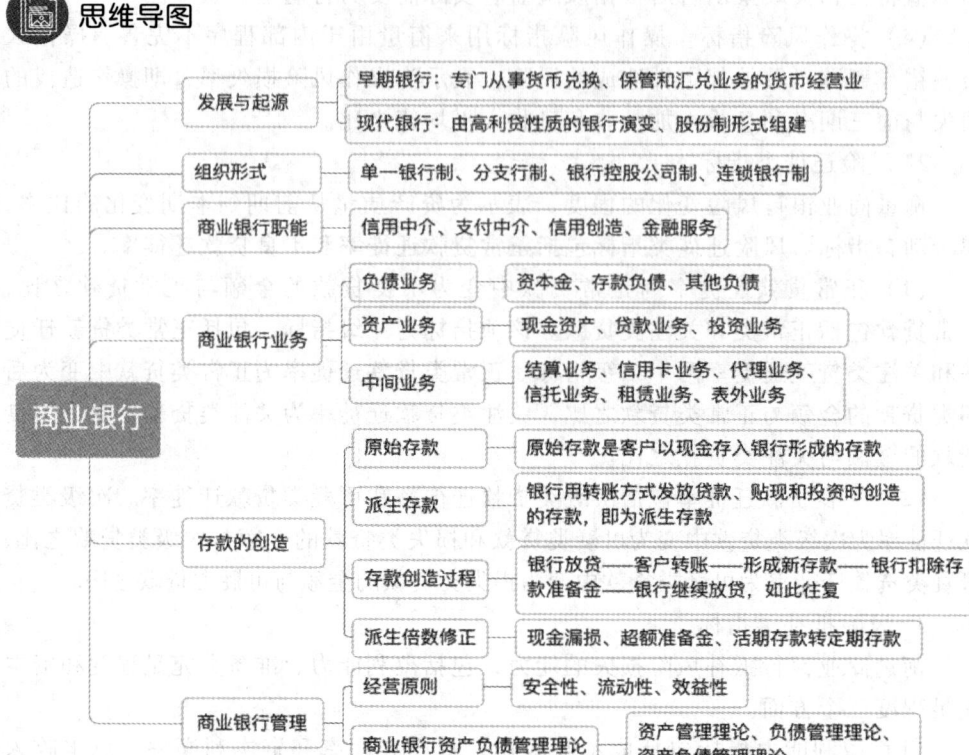

# 第七章 Chapter 7 中央银行

【本章学习目标】

知识目标：了解中央银行产生的原因和发展过程；掌握中央银行的性质与地位、职能与作用；了解中央银行制度；掌握中央银行的各项业务及监管机制。

能力目标：能够利用本章的相关知识，分析中央银行在具体经济环境中的作用。

【导入案例】

**全球多国央行2021年或将继续推行量化宽松政策**

据彭博社下属经济研究所发布的货币政策展望报告显示，今年全球经济将逐步摆脱新冠肺炎阴影，呈恢复趋势，但主要国家央行仍将维持宽松的货币政策，部分国家或将冻结甚至下调基准利率。

报告预测，美联储、欧洲央行、韩国、中国、印度、俄罗斯、墨西哥央行等14个中央银行将冻结基准利率，2022年之前美国将不会改变量化宽松政策，欧盟将在2021年年底前通过紧急抗疫购债计划（PEPP）持续购买债券，中国人民银行将在2021年年底前将现行3.85%的贷款市场报价利率下调至3.75%。

报告还称，大部分央行都将以支持经济恢复为主要任务，这将导致无论是通货紧缩还是通货膨胀等迹象出现时很有可能得不到充分的重视。

（资料来源：中国经济网，2021年1月13日，http://intl.ce.cn/specials/zxgjzh/202101/13/t20210113_36219719.shtml）

# 第一节
## 中央银行的产生与发展

目前，世界绝大多数国家的金融体系中，均设有中央银行。中央银行在一个国家金融体系中居于主导地位，作为领导与管理全国金融与货币的核心机构，它代表国家发行货币、制定和执行金融政策、处理国际性金融事务、对金融体系实施监管等。

### 一、中央银行的产生

案例分析

现代商业银行是从货币兑换业逐渐发展而来的，而中央银行又是从现代商业银行中分离出来逐渐演变而成的。中央银行产生于17世纪后半叶，而中央银行制度的形成则在19世纪初期。最早设立的中央银行是1656年的瑞典银行。直到1913年美国建立美国联邦储备体系为止，中央银行制度才基本建立，历时257年。

在银行事业发展的初级阶段，许多私人银行除办理存款、放款和汇兑等业务外，也都办理银行券发行业务，一般利用银行券的发行来增加自己的资金。随着银行数量的增加，经济的发展，市场的扩大，银行券的分散发行已经不适应资本主义经济发展的需要，其缺点日益明显。

1. 银行券自由兑换受到限制

动画：假币收缴业务操作风险

许多银行券分散地发行，不能保证货币流通的稳定性。为数众多的小银行信用能力薄弱，随着资本主义竞争的加剧，经济危机的震荡，使一些小银行无法保证自己所发行银行券的兑现，从而无法保证银行券的信誉及其流通的稳定性，进而引起社会混乱。

2. 银行券自由流通受到限制

小银行信用能力有限，所发行的银行券不能广泛流通。许多分散的小银行所发行的银行券，只能在有限的地区流通，从而给生产和流通带来困难。随着资本主义经济的发展，要求有更加稳定的通货，也要求银行券成为能在全国市场上流通的一般的信用流通工具。由此，在客观上要求建立一个资力雄厚，并在全国有权威的大银行来集中货币发行。

3. 集中存款准备，提供最后贷款的需要

随着资本主义生产的发展和流通的扩大，对贷款的要求不仅数量增多，而且期限也延长了，商业银行如果仅用自己吸收的存款来提供贷款，则远远不能满足社会经济发展的需要，如将吸收的存款过多地提供贷款，又会削弱银行的清偿能力，使银行发生挤兑和破产的可能。于是就有必要适当集中各家商业银行的一部分现金准备，当有的商业银行发生支付困难时，给予必要的支持。这在客观上要求有一个银行后台,能够在商业银行资金发生困难时,给予贷款支持,这个后台只有中央银行才能充当。

中央银行的产生有一个发展过程,在之后的经济发展中,对中央银行又提出新的要求,赋予它新的职能,使中央银行在实践中逐渐成长起来,最终成为今天一个能够掌握和运用多种手段,对国民经济进行调节的机构。

## 二、中央银行的发展

中央银行的发展大致可分为两个阶段:一是中央银行的普遍推行时期,即19世纪初至20世纪中叶,也就是第二次世界大战结束时止;二是中央银行的强化时期,即20世纪中叶至今。

### (一) 中央银行的普遍推行时期

第一次世界大战爆发后,各国金融领域发生剧烈波动,中央银行都纷纷宣布停止或限制兑现,提高贴现率,外汇行市下跌,禁止黄金输出。为了满足战时财政的需要,应付军费开支,中央银行增发通货,进行大量垫款,从而引起了通货膨胀。针对以上情况,在第一次世界大战以后,1920年在布鲁塞尔举行的国际会议上,提出中央银行应摆脱各国政府政治上的控制,实行稳定的金融政策。会议建议,尚未设立中央银行的国家,应该迅速建立中央银行。于是世界上许多国家鉴于大趋势及国内经济发展的需要,纷纷新建或改组中央银行。因而可以说20世纪20年代是中央银行制度积极发展的一个阶段。

### (二) 中央银行的强化时期

进入20世纪中叶,特别是第二次世界大战后,各国政治、经济发生了重大变化。大多数参战国受到严重的战争破坏,经济困难、通货膨胀。为了医治战争创伤,恢复本国经济,稳定货币,筹集资金,各国都将货币信用政策用来作为干预生产和调节国民经济的主要杠杆。中央银行是制定与执行货币政策的重要机构,这就使中央银行制度发生了新的变化,许多国家的中央银行开始了国有化进程。尽管有的资本主义国家维持私有或公私合营,也都在中央银行相对独立的情况下加强了国家的控制。

第二次世界大战后,中央银行制度得到更为迅速的发展和完善。这主要表现在:

(1) 由于中央银行的业务活动以社会利益和经济稳定为前提,因而各国政府先后实行中央银行国有化政策。

(2) 中央银行日益成为国家控制和干预国民经济的重要工具,中央银行逐渐摆脱商业银行的日常业务,其主要任务转向调节货币供应量、稳定货币、巩固金融。

(3) 不论中央银行的资本性质是属于国家的、半国家的或者是私人股份的,中央银行都是执行国家货币政策的机构,受国家的直接控制和监督,中央银行的负责人由国家任命。私人持股者对中央银行的业务既无决策权,也没有经营管理权,只能按照规定获取股息。

拓展阅读：中国人民银行历史沿革

拓展阅读：中国人民银行法

第一节小测验

### （三）中国中央银行的产生和发展

我国中央银行的产生和发展有其独特性。1984 年 1 月 1 日，中国工商银行正式成立，承办原来由中国人民银行办理的城市工商信贷和储蓄业务，中国人民银行专门行使中央银行职能。一个以中央银行为领导，以国家专业银行为主体的多种金融机构并存、分工协作的具有中国特色的金融体系已基本形成。

中国人民银行作为我国的中央银行，专门行使中央银行职能，是我国金融体制的一项重大改革，对健全和完善我国金融体系具有重要的意义，可以集中资金进行重点建设，加强对宏观经济的调节和控制，进一步搞活经济和稳定货币流通。

1995 年 3 月 18 日，第八届全国人民代表大会第三次会议通过了《中华人民共和国中国人民银行法》[①]，从法律上确立了中国人民银行的地位和基本职权，并确立了按社会主义市场经济体制的要求，建立规范化的、现代化的中央银行组织体系和管理机构，标志着中国中央银行制度进入了法治轨道。《中华人民共和国中国人民银行法》对中国人民银行的性质、地位、职责、组织机构和货币政策与金融监管等做出了规定，中国人民银行在实施货币政策中不受政府部门和地方政府的干预，享有法律赋予的履行职责的独立性。

按照国务院关于机构改革的决定，1998 年中国人民银行进行了组织机构体系的改革。其改革的重点是：强化中央银行的垂直领导，跨行政区设立一级分行，撤销省级分行建制，强化中国人民银行实施货币政策的独立性；强化对商业银行、合作金融机构等各类金融机构的监管职能，并强调运用金融电子信息化手段，建立金融风险监测、预警体系；对全社会资金流量、流向和金融业务活动进行监控、分析，提高中国人民银行的管理水平，为金融系统和全社会提供更加准确、安全、快捷的支付清算的金融服务。

## 第二节 中央银行的性质与地位

微课：中央银行的性质

### 一、中央银行的性质

随着资本主义经济的发展，出现了中央银行。中央银行的性质可以表述为：中央银行是代表政府干预经济、管理金融的特殊的金融机构。

首先与商业银行相比较，其特殊性表现在：①中央银行的经营活动是在宏观金融方面，表现在它是完成国家经济目标的重要机构。中央银行通过利用货币政

---

① 2020 年 10 月，中国人民银行发布《中华人民共和国中国人民银行法（修订草案征求意见稿）》。

策工具，进行对经济的调节、管理和干预，以稳定货币、发展经济，并代表国家制定和执行金融政策。②中央银行不是普通的银行，它居于商业银行和其他金融机构之上，与商业银行和其他金融机构是调控、管理与被调控、被管理的关系。③中央银行已不起一般的信用中介的作用，其主要作用是制定货币政策，加强金融监管，实施金融服务。

其次与一般政府管理机构相比较，其特殊性表现在：①具有特殊的管理手段。中央银行不是只依靠行政手段对经济进行干预和管理，而主要是通过特有的经济手段，如货币供应量、利率、贷款等。②通过一定的业务经营，实施对金融的管理和控制。中央银行对商业银行和其他金融机构要办理贷款业务、清算业务、发行业务、对政府办理国库保管收支业务、买卖有价证券等，中央银行对经济的干预和管理主要通过这些业务活动来实现的。③中央银行调节和干预经济的主要对象是货币应用，因而中央银行发挥它在国民经济中的调节作用就不能只依靠政治权利，而是依靠一系列的经济规律。

根据以上对比分析，我们可以把中央银行的性质具体认定为：

（1）中央银行是监督管理金融的特殊机构。中央银行作为金融监管机构的作用，首先是通过向政府和其他银行提供各种金融服务来实现的。

（2）中央银行不以营利为目的，不经营一般业务，而是按照有偿信用原则向政府和银行提供资金融通和划拨清算等方面的业务。

（3）中央银行还以所拥有的经济力量来对金融领域，以及整个经济领域的活动进行管理、监督、控制和调节。

（4）中央银行垄断货币发行权，通过所制定的货币政策，使全社会货币供应量保持适度水平，以使社会总需求和总供给趋于均衡。

（5）中央银行会同其他金融监管部门对金融市场进行管理和控制。监督各种交易活动按章行事，并直接参与交易，便于操纵，防止金融市场出现剧烈波动，使之沿着预定的方向发展。

中央银行的这种性质决定了它的任务是：控制一般银行，执行货币政策，维护币值稳定，促进生产和就业，推动经济发展。

## 二、中央银行的地位

中央银行在国民经济中处于一种特殊的超然地位，是金融体系的核心。这是由中央银行自身的性质决定的，而中央银行的性质是在经济发展过程中逐渐明确的。

从中央银行的起源看出，中央银行是随着商品经济的发展，货币信用业务统一经营的需要应运而生的。比如，统一发行货币的需要，统一清算资金的需要，统一最后贷款的需要。中央银行统一货币信用经营的固有经济功能，在稳定通货，加速资金周转，协调经济发展方面起到积极作用。

货币和资金及其运动的特殊性，使他们直接关系一个国家宏观经济持续、稳定、协调发展。因此，国家要对货币流通加强宏观管理和调控，而中央银行自身

知识链接：中国人民银行的性质和地位

就是由经营货币信用的企业演变而来的，于是代表政府履行金融宏观管理的责任自然就落到了中央银行身上。

另外，随着国家干预经济功能的加强和国家财政筹措资金的需要，国家利用其强大的行政权力，使中央银行作为一个政府机构，通过货币政策直接或间接管理经济生活，服务于政府，承担起一部分社会公共责任。

中央银行的产生和职能的扩展，使它成为国家进行金融宏观调控和管理的特殊的金融机构。它既要从事货币信贷的经营，又要负责金融宏观管理，并从政府那里获得许多别的金融机构所没有的特权，中央银行性质和职能的双重性决定了它不同于其他政府机构，在国民经济中处于一种相对独立的超然地位。这种相对独立的超然地位正是中央银行完成金融宏观调控任务的前提和保证。

### 三、中央银行与政府的关系

#### （一）中央银行与政府关系密切

中央银行与政府有密切关系。中央银行接受国库存款，办理国库支票付款或转账，代收国家税款。中央银行代理政府发行和推销各种债券，支付债券利息和偿付到期债券本金；代理财政部买卖黄金、外汇，保管国家的黄金、外汇储备。

中央银行对政府提供信贷。在财政稳定时期，财政收支受季节性影响出现暂时不平衡时，由中央银行提供短期信贷，其方式是采取国库券贴现或以国家债券为抵押的贷款。当国家财政长期出现赤字，则由中央银行向政府提供长期信贷。中央银行用贷款弥补财政赤字会造成过多的货币发行，不适当地扩大货币供应量，威胁货币流通的正常和稳定。因此，许多国家往往用立法限制中央银行对国家贷款的数额和期限。

中央银行的货币政策要与财政政策相互配合。根据不同时期宏观经济活动的状况，货币政策和财政政策在配合上或是双松、双紧，或是一松一紧。在具体操作上可以采取多种搭配形式。如财政出现大量赤字，国家准备发行债券弥补时，中央银行实行"廉价货币政策"促进市场利率降低，推动市场资金涌向国债市场，以利于财政筹集资金。

#### （二）中央银行的相对独立性

如上所述，中央银行与政府关系密切，但是，其仍保持着相对独立性。这种相对独立性是指中央银行在政府的监督和国家总体经济政策的指导下，独立地制定、执行货币政策。中央银行作为"政府的银行"，对国家的发展目标必须予以支持。但是中央银行在具体制定货币政策及其措施时，要充分考虑银行业务的特殊性，以及国家资源、社会积累水平、货币流通状况，不能完全受政府所控制，而应保持一定独立性。其理由是：①中央银行制定的货币政策应具有连贯性，不应受到政治因素的干扰，这样才能达到效果；②中央银行的首要任务是稳定币值，如果完全受政府控制，有可能成为政府推行通货膨胀的工具；③中央银行的业务具有高度的技术性，其操作方式不应受到任何干扰；④中央银行与政府所处的地位不同，所以在考虑一些经济政策的侧重点也不尽相同；⑤中央银行不仅对政府服务，还要对商业银行和其他金融机构服务，因此，中央银行不能完全受政府控制。

### （三）中央银行相对独立的不同模式

各国因政治、经济、自然条件和历史的差异，导致中央银行在相对独立性上有不同的模式。归纳起来大体有以下三种：①独立性很大的模式。中央银行直接对国会负责，可以独立制定货币政策和采取相应措施，政府不得直接对它发布命令、指示，不得干涉货币政策。如果中央银行与政府发生矛盾，可通过协商解决。如美国联邦储备体系、德意志联邦银行等。②独立性较大的模式。有些国家法律规定财政部可以对中央银行进行监督，发布指令，但中央银行可以独立地制定、执行货币政策。如英格兰银行、日本银行等。③独立性较小的模式。中央银行直接隶属于财政部，其货币政策的制定和采取的措施要经政府的批准，政府有权推迟甚至停止中央银行决议的执行。如意大利银行等。

案例分析

第二节小测验

# 第三节
## 中央银行的职能与作用

### 一、中央银行的职能

中央银行在金融体系中占有特殊地位，发挥着特殊职能。其职能有两种划分方法：一种是按照中央银行在社会经济中的地位划分；另一种是按照中央银行的性质划分。

（一）按照中央银行在社会经济中的地位划分，中央银行的职能可划分为发行的银行、银行的银行和政府的银行

1. 中央银行是发行的银行

所谓发行的银行，是指中央银行拥有发行银行券的特权，负责全国本位币的发行，并通过调控货币流通来稳定币值。

开始时，中央银行发行银行券还有一些限制，即必须有十足的准备金。早期是以黄金和商业票据作为发行准备金，后来外汇、公债券、国库券也可作为发行准备金。现在，大多数国家已经取消黄金作为发行准备，而普遍地以政府公债充当，这种情况就为赤字财政和通货膨胀打开了方便之门。

2. 中央银行是银行的银行

所谓银行的银行，是指中央银行是商业银行的银行，即主要只同商业银行发生业务关系，集中商业银行的准备金并对它们提供信用。中央银行同商业银行的业务往来主要有以下几方面：

（1）集中商业银行的存款准备。商业银行吸收的存款不能全部贷出，必须保留一部分现金作为准备，以备存款人提取。但是商业银行的现金准备，并不能

微课：中央银行的职能

金融职业素养：便捷支付，快乐生活

都存放在自己的金库里，必须按照规定的比率向中央银行缴存法定存款准备金。这样就使商业银行的现金准备集中于中央银行，使中央银行能够通过各种手段影响商业银行的现金准备数量，从而控制全国货币供应量。

（2）办理商业银行间的清算。由于各商业银行都有存款准备金存在中央银行，并在中央银行设有活期存款账户，这样就可以通过存款账户划拨款项，办理结算。

（3）对商业银行发放贷款。商业银行缺少资金时，可从中央银行取得贷款。其方式是把工商企业贴现的票据向中央银行再贴现，或以票据或有价证券作为抵押向中央银行申请贷款。中央银行给商业银行的贷款，其资金主要来源是国库存款和商业银行缴存的准备金。

3. 中央银行是政府的银行

所谓政府的银行，是指中央银行代表国家贯彻执行财政金融政策，代为管理财政收支。其具体任务是：

（1）代理国库。中央银行经办政府的财政收支，执行国库的出纳职能，如接受国库的存款，兑付国库签发的支票，代理收解税款，替政府发行公债券，还本付息等。

（2）对国家提供信贷。中央银行可根据国家财政的需要，向政府提供贷款。在国家财政状况稳定时，可对国家以有价证券为抵押或以国库券贴现方式发放短期贷款。这种贷款只是解决财政收支的临时差额，不至于引起货币流通的混乱。但是当国家财政赤字长期延续时，政府就会利用中央银行的信用弥补收支差额。这时中央银行为支持财政而发行的货币，不是根据商业流通对货币的实际需要，而是为了弥补赤字，就成为影响货币流通的不正常因素。

案例分析

（3）处理国际事务。在国际关系中，中央银行代表国家与外国金融机构与国际金融机构建立业务联系，处理各种国际金融事务。

由于中央银行是政府的银行，所以不论其组织形式是国营的、私人股份的或国家与私有合营的，其管理权实际掌握在政府手中，处于国家监督之下，成为国家机构的一个组成部分。

（二）按照中央银行的性质划分

中央银行是干预经济、管理金融的特殊金融机构，因此，其职能主要是调节、管理和服务。

1. 调节职能

中央银行通过制定和执行货币政策，运用各种金融手段，调节全社会的信用总量，即调节全社会的总需求和总供给，对全国货币、信用活动进行有目的的调控，影响和干预国家宏观经济，从而实现社会总供求的平衡。

2. 管理职能

中央银行为维护全国金融体系的稳定和各项金融活动的正常运行，防止金融危机，对金融机构和金融市场的设置、业务活动和经营情况进行检查、指导、管理和控制。其主要内容包括：

（1）制定金融政策、法规。

（2）管理金融机构，包括审查、批准金融机构的设置、撤并、迁移，办理金融机构的注册、登记和颁发营业执照等手续。

（3）管理金融业务，包括确定业务活动范围，检查信贷活动情况，制定存放款利率，管理金融市场，监督稽核资产负债结构、法定存款准备金缴存状况以及清偿能力等。

3. 服务职能

中央银行向政府、各金融机构提供资金融通、划拨清算、代理业务等方面的金融服务。

（1）为政府服务。其包括：代理国库；代理政府发行债券；代办有关金融业务，如买卖金银、外汇等；代表政府参加国际金融活动；充当政府的经济顾问等。

（2）为金融机构服务。其包括：吸收金融机构存款（包括法定准备金和超额准备金存款）；提供贷款和其他形式的融资服务；主持金融机构之间的债权债务清算等。

从以上职能可以看出，中央银行是不同于商业银行的特殊金融监管机构，它在业务经营中，既要监管金融活动，又要推动金融业的发展，这就决定其在金融体系中必然居于领导地位。其直接目标在于运用各种信用工具避免信用的过度膨胀或紧缩，稳定币值，促进经济的发展。

## 二、中央银行的作用

中央银行的作用是指中央银行实现其职能而产生的社会经济效果。其作用主要体现在：

### （一）调节货币流通，稳定金融

中央银行通过各种手段的操作对货币流通进行调节，使货币流通量符合客观经济发展的需要，达到货币流通稳定的目的。其主要措施有：

1. 控制货币供应量

中央银行根据货币政策的要求和总体经济发展的动向，有效、合理地安排货币发行，使货币供应量符合经济发展的客观需要，实现社会总供给与总需求的平衡。

案例分析

中国人民银行作为我国的中央银行在管理货币发行中遵循的原则是：现金和转账结算明确划分；货币发行高度集中统一；坚持货币的经济发行。实施这些原则是货币流通稳定的前提。

2. 对商业银行和其他金融机构实施严格的管理和监督

中央银行对商业银行和其他金融机构的设置、经营范围、资产负债及利率等管理和监督，可以影响贷款总规模和货币发行，直接关系货币流通的稳定。

中国人民银行根据经济发展的实际情况，通过调整法定存款准备率、存贷款利率、公开市场业务，扩张或紧缩银根，调节社会购买力和商品可供量的平衡。

**金融科技专栏**

**央行启动金融科技创新监管试点**

央行宣布，启动金融科技创新监管试点工作，落实《金融科技（FinTech）发展规划（2019—2021年）》，积极构建金融科技监管基本规则体系，探索运用信息公开、产品公示、社会监督等柔性管理方式，努力打造包容审慎的金融科技创新监管工具，着力提升金融监管的专业性、统一性和穿透性。支持在北京市率先开展金融科技创新监管试点，探索构建符合我国国情且与国际接轨的金融科技创新监管工具，引导持牌金融机构在依法合规、保护消费者权益的前提下，运用现代信息技术赋能金融提质增效，营造守正、安全、普惠、开放的金融科技创新发展环境。

资料来源：搜狐新闻。

3. 对金融市场进行管理

中央银行会同其他金融监管部门通过货币政策等对金融市场进行干预，沟通各种信用关系，消除不稳定因素，保持良好的运行状态，以保证经济的发展和流通的稳定。

（二）调节经济结构，促进经济发展

中央银行通过其业务活动，调整全社会的信贷总规模和结构，以达到调整国民经济的比例关系，保证经济结构基本均衡、协调的目的。

（三）集中清算，加速资金周转

各家银行都在中央银行开立往来存款账户，每日营业终了将各自票据交换差额相互划转，及时清算。这样既可简化手续、方便易行、结算迅速及时，又可缩短票据在途时间、节约现金使用和流通费用，起到推动资金加速周转的作用。

（四）促进国际金融联合，推动国际经济发展

中央银行是各国政府对外金融关系方面的全权代表，是外汇和黄金储备的管理者和外汇政策的制定者，是国际资金流动的调节者。随着各国经济、金融乃至政治全面协调联合的发展，中央银行的上述地位不断得到加强。这对于推动国际贸易发展，技术合作和交流，国际资金一体化，各国金融政策相互协调以及重大经济关系、金融关系的往来都起到重要的作用。

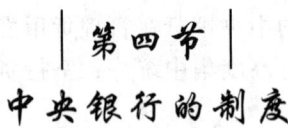

## 第四节 中央银行的制度

### 一、中央银行组织形式

（一）单一式中央银行制度

单一式中央银行制度，也称一元式中央银行制度，即全国只设一家中央银

案例分析

拓展阅读：应怎样看待全球低利率？

案例分析

第三节小测验

案例分析

行，并下设若干分支机构的中央银行制度。世界上绝大多数国家都实行这种类型的中央银行制度，并且通常将总行设在首都。各国中央银行的分支机构一般都按经济或行政区划设立。实行单一式中央银行制度比较典型的国家主要有中国、英国、法国、日本等。

英国的中央银行是英格兰银行，成立于1694年，总行设在伦敦，且在伯明翰、利物浦等八个城市设有分行。

法国的中央银行是法兰西银行，成立于1800年，总行设在巴黎。共有分支机构234个。

日本的中央银行是日本银行，成立于1882年，总行设在东京，下设33个分行。

我国的中央银行是中国人民银行，成立于1948年12月1日，1984年正式成为我国的中央银行，总行设在北京，且在全国设立9个跨省、自治区、直辖市的一级分行，重点加强对辖区内金融业的监督管理。

微课：中央银行组织形式

### （二）复合式中央银行制度

复合式中央银行制度，也称二元式中央银行制度，是指全国设立中央一级机构和相对独立的地方一级机构，作为一个体系构成中央银行的制度。在这种制度下，地区性中央银行不是总行的分支机构，它们除执行统一的货币政策外，在业务经营管理上具有较大的独立性。实行复合式中央银行制度的国家有美国、德国等。

美国的中央银行是联邦储备体系。在联邦一级，设立联邦储备委员会，作为联邦储备系统的最高决策机构；设立联邦公开市场委员会，作为公开市场政策的制定和执行机构；设立联邦顾问委员会，对经济发展及银行业发展问题向联邦储备委员会提出建议和提供咨询。在地方一级，美国将50个州和一个直属区划分为12个联邦储备区，共设立12家联邦储备银行以及25家分行。

德国的中央银行是德意志联邦银行，于1957年建立，总行设在法兰克福。下辖10个州的中央银行。各州中央银行作为区域性机构不是中央银行总行隶属机构，而是具有相当独立性的地区的中央银行，它们自身也有其权力机构。

知识链接：美国联邦储备系统

### （三）类似中央银行制度

类似中央银行制度，也称为准中央银行制度，是指国内（或地区）没有职能完备的中央银行，而是由几个执行部分中央银行职能的机构共同组成中央银行的制度。实行类似中央银行制度的国家和地区主要有新加坡、中国香港等。

新加坡没有中央银行，其中央银行的职能由政府设立的金融管理局和货币委员会两个机构行使。新加坡金融管理局负责制定货币政策和金融业的发展政策，执行除货币发行以外的中央银行的一切职能。货币委员会主要负责发行货币、保管发行准备金和维护新加坡货币的完整。

长期以来，香港地区没有一个统一的金融管理机构。中央银行的职能分别由政府、同业公会和商业银行承担。1993年4月1日，香港地区成立了金融管理局，香港金融管理局集中了货币政策、金融监管及支付体系管理等中央银行的基

拓展阅读：香港金融管理局总裁余伟文谈共克时艰、齐心抗疫

本职能，从而结束了香港地区没有货币管理当局，中央银行职能分散和无序的历史。香港金融管理局的职能与世界其他国家的中央银行大致相符，最主要的四项职能分别为：①在联系汇率制度的架构内维持货币稳定；②促进金融体系，包括银行体系的稳定与健全；③协助巩固香港的国际金融中心地位，包括维持与发展香港的金融基建；④管理外汇基金。但它不执行下列职能：①发行货币；②结算所功能；③政府的银行。

### （四）跨国中央银行制度

跨国中央银行制度是指几个国家共同组成一个货币联盟，各成员国不设立本国的中央银行，而由货币联盟执行中央银行职能的制度。组成跨国中央银行的国家，大部分是经济不发达的发展中国家，参加国地域上相邻，在贸易方面与某一经济发达国有密切联系，希望本国货币能与该发达国家的货币保持固定比价，促进经济发展，防止本国通货膨胀，简化组织机构。如西非货币联盟，就是1962年3月由贝宁、科特迪瓦、尼日尔、塞内加尔、多哥及上沃尔特等国家组成。该联盟的中央银行总行设在达喀尔，在各成员国设有代理机构。总行负责制定货币政策，管理外汇储备；各代理机构经办地区性业务，发行共同的货币，并执行中央银行的各项职能。

中非货币联盟由喀麦隆、乍得、刚果、加蓬和中非共和国5个成员国组成。总行设在雅温得，发行"非洲金融共同体法郎"（CFA Fr）。其特点是中非中央银行接受个别国家货币委员会制定的信用政策目标，银行立法因国而异，由各国自己执行。

东加勒比海货币管理局由安提瓜、多米尼加、格林纳达、蒙得塞拉特、圣卢西亚和圣文森6个成员国组成。其特点是该货币管理局对各成员国的银行没有监督义务，不规定上缴存款准备金，不承担"最后贷款人"的义务，只执行中央银行的部分职能。因此，它实际上只是一个跨国的准中央银行。

欧洲中央银行。由欧共体成员国法国、德国、意大利、荷兰、比利时、卢森堡、爱尔兰、奥地利、芬兰、葡萄牙、西班牙十一国于1999年1月1日开始建立欧洲中央银行，并发行"欧元"。总行设在德国法兰克福。2002年1月1日开始发行欧元纸币和硬币，2002年7月欧元成为欧元区唯一合法货币。

拓展阅读：欧盟、欧洲央行、欧洲中央银行体系与欧元区

## 二、中央银行的资本结构

中央银行的资本结构是指作为中央银行营业基础的资本金的构成情况，即中央银行资本的所有制形式。中央银行的自有资本金包括实收资本、在经营活动过程中所得利润进行分配和上缴财政税金后剩余的公积金。有些国有化中央银行还包括财政增拨信贷基金。

总体来说，世界各国中央银行的资本结构有以下几种形式：

### （一）国家所有形式

这类中央银行的资本全部由国家拨款建立，或者由国家收买私人股份改组而成。目前，国有化中央银行在世界上占绝大多数，包括中国、法国、英国、德

案例分析

国、荷兰、挪威、西班牙、印度、加拿大、澳大利亚、瑞典等 50 多个国家，并且中央银行国有化已成为一种发展趋势。

### （二）公私混合所有形式

这类中央银行的资本一半以上属于国家，另一部分属于私人资本。例如，日本银行的股份，私人持有 45%，政府持有 55%。私人持有者唯一的权利是按法律规定每年领取最高股息，股票的转让须征得银行同意。又如，比利时的中央银行，国家资本占 50%；墨西哥的中央银行，国家资本占 51% 等。

### （三）全部股份所有形式

全部股份所有形式是指中央银行的资本以股票形式全部由金融机构持有。美国各联邦储备银行的股本全部为储备区的会员银行集体所有，会员银行必须按实收资本和公积金的 6% 认购股份，先缴付所认股份的一半，另一半待通知随时支付。意大利银行的资本构成也属于这种类型。该行的股份是由储蓄银行、公营信贷银行、国民利益银行和社会保险机构集体持有。

### （四）无资本形式

中央银行建立之初，根本没有资本，而由国家授权执行中央银行职能。中央银行运用的资金，主要是各金融机构的存款和流通中货币，自有资金只占很小部分。中央银行有无资本，实际上并不重要，如韩国的中央银行——韩国银行是无资本银行。

中央银行的资本所有制形式不论是属于国有、半国有，还是私人所有，都是作为推行国家货币政策的机构，受国家的直接控制和监督。对私人持股除在持股份额上有限制外，持股者在中央银行既无决策权，也无经营管理权，只能按规定获取利息。因此，当今中央银行的资本所有权问题已无实质意义。

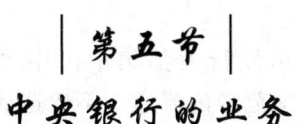

## 第五节　中央银行的业务

### 一、中央银行的业务原则

#### （一）不经营一般银行业务

中央银行只同商业银行发生业务关系，原则上不经营一般银行业务。因为中央银行是代表政府监管金融的特殊机构，在金融活动中具有各种特权，诸如垄断货币发行、集中法定存款准备金、执行财政金融政策、代管财政收支、管理金融机构等。中央银行的这种特殊身份就决定了它不同一般金融机构进行竞争，否则，就无法实现其对金融的调节和控制，难以完成它所承担的根本任务。

#### （二）不以营利为目的

中央银行在业务经营中，既要管理金融活动，又要推动金融的发展，这就决

金融职业素养：区块链风险防范

第四节小测验

微课：中央银行的业务原则

定了它在金融体系中必然居于领导地位。其直接经营目标在于运用各种信用工具调节宏观经济、稳定币值，促进经济的发展。因此，中央银行绝不能以盈利作为经营目标。

（三）不支付存款利息

中央银行的存款主要是财政存款和商业银行交存的法定存款准备金和往来户存款。财政存款，是中央银行代理国家金库，属于保管性质；存款准备金和往来户存款，是中央银行集中存款储备和便于清算，属于调节和服务性质。而且中央银行不是以盈利为目的，故对存款一般不支付利息。我国中央银行目前规定对法定存款准备金和商业银行的存款支付较低利息，这主要是从加强资金管理角度考虑的。

（四）资产具有较大流动性

中央银行为了使货币资金能灵活调度，及时运用，必须保持本身的资产具有较大的流动性，不宜投放于长期资产。

（五）业务活动公开化

中央银行为了使社会各界了解其所制定的金融政策和经营方针、策略等，必须定期向社会公布其资产负债情况和业务状况，并提供有关统计资料。

中央银行的经营原则不同于普通银行，因而其业务活动需要有一定的限制以保证其基本任务得以实现：①不得从事商业票据的承兑业务；②不得从事不动产买卖业务；③不得从事不动产抵押放款；④不得收买本行股票；⑤不得以本行股票为抵押进行放款等。

## 二、中央银行的负债业务

（一）货币发行业务

在中央银行成立后，货币发行大都集中由中央银行统一办理。其原因是：①货币可以整齐划一，在全国范围内流通，不致造成币制混乱；②便于政府监督管理，推行国家的货币政策；③中央银行可以随时根据社会经济发展变化进行调节和控制，使货币数量和流通需要尽可能相适应；④中央银行处于相对独立的地位，可以抵制政府滥发货币的要求，使货币供应量适当；⑤中央银行统一发行货币，可以掌握一定量的资金来源，增强金融实力，有利于调控货币供应量。中央银行的纸币，是通过再贴现、再贷款、购买证券、收购金银外汇等投入市场，从而形成流通中的货币。但每张纸币投入市场后，都是中央银行对社会公众的负债。因此，货币发行成为中央银行一项重要的负债业务。

货币发行业务图示见图7-1。

各国中央银行对货币（现钞）发行均有以下几个原则：

1. 垄断发行

中央银行发行的货币具有无限法偿的能力，在一切公私交易中可以无限地使用，并且现代中央银行均不承担兑现义务。

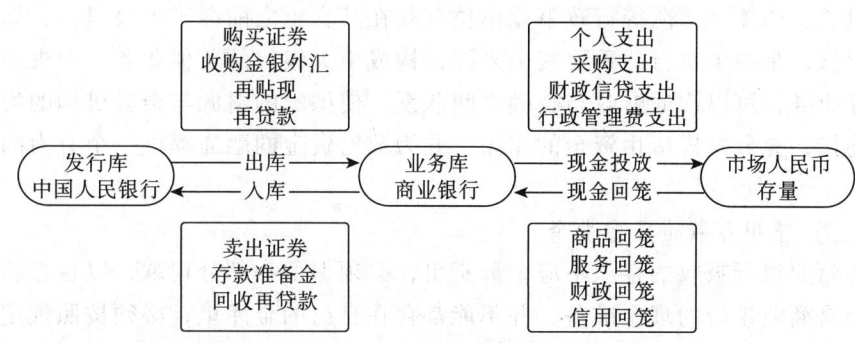

图 7-1 货币发行业务

### 2. 有可靠的信用基础

在纸币流通条件下，货币的发行是有客观限制的，不能随意发行，必须有一定的发行保证制度，必须有独立的发行体制，不受政治压力和外界影响，使货币的发行建立在可靠的信用基础之上。

### 3. 维持高度弹性

中央银行发行货币应当适应经济变化的客观要求，有一定的伸缩弹性。随着生产和流通的发展，中央银行应该相应增加货币数量，避免货币数量过少，造成通货紧缩，影响商品生产和流通的扩大；同时中央银行要适当控制，以免货币数量过多，造成通货膨胀，影响经济稳定。因此，要求中央银行经常研究市场，研究货币供应、需求和均衡，使货币供应适应经济发展的要求。

我国现行的货币发行实行：集中统一发行原则、经济发行原则、计划发行原则。

 **金融科技专栏**

#### 数字人民币"加速度"

数字人民币试点近两年最迅猛的落地，这项定位为新型零售支付基础设施的法定数字货币，也从试点区域政府、银行间的各自推广，转而进入企业密集涌入参与的阶段。深圳是全国首个发放数字人民币红包的城市。2020 年 10 月 9 日，深圳市人民政府与中国人民银行通过"摇号抽签"的形式，在深圳市罗湖区发放了 1000 万元数字人民币红包。由于支付是双边行为，此次红包发放也带动了罗湖区内共计 3389 家商户开通了数字人民币支付系统。数字人民币的应用场景正持续多元化，不仅有助于数字人民币推广，也有助于改善消费结构、促进消费提质升级。

资料来源：黎慧玲. 数字人民币"加速度"［EB/OL］.（2022-07-14）［2023-08-20］. https://baijiahao.baidu.com/s?id=1738339351108813986&wfr=spider&for=pc

### （二）代理国库业务

中央银行经办政府的财政收支，执行国库的出纳职能，如接受国库的存款，兑付国库签发的支票，代理收解税款，替政府发行债券，还本付息等。此外，国

案例分析

拓展阅读：
《中国人民银行关于进一步加强国库资金管理的通知》

家财政拨给行政经费的行政事业单位的存款，也都由中央银行办理。财政金库存款，机关、团体、部队等行政事业单位存款在其支出之前存于中央银行，属于财政性存款，是中央银行的重要资金来源，构成中央银行的负债业务。中央银行代理国库业务，可以沟通财政与金融之间联系，使国家的财源与金融机构的资金来源相连接，充分发挥货币资金的作用，并为政府资金的融通提供一个有力的调节机制。

### （三）集中存款准备金业务

各商业银行吸收的存款不应全部贷出，必须保留一部分现款，以备存款人提取。但是商业银行的现金准备，并不能存在自己的金库里，必须按照规定的比率将其中一部分存储于中央银行。这样就使得商业银行的现金集中于中央银行，形成法定存款准备金。中央银行掌握了各商业银行的准备金存款，形成中央银行的资金来源，便可运用这些准备金支持银行的资金需要。现金准备集中存放中央银行，除了增强整个银行系统的后备力量，防止商业银行倒闭外，更主要的是中央银行通过存款准备金可以控制商业银行的贷款量。中央银行降低法定存款准备金率，即可扩大商业银行的贷款和投资；提高法定存款准备金率，就可减少商业银行的贷款和投资。在一般情况下，存款准备金未达到规定比例时，中央银行就会提高再贴现率。日本银行规定法定存款准备金的最高限度是 20%，如果普通银行没有按规定比例缴足法定存款准备金，就要再加 3.75% 的贴现率向日本银行付息。

案例分析

## 三、中央银行的资产业务

### （一）再贴现和再贷款业务

商业银行交存在中央银行的存款准备金，构成中央银行吸收存款的主要部分。当商业银行资金短缺时，可从中央银行取得借款。其方式是把工商企业贴现的票据向中央银行办理再贴现，或以票据或有价证券作为抵押向中央银行申请再贷款。意大利银行再贴现的额度相当于商业银行负债额的 3%~5%。德意志联邦银行对金融机构发放的抵押放款期限最长为 3 个月。中央银行可以配合政府的经济政策，把贴现业务作为调节资金的一种手段。这主要是通过提高或降低再贴现率，紧缩或扩张信用，加强对商业银行的监督、管理，达到稳定通货的目的。

中央银行对商业银行办理再贴现和再抵押业务，要注意这种资产业务的流动性和安全性，注意期限的长短，以保证资金的灵活周转。

再贴现业务图示见图 7-2。

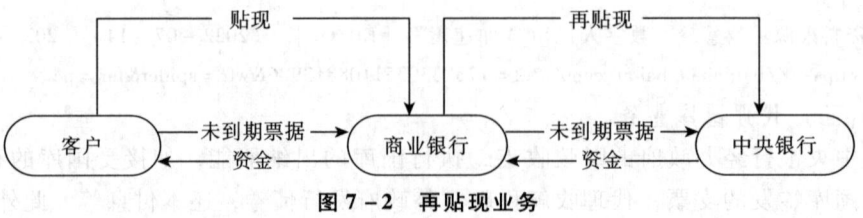

图 7-2 再贴现业务

## （二）对政府的贷款

中央银行对政府的贷款是政府弥补财政赤字的途径之一，但如果对这种贷款不加限制，则会从总量上削弱中央银行宏观金融控制的有效性，因此，各国中央银行法对此都做了明确的规定。美国联邦储备银行对政府需要的专项贷款规定了最高限额，而且要以财政部的特别库券作为担保。英格兰银行除少量的政府隔日需要可以融通外，一般不对政府垫款，政府需要的资金通过发行国库券的方式解决。

《中华人民共和国中国人民银行法》规定，中国人民银行不得对政府财政透支，不得直接认购、包销国债和其他政府债券，不得向地方政府、各级政府部门提供贷款。

## （三）金银、外汇储备业务

目前各国政府都赋予中央银行掌管国家国际储备的职责。所谓国际储备，是指具有国际性购买能力的货币，主要有黄金和外汇（包括外国货币、存放外国的存款余额和以外币计算的票据及其他流动资产）。此外，还有特别提款权和在国际货币基金组织的储备头寸等。中央银行执行这一职责的意义是：

1. 有利于稳定币值

不少国家的中央银行对其货币发行额和存款额，都保持一定比例的国际储备，以保证币值的稳定。当国内物资不足，物价波动时，可以使用国际储备进口商品或抛售黄金，回笼货币，平抑物价，维持货币对内币值的稳定。

2. 有利于稳定汇价

在浮动汇率制度下，各国中央银行在市场汇率波动剧烈时，可运用国际储备进行干预，以维持货币对外币值的稳定。

3. 有利于保证国际收支的平衡

当外汇收支经常发生逆差时，中央银行可以使用国际储备抵补进口外汇的不足。当国际储备充足时，中央银行可以减少向外借款，用国际储备清偿债务或扩大资本输出。

由此可见，黄金、外汇不仅是稳定货币的重要储备，也是用于国际支付的国际储备，因而，成为中央银行的一项重要资产业务。当代世界各国国内市场上并不流通和使用黄金，而且多数国家实行不同程度的外汇管理。在国际支付中发生逆差时各国也不直接以黄金支付，而是采取出售黄金换取外汇来支付。这样，各国的黄金和外汇自然要集中到中央银行储存。

## （四）证券买卖业务

各国中央银行一般都经营证券业务，主要是买卖政府发行的长期或短期债券。在一些经济发达国家，政府债券发行量大，市场交易量也大，因此仅以政府债券为对象进行买卖，中央银行即可达到调节金融的目的。一般说来，在金融市场不发达的国家，中央政府债券在市场上流通量小，中央银行买卖证券的范围就要扩大到各种票据和债券，如汇票、地方政府债券等。

中央银行握有证券和买卖证券的目的，不在于盈利，而是为了调节和控制市场货币供应量。中央银行买进有价证券，向市场投放了货币，可以增加商业银行的原始存款，用以创造存款货币，扩大货币供应量；反之，中央银行卖出有价证券，则可减少货币供应量。同时，中央银行买卖有价证券会影响利率的升降。当中央银行买进有价证券时，促使有价证券需求增加，从而提高有价证券价格，降低银行利率；反之，中央银行卖出有价证券，会造成银行可贷资金减少，致使利率上升。

可见，中央银行买卖证券会直接影响有价证券的价格和利率，影响商业银行现金准备的增减，从而影响信贷规模，影响货币供应量。但是中央银行经营这项业务，应当具备以下条件：①中央银行处于领导地位，且有雄厚的资金力量；②要赋予中央银行弹性操作的权力，即在买卖证券的数量、种类等方面有一定的机动权限；③金融市场较发达，组织也较健全；④证券的数量和种类要适当，长期、中期及短期各类具备，便于选择买卖；⑤信用制度要相当发达。

各国中央银行买卖证券业务的做法基本上是一致的。在德国，法律规定德意志联邦银行为了调节货币，可以进入公开市场买卖汇票。我国中央银行已于1996年4月1日开始参与公开市场业务操作，其主要是买卖国库券等。

### 四、中央银行的中间业务

由于各商业银行都有法定存款准备金存在中央银行，并在中央银行设有活期存款账户。这样就可以通过存款账户，在全国范围内划拨清算，结清银行之间的债权债务关系。中央银行的清算业务大体可分为三项：①办理票据集中交换，主办票据交换所；②办理交换差额的集中清算。通过各行在中央银行开设的账户划拨；③办理异地资金转移，提供全国性的资金清算职能。目前各国做法不一，英国以伦敦为全国清算中心；美国各联邦储备银行代收外埠支票，并以华盛顿为全国最后清算中心；德国、法国则利用遍布全国的中央银行机构，建立转账账户，为银行界服务。

#### （一）集中票据交换

这项业务是通过票据交换所进行的。票据交换所是同一城市内银行间清算各自应收应付票据款项的场所。票据交换所一般每天交换两次或一次，根据实际需要而定。所有银行间的应收应付款项，都可相互轧抵后而收付其差额。

各行交换后应收应付差额，即可通过其在中央银行开设的往来存款账户，进行转账收付，不必收付现金。

#### （二）办理异地资金转移

各城市、各地区间的资金往来，通过银行汇票传递，汇进、汇出，最后形成异地间的资金划拨。这种异地间的资金划拨，必须通过中央银行统一办理。

办理异地资金转移，各国的清算办法有很大不同，一般有两种类型：一是先由各金融机构内部自成联行系统，最后各金融机构的总管理处通过中央银行总行办理转账结算；二是将异地票据统一集中传送到中央银行总行办理轧差转账。

简化版的中央银行资产负债表见表7-1。

案例分析

表 7-1　　　　　　　　简化版的中央银行资产负债表

| 资 产 项 目 | 负 债 和 资 本 项 目 |
| --- | --- |
| 再贴现及再放款<br>各种证券及财政借款<br>黄金外汇储备<br>其他资产 | 流通中货币<br>各项存款<br>　政府和公共机构存款<br>　商业银行等金融机构存款<br>其他负债<br>资本账户 |
| 资产项目合计 | 负债及资本项目合计 |

第五节小测验

第七章自测题

### 金融职业素养专栏

中央银行作为国家金融体系的核心枢纽，不仅承担着货币政策制定与执行的职责，更是维护金融稳定、防范系统性风险的"最后屏障"。中央银行通过货币政策、金融监管和危机应对机制，构建了金融稳定的"安全网"。我们需要学会从央行政策信号中预判市场趋势，从监管要求中识别潜在风险，从历史案例中汲取危机应对智慧。这种"政策—风险—决策"三位一体的思维模式，将成为未来金融职业发展的核心竞争力。

### 思维导图

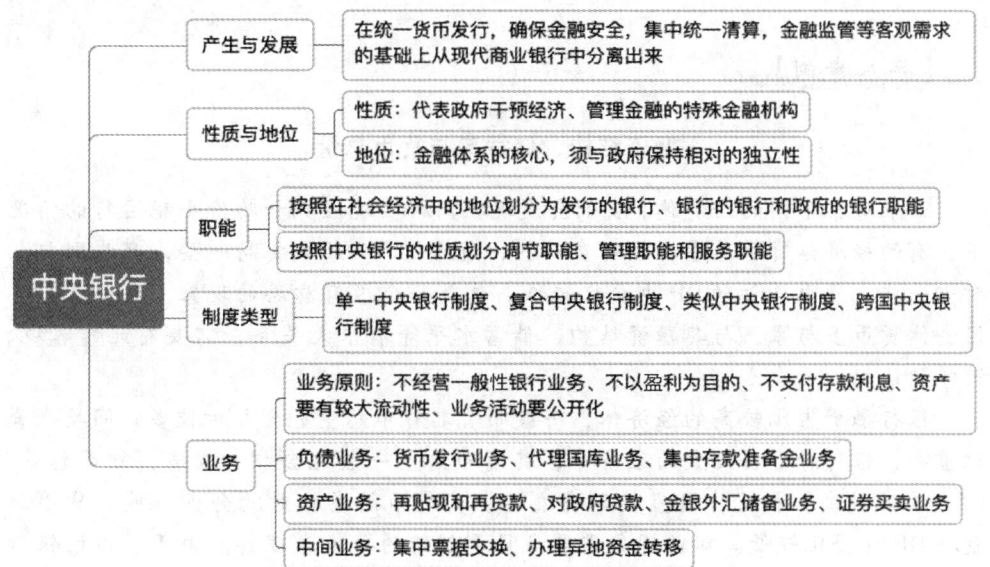

# 第八章 Chapter 8
## 货币供求与均衡

【本章学习目标】

**知识目标**：了解主要的货币需求理论；掌握货币需求的影响因素；掌握货币供给机制，了解货币供求与社会总供求均衡关系。

**能力目标**：能够利用本章的基础理论分析我国目前的货币供求情况。

【导入案例】

### 融资结构、储蓄率与货币总量

如果观察不同的经济体，我们会发现在同样实现经济和物价平稳运行的情况下，有的经济体货币总量会相对多一些，货币总量/GDP 要高一些，有些则会相对少一些，货币总量/GDP 也会比较低。这是一个很有意思的现象。实际上，各经济体货币多与寡，与其融资结构、储蓄水平等有很大关系，需要对此作客观、科学的认识。

银行融资占比较高的经济体，一般而言其货币总量也会相对较多。间接融资比重高、银行融资占比大的经济体，其货币总量一般也会相对较多，货币总量/GDP 会比较高；相反，若直接融资发达、其货币总量相对就会少一些，货币总量/GDP 也会比较低。对此现象需要从货币创造的角度来理解。由于货币由银行体系创造，一个经济体越是依靠银行体系融资，其货币总量也就可能相对越多。

储蓄率比较高的经济体，其货币总量也往往会比较高。储蓄率高会增加经济主体对存款的需求，尤其是在金融市场不发达、金融资产相对较少的情况下，承担价值储藏功能的存款数量也就会相对较多，货币总量就会比较大。进一步看，若企业通过直接融资渠道获得的资金少，有资金需求时就需要更多依靠银行贷款，而又会派生出新的存款，从而增加货币总量。如亚洲经济体储蓄率普遍高于欧美，居民习惯选择存款进行储蓄，从而大大增加了对货币的需求，其货币总量/GDP 也普遍较欧美更高。

（资料来源：《2013 年第 1 季度中国货币政策执行报告》，中国人民银行货币政策分析小组）

## 第一节 货币需求

### 一、概述

#### （一）货币需求的含义

在现代高度货币化的经济社会里，一切经济活动都离不开货币信用形式。由于货币具有一般购买力和法定的偿付能力，因此，社会各部门（个人、企业、单位和政府）在经济活动中都必须持有一定的货币量，才能进行媒介交换、支付费用、从事投资或者保存财富等，由此产生了对货币的需求。

货币需求（Demand for Money）是指一定财富约束下人们愿意并有能力以货币形式持有财富的需求。

经济学中研究的货币需求是有效的货币需求，它必须同时满足两个条件：一是必须有得到或持有货币的意愿；二是必须有得到和持有货币的能力。在货币经济条件下，由于货币是一种财富的代表，如果没有限制条件，人们持有它的意愿或欲望可能是无限的，但现实生活中形成的实际货币需求则是有限的。正如经济学家分析商品需求以既定收入水平为约束，否则会存在无限商品需求一样，如果没有财富约束，人们想持有多少货币就持有多少货币，货币需求概念本身也毫无意义。

微课：货币需求的含义

货币需求是一个宏观经济学命题，它几乎涉及国民经济的所有方面。从历史上看，经济学家曾从两个不同的角度来探讨货币需求：一种是从社会的角度出发，仅仅把货币视为交易的媒介，从而探讨为完成一定的交易量，需要多少货币来支撑。马克思的货币必要量公式和费雪的交易方程式都属于这种类型。另一种是从微观的个人角度出发，把货币视为一种资产。也就是说，它和股票、债券及各种实物资产一样，是人们持有财富的一种形式，不同之处在于，它还具有交易媒介的职能。从这一角度出发，货币需求不是理解为经济中为完成一定交易量所需要的货币量，而是理解为：当某人拥有一定财富总额时，他可以选择多种形式来持有该笔财富。而它愿意以货币这种资产形式来持有的那部分财富就构成他对货币的需求。所以货币需求实际上是一种资产选择，或者财富分配行为，它受到人们财富总额、各种资产相对收益和风险的影响。自剑桥学派提出现金余额说以来，经济学家主要从后一角度讨论货币需求。

#### (二) 名义货币需求与实际货币需求

名义货币需求是在不考虑价格变动情况下的货币需求，是指社会各经济部门在一定时点所实际持有的货币单位的数量，通常以 $M_d$ 表示。实际货币需求是指名义货币数量在扣除了物价变动因素之后那部分货币余额，它等于名义货币需求除以物价水平，即 $\dfrac{M_d}{P}$，其中 $P$ 是价格水平。

名义货币需求与实际货币需求的根本区别，在于是否剔除了通货膨胀或通货紧缩所引起的物价变动的影响。名义货币需求与真实货币需求可以通过社会价格指数来连接。例如，社会商品与劳务的生产、流通、消费没有发生变动，而社会商品与劳务的价格上升了 1 倍，即价格指数为 2，在货币流通速度不变的情况下，名义货币需求是真实货币需求的 2 倍。

对于货币需求者来说，重要的是货币实际具有的购买力高低而不是货币数量的多少；对全社会来说，重要的则是寻求最适合的货币需求量。在实际工作中，同时掌握名义货币需求和实际货币需求十分重要。在安排货币供给时，既要掌握真实货币需求，又要兼顾价格变动，掌握名义货币需求。如果只掌握名义货币需求，不掌握真实货币需求，在社会商品和劳务价格发生变化时，就难以把握合理的货币供应量；如果只掌握真实货币需求，不掌握名义货币需求，货币供应就会难以满足因价格上涨而形成的那部分货币需求，就会经常造成货币供应不足。

### 二、货币需求理论

对货币需求的理论研究，其焦点是对决定和影响货币需求因素的分析，古今中外的学者就此提出了许多理论并展开了激烈的争论，其中最有代表性的有以下几种：

#### (一) 马克思的货币需求理论

马克思在研究和总结资产阶级古典经济学各派观点的基础上，在《政治经济学批判》和《资本论》等著作中深入研究了货币需求理论问题。马克思的货币需求理论又称货币必要量理论。他在提出问题时，有时是问流通中"有"多少货币，有时是问流通中"需要"多少货币，有时是问流通中"可吸收"多少货币。他的货币必要量理论，集中表现在其货币流通规律公式中，即：

$$M = PQ/V \quad \text{（公式 8.1）}$$

公式中，$M$ 为执行流通手段职能的货币量；$P$ 代表商品价格水平；$Q$ 代表流通中的商品数量；$PQ$ 代表商品价格总额；$V$ 代表货币的流通速度。

这一公式既表达了货币需要量的决定因素，即流通的商品量、价格水平和货币流通速度，同时也表达了这三个因素的变动与货币需要量变动的关系。即货币需要量与商品数量、价格水平进而与商品价格总额成正比；货币需要量与货币流通速度成反比。需要说明的是，这一公式的前提是金币（或金属货币）流通。其论证逻辑是：商品价格取决于商品价值和黄金价值，商品价值决定于生产过程之中，而商品价格是在流通领域之外决定的，商品是带着价格进入流通的；商品价格有多大，就需要有多少金币来实现它；商品与金币交换后，商品退出流通，金币却留在流通之中，所以一枚金币流通几次就可使相应几倍价格的商品出售。所以，商品价格总额是一个既定的值，必要的货币量是根据这一既定值确定的。即这一金币流通公式只能是右方决定左方。在这个公式中，货币流通量总是等于货币必要量。这是因为，马克思认为："以黄金形式的货币商品的贮藏具有充分的调节功能，它既是排水渠，又是引水渠；因此，货币永远不会溢出它的流通渠道。"

马克思的货币需要量公式有着重大的理论指导意义：一是它揭示了决定货币需要量的本质；二是它反映了货币需要量的基本原理。它是通过理论的概括，揭示事物的本质特征，而不是一个简单的计算公式。但我们也应该看到，马克思是在分析货币本质时揭示这一货币需要量的著名公式的，而且又是以金属货币为研究对象。所以，我们在具体应用中应当考虑新的情况，如信用货币已成为当今流通中的主体，经济的全球化、证券化趋势，虚拟经济形成的货币信用交易的客观存在，人们保存货币和投机因素对货币需求产生的影响等，并进一步深入地研究和探讨。如果我们将复杂的问题简单地套上这一公式来确定货币需要量，往往不能得到正确的符合实际的结论。

（二）传统的货币数量说

所谓"货币数量说"（The Quantity Theory of Money），是指以货币的数量来解释货币的价值或一般物价水平的一种理论。根据这种理论，在其他情况不变的条件下，一个国家物价水平的高低或货币价值的大小，完全决定于这个国家货币数量的多少。也就是说，货币数量的变动必将引起一般物价水平作同方向且等比例的变动。

传统货币数量说是相对于弗里德曼的新货币数量说而言的。这种理论产生得很早，持这种理论的经济学家也很多，其中以费雪的现金交易说和剑桥学派的现金余额说为主要代表。现金交易说认为，影响物价的货币量是流通中的货币量，它是一个流量，即货币存量与货币流通速度的乘积。现金余额说则认为，影响物价的货币量是停留在人们手中准备用于交换的货币量，它是一个存量。因此，现金交易说重视货币的流通速度，而现金余额说则重视货币停留在人们手中的时间及人们持有货币的动机。

1. 费雪的现金交易说

美国经济学家欧文·费雪（Irving Fisher）于1911年出版《货币的购买力》一书，以现金交易方程式系统地阐述了货币数量对一般物价水平的决定作用。费雪的现金交易方程式如下：

$$MV = PT \qquad (公式8.2)$$

或，

$$M = \frac{PT}{V} = \frac{1}{V}PT \qquad (公式8.3)$$

其中，$M$为货币数量；$V$为货币流通速度；$P$为一般物价水平；$T$为商品与劳务的交易量。

案例分析

费雪认为，货币流通速度主要受一国支付习惯及货币信用制度等因素的影响，而不受货币数量变动的影响，所以，在短期内可将它假设为一个常数。同时，在充分就业且生产技术不变的条件下，商品与劳务的交易量也是相对稳定的，而且，也同样不受货币数量变动的影响，所以，在短期内也可将它假设为一个常数。正是因为 $V$ 和 $T$ 都是独立于 $M$ 之外而由其他因素决定的，所以费雪总结：物价水平是随着流通中货币数量的变动而"同比例"的变动，在货币数量和物价的关系上，物价是一个被动的、被决定的因素。

从费雪的交易方程式中也可以看出，他是从宏观分析的角度研究货币需求的，而且仅着眼于货币作为交易媒介的功能。

2. 剑桥学派的现金余额说

现金余额说由剑桥学派的创始人马歇尔（A. Marshall）首先提出，并用文字加以说明，其嫡传弟子庇古（Pigou）、凯恩斯（J. M. Keynes）等加以发挥并使之公式化。庇古等的现金余额方程式又经罗伯森（Robertson）加以改进，成为著名的"剑桥一般方程式"，该方程式为：

$$M = kPy \qquad (公式8.4)$$

其中，$M$ 为货币数量；$k$ 为以货币形式持有的财富占名义总收入的比，即所谓的现金余额，实际上就是人们对货币的需求；$P$ 为一般物价水平；$y$ 为以不变价格计算的实际产出，即总收入。

根据剑桥学派的分析，在短期内，$k$ 和 $y$ 都是相对稳定的。同时，货币数量的变动都不会对这两个变量产生任何影响。因此，与上述费雪的基本结论一样，剑桥学派也认为，货币数量的任何变动必将使一般物价水平作同方向、等比例的变动。

但是，与费雪的现金交易说不同，剑桥学派的现金余额说特别强调人们的主观意志对货币需求的影响。根据剑桥学派的分析，决定 $k$ 即货币的需求的因素主要有三个：一是个人财富总额，货币需求首先会受到个人财富总额的限制；二是人们对持有货币的利弊得失的权衡和比较；三是人们对未来收入、支出和价格水平的预期。所以，货币需求完全是由人们的主观意志所支配和决定的。正是由于这一原因，剑桥学派的现金余额说才成为现代货币需求理论的重要渊源。

（三）凯恩斯的流动性偏好理论

1936 年凯恩斯发表了《就业、利息和货币通论》，他从资产选择的角度来考察货币需求，他对人们持有货币的各种动机进行了详尽的分析，并得出实际货币需求不仅受实际收入的影响，而且也受利率影响的结论。凯恩斯将人们持有货币的动机称为流动性偏好，所以凯恩斯的货币需求理论也被称为流动性偏好理论。

所谓"流动性偏好"（Liquidity Preference），是指人们宁可持有没有收益但可灵活周转的货币的心理倾向。因此，流动性偏好实质上就是人们对货币的需求。

凯恩斯货币需求理论的显著特点在于注重对货币需求的各种动机的分析。根据凯恩斯的分析，人们持有货币的动机主要有三种，即交易动机、预防动机和投机动机。

微课：凯恩斯的流动性偏好理论

1. 交易动机的货币需求

交易动机的货币需求是指人们为进行日常交易而产生的货币需求。根据凯恩斯的分析，交易动机可分为个人的收入动机和企业的营业动机。凯恩斯认为，在个人收入的取得与支出的发生之间，或者企业销售收入的实现与各项费用的支出之间，总是有一定的时间间隔。在此时间间隔中，为了应付日常交易的需要，个人和企业都必须保持一定数量的货币。这就是所谓的"交易动机的货币需求"。这一货币需求的数量主要决定于收入的多少，收入多，交易动机的货币需求也多；收入少，交易动机的货币需求也少。简而言之，交易动机的货币需求是收入的递增函数。

2. 预防动机的货币需求

预防动机（也称谨慎动机）的货币需求是为了应对意料之外的支出而产生的货币需求。凯恩斯认为，未来是不确定的。因此，为了应付那些突然发生的意外支出，或者为了不失去意料之外的有利的购买机会，人们除了保持日常交易所必需的那部分货币外，还必须经常地保持一定数量的用于应付不时之需的货币。这就是所谓的"预防动机的货币需求"。在凯恩斯看来，预防动机的货币需求也主要决定于收入的数量，而且也是收入递增函数。

3. 投机动机的货币需求

投机动机的货币需求是指人们对闲置货币余额的需求。也就是说，投机动机的货币需求是将货币作为一种资产而持有，而不是作为一种交易媒介而持有。人们之所以持有闲置的货币余额，是为了在利率变动中进行债券的投机，以获取利润。

根据凯恩斯的分析，每个人心目中都有一个正常利率。若市场利率高于这个正常利率，人们将预期利率下降；而若市场利率低于这个正常利率，则人们将预期利率上升。虽然这种正常利率是因人而异的，但从整个经济来看，如果市场利率较高，就会有较多的人预期利率将下降；而如果市场利率较低，就会有较多的人预期利率将上升。

在一般情况下，市场利率与债券价格呈反向的变动关系。因此，人们预期利率上升，就意味着预期债券价格下降；而预期利率下降，就意味着预期债券价格上涨。这种预期将影响人们持有资产的决策，从而影响投机动机的货币需求。具体而言，当市场利率较低，从而人们预期利率将上升时，人们将抛出债券而持有货币，以期在利率上升、债券价格下跌时再买进债券；而当市场利率较高，从而人们预期利率将下降时，人们就会抛出货币而持有债券，以期获得资本溢价的收入。所以，投机动机的货币需求与利率水平呈负相关关系，利率越高，投机动机的货币需求越少；利率越低，则投机动机的货币需求就越多。在一种极端情形下，当利率低到一定程度时，整个经济中所有的人都预期利率将上升，从而所有的人都希望持有货币而不愿持有债券。在这种情况下，投机动机的货币需求将趋于无穷大。此时，若中央银行继续增加货币供给，将如数地被人们无穷大的投机动机的货币需求所吸收，从而利率不再下降。这种极端的情形，就是所谓的"流动性陷阱"。

投机动机的货币需求见图 8-1。

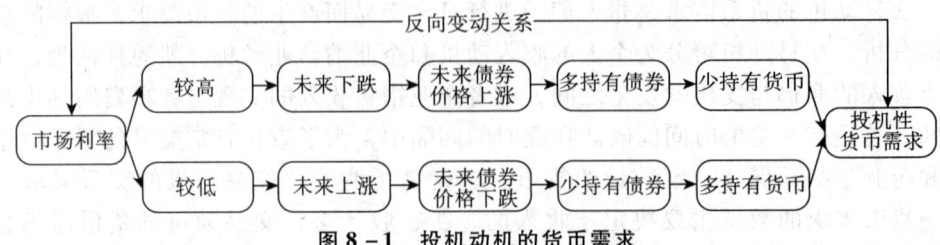

图 8-1 投机动机的货币需求

由以上分析可知，人们对货币的总需求就是由这三大动机所共同促成的。其中，交易动机的货币需求和预防动机的货币需求都是收入的递增函数，而投机动机的货币需求则是利率的递减函数。如以 $M$ 表示货币总需求，$M_1$ 表示交易动机的货币需求和预防动机的货币需求（通常被合称为"交易性的货币需求"），$M_2$ 表示投机动机的货币需求（也称"投机性的货币需求"），$Y$ 表示收入，$r$ 表示利率，$L_1$ 表示 $M_1$ 与 $Y$ 的函数关系，$L_2$ 表示 $M_2$ 与 $r$ 的函数关系，则凯恩斯的货币需求理论就可用函数式来加以表示：

$$M = M_1 + M_2 = L_1(Y) + L_2(r) \qquad (公式 8.5)$$

$L_1$ 与利率无关，故为一条垂直线，$L_2$ 为利率的减函数，故是一条向右下方倾斜的曲线（见图 8-2）。将 $L_1$ 与 $L_2$ 两条曲线相加，便得到货币总需求曲线（见图 8-3），它表示对货币的总需求是由收入和利率两个因素决定的。

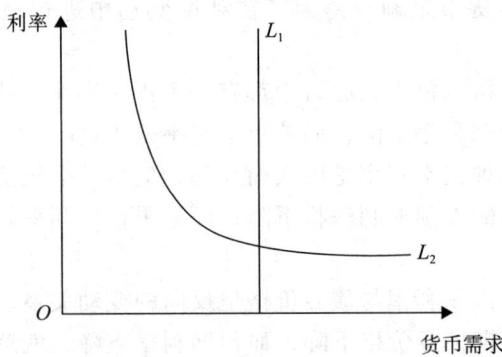

图 8-2 交易动机和预防动机的货币需求及投机动机的货币需求曲线

拓展阅读：现代凯恩斯学派对凯恩斯货币需求理论的发展

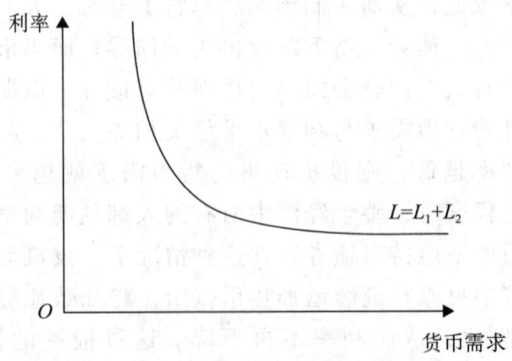

图 8-3 三种动机的货币总需求曲线

凯恩斯货币需求理论的重要意义就在于：将利率引入货币需求量决定因素中，由于利息率是经常变动的，所以货币的需求量也是不稳定的。

### （四）弗里德曼的新货币数量说

1956年，美国货币学派领袖米尔顿·弗里德曼发表《货币数量说的重新表述》一文，以货币需求理论的形式，提出了新货币数量说。弗里德曼认为，货币数量说首先是一种货币需求理论，其次才是产出、货币收入或物价水平的理论。因此，货币数量说所要研究的，主要是影响人们货币需求的各种因素。

1. 货币需求的决定因素

根据弗里德曼的分析，影响货币需求的因素可分为以下四类：

（1）总财富。总财富是制约人们货币需求量的规模变量。也就是说，即使人们将其全部财富都以货币形式持有，其货币需求总量也只能等于其拥有的总财富，而不可能多于其拥有的总财富。在弗里德曼的货币需求理论中，总财富分为人力财富与非人力财富。所谓"人力财富"，也称"人力资本"，是指人们所具有的能为自己带来收入的能力，包括体力、智力、掌握的某种技巧等。所谓"非人力财富"，则是指各种实物财富。无论是人力财富还是非人力财富，都将为其所有者带来收入。

但是，由于总财富无法用货币来加以直接地测量，因此，它无法作为一个重要的变量而被列入货币需求函数。但是，由于总财富与收入之间有着密切的关系，所以，人们通常以收入代表财富而成为货币需求函数中的一个变量。在弗里德曼的货币需求理论中，被作为货币需求的决定因素的收入乃是一种恒久性收入。所谓"恒久性收入"，是指过去、现在乃至将来一个较长时期中的平均收入水平。

（2）人力财富与非人力财富的比例。弗里德曼认为，货币需求不仅决定于总财富，而且还受到财富结构的影响。总财富是由人力财富与非人力财富构成的，人力财富与非人力财富在为其所有者带来收入方面有着不同的稳定性。一般地说，人力财富转化为非人力财富，将受到经济形势、经济环境和制度方面的限制。因此，人力财富与非人力财富在总财富中所占的比例，将在一定程度上影响货币需求。一般来说，人力财富在总财富中所占的比例越大，货币需求相对就越多。

（3）货币及其他资产的收益。人们持有货币还是持有其他资产，必须对收益和风险做出全面的衡量和比较。由于其他资产的收益是人们持有货币的机会成本，所以，其他资产的收益率越高，货币需求就越少；反之，其他资产的收益率越低，则货币需求就越多。在弗里德曼的货币需求函数中，被作为机会成本变量的主要有债券的预期收益率、股票的预期收益率及实物资产的预期收益率（即预期物价变动率）。很显然，在弗里德曼看来，人们对资产的选择范围很大。所以，除了货币和各种非货币的金融资产以外，他们还可持有实物资产。在这一点上，弗里德曼不仅发展了凯恩斯的理论，而且也比当代凯恩斯学派经济学家的理论有着更大的合理性。

（4）影响货币需求的其他因素。以上三大类因素是影响货币需求的主要因素。除了这些因素之外，弗里德曼认为还有其他很多因素对货币需求产生一定的影响。在这些因素中，有人口因素、技术因素、制度因素及人们的心理因素等。

2. 货币需求函数

在以上分析的基础上，弗里德曼提出如下货币需求函数：

$$M = f(P, \overline{Y}, w, r_m, r_b, r_e, \frac{1}{P} \times \frac{dP}{dt}, u) \qquad （公式8.6）$$

其中，$M$ 表示名义货币需求量；$P$ 表示物价水平；$\overline{Y}$ 表示名义恒久性收入；$w$ 表示非人力财富占总财富的比例；$r_m$ 表示货币的预期收益率；$r_b$ 表示债券的预期收益率；$r_e$ 表示股票的预期收益率；$\frac{1}{P} \times \frac{dP}{dt}$ 表示物价水平的预期变动率，也就是实物资产的预期收益率；$u$ 表示影响货币需求的其他因素。这一函数是弗里德曼的名义货币需求函数。弗里德曼认为，它的这一货币需求函数是关于 $P$ 和 $\overline{Y}$ 的一阶齐次函数。也就是说，若 $P$ 和 $\overline{Y}$ 发生一定变化，则整个货币需求将以相同比例发生变化。该式两边同除以 $P$，则可以得到如公式8.7所示的实际货币需求函数。

$$\frac{M}{P} = f(\frac{\overline{Y}}{P}, w, r_m, r_b, r_e, \frac{1}{P} \times \frac{dP}{dt}, u) \qquad （公式8.7）$$

由此实际货币需求函数，我们看出，对实际货币余额的需求，完全由实际变量所决定，而不受任何名义变量的影响。弗里德曼在对货币需求函数的分析中，把货币作为一种资产进行分析。他认为货币需求主要与具有稳定性的恒久收入相关，并且对利率的变动不太敏感，从而得出了货币需求函数具有稳定性的重要结论。

如果在上述名义货币需求函数公式8.6两边同除以 $\overline{Y}$，则可得到货币的收入流通速度的倒数，见公式8.9。

$$\frac{M}{\overline{Y}} = f(\frac{P}{\overline{Y}}, w, r_m, r_b, r_e, \frac{1}{P} \times \frac{dP}{dt}, u) \qquad （公式8.8）$$

$$= \frac{1}{V(\frac{\overline{Y}}{P}, w, r_m, r_b, r_e, \frac{1}{P} \times \frac{dP}{dt}, u)}$$

即：

$$\overline{Y} = V(\frac{\overline{Y}}{P}, w, r_m, r_b, r_e, \frac{1}{P} \times \frac{dP}{dt}, u) \times M \qquad （公式8.9）$$

或：

$$M = \frac{1}{V(\frac{\overline{Y}}{P}, w, r_m, r_b, r_e, \frac{1}{P} \times \frac{dP}{dt}, u)} \times \overline{Y} \qquad （公式8.10）$$

在公式8.9和公式8.10中，$V$ 是货币的收入流通速度。可见，这个公式与上述剑桥学派的现金余额方程式（$M = kPy$）十分相似（因为 $V = \frac{1}{k}$，$\overline{Y} = Py$）。

案例分析

通过以上分析，我们可清楚地看出，弗里德曼的新货币数量说的实质，是以凯恩斯的流动性偏好理论对传统货币数量说进行了重新表述。因此，它既是对传统货币数量说的新发展，又是对凯恩斯流动性偏好理论的新发展。

 **课堂讨论**

根据以上货币需求理论的学习，结合中国的实际情况，你认为影响中国货币需求的因素有哪些？

## 第二节 货币供给

第一节小测验

### 一、货币供给概述

#### （一）货币供给的含义

货币供给是指一定时期内货币供给主体向社会公众供给货币的经济行为。在现代经济社会中，能够向社会公众提供信用货币（现金货币和存款货币）的主体有中央银行、商业银行以及特定的存款金融机构，全社会的货币供给量都是通过这些金融机构的信贷活动而形成的。

货币供给量是指在一定时点上，一国经济中用于各种交易的货币总量，包括现金、存款、商业票据、可流通转让的金融债券、政府债券等。或者说，凡是在中央银行以外的各经济部门、企业和个人可用于交易的货币，都是货币供给量的组成部分。货币供给量是一个存量概念，而不是流量概念，它是一个时点的变量，而不是一定时期的变量。

微课：货币供给的含义

现代信用货币制度下，货币供给过程一般涉及中央银行、商业银行、存款人和借款者四个行为主体。其中在货币供给过程起决定作用的是银行体系。流通中的货币都是通过银行供给的，货币供给与中央银行和商业银行的资产负债活动密切相关。从一定意义上说，货币供给量的多少要由银行系统资产业务规模的大小决定。这并不是说一定时期的货币供给量可以由银行系统随意创造，恰恰相反，货币供给要受诸多因素的影响与制约，特别是由中央银行进行宏观调控。货币供给分析于是成为与货币需求分析相对应并同货币政策理论紧密联系的重要经济范畴。

拓展阅读：以适度的货币增长支持高质量发展

#### （二）货币供给的层次划分

各国中央银行对货币层次的划分不尽相同，但所依据的标准基本一致，即货币的流动性。流动性是其他货币形态转化为现金所需要的时间和成本的多少。显然，现金与活期存款是流动性最强的货币，通常被列为货币的第一层次；定期存款和储蓄存款的流动性次之,但较其他货币形态要强,因而在第一货币层次上加入该两项存款,形成货币的第二层次;货币的第三层次则是在第二层次货币基础上加入各种非银行金融机构的存款;由于非银行金融机构发行的各种短期金融工具比上述各种货币的变现能力要弱,但比其他长期证券要强,因此将其列入第四货币层次。

我国从1994年第三季度起由中国人民银行按季向社会公布货币供应量统计监测指标。参照国际通用原则并根据我国实际情况,中国人民银行将我国货币供应量指标分为以下四个层次:

$M_0$ = 流通中的现金;

$M_1 = M_0$ + 企业活期存款 + 机关团体部队存款 + 农村存款 + 个人持有的信用卡类存款;

$M_2 = M_1$ + 城乡居民储蓄存款 + 企业存款中具有定期性质的存款 + 外币存款 + 信托类存款;

$M_3 = M_2$ + 金融债券 + 商业票据 + 大额可转让定期存单

其中,$M_1$是通常所说的狭义货币量,流动性较强;$M_2$是广义货币量,$M_2$与$M_1$的差额是准货币,流动性较弱。

知识链接:货币供给的内生性与外生性

## 二、货币供给模型

### (一) 简单乘数模型及其局限性

在前面的学习中,我们通过分析,已经推导出一个存款乘数模型。很显然,这一模型中的存款乘数是由唯一的一个因素所决定的,而这个唯一的因素就是中央银行所规定的法定存款准备金率 $r$。在现代货币供给理论中,这一存款乘数模型通常被称为"简单乘数模型"。根据这一简单乘数模型,我们得出这样的结论:中央银行能够对货币供给实施完全的控制,因为在该模型中,决定存款总额的两个因素——准备金和法定准备金率,中央银行都能加以直接而有效的控制。但是,在现实的经济运行中,除了法定准备金率这一因素之外,还有许多比较复杂的其他因素也影响着存款货币的乘数。

综上所述,这一简单乘数模型建立在以下三个纯粹为了简化分析而做出的假设条件的基础上:①假设商业银行将充分运用其所能得到的准备金,而并不持有任何超额准备金;②假设商业银行的存款只有活期存款,而没有定期存款,因而也不存在活期存款与定期存款相互转化的问题;③假设商业银行的客户并不持有现金,从而把全部货币收入都存入银行。很显然,在现实的经济生活中,这些假设条件并不存在。换言之,这些假设条件并不符合现实经济运行的实际情况。

### (二) 货币供给一般模型——乔顿货币乘数模型

对简单乘数模型进行修正、补充和发展而形成的复杂乘数模型抛弃了以上这些过于简化的假设,而着重分析现实经济生活中影响货币供给,尤其是影响货币乘数的各种实际因素。在西方经济学界,这样的复杂乘数模型较多,如弗里德曼——施瓦茨模型及卡甘模型就是其中比较著名的,而且也是较早提出的货币乘数模

微课:乔顿货币乘数模型

型。但是，这两个模型本身还有着显著而又重要的缺陷：一是这两个模型都过于复杂，不易被一般人所理解；二是这两个模型中的货币都是广义货币 $M_2$；三是这两个模型都没有区分美联储的会员银行与非会员银行（20 世纪 80 年代之前二者有着不同的法定准备金比率要求），以及有着不同准备金要求的不同类型的存款。因此，在这两个模型的基础上，美国经济学家乔顿（Jerry L. Jordan）于 1969 年对这两个模型进行了改进和补充，导出了一个比较简洁明了的货币乘数模型。自提出以后，乔顿模型得到了大多数经济学家的认可，并被大多数《货币银行学》教科书所采用。因此，该模型被看作是货币供给决定机制的一般模型。下面，我们就通过简单的推导来介绍乔顿货币乘数模型。

乔顿货币乘数模型采用狭义的货币定义 $M_1$。根据本节的定义，有：

$$M_1 = C + D \quad \text{（公式 8.11）}$$

其中，$M_1$ 表示狭义货币，$C$ 表示通货，$D$ 表示商业银行的活期存款。

根据现代货币供给理论，货币供给乃是基础货币与货币乘数之积。如设 $k_1$ 为货币定义为 $M_1$ 时的货币乘数，基础货币

$$B = C + R \quad \text{（公式 8.12）}$$

则：

$$M_1 = B \times k_1 \quad \text{（公式 8.13）}$$

由公式 8.12 和公式 8.13 可得：

$$k_1 = \frac{C + D}{R + C} = \frac{C + D}{r_d \times D + r_t \times T + E + C} \quad \text{（公式 8.14）}$$

其中，$R$ 表示商业银行的存款准备金；$r_d$ 表示活期存款的法定准备金率；$r_t$ 表示定期存款的法定准备金比率；$T$ 表示商业吸收的定期存款；$E$ 表示商业银行持有的超额准备金。

为了简化分析，设 $c$ 为通货比率（现金漏损率），$t$ 为定期存款比率，$e$ 为超额准备金比率。

其中：

$$c = \frac{C}{D} \quad \text{（公式 8.15）}$$

$$t = \frac{T}{D} \quad \text{（公式 8.16）}$$

$$e = \frac{E}{D} \quad \text{（公式 8.17）}$$

所以：

$$C = c \times D \quad \text{（公式 8.18）}$$
$$T = t \times D \quad \text{（公式 8.19）}$$
$$E = e \times D \quad \text{（公式 8.20）}$$

将公式 8.18、公式 8.19 和公式 8.20 代入公式 8.21，得：

$$k_1 = \frac{c \times D + D}{r_d \times D + r_t \times t \times D + e \times D + c \times D}$$

$$= \frac{c + 1}{r_d + r_t \times t + e + c} \quad \text{（公式 8.21）}$$

把公式 8.21 代入公式 8.22，即可得到乔顿货币乘数模型：

$$M_1 = B \times \frac{c+1}{r_d + r_t \times t + e + c} \quad \text{(公式 8.22)}$$

综上所述，乔顿模型将货币定义为 $M_1$，即只把商业银行的活期存款和通货（流通中现金）看成货币，而商业银行的定期存款和储蓄存款（通常用 $T$ 表示）则不是货币。现在我们把货币定义扩大为 $M_2$（$M_2 = C + D + T$），并以 $k_2$ 表示相应的货币乘数，则：

$$k_2 = \frac{C + D + T}{R + C}$$

$$= \frac{1 + c + t}{r_d + r_t \times t + e + c} \quad \text{(公式 8.23)}$$

$$M_2 = B \times \frac{1 + c + t}{r_d + r_t \times t + e + c} \quad \text{(公式 8.24)}$$

由以上分析可知，乔顿模型中的货币乘数是由多种复杂因素共同决定的，而这些因素又分别受到货币当局（主要是中央银行）、商业银行和社会公众的行为的影响。其中 $r_d$、$r_t$ 系由货币当局或中央银行所决定；$e$ 由商业银行所决定；而 $c$ 和 $t$ 则由社会公众的资产选择所决定。由此可见，货币当局或中央银行实际上只能对决定货币乘数的部分因素而不是全部因素具有控制能力。也就是说，除了中央银行之外，商业银行和社会公众等其他经济主体的行为也将对货币乘数，从而对货币供给产生一定的影响，甚至于产生比较重要的影响。这就说明，货币并不是一个完全决定于货币当局的主观意志，不受经济运行的内在规律影响的外生变量。

## 三、货币供给的决定因素分析

### （一）基础货币

1. 基础货币的概念

案例分析

微课：基础货币

基础货币（Base Currency）通常指创造存款货币作用的商业银行在中央银行的存款准备金与流通于银行体系之外的现金的总和，也称为货币基础（Monetary Base）。商业银行的存款准备金包括商业银行持有的库存现金、在中央银行的法定存款准备金及超额准备金。由于基础货币中的银行存款准备金具有存款创造的功能，即单位基础货币增加能导致多倍货币供给增加，因此，基础货币又称为高能货币（High-powered Money）。基础货币常以下式表达：

$$B = C + R$$

动画：基础货币的概念

式中，$B$ 为基础货币；$R$ 为商业银行保有的存款准备金；$C$ 为流通于银行体系以外的现金。基础货币直接表现为中央银行的负债，如果没有中央银行负债创造和提供的基础货币，就不能增加商业银行的准备金，商业银行也无从反复扩大贷款和创造存款。

2. 基础货币的决定和影响因素

拓展阅读：货币发行机制

在现代经济中，每个国家的基础货币都源于货币当局的投放。所谓"货币当局",一般是指一国的中央银行,但有的国家或地区的货币当局除中央银行外,还包括财政部。财政部通过财政存款参与基础货币投放。货币当局投放基础货币的渠道主要有三条:一是直接发行通货;二是变动黄金、外汇储备;三是实行货币政策(其中以公开市场业务为主)。

由基础货币的投放渠道可知,基础货币的决定因素主要有11个,其中:中央银行在公开市场上买进有价证券,中央银行收购黄金、外汇,中央银行对商业银行再贴现或再贷款,财政部发行通货,中央银行的应收未收款,中央银行的其他资产等因素与基础货币增减呈正向变动;政府持有的通货,政府存款,外国存款,中央银行在公开市场上卖出有价证券,中央银行的其他负债等因素与基础货币增减呈逆向变动。这些因素均集中反映在中央银行的资产负债表上。

不难看出,以上这些因素中,有些因素是中央银行能够直接控制的,例如,在公开市场买卖有价证券;有些因素是中央银行不能直接控制的,但中央银行可以运用公开市场业务来抵消这些因素对基础货币的影响。因此,一般认为基础货币在相当程度上能为中央银行直接控制。

中央银行控制基础货币的主要方式有两种:公开市场业务和贴现贷款。前者指中央银行在公开市场上买卖证券,增减基础货币。它已成为发达国家中央银行控制基础货币的重要手段。后者主要指中央银行通过调整贴现贷款利率来影响商业银行贷款需求,从而影响贴现贷款量,使基础货币增减。虽然中央银行对贴现贷款量的控制远不如公开市场业务精确,但对于金融市场不发达、缺乏公开市场业务有效操作条件的发展中国家来说,贴现贷款仍是中央银行控制基础货币的主要手段。

3. 基础货币对货币供给量的影响

根据上述概念,基础货币包括商业银行的存款准备金和社会大众所持有的通货。众所周知,当今世界各国几乎无一例外地实行部分准备金制度。在这种制度下商业银行的存款准备金是创造存款、供给货币的基础,它的增加或减少必然引起货币供给量的成倍扩张或成倍收缩。

根据上述货币供给模型(如乔顿货币乘数模型),我们可以看出,基础货币对货币供给的影响是显而易见的。在货币乘数一定时,基础货币的规模决定了整个货币供给量的规模。特别值得指出的是,基础货币的变动不仅引起整个货币供给量的同方向变动,而且还将引起整个货币供给量的成倍变动。具体而言,若基础货币增加,货币供给量将成倍地扩张;而若基础货币减少,则货币供给量将成倍地缩减。由于基础货币能为货币当局所直接控制,因此,在货币乘数不变的条件下,货币当局可通过控制基础货币来控制整个货币供给量。

(二)货币乘数

1. 货币乘数的概念

货币乘数也称货币扩张系数,是用于说明货币供给总量与基础货币的倍数关系的一种系数。例如,在某一时点上,若基础货币为1亿个单位,而货币供给总量为3亿个单位;或者,在某一时期中,基础货币增加1亿个单位,能导致货币供给总量增加 3 亿个单位，则我们就可以说，货币乘数为 3。

在基础货币一定的条件下，货币乘数决定了货币供给的总量。货币乘数越大，则货币供给量越多；反之，货币乘数越小，则货币供给量也就越少。所以，货币乘数是决定货币供给量的又一个重要的甚至是更为关键的因素。但是，与基础货币不同，货币乘数并不是一个外生变量，因为决定货币乘数的大部分因素都不是决定于货币当局的行为，而是决定于商业银行或社会大众的行为。可以说，货币供给的内生性主要表现在货币乘数的内生性上。也就是说，货币供给之所以是一个内生变量，主要是因为货币当局不能对货币乘数实施直接或完全控制。所以，现代货币供给理论的显著特点就在于特别注重对货币乘数及其决定因素的分析。

2. 货币乘数的决定因素

由乔顿货币乘数模型可知，货币乘数的决定因素共有五个，它们分别是活期存款的法定准备金率（$r_d$）、定期存款的法定准备金率（$r_t$）、定期存款比率（$t$）、通货比率（$c$）及超额准备金率（$e$）。这些决定因素本身又分别受多种因素的影响，他们通过影响货币乘数，进而影响货币供给量。

3. 货币乘数对货币供给的影响

根据现代货币供给理论，货币乘数是货币供给的又一个重要因素，而且，甚至是比基础货币更重要的一个因素。在基础货币一定的条件下，货币乘数与货币供给成正比。也就是说，货币乘数越大，则一定的基础货币所引起的货币供给量就越多；货币乘数越小，则同样的基础货币所引起的货币供给量就越少。由以上的分析可知，决定货币乘数的因素很多，也很复杂，特别是其中有些因素显然不是由中央银行所能决定和控制的。因此，货币乘数对货币供给的影响要比基础货币对货币供给的影响更重要，也更复杂。正因为如此，我们才可以说，在货币供给理论的研究中，对货币乘数的研究要比对基础货币的研究更重要。而从现代货币供给理论研究中所提出的各种模型来看，我们可以明显地看到，大多数货币供给决定模型实际上主要是货币乘数模型。

综上所述，货币供给量是由中央银行、商业银行及社会公众这三个经济主体的行为共同决定的。如果撇开各因素之间的相互影响，则 $B$、$r_d$ 及 $r_t$ 这三个因素基本上代表了中央银行的行为对货币供给的影响，$e$ 代表了商业银行的行为对货币供给的影响，$t$ 和 $c$ 则代表了社会公众的行为对货币供给的影响。这就说明，在现代经济中，货币供给并不完全地由中央银行所决定和控制，它在一定程度上也要受到商业银行和社会公众行为的影响，而商业银行和社会公众的行为又要受到经济运行的内在规律的影响。由此可推论出这样一个基本结论：在现代经济中，货币供给在一定程度上是一个内生变量。图 8-4 为货币供给过程示意图。

案例分析

拓展阅读：流动性过剩

第二节小测验

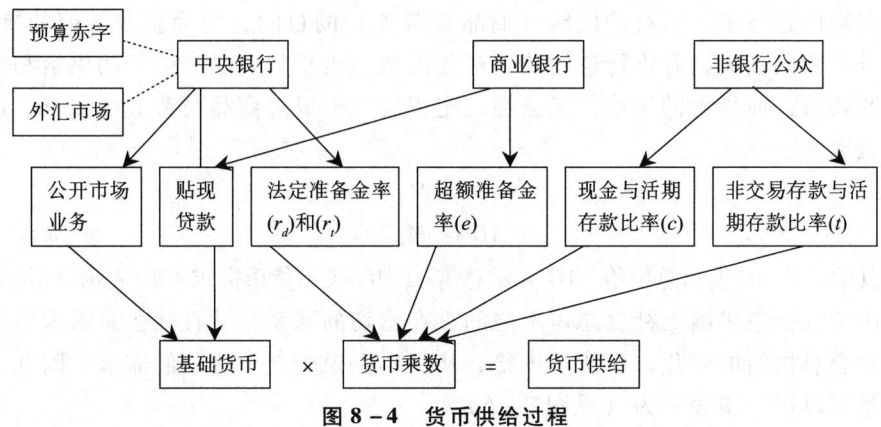

图 8-4 货币供给过程

> **金融科技专栏**
>
> **央行数字货币推行对银行体系的影响**
>
> 在中国数字人民币试点过程中，部分试点地区的银行出现了一定程度的存款结构变化。央行数字货币的发行将对传统银行信用货币创造机制产生影响。一方面，央行数字货币的推进将改变银行体系的准备金结构。另一方面，由于央行数字货币具有可控匿名性和交易可追溯性的特性，为中央银行进行货币监控和调控提供了新手段。
>
> 央行数字货币的推行将对银行支付业务产生重大影响。由于央行数字货币具有类似的优势，且安全性更高，可能会分流银行支付业务的市场份额。然而，央行数字货币也为银行支付业务带来了机遇。商业银行可以通过与央行数字货币的对接，实现更加安全快捷的银行支付，提升用户体验。
>
> 资料来源：胡玄建. 央行数字货币推行对银行体系的影响研究 [EB/OL]. (2025-03-28) [2025-04-07]. https://www.cebnet.com.cn/20250328/102984677.html

## 第三节 货币供求均衡

### 一、货币供求与社会总供求的均衡

现代经济中，如果社会总需求大于社会总供给，意味着市场处于供求的紧张状态，引起物价上涨和社会不稳定；如果社会总需求小于社会总供给，意味着市场处于疲软状态，导致企业开工不足，失业率上升和经济萧条。政府采取经济与行政手段调节经济运行的目的，无非是促使经济在社会总供求完全均衡的基础上运行。在这个过程中，社会的总供求均衡状态与货币的供求状况之间，始终存在紧密的联系。

微课：货币供求均衡

在货币经济中,所有的供给(商品与劳务)的目的,均为获取等值的货币,以作进一步的购买,并进行连续的生产与消费,表现为商品与劳务的供给和货币需求的联系;而货币的供给,又会在一定程度上形成对商品与劳务的需求。这种联系表现为:

$$AS \rightarrow M_d$$
$$AD \leftarrow M_s$$

其中,用 $AS$ 表示总供给,$AD$ 表示总需求,$M_d$ 表示货币需求,$M_s$ 表示货币供给。

由于社会总供给与社会总需求之间存在密切的联系,并且社会总需求更多地制约社会总供给的变化,而货币供给,从根本上说受制于货币的需求。因此,上述关系可以进一步表示为(见图 8-5):

$$AS \rightarrow M_d$$
$$\uparrow \qquad \downarrow$$
$$AD \leftarrow M_s$$

图 8-5　社会供求和货币供求关系图

在这个关系图中,如果有 $AS = AD$,则会有 $M_d = M_s$,社会总供求的均衡与否和货币供求的均衡与否密切相关。

事实上,人们对社会总供求均衡状态的关注只是在货币经济产生后,或者说,只是在有了货币以后,才产生社会总供求失衡的可能性。物物交换下,社会总供给与社会总需求间总是平衡的。这时,一切对商品和劳务的需求都来自生产者对商品与劳务的供给,供给的同时创造出需求,供给与需求不仅在价值上相等,而且在时空上同步。但是,货币的出现使上述物物交换中必然的均衡被打破了。以货币为媒介,甲对社会供给商品后可以不马上购买,即不马上实现对社会商品的需求。乙的需求便会由于自己的产品供给无法实现而得不到满足。形成供过于求。

如果不分析导致甲卖后不买这一失衡现象的本质原因,可以说,货币的出现,为社会总需求与社会总供给失衡创造了技术上的可能性,是导致社会总供求失衡的外部原因。但事情也有相反的一面。货币的存在尽管会促成失衡,同时也创造了运用货币政策,调节货币供应以调节社会总需求,使社会总供求恢复均衡的可能性。

因此,在货币经济中,注重货币供求的研究是十分重要的。通过这项研究,可以分析货币供给与货币需求之间的内在联系及实现均衡的条件,探索寻求货币供求及社会总供求均衡的途径。

## 二、货币供求均衡的表述

实际货币需求量在现实中并不直接表现出来。形象地说,它是看不见、摸不着的,无法进行实际统计。事实是,现实生活中可以直接统计的货币需求量是名义货币需求量,它等于同时存在的货币供应量。由于在货币供给一定情况下,无论货币需求如何,社会公众持有的货币额不可能超过当时整个经济体系中的货币存量，也不会少于这个存量，因此，若不考虑其他因素，仅从名义量看，货币供给与货币需求总是数量相等的。因此，在任何一个时点上，货币供给同时代表当时的名义货币需求量。

这样看来，该如何理解货币供求的均衡与否呢？在本章前面所述的货币需求，是指人们愿意持有的货币量，可称之为实质货币需求。计划的货币需求并不一定等同于实质货币需求。因此，关于货币供求均衡的研究，实质是对货币供给与实质货币需求关系的研究。

货币供给与实质货币需求间存在3种对比状态：

$$M_s = M_d^p \qquad M_s > M_d^p \qquad M_s < M_d^p$$

其中，$M_d^p$表示实质货币需求。

当货币供给与实质货币需求平衡时，表现为经济的长期稳定增长及物价的相对稳定；当货币供给大于实质货币需求时，表现为经济增长速度减缓，物价上涨速度超出人们在经济上和心理上可以接受的程度；当货币供给小于实质货币需求时，表现为经济增长停滞甚至负增长，商品的严重滞销，失业率上升。因此，当我们为货币供求均衡状态下定义时，应当是对这样一种状态的描述，即货币供求均衡表现为物价相对稳定、经济稳定增长的长期趋势。在这种状态下，不存在由于购买与支付手段不足出现的商品滞销，也不存在因购买与支付手段过多而形成的物价上涨。

### 三、实现货币供求均衡的条件

无论货币在现代经济中作用有多大，货币存在的基础之一在于它充当商品交换的中间媒介。因此，商品的交易及经济的运行对货币供应状态起决定性作用。社会总供求与货币供应之间的密切联系说明了社会总供求的均衡态必然影响货币供求的均衡态。例如，当社会总供给小于社会总需求时，必然有货币供给大于实质货币需求的情况发生。那么，实现货币供求的均衡，也必须从恢复社会总供求均衡开始。这就是说，谈实现货币供求的均衡是谈实现社会总供求的均衡。这个过程侧重于以下几个方面：

案例分析

#### （一）运用货币政策实现社会总均衡

在社会总需求不足时，采取扩张的货币政策，如扩大货币供应量，或降低利率，以增加社会总需求，减少储蓄。在社会总需求过高时，采取紧缩的货币政策，减少货币供给、提高利率，以抑制社会总需求，增加储蓄。后一种情况发生时，一般存在两种选择：一种是严厉紧缩，短期内迅速减少货币供给或大幅度提高利率，使社会总需求的膨胀趋势很快被抑制。但与之伴随的往往是社会总供给增长减速或停滞。当社会总需求的减速大于社会总供给的减速时，社会总供求在低水平上恢复均衡；当社会总需求的减速小于社会总供给的减速时，社会总供求的均衡会迟迟无法实现，并伴有持续存在的社会总需求大于社会总供给及通货膨胀。显然，这是不希望出现的局面，因此这种选择一般针对严重通货膨胀时期。第二种选择是温和的紧缩，货币供给紧缩速度较慢。其目的在于紧缩社会总需求的同时保证社会总供给的正常增长，从而实现社会总供求均衡。

## （二）采取正确的财政收支政策保证实现总均衡

财政政策对社会总供给与社会总需求的调节往往比货币政策的效果更好。但是，必须强调财政政策，尤其赤字财政政策的实施必须注意对货币供给的影响，如果财政赤字导致货币增加的量超出实质货币需求，就会形成货币供求失衡与社会总供求失衡。所以，当社会总需求不足时，运用赤字财政政策刺激社会总需求必须适度，在社会总需求过多时，财政赤字的存在只会加剧两者失衡。这时，实现社会总供求均衡及货币供求均衡首先要缩小甚至消灭财政赤字，在财政收支均衡的基础上实现总体均衡。

案例分析

第三节小测验

第八章自测题

### 💡 课堂讨论

货币供应量增长率和经济增长率的关系。

### 📃 金融职业素养专栏

货币供求与均衡是金融市场的核心机制。货币供给由中央银行通过货币政策工具调控，而货币需求则受收入水平、利率和经济不确定性等因素影响。随着金融科技的快速发展，数字货币、移动支付和区块链技术正在重塑货币流通和支付体系。金融科技的应用虽然便利了货币流通，但也可能引发新的金融风险，如网络攻击、数据泄露和市场操纵等。我们需要掌握新技术对货币供求关系的影响，理解其背后的经济学逻辑，从而在未来工作中更好地分析市场趋势和政策变化，在技术变革中保持竞争力，为社会的金融稳定与可持续发展贡献力量。

### 📋 思维导图

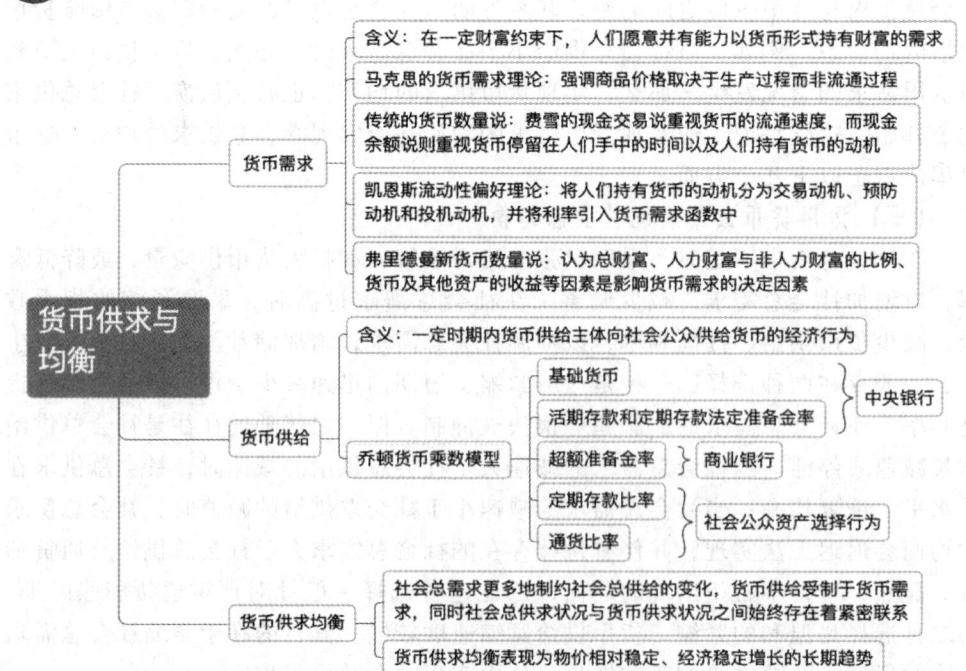

# 第九章 Chapter 9
## 通货膨胀与通货紧缩

【本章学习目标】

知识目标：掌握通货膨胀的含义及特点；掌握通货膨胀的类型、成因；掌握通货膨胀的危害及治理措施；了解通货紧缩的含义、类型、成因及治理措施。

能力目标：能够利用本章的相关理论，分析通货膨胀或通货紧缩成因及对经济的影响。

【导入案例】

### 百万大钞当年只能买一把米

百万面额大钞是民国时期由中央政府发行的最高面额钞票。但在当时，百万大钞只能买一把米。百万大钞正面印有"中央银行""金圆券""壹佰万圆"等11个字；背面正中为"广州海珠桥"附近的珠江沿岸景色。金圆券是解放战争时期，国民党发行的一种法定货币。1948年8月19日发行，同时禁止私人持有黄金、白银、银圆和外汇，并以1:300万的兑换比例收回信誉扫地的法币。但仅仅一个月后金圆券的信誉即告破产，随之而来的是金圆券的面额快速增大，发行数额也急剧增加，至1949年6月发行总额已达到130余万亿元的天文数字，面额也由最初的壹角、贰角、壹圆猛增至壹佰万圆，而当时的100万元大钞仅能买一把米。其后曾印制的五佰万元大钞，由于人民军队解放上海未来得及发行。同一时期，还出现了一种更大面额的钞票，即1949年5月新疆银行发行的60亿元大钞，其面额之大，实在令人咋舌。这种大钞也是恶性通货膨胀催生出的产物，购买力极低，100张60亿元大钞才能换一枚壹圆银圆。

（资料来源：北国网－辽沈晚报，2013.04.28）

拓展阅读：金圆券票样及简介

# 第一节 通货膨胀概述

## 一、通货膨胀的定义

微课：通货膨胀的含义与度量

在纸币流通的情况下，通货膨胀是由于货币供应量超过商品流通客观需要量，从而引起货币不断贬值和一般物价水平持续上涨的经济现象。这一定义表明，货币供应量超过客观需要量是通货膨胀的原因，而物价上涨和货币贬值则是一个问题的两个方面，都是通货膨胀的表现形式。关于通货膨胀定义的理解有很多，西方经济学家的观点可以归纳为三种观点：第一种观点主要是认为通货膨胀是货币量的过度增长，同时，这种观点认为货币量的过度增长会引起物价总水平的上涨；但不同意说只要是物价总水平的上涨就是通货膨胀。第二种观点主要是认为通货膨胀是物价总水平的上涨，任何原因造成的物价总水平上涨均属于通货膨胀。第三种观点则认为通货膨胀是生产成本增加而造成的物价上涨，其中包括因工资的过度增长而引起的生产成本的增加。

上述各种表述，从不同的角度说明了通货膨胀的一些现象，但都没有切中要害。正确理解通货膨胀的定义应把握以下几点：

（1）通货膨胀是在纸币流通的情况下发生的，这是通货膨胀产生的前提。

（2）通货膨胀是货币供应量超过了流通中所需要的货币量造成的，这是通货膨胀的根本原因。社会总需求超过总供给只有和货币供应量过多超过了流通中所需要的货币量联系在一起才能说明通货膨胀。至于成本的提高、工资的上涨而引起物价上涨，这些并不是根本原因。

（3）通货膨胀应是在货币供应量过多，超过了客观需要量的条件下，一般物价水平持续的、不同形式的上涨。个别的、局部的物价上涨，不能视为通货膨胀；物价水平的起伏波动或间歇性上涨，一般不视为通货膨胀；在实行物价管制的情况下，通货膨胀还可能表现为隐蔽形式的物价上涨。

（4）通货膨胀是超过了一定弹性限度的物价上涨。不同的国家通货膨胀的弹性限度不同，有的认为物价上涨率超过2.5%就是通货膨胀，有的认为物价上涨率超过5%才是通货膨胀。

 **课堂讨论**

市场经济中有没有可能"消灭"通货膨胀？为什么？

## 二、通货膨胀的度量

物价总水平上涨是通货膨胀的必然结果,是通货膨胀的主要标志。因此,世界各国用物价指数度量通货膨胀率。通常以消费物价指数、批发物价指数、生活费用价格指数、国民生产总值平减指数等确定通货膨胀率。

### (一) 消费物价指数 (CPI)

消费物价指数又称零售物价指数,是各国政府或私人机构根据本国若干主要消费品的价格编制的指数,它反映一国消费品和劳务价格水平变动的趋势和程度。其优点是资料容易搜集,公布次数较频繁,能及时反映公众的日常生活费用物价趋势。在检验通货膨胀效应方面有其他指标难以比拟的优越性。多数国家度量通货膨胀通常是采用这一尺度。其局限性在于消费品只是社会最终产品的一部分,从而不足以说明全面的情况。

### (二) 批发物价指数 (PPI)

批发物价指数是根据商品的批发价格编制的指数。它反映包括原材料、中间品、最终产品在内的各种商品的批发价格的变动状况的价格指数。它的优点是能反映商品流通的物价变化情况,能在最终产品价格变动之前获得工业投入品及非零售消费品的价格变动信号,进而能够判断其对最终进入流通的零售商品价格变动可能带来的影响。这个指标的变动规律同消费物价指数的变动规律有显著区别。在一般情况下,即使存在过度需求,其波动幅度也常常小于零售商品的价格波动幅度。因而,在使用它判断总供给与总需求对比关系时,可能会出现信号失真现象,且不能反映劳务费用变化情况。

### (三) 生活费用价格指数

生活费用价格指数又称生活费指数,是反映不同时期居民生活费水平变动情况的指数,反映不同时期生活消费的商品和劳务项目价格变动的趋势和程度。可用以研究生活费用价格变动对职工生活的影响,用以计算实际工资。它的优点是资料较易搜集,在一定时期内,各国公布次数较多,但缺点是不能反映生产资料的价格变化情况。

### (四) 国民生产总值平减指数

国民生产总值平减指数是按当年价格计算的国民生产总值与按不变价格计算的国民生产总值的比率。其公式为:

$$国民生产总值平减指数 = \frac{按当年价格计算的报告期国民生产总值}{按不变价格计算的报告期国民生产总值}$$

它的优点是包括范围广泛,既包括消费资料,又包括生产资料;既包括商品,又包括劳务,能较准确地反映物价总水平的变化。它的缺点是:①资料较难搜集,多数国家每年只能统计一次,因此不能及时地反映通货膨胀的程度和方向;②国民生产总值包括与居民并无直接关系的生产资料和出口商品,它不能准确反映通货膨胀对大众生活的影响。

拓展阅读:我国价格指数开展基期轮换

拓展阅读:工业生产者价格指数简介

拓展阅读:低收入居民基本生活费用价格指数

拓展阅读:我国国内生产总值平减指数

知识链接:2016年CPI权重大调整

## 三、通货膨胀的类型

通货膨胀的类型见图 9-1。

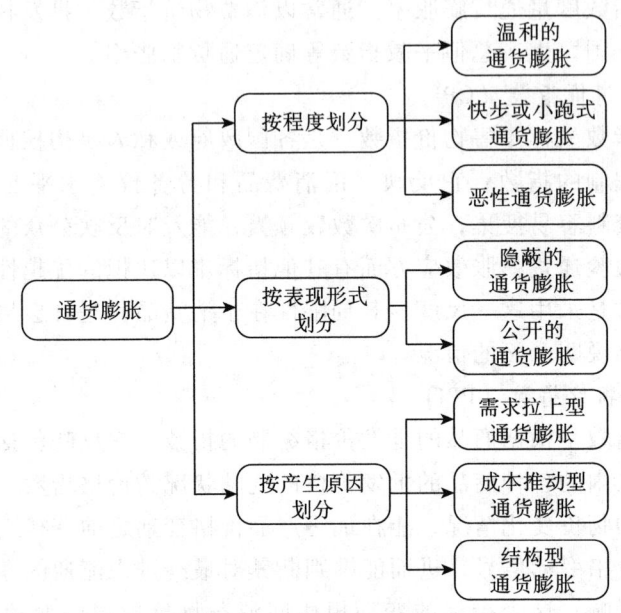

图 9-1 通货膨胀的类型

微课：通货膨胀的类型

### （一）按照通货膨胀的程度划分

1. 温和的通货膨胀

温和的通货膨胀又称爬行的通货膨胀或不知不觉的通货膨胀。这种类型的通货膨胀发展缓慢，短期内不易觉察，但持续的时间很长。很多经济学家认为，通货膨胀率在 2.5% 以下的，不能称为通货膨胀；达到 2.5%，称为温和的通货膨胀。

2. 快步或小跑式的通货膨胀

快步或小跑式的通货膨胀是指人们对物价上涨有明显感觉，通货膨胀率达到两位数，物价上涨幅度大，导致人们不愿存储纸币，尽可能地储存实物，以避免遭受损失，借贷利息和工资也都因考虑物价上涨而不断调整。

拓展阅读：津巴布韦的恶性通货膨胀

3. 恶性通货膨胀

恶性通货膨胀又称极度通货膨胀、奔腾的通货膨胀或无法控制的通货膨胀。这种类型通货膨胀的特点是价格飞速上升，货币贬值达到天文数字，正常的经济活动日趋紊乱，最后导致整个货币制度的崩溃。例如，第一次世界大战后，1923 年德国的物价一个月内上涨数十倍，最终，马克只等于原来价值的 1 万亿分之一。1937 年至 1949 年我经历了长达十二年之久的恶性通货膨胀，货币发行量超过千亿倍，物价指数上升超过万亿倍。1986 年，巴西通货膨胀率达 234%，1989 年更猛升至 1765%。2008 年 6 月，津巴布韦通胀率高达 200000%。

## （二）按照通货膨胀的表现形式划分

### 1. 隐蔽的通货膨胀

隐蔽的通货膨胀又称压制性通货膨胀或被遏制的通货膨胀。这种类型的通货膨胀，其特点是为了保持物价平稳，国家对物价进行管理或冻结，对某些商品进行补贴。在价格不变的情况下，国家采取定量供应的办法，限制消费。从表面上看，物价变动不大，但实际上市场商品供应紧张，黑市活跃，通货膨胀仍然存在，国家一旦将价格放开，商品价格将大幅度上涨。例如，第二次世界大战期间，美国由于军需生产增加，消费物资供应不足，而居民收入增加，如果任其发展，必将引起物价上涨，当时国家把物价冻结在原有水平，对主要消费品实行配给制，物价才得以保持稳定。但在第二次世界大战后，物价管制取消后，很多商品价格上涨。当国家实行限量供应商品时，这些紧俏的商品在黑市上依照其供求情况，价格迅猛上升。当发生隐蔽通货膨胀时，物价指数并不能够反映真实的通货膨胀程度。

拓展阅读：我国改革开放以来的通货膨胀

### 2. 公开的通货膨胀

公开的通货膨胀又称为开放式的通货膨胀。这类通货膨胀的特点是商品价格是开放性的，随市场供求自由涨落，只要出现通货膨胀，其价格水平就会明显上升。因此，物价指数的变化能够反映通货膨胀的程度。

## （三）按照通货膨胀产生的原因划分

### 1. 需求拉升型的通货膨胀

由于政府实行赤字财政，刺激投资，因而使商品和劳务的总需求不断增长。当劳动力尚未达到充分就业，机器设备等资源尚未充分发挥作用的情况下，社会总需求的增加引起物价上涨，可促进生产的发展。但在劳动力充分就业，资源已被充分利用的情况下，社会总需求的增大不能再引起社会总供给的增加。当政府的财政赤字支出、公众的投资支出和消费支出所构成的社会总需求，超过在劳动力充分就业、机器设备等资源充分利用情况下所构成的社会总供给时，会引起物价上涨，出现通货膨胀。上述理论可用图 9-2 表示如下：

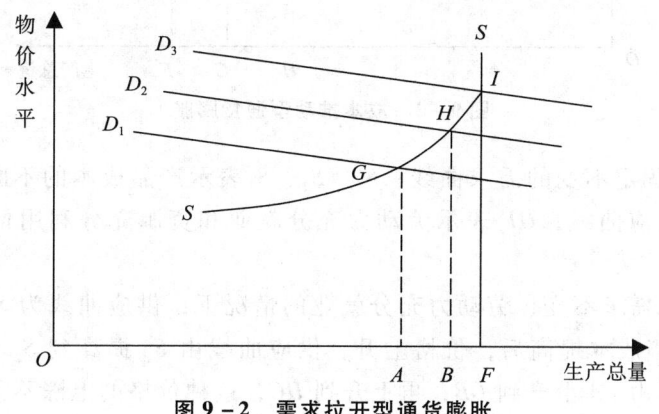

图 9-2 需求拉开型通货膨胀

$SS$ 表示供应曲线；$D_1$、$D_2$、$D_3$ 表示不断提高的需求曲线；$OF$ 表示劳动力充分就业和资源被充分利用情况下的生产总量；需求由 $D_1$ 提高到 $D_2$ 再提高到 $D_3$，引起物价由 AG 上升到 BH 再上升到 FI，这时，由于尚未达到劳动力充分就业和资源被充分利用，物价上升还可以刺激生产总量的增加。因此，生产总量由 OA 提高到 OB 再提高到 OF，生产总量到达 F 点以后，物价再上升已不能刺激生产总量的增加，于是 SS 曲线变为垂直的直线。

2. 成本推动型通货膨胀

西方经济学家认为，这种类型的通货膨胀，其根源在于社会总供给的变化，而不是社会总需求的变化，在商品和劳务的需求不变的情况下，因生产成本的提高而推动物价上涨。生产成本的提高又主要来自三个方面的原因：

（1）工人要求增加工资，使货币工资的增长超过劳动生产率的增长。工资提高后，引起生产成本的增加，导致物价上涨；物价上涨后，工人再次要求提高工资，再次引起物价上涨，造成工资——物价螺旋上升。

（2）垄断企业操纵着垄断产品价格，以追求更高的利润。当垄断企业产品价格提高后，以垄断企业的产品为原材料的其他产品的成本相应提高，于是又带动其他产品的价格上涨，引起物价总水平的上涨。

（3）一些大的企业通过他们之间的协定，决定一些商品和劳务的价格，在这种产品的价格提高后，又会涉及需要这种产品的企业的产品价格上涨，引起物价总水平的上涨。

上述三种情况都是成本推进型通货膨胀。可用图 9-3 表示如下：

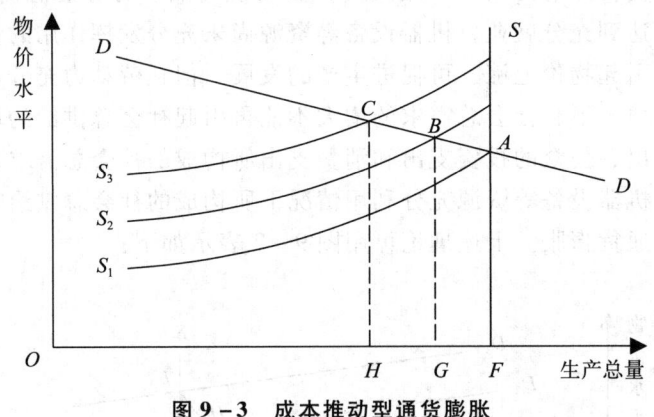

图 9-3 成本推动型通货膨胀

DD 表示固定不变的需求曲线；$S_1$、$S_2$、$S_3$ 表示产品成本的不断提高、价格不断上升的供应曲线；OF 表示劳动力充分就业和资源充分利用情况下的生产总量。

在社会总需求不变、劳动力充分就业的情况下，供应曲线为 $S_1$，其价格总水平为 FA。当成本提高后，价格上升，供应曲线由 $S_1$ 提高到 $S_2$ 再提高到 $S_3$，其价格水平也由 FA 上升到 GB，再上升到 HC，这种价格的上涨不是因为需求增加，所以短期内要引起失业增加，生产量下降，生产总量由 OF 减少到 OG 再减少到 OH。

### 3. 结构型通货膨胀

在社会总需求不变的情况下，由于需求的组成部分发生结构性变化，需求增加的工业部门或地区，物价和工资上涨，需求减少的工业部门或地区，则因价格和工资刚性，其工资和物价没有相应下跌，或下跌幅度抵消不了物价和工资的上涨，因而，造成物价总水平的上涨。同时，需求增加的工业部门的价格和工资上升后，需求减少部门的工业品成本增加，价格也随之上升，其结果仍然是物价总水平的上升，这种通货膨胀称为结构型通货膨胀。

第一节小测验

## 第二节 通货膨胀产生的原因

### 一、财政赤字与通货膨胀

当一国由于某种原因出现财政赤字，意味着财政支出形成的购买力大于财政收入代表的商品物资，这是形成货币过多的重要原因。但能否诱发通货膨胀要看弥补财政赤字的方法。弥补财政赤字的方法：一是向中央银行透支或贷款，造成中央银行增加纸币发行，从而成为通货膨胀的诱因。二是发行公债。这种方法不一定诱发通货膨胀，要看公债发行的对象。如果向商业银行、企业单位和社会公众发行公债弥补财政赤字，只是现有货币存量在不同主体之间暂时转移，一般不会扩大社会货币供给总量。如果直接向中央银行推销，或以公债为抵押向中央银行贷款，就会增加社会货币供给总量，成为导致通货膨胀的重要原因。三是增加税收，扩大财政收入。这种方法也不会造成货币总量的增加，因此不会成为通货膨胀的诱因。因此在《中华人民共和国中国人民银行法》中明确规定："中国人民银行不得对政府财政透支""中国人民银行不得向地方政府、各级政府部门提供贷款""中国人民银行不得直接购买国债"，其目的就是防止财政赤字引发通货膨胀。

微课：通货膨胀产生的原因

案例分析

### 二、信用膨胀与通货膨胀

一些国家出于经济政策的需要，还会采用降低法定存款准备率、降低利率、扩大信贷规模的办法，以扩大有效需求，刺激经济的发展。而工商企业在激烈的竞争中靠商业信用推销过剩商品，并靠银行信用扩大经营。从而导致各种信用脱离经济运行的客观需要，出现信用膨胀。

商业票据是商业信用的工具，经过背书可以在市场上流通转手，这就代替货币充当交换媒介，相当于增加市场货币供应量，相对减少市场对货币量的需要。

商业信用和消费信用是由企业提供的，但企业之所以能提供商业信用和消费信用，是因为得到了银行提供的信用，因此，银行信用、商业信用和消费信用的膨胀，归根到底都是银行信用的膨胀。商业银行向工商企业提供贷款，促进了商业银行的信用创造，这就直接扩大了货币的供应量。

前面所述，一方面减少了流通中所需要的货币量，另一方面又增加了货币供应量。当信贷规模的扩大，超过了生产、流通的需要，致使货币供应量超过需要量时，就会出现通货膨胀。

### 三、经济发展速度、经济结构与通货膨胀

案例分析

一些国家的经济发展速度过快，投资需求过大，建设规模超过了工农业生产所能承担的能力，或消费需求过大，超过了消费资料的供应能力，商品供不应求。在这种情况下，就会出现由建设投资而投放到市场上的货币与生产资料的供应不相适应，由工资、奖金等渠道投放到市场上的货币与消费资料的供应不相适应，造成货币流通和商品流通不相适应，从而造成市场货币量过多，导致物价上涨，出现通货膨胀。

一个国家的重工业发展过快，超过了轻工业和农业所能承担的能力，造成农业、轻工业、重工业比例失调，引起市场商品供不应求，由重工业发展而增加的市场货币供应量，超过了轻工业品和农产品的供应能力，也会导致物价上涨，出现通货膨胀。

拓展阅读：我国的五轮通货膨胀

20世纪80年代以来拉美一些国家的通货膨胀居高不下，重要原因之一是在经济发展上盲目追求增长速度，而造成国民经济结构失衡，出现了持续高速度发展，而农业部门发展相对缓慢；耐用消费品生产增长较快，而生产资料生产增长较慢；面向出口的农业生产部门保持了一定的发展，而以国内市场为主的农业生产部门日益萎缩的情况。经济增长越迅速，结构失衡越严重，通货膨胀也越加剧。

### 四、外债与通货膨胀

拓展阅读：拉美国家巨额外债引发通货膨胀的案例

一些大量举借外债的国家，在债权国家大幅度提高利率的情况下，沉重的还本付息负担，阻碍了举债国家经济的正常发展，经济发展的迟滞和难以应付的还本付息负担而造成的财政赤字，必然导致通货膨胀。尤其是拉美国家，所欠外债绝大部分是公共外债，国家需要用本国货币换取外汇还债，税收的增加抵不上还债资金的需要，偿还外债在很大程度上依靠增发货币，利用增发货币归还前期举借的外债，这部分货币不是为生产、流通所需要的，必然导致通货膨胀。例如墨西哥，1982—1988年，偿还外债本息900亿美元，外债总额却从1982年的82亿美元飙升至1045亿美元，国内购买力下降50%，600万人失业，一些生产部门的开工率只达50%，货币急剧贬值。

## 五、国外通货膨胀与国内通货膨胀

由于国际经济关系日益发展，通货膨胀往往经由种种途径由一个国家传播到另一个国家。具体来说主要有以下途径：

### （一）价格途径

进出口商品的价格，经过汇率的折算，其同类商品的价格有趋于一致的倾向。因为同一种商品在不同的国家价格相差悬殊，则进出口商会从价格较低的国家购入，运往价格较高的国家出售。价格较低的国家由于该种商品的出口，国内市场供应减少，价格上升。而价格较高的国家则因该种商品的进口，供应增多，又会导致该种商品价格下降。最后，促使两个国家该种商品的价格趋于一致。这就是西方经济学家所说的"一价定律"。

### （二）需求途径

一个国家出现商品的过度需求，引起物价全面上涨，按照汇率计算，出现通货膨胀的国家的价格要高于另一些国家。于是有通货膨胀的国家就从另一些国家购进商品，而另一些国家也必然愿向价格较高的国家输出商品。于是输出商品的国家出口增多，需求增多，刺激出口国生产量增加，当出口国劳动力达到充分就业，机器设备资源得到充分利用，生产量不能再增加时，同样会出现社会总需求大于总供给，物价上升。这样，通过进出口贸易可以将一个国家的过度需求传播到其他国家，也就是将通货膨胀传播给其他国家。

### （三）国际收支途径

一个国家出现通货膨胀，按照汇率计算，该国的价格要高于另一些国家，于是该国就从另一些国家购进商品，从而导致该国出现国际收支逆差。同时，也导致商品输出国的国际收支出现顺差。国际收支顺差的国家，收进的外汇增多，为了收兑外汇，要向市场投放大量本国货币，造成商品输出国国内的货币供应量增加，物价上涨。这样，通货膨胀就由国际收支逆差的国家传播给国际收支顺差的国家。

### （四）示范作用途径

国际性的物价上涨，使一些尚未出现通货膨胀的国家的企业预期本国物价也将上涨。为了避免遭受损失，提前将物价上涨的因素计入成本，抬高物价，或竞相囤积商品，引起本国物价总水平的上涨。

 课堂讨论

有经济学家认为未来3—5年全球面临通货膨胀压力，请分析讨论我国的应对策略。

## 六、国际收支顺差与通货膨胀

当一国的国际收支出现长期大量的贸易顺差，意味着商品出口大于进口，这

拓展阅读：世界货币超发是否带来通货膨胀压力？

一方面减少了国内市场商品的供应量；另一方面，又要投入大量本国货币收兑外汇，从而造成国内市场货币流通量过多，成为引发通货膨胀的因素。

当国外资本大量流入而引起国际收支顺差过大时，也需要增发大量本国货币，以收购外汇，从而导致国内货币供应量过多，引发通货膨胀。

第二节小测验

## 第三节
## 通货膨胀的影响及对策

### 一、通货膨胀对社会经济的影响

严重的通货膨胀，尤其是恶性的通货膨胀对社会经济的破坏作用，国内外的经济学者已经达成了一致的共识。而对温和的或爬行的通货膨胀的社会经济效应，却存在不同看法，大体可归结为促进论、中性论和促退论三种观点。

（一）"促进论"

所谓"促进论"，就是认为通货膨胀具有正的产出效应，有利于促进经济增长。这是因为：①政府可通过财政赤字和通货膨胀的货币政策，在增加政府实际投资的同时，保证私人部门的投资不会因政府投资增加而相应减少（非挤出效应），以提高货币增长率的手段来刺激有效需求，达到促进经济增长的目的。②一般情况下，通货膨胀是一种有利于富裕阶层的收入再分配，而富裕阶层的边际储蓄倾向比较高。因此，通货膨胀会通过提高储蓄率而促进经济增长。③通货膨胀出现后，公众预期的调整有一个过程。在这个时滞中，物价上涨了，名义工资依然未发生变化，而企业利润则会相应提高。因此，在货币幻觉尚未破灭的情况下，通货膨胀会刺激私人投资的积极性，进而促进经济增长。

拓展阅读：货币幻觉

（二）"中性论"

所谓"中性论"，是一种认为通货膨胀对产出和经济增长既无正效应，也无负效应的理论。这种理论认为，在温和的通货膨胀环境中，必然会形成公众对通货膨胀的预期，由于公众的预期，他们会对物价上涨做出合理的行为调整，使有关通货膨胀各种效应的作用相互抵消，从而对经济增长不发生作用。

（三）"促退论"

所谓"促退论"，与促进论的观点正好相反，是一种认为通货膨胀必然会损害经济增长的理论。这种理论认为，无论是温和的通货膨胀、奔腾式的或恶性的通货膨胀，都是一种病态的货币和经济现象，它们对经济的健康成长均是有弊无利，区别仅仅是破坏程度不同而已。事实上，温和的通货膨胀已内含着通货膨胀对经济发展的全部负效应，而实行温和通货膨胀政策的国家，往往不能避免严重通货膨胀的发生，因为温和的通货膨胀和严重的通货膨胀之间并没有十分明确的界限。

由于现代纸币本位制下的货币供给机制是一个可以无限供给而又成本极低的机制，通货膨胀对经济健康发展的威胁随时都可能发生，因此，有必要就通货膨胀对社会经济的负效应作进一步的阐述。

## 二、通货膨胀对社会再生产的负面影响

### （一）通货膨胀破坏生产发展

第一，通货膨胀使企业的各项专用基金贬值，从而使企业的设备更新和技术改造难以进行。第二，在通货膨胀下，由于原材料等初级产品的价格上涨往往快于产成品，从而会增加生产性投资的风险和经营成本，使投资不如投机、生产不如囤积的现象普遍出现。结果，一方面，使生产领域的资金大量流向流通领域，导致生产萎缩；另一方面，造成原材料越短缺、越囤积，出现短缺和积压并存的恶果。第三，通货膨胀解除了企业价格竞争和非价格竞争的压力，使企业既不必用降低成本的方式来赢得市场，也不必用提高产品质量和效用的各种措施来增强竞争力，显然极不利于企业的技术进步及生产效率和产品质量的提高。第四，通货膨胀也不利于促进生产者勤奋、努力工作。生产者可以物价上涨为充分理由，要求增加工资和补贴。如果要求得不到满足，必将影响生产情绪，进而影响劳动生产率的提高。

案例分析

### （二）通货膨胀扰乱流通秩序

首先，通货膨胀使市场价格信号失真，导致商品价格升降并不能真正反映商品供求关系的变化。失真的价格导向会使社会资源盲目流动和组合，从而引起社会资源的巨大浪费。其次，通货膨胀使商品需求发生变态。在通货膨胀时期，货币烫手，为了保值和防止物价进一步上升，人们都要尽快把手中的货币换成商品，而较少考虑这种商品对自己是否必需。这种需求变态和抢购行为使货币流通加快，商品供应更加短缺，进而又会进一步加剧通货膨胀。

### （三）通货膨胀破坏分配公平

通货膨胀使实际工资水平下降，使收入不公正地从买者手中向卖者手中转移，从而冲击着按劳分配原则。在物价持续上涨时期，为了防止广大工薪阶层的实际收入水平过于下降，进行阶段性的工资调整，但是只要工资调整滞后于物价上涨，企业利润就会相应增加，那些从利润中分取收入的人能额外增加收益，从而加剧了社会分配不公。持续的物价上涨还会使广大退休阶层的毕生储蓄不断贬值，这不但破坏社会公正，还会诱发社会道德危机。另外，虽然通货膨胀实际上是一种强制性的征税，但事实上，这种"征税"的收入不仅十分有限，而且会导致财政支出更大幅度地增加。

金融职业素养：投资理财，事先做好功课

### （四）通货膨胀引起货币信用危机

首先，通货膨胀会降低借款成本，从而诱发过度的资金需求，迫使金融机构不得不加强信贷配额管理，进而削弱了金融机构的运营效率。其次，因为通货膨胀有利于债务人，有损于债权人，从而使正常的信用活动遭到破坏，使各种债券

案例分析

微课：治理通货膨胀的对策

案例分析

发行受阻，影响筹资活动。最后，更严重的是，通货膨胀使货币的价值贮藏职能遭到破坏，价值尺度和价格标准混乱，一旦人们的货币幻觉消亡，必将挤兑盛行，有可能引起银行的破产和倒闭，甚至引发更大的政治经济危机等。

### 三、治理通货膨胀的对策

世界各国都不同程度地出现过通货膨胀，通货膨胀不利于经济发展，不利于政治安定。因此，各国有抑制通货膨胀的要求，并提出各种治理通货膨胀的对策。由于对通货膨胀产生的原因认识不同，采取的对策也不同。具体而言，有以下一些对策：

**（一）实行紧缩政策**

当通货膨胀是因为市场货币供应量超过需要量，社会总需求超过总供给引起的，应采取措施控制货币供应量，通过压缩货币供应量，达到紧缩总需求，并且通过紧缩财政支出和提高税收达到紧缩消费支出、投资支出和政府支出，促使总需求接近于总供给，以稳定物价。紧缩总需求的途径有两种：

1. 采取紧缩性的货币政策，其主要方法是：

（1）中央银行提高法定存款准备金率，从而压缩商业银行的超额准备金，压缩其贷款能力，达到紧缩贷款规模、减少投资、减少货币供应量的目的。

（2）提高利率。一方面中央银行提高再贴现率，以促使商业银行提高贴现率，导致企业利息负担加重，利润减少，从而抑制企业贷款需求，减少投资、减少货币供应量。另一方面提高存款利率，鼓励居民增加储蓄，把消费基金转为生产基金，减少通货膨胀压力。

（3）公开市场业务。中央银行向商业银行出售有价证券，以减少商业银行的超额准备金，从而达到减少市场货币供应量的目的。

（4）其他控制政府向银行的借款额度，适当减少和控制国际收支净收入，以控制基础货币的投放等。

2. 采取紧缩性的财政政策

紧缩性财政政策的基本内容是压缩政府支出和增加税收支出。压缩政府支出，主要有压缩公共工程的支出，削减财政投资，在我国主要表现为控制基建项目。增加税收的通常做法是提高税率和增加税种。通过紧缩的财政政策，可使企业和消费者可支配的收入减少，增加财政收入，降低政府和消费者的支出，实现压缩对市场商品的需求。

总的来看，货币政策是通过影响信贷，影响投资，从而影响市场货币供应量，以压缩总需求。财政政策则是直接影响政府和个人的消费支出，以压缩社会总需求。

**（二）实行紧缩性收入政策**

当通货膨胀是由成本推动的，价格的上涨是因为工人要求提高工资和垄断组织抬高垄断价格而提高的，而不是市场的过度需求造成的，此时实行紧缩货币和紧缩财政的政策，压缩社会总需求，并不能保证成本的下降。针对成本推动型通货膨胀，应该采取以管制物价和工资为主要内容的收入政策。具体做法是：

第一，确定工资——物价"指导线"，政府采取"协商恳谈"和"道德规劝"的办法，劝导工会降低工资，限制企业提高商品价格和劳务价格。一些国家，则严格控制工资增长的幅度，以不超过劳动生产率提高幅度为标准。第二，强行冻结工资和物价，或把工资和物价增长率固定在一定水平上。第三，运用税收手段，对过多增加工资的企业按工资超额增长比率征收特别税，以抑制收入的增长幅度。其结果一方面可降低通货膨胀率，另一方面不致因削减总需求而造成生产下降，失业上升。

但是冻结物价的结果，会导致市场商品供应不足，产品质量下降。冻结工资的结果，又会因为长期通货膨胀，居民预期物价将继续上涨，当期名义收入虽未增加，但提取存款、抢购商品，进一步扩大市场供求缺口，加剧通货膨胀。巴西、日本、原联邦德国三个国家战后都经历过一段通货膨胀，政府为了抑制通货膨胀，最初曾实行工资——物价管制，结果导致浪费、无效率、黑市盛行。

（三）实施供应政策

治理需求拉上型通货膨胀，紧缩政策是希望从压缩社会总需求来实现总需求与总供给的平衡。供应方面的经济政策是既压缩社会总需求，又运用刺激生产增长的方法来增加供应。一方面解决社会总需求与总供给的不平衡，以平抑物价；另一方面不致引起失业率的增加甚至还可降低失业率。例如，1981年美国为控制通货膨胀所采取的供应政策，包括如下主要内容：①削减政府开支增长率，以降低总需求。②自1981年起三年内每年降低所得税税率10%，并提高机器设备折旧率，以促进生产，促进投资，增加供应。③限制货币量增长率，压缩社会总需求。供应政策的实施，改变了过去只着眼于解决过度需求的做法，从解决过度需求和增加供应两方面来解决社会总需求超过总供给的状况，缓解通货膨胀。

（四）保持经济低速增长

近年来，各国政府面临两种选择：一是保持较高的经济增长速度，但同时保持较高的通货膨胀率；二是压低通货膨胀率，同时压低经济增长速度，甚至出现衰退。在上述两种选择中，很多国家选择了后者，因为各国的实践证明，通货膨胀是经济发展的障碍。如果通货膨胀率居高不下，经济也难以保持较快增长。20世纪70年代的经验说明，通货膨胀不可能促进经济迅速发展，只能导致经济停滞和失业率提高。例如，1973年，巴西为遏制通货膨胀，制订了一个高增长率、高投资率的全国发展计划，执行结果是其经济增长速度未实现，却使通货膨胀率由1973年的15.5%提高到100%。因而很多国家放弃了以促经济增长压通货膨胀或经济增长与反通货膨胀并举的目标，而选择了压低通货膨胀率同时压低经济增长速度的目标。

（五）进行货币改革

如果物价上涨率已达到不可遏制的状态，政府还在不断地发行纸币，货币制度已处于或接近于崩溃的边缘。当通货膨胀已达到恶性通货膨胀的程度，采取的对策应该是实行货币改革。部分学者认为，物价上涨率每月在50%以上，即每年达到600%以上，并持续一段时间，才能称为恶性通货膨胀。

拓展阅读：通货膨胀治理比较及启示

知识链接：对停滞膨胀的认识

第三节小测验

货币改革一般的做法是废除旧币，发行新币，对新币制定一些保证币值稳定的措施。巴西出现过恶性通货膨胀，政府治理通货膨胀的办法之一是改换货币，每换一次，删去几个"0"，或者改换币名，1967年以来，已改换货币5次，如果不进行币制改革，1991年1公斤黄油的价格就要达到4490亿克鲁塞罗。

发行新货币的目的在于增强居民对货币的信任，增加居民储蓄存款，使货币恢复执行其原有职能。但是，发行新币后，如果通货膨胀得不到遏制，并且继续恶化，则新发行货币的信誉会迅速下降，最后新货币的出台将以失败而告终。实践证明，发行新货币是治标不治本的措施。例如，中华人民共和国成立前，滥发纸币，1947年其纸币发行量达到40亿法币，而1948年竟达到660万亿法币，一年的时间竟增加了16万倍，新发行的货币很快就变成了废纸，国民党政府终于被迫进行币制改革，废除法币，发行金圆券，以1元金圆券等于300万元法币的比例进行兑换，但由于国民党政府不停止其滥发纸币的掠夺行为，终于又使得金圆券崩溃。

### （六）国际紧缩政策

如果一个国家出现通货膨胀，引起大量商品由国外流入，因而将通货膨胀传播到商品输出国，则出口国可以利用本国货币升值的办法防止商品大量出口，防止通货膨胀的传播作用。但通货膨胀国家货币的贬值将使本国进口困难，而不能从国外取得商品以缓解其社会总需求与总供给的矛盾。更重要的是，当今通货膨胀是世界性的货币供应量过多，引起世界性的总需求超过总供给，因此，彻底解决的方法应是采取国际性的紧缩政策，共同削减货币供应量增长率，但这种共同行动实际上是很难实现的。

总之，通货膨胀是一个十分复杂的经济现象，其产生的原因是多方面的，因此，治理通货膨胀是一项系统工程，治理措施相互配合才能达到理想的效果。

 **金融科技专栏**

**用加密货币抵抗通胀！比特币价格再创新高**

因越来越多投资者相信加密货币是对冲通胀的有效工具，市值最高的比特币价格再创历史新高，截至2025年6月，1比特币≈10.7万美元。最近几个月，通常被认为是通胀对冲工具的黄金表现不佳，而比特币却在上涨，这一事实支持了"比特币可用来对冲通胀"的观点。但是，也有人指出，加密货币的历史并不长，不足以证明它能有效地对冲通货膨胀。如果投资者认为比特币与黄金类似，那么它可能会在很长一段时间内保持其价值，比如一个世纪或更长时间。在对黄金的研究中，他发现黄金的价值几千年来一直保持不变，但也发现，比特币价格容易在较短的时间内出现疯狂上涨和崩溃暴跌。

资料来源：智通财经APP. 用加密货币抵抗通胀！比特币价格再创新高［EB/OL］. （2021 - 12 - 11）［2025 - 07 - 30］. https://baijiahao.baidu.com/s?id = 1716087662943823363&wfr = spider&for = pc

## 第四节 通货紧缩概述

### 一、通货紧缩的定义

通货紧缩和通货膨胀是两个相对立的概念,是与通货膨胀完全相反的货币经济现象。如何理解通货紧缩的定义,与通货膨胀的定义一样,国内外学术理论界还没有统一的定义。从目前争论的情况来看,归纳起来,主要有以下三种定义:

(1)"单要素"定义,认为通货紧缩就是指物价总水平普遍的、持续的下降。

(2)"两要素"定义,认为通货紧缩包括物价总水平的持续下降,货币供应量的持续下降,即流通中的货币是相对下降或绝对下降。

(3)"三要素"定义,认为通货紧缩不仅包括物价总水平的持续下降,货币供应量的持续下降,并且伴随着经济衰退或经济增长率的持续下降。即"两个特征、一个伴随"。持"三要素"观点的学者,强调通货紧缩是经济衰退的货币表现,与物价持续下降相伴随的必然是有效需求不足、高失业率和经济衰退。

由上可知,尽管通货紧缩的定义仍有争论,但对于物价总水平的持续下降这一点,三种定义的观点是一致的。

目前国内外理论界的学者对以上三种定义都有采用。在国外,一些著名经济学家撰写的经济学教科书,较多地采用"单要素"定义。如美国很流行的萨缪尔森的《经济学》,其定义是:"与通货膨胀相反的通货紧缩,它发生于价格总体水平的下降中。又如美国著名经济学家斯蒂格利茨在其《经济学》中这样写:"通货紧缩表示价格水平的稳定下降"。除教科书外,在国外一些权威的经济学大辞典中,对通货紧缩也有采用"单要素"定义的。如著名的《新帕尔格雷夫经济学大辞典》在"通货膨胀"词条中写道:"中世纪发生过通货膨胀,但并不严重,而且存在着一种趋势,一段时间的价格上升和一段时间的价格跌落交替出现。这种通货膨胀和通货紧缩交替出现的格局一直持续到20世纪30年代的大萧条时期"。

案例分析

拓展阅读:通货紧缩的案例

### 二、通货紧缩的类型

**(一)按照严重程度划分,通货紧缩可分为轻度通货紧缩、中度通货紧缩和严重通货紧缩**

1. 轻度通货紧缩

当通货膨胀率持续下降,物价指数由正值转变为负值,时间不超过两年即出现转机,可视作轻度通货紧缩。

案例分析

2. 中度通货紧缩

当通货紧缩时间超过两年仍未出现转机，物价指数降幅在两位数以内，可视作中度通货紧缩。

3. 严重通货紧缩

通货紧缩持续时间超过两年并继续发展，物价指数降幅超过两位数，或伴随着严重的经济衰退，则应视为严重的通货紧缩。如美国在第一次世界大战后的经济衰退时期，物价下降幅度达到15%以上；在20世纪30年代的大萧条时期，物价降幅达到30%以上。

（二）按照持续时间的长短划分，通货紧缩可分为长期性通货紧缩、中长期通货紧缩和短期性通货紧缩

在历史上，有些国家曾发生历时几十年的长期性通货紧缩。如美国于1866—1896年发生长达30年的通货紧缩，英国于1873—1896年发生长达23年的通货紧缩等，都属于长期性的通货紧缩。一般将发生在10年以上的通货紧缩划分为长期性通货紧缩，5—10年的通货紧缩为中长期通货紧缩，5年以下的通货紧缩为短期性通货紧缩。

## 三、通货紧缩的一般原因

微课：通货紧缩及其成因

通货紧缩是一种全球性的经济现象，阿根廷、日本、德国、法国、新加坡等国家也都不同程度地发生过通货紧缩。但不同国家、不同时期造成通货紧缩的原因不同，归纳起来有以下几个方面：

（一）经济周期与通货紧缩

一般情况下，当一国处于经济高涨时期，投资活跃，销售顺畅，商品供不应求，物价不断上涨，甚至于出现通货膨胀，招致紧缩政策的打压，过热的经济开始放缓。而在经济高涨时期，不适当的投入导致生产能力过剩，产品供大于求，价格下降，严重时会出现通货紧缩。这种经济周期性的通货紧缩具有一定的世界性。

（二）产业结构与通货紧缩

一些国家的产业结构不合理，使得一部分低水平的产品出现过剩，而高新技术产品则发展不足，在居民的需求层次提高的情况下，出现结构性生产过剩，过剩产品价格下降。

（三）经济政策与通货紧缩

在出现通货膨胀的情况下，国家实行紧缩的财政政策和货币政策，紧缩政策执行到一定阶段就要防止紧缩政策掌握不当而走向通货膨胀的反面——通货紧缩。世界各国的实践说明，过度紧缩的财政政策和货币政策确实曾导致通货紧缩的出现。有的经济学家认为，"通货膨胀被制止时，不产生一个经济增长迟缓和失业超过平时的过渡时期，这样的例子在历史上还未见过""紧缩的财政政策和货币政策不可避免地要付出高昂的代价，是有惯性作用的"。

### （四）心理预期与通货紧缩

当企业对经济发展前景失去信心，认为经营效益难以保证，会缩减投资。当居民预期未来支出将要增加，而收入的增加将减缓，也会缩减消费，增加储蓄。在投资和消费需求缩减的情况下，会加大生产能力和商品的过剩，加剧社会总供求的不均衡，导致价格下降，加剧通货紧缩。

### （五）国外经济与通货紧缩

随着经济全球化的发展，一个国家经济上出现问题也会波及与其经济联系紧密的国家。例如，1997年亚洲金融危机，出现金融危机的国家经济衰退，货币贬值、国内需求减少，商品以低廉的价格进入国际市场。而我国则保持人民币不贬值，导致出口减少，进口商品价格下降，加大了中国国内商品供大于求的矛盾，加剧了我国的通货紧缩。

 课堂讨论

日本自1990年起，经济处于通货紧缩状态。请大家收集有关资料，结合日本的实际情况，讨论这一通货紧缩现象形成的原因和对经济的严重影响？

第四节小测验

## 第五节 通货紧缩的影响及对策

### 一、通货紧缩的后果

通货紧缩对经济的影响，随着通货紧缩发展程度的不同其产生的后果主要是：

（1）通货紧缩最直接的后果，也是最典型的表现是：商品销售困难，库存积压，工厂开工不足，失业率上升，物价下降。

（2）通货紧缩引起收入的再分配。通货紧缩有利于固定工资收入者，而不利于生产者。有利于债权人而不利于债务人。由于生产者的原材料投入在前价格高，而其产成品的销售在后价格低，因而，价格的下跌不利于生产者，也就是不利于生产。但固定工资的收入者，却因价格的下跌而受益。对于债权人来说，债务的发生在前，当时商品价格高，而偿还债务在后，由于商品的价格下跌，债务人要以销售加倍的商品偿还债务。

（3）通货紧缩时期，为了促进生产、投资和消费，中央银行会降低利率，利率的降低将大量资金推向股票市场和债券市场，会导致股票市场和债券市场的活跃。

（4）随着通货紧缩程度的加深，产品价格持续下降，但工资是刚性，因此，

微课：通货紧缩的影响及治理对策

企业利润减少,甚至亏损,导致工厂开工不足,生产下降,投资减少,经济衰退。在工厂开工不足甚至停产的情况下,失业率上升工人收入减少,消费减少。投资需求和消费需求的下降,进一步加深通货紧缩的程度,形成恶性循环。

(5)严重的通货紧缩,商品销售困难,库存积压严重,工厂停产或半停产,企业亏损,银行贷款难以归还,银行不良债权增加,一旦银行资不抵债,引起存款人的恐慌心理,出现挤提存款,最终导致银行倒闭。

## 二、治理通货紧缩的对策

通货紧缩表现货币流通阻滞,因此,治理通货紧缩主要应从增加需求入手,包括增加投资需求、消费需求和出口需求。具体的对策主要有:

(1)实施适度宽松的财政政策。其主要是扩大财政开支,兴办公共工程,增加财政赤字,减免税收。

案例分析

(2)实施适度宽松的货币政策。其主要是下调法定存款准备率,下调利率,增加贷款,包括消费信贷、出口信贷、住房信贷等,与此同时中央银行增加再贴现或再贷款,以增加商业银行提供贷款的能力,通过增加贷款增加货币供应量。

(3)降低本国货币汇率。本币贬值有利于出口,实现贸易收支顺差以缓解通货紧缩的压力。

(4)推动产业结构调整。利用经济紧缩时期生产力过剩、价格下跌的时机,促进企业重组,以调整产业结构和产品结构,调整资源配置,消除过剩生产能力。淘汰一批低生产率、低效益、生产能力过剩的企业,只有在紧缩时期这些企业才会被迫淘汰。而使用新技术、生产率高的企业则会继续生存并发展。

第五节小测验

(5)提高居民收入水平。在经济实力允许的情况下,要做到居民收入能够稳定增加,增强居民对未来收入的预期和信心,以增加居民的消费需求。

最后,特别要提出的是,在治理通货紧缩的过程中,要注意:①宽松的财政政策和货币政策一定要适度。②物价的上涨和下跌具有一定的惯性,要防止财政政策和货币政策的滞后。③要高度注意在治理通货紧缩过程中,可能引致的新一轮通货膨胀。④要认真研究货币流通速度,因为货币流通速度由减慢转向加快,在货币供应量不变的情况下,也会对货币供求产生深刻影响。

第九章自测题

### 金融职业素养专栏

通货膨胀与通货紧缩作为物价水平的持续性变化,不仅影响居民生活成本和企业经营决策,还对金融市场的稳定和货币政策的实施产生深远影响。通货膨胀与通货紧缩不仅是经济现象,更是社会问题。高通胀可能加剧贫富差距,而通缩可能导致企业债务危机和社会失业。我们需要认识到金融从业者在维护经济稳定中的责任,在提升对宏观经济形势的洞察力和分析能力的同时,学会在追求效率与维护公平之间找到平衡。

思维导图

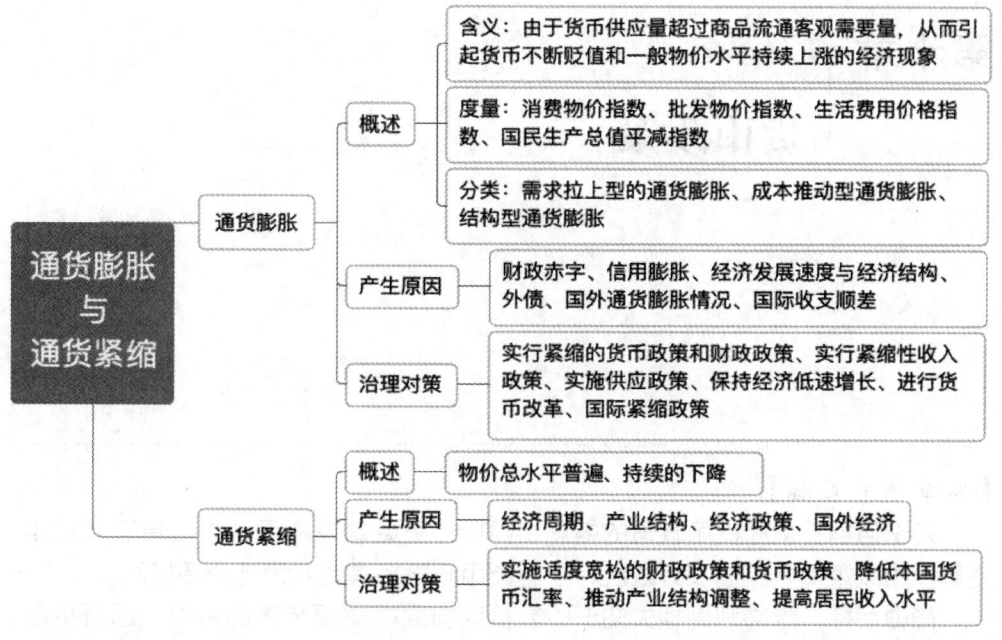

# 第十章 Chapter 10
## 货币政策

【本章学习目标】

知识目标：掌握货币政策的内涵、目标；重点掌握货币政策工具及其运用；理解货币政策传导机制及其效应；了解货币政策与其他政策的协调搭配。

能力目标：能够利用相关知识，分析我国现行货币政策的特点、运行机制，预测未来变化趋势。

【导入案例】

### 中国的货币政策会继续在支持经济复苏、避免风险中平衡

2021年1月26日，中国人民银行行长易纲出席世界经济论坛达沃斯议程视频会议并强调，中国的货币政策会继续在支持经济复苏、避免风险中平衡，政策具有一致性、稳定性、一贯性，不会过早放弃支持政策。

中国货币政策的"一致性、稳定性、一贯性"，不仅是对中国经济复苏的保障，也是对世界经济复苏的有力支持。我国是世界第二大经济体和制造业第一大国，2020年有力应对疫情并成为全球率先实现正增长的主要经济体，经济总量首次迈上100万亿元新台阶。货币政策不仅对我国经济发挥重要作用，而且会通过其对于中国产能、中国市场、全球产业链供应链的影响向世界经济传导支持力量。央行多次强调货币政策"稳字当头"，这体现了货币政策的稳健基调，可谓态度鲜明。"稳"所谋求的实际上是总量方面，流动性合理充裕；结构方面，精准滴灌并支持重点领域；开放方面，利率汇率改革稳步推进。我国加快构建以国内大循环为主体、国内国际双循环相互促进的新发展格局。促消费，成为动辄触发逾10个部门协同发力的政策领域，因此对其依赖度提升可以看作是货币政策等宏观政策效果的水到渠成。

（资料来源：证券日报，2021.01.28）

# 第一节 货币政策的目标

## 一、货币政策的含义及其构成要素

货币政策是指中央银行为实现其特定的经济目标而采用的各种控制和调节货币供应量或信用量的方针和措施的总称，包括信贷政策、利率政策和外汇政策等。它是实现中央银行金融宏观调控目标的核心所在，在国家宏观经济政策中居于十分重要的地位。

货币政策有三大构成要素：①货币政策工具；②货币政策中介目标；③货币政策目标。它们三者之间的关系是：货币政策工具作用于货币政策中介目标，通过货币政策中介目标去实现货币政策目标，见图 10-1。

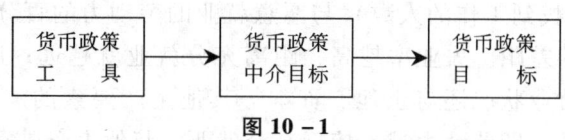

图 10-1

由于货币政策中介目标的确定在很大程度上取决于货币政策目标，货币政策工具的取舍在很大程度上依存于货币政策中介目标，因而货币政策的三要素之间存在一种逆向制约关系。所以，我们的分析是从货币政策目标开始，然后是货币政策中介目标，最后过渡到货币政策工具等内容。

## 二、货币政策目标

### （一）货币政策目标及内容

货币政策目标一般亦称货币政策的最终目标，它是中央银行通过货币政策工具的操作而达到的最终宏观经济目标。货币政策目标因不同国家、不同时期而有所不同，但基本上是：稳定物价、经济增长、充分就业、国际收支平衡。

1. 稳定物价

稳定物价就是指稳定货币的价值，通常是指设法促使一般物价水平在短期内不发生显著波动，以维持国内币值的稳定。稳定物价是中央银行货币政策的首要目标，而物价稳定的实质是币值的稳定。它通常以一揽子商品的物价指数，或综合物价指数来表示。稳定物价是一个相对概念，能够把物价控制在经济增长所允许的限度内，即达到了稳定物价的目的。这个限度的确定，各个国家不尽相同，主要取决于各国经济发展情况。有的国家认为能把物价的上涨幅度控制在 1%~

微课：货币政策的最终目标

拓展阅读：我国稳定物价的目标

2% 视作稳定；还有人认为，物价每年上涨幅度控制在 3% 左右就称之为物价稳定。近年来，我国物价控制目标为保持 CPI 在 3.5% 左右。

### 2. 经济增长

关于经济增长的概念，通常存在两种观点：一种观点认为，经济增长是指国民生产总值的增加，即一国在一定时期内所生产的商品和劳务的总量的增加，或指人均国民生产总值的增加。另一种观点则认为，经济增长只是指一国生产商品和劳务的能力的增长。从更广泛的意义上讲，经济增长在于国家的人力和物力资源的增长，并懂得如何有效地利用这些资源，生产出更多的商品和劳务。也就是说，货币政策目标所追求的经济增长是发展速度加快、结构优化与效率提高三者统一的经济增长。经济增长的速度通常用国民生产总值（GNP）或国内生产总值（GDP）表示，也有用其增长的相对数及人均数来表示。

### 3. 充分就业

严格意义上的充分就业是指所有资源的充分利用，它不仅包括劳动力的充分就业，还包括其他生产要素的"充分就业"，即充分利用。但人们通常所说的充分就业仅指劳动力而言，指任何愿意并有能力工作的人都可以找到一个有报酬的工作。对充分就业的衡量是通过失业率来反映的。所谓失业率，是指失业人数（愿意就业而未能找到工作的人数）与愿意就业的劳动力的百分比。失业率的高表明与充分就业的差距。失业率越高，距离充分就业就越远；反之，就越接近。同时，劳动力的就业状况还与土地、资本等其他生产要素的"就业"状况保持着基本一致的关系。即劳动力越是接近充分就业，其他生产要素的利用程度就越高；反之，则越低。

对于充分就业来说，似乎最理想的情况是失业率为零。其实，在正常情况下，摩擦性失业（Frictional Unemployment）总是存在的，即由于季节性、技术性、经济结构等原因造成的临时性失业。除了这种摩擦性失业外，还有一种自愿性失业（Voluntary Unemployment）的情况存在，即劳动者不愿意接受现行货币工资和工作条件而引起的失业，现实社会中总是存在着一部分愿意就业却找不到工作的人。显然，要追求失业率等于零的充分就业是不可能的。实际上，经济理论中的充分就业允许一定的失业率存在，至于这个失业率究竟多低才合适，也有不同的答案。一般认为充分就业就是要把失业降低到自然失业水平。

### 4. 国际收支平衡

所谓"国际收支平衡"，是指一个国家对其他国家的全部货币收入与全部货币支出保持基本平衡，略有顺差或略有逆差。保持国际收支平衡是保证国民经济持续稳定增长和国家安全稳定的重要条件。巨额的国际收支逆差可能导致外汇市场波动，资本大量外流，外汇储备急剧下降，本币大幅贬值，并导致严重的货币金融危机。而长期巨额国际收支顺差，往往使大量外汇储备闲置，不得不购买大量外汇而增发本国货币，可能导致或加剧国内通货膨胀。一般来说逆差危害比顺差大。所以通过货币政策实现国际收支平衡，也就自然成为各国货币当局所确定的一个重要目标。

拓展阅读：我国 GDP 增长情况

拓展阅读：《国务院关于做好当前和今后一个时期促进就业工作的若干意见》

金融职业素养：宏观经济分析的主要指标

## （二）货币政策目标相互之间的矛盾与统一

### 1. 稳定物价与充分就业的矛盾

为了稳定物价，必要的措施就是紧缩银根，降低通货膨胀率，但结果会导致经济衰退和失业率上升。为了增加就业，需要采取信用扩张的办法，放松银根，增加货币供给量、增加投资，刺激需求，从而增加就业人数，但又会导致物价上涨，加剧通货膨胀。也就是说，当币值比较稳定、物价上涨率比较低时，失业率往往很高。而要降低失业率，就得以牺牲一定程度的币值稳定为代价。这就是著名的菲利普斯曲线所说明的道理，它表明稳定币值和充分就业两者难以兼顾。

拓展阅读：菲利普斯曲线

### 2. 稳定物价与经济增长的矛盾与统一

一般而言，这两个目标是可以相辅相成的，货币购买力稳定，可以为经济发展提供一个良好的金融环境和稳定的货币尺度，从而使经济能够稳定增长。经济增长后，稳定货币购买力也就有了雄厚的物质基础。因此，我们可以通过稳定币值来发展经济，也可以通过发展经济来稳定币值。但是，世界各国的经济发展史表明，就现代社会而言，经济的增长总是伴随着物价的上涨。有学者将世界上许多国家近100年中经济增长时期的物价资料进行了分析，发现除经济危机和衰退外，凡是经济正常增长时期，物价水平都呈上升趋势，特别是第二次世界大战以后，情况更是如此。没有哪一个国家在经济增长时期，物价水平不是呈上涨趋势的。20世纪70年代，资本主义经济进入滞胀阶段以后，有的国家甚至在经济衰退或停滞阶段，物价水平也呈现上涨的趋势。

微课：货币政策之间的矛盾与统一

### 3. 稳定物价与平衡国际收支的矛盾

稳定币值主要是指稳定货币的对内价值，平衡国际收支则是为了稳定货币的对外价值。如果国内物价不稳，国际收支便很难平衡。因为当国内商品价格高于国外价格时，必然会引起出口下降、进口骤增，从而出现贸易赤字。但国内物价稳定时，国际收支却并非一定能平衡，因为国际收支能否平衡还要取决于国内的经济发展战略、资源结构、生产结构与消费结构的对称状况、国家的外贸政策、关税协定、利用外资策略等，同时还要受其他国家政策与经济形势等诸多因素的影响。

### 4. 充分就业与经济增长的矛盾与统一

通常就业人数越多，经济增长速度就越快；而经济增长速度越快，为劳动者提供的就业机会也就越多。但在这种统一的背后，还存在一个平衡劳动生产率的变化这一动态问题。如果就业增加带来的经济增长伴随着社会平均劳动生产率的下降，那就意味着经济增长是以投入产出的比例下降为前提的，它不仅意味本期浪费更多的资源，还会妨碍后期的经济增长，因而是不可取的。只有在就业增加所带来的经济增长伴随着社会平均劳动生产率的提高，才是我们所期望得到的结果。

### 5. 充分就业与平衡国际收支的矛盾

一方面，为了追求充分就业，就需要更多的资金和生产资料，当国内满足不了需求时，就需要引进外资、进口设备与原材料等，这对平衡国际收支又是一个不利因素。另一方面，就业的增加必然引起货币工资的增加，而有支付能力需求的扩大必然引起对进口奢侈品的增加,进而带来国际收支的不平衡。

6. 经济增长与平衡国际收支的矛盾

当经济增长较快时,国家经济实力也相应增长,在扩大出口的同时减少进口,有利于国际收支的平衡。但经济的较快增长又总是对各种生产要素产生较大的需求,这往往又会增加进口,从而引起国际收支逆差的出现。当逆差很大时,国家就得限制进口,压缩国内投资,这又会妨碍国内的经济增长,甚至会引起经济衰退。在国际收支不平衡时,通常必须压制国内的有效需求,其结果可能改善国际收支,但又往往带来经济的衰退。因此,经济增长与国际收支平衡也是有矛盾的。

可见,货币政策的诸目标之间既矛盾又统一。只有因势利导,慎重选择,才能把握全局。

案例分析

### 三、货币政策中介目标

货币政策中介目标是指中央银行为实现特定的货币政策目标而选取的操作对象,通过对中介目标的分析,货币当局就可以了解到国民经济运行的实际情况以及其偏离调控目标的方向和程度,从而为下一阶段的货币政策操作提供指导。引入中介目标概念后,货币政策实施过程通常被划分为政策工具——中介目标——最终目标三个相互联系的阶段。

微课:货币政策中介目标

(一) 货币政策中介目标选择的标准

由于货币政策中介目标一方面受政策工具的作用,另一方面对最终目标的实现具有传递作用。所以,选择合适的货币政策中介指标应该具有如下三个特征:

1. 可测性

可测性是指中央银行能够迅速获得中介目标相关指标变化状况和准确的数据资料,并能够对这些数据进行有效分析和做出相应判断。因此可测性包括两层含义:其一是中介目标应有比较明确的统计含义,能够对一定社会经济范畴进行数量说明;其二是中介目标的统计结果能及时获取,以便观察、分析、预测。

2. 可控性

可控性是指中央银行通过各种货币政策工具的运用,能对中介目标变量进行准确、及时、有效地控制,能在较短时间内(如1~3个月)控制中介目标变量的变动状况及其变动趋势,以有效贯彻其货币政策意图,并且不会遇到太多的麻烦和障碍。

3. 相关性

相关性是指中央银行所选择的中介目标,必须与货币政策最终目标有密切的相关性,中央银行运用货币政策工具对中介目标进行调控,能够促使货币政策最终目标的实现,即中介目标应与货币政策目标之间具有高度的相关关系。

(二) 货币政策中介目标的指标

根据上述标准,被选作中介目标的指标一般有:利率、银行信贷规模、货币供给量、基础货币、超额准备金等。

1. 利率

利率通常指中长期利率，其优势在于：

（1）可控性强。在间接调控体系下，中央银行借助于公开市场业务操作就可影响银行准备金从而改变短期利率，进而引导长期利率变化来影响投资和储蓄，达到对总产出调控的目的。

（2）可测性强。根据货币市场和资本市场上众多的利率水平和结构，中央银行几乎能够立即得到市场中长期利率，而且计算相当准确，很少修正。

（3）相关性强。长期利率与最终目标间存在极强的相关性，中长期利率对投资特别是不动产和设备投资有重要影响，从而与整个社会的收入水平直接相关。

但是选择利率作为中介目标，无论在理论上还是在实践上仍然存在一些问题。

（1）在经济生活中利率的内生性与外生性很难区分。当经济繁荣时，利率因投资需求增加而上升；当经济停滞时，利率因投资需求下降而下降。在这一过程中，经济环境影响利率高低，即利率是内生的。而作为外生变量（政策变量），利率与投资的关系也是同方向变动的，即经济过热，应提高利率；经济萧条，应降低利率。当经济过热，中央银行为了抑制需求提高利率，但经济过程本身把利率推向这个高度，作为内生变量它是很难抑制需求的，这时，中央银行很难判断其货币政策的效果。

（2）市场利率虽然能轻而易举获得，但大量利率数据中选择有代表性的利率则并不容易。

（3）名义利率与实际利率往往存在差别，中央银行只能盯住名义利率而无法知道社会公众预期的实际利率。预期实际利率的准确估计取决于对公众价格预期的准确估计，而准确估计公众的价格预期本身极为困难。

（4）中央银行对长期利率的影响是通过短期利率传递的，而短期利率到长期利率存在一个时滞，这使长期利率作为中介目标有一定局限性。

2. 银行信贷规模

银行信贷规模是指银行体系对社会大众及各经济单位的存贷款总额。它包括存、贷款两个部分。信贷规模作为中介目标，符合货币政策中介目标的标准。从可控性来看，中央银行通过直接信贷管制和银行系统多倍存款创造原理，通过改变存款准备金率、再贴现率和公开市场业务来直接或间接控制信贷规模。从可测性来看，银行信贷规模包括存、贷款总额，中央银行可通过银行和非银行金融机构的资产负债表及时汇总得到。从相关性来看，银行信贷规模与最终目标之间的相关性，类似货币供应量与最终目标之间的相关性。因为，银行信贷规模的收缩和扩张会直接导致货币供应量的收缩和扩张，从而影响总需求规模。

3. 货币供应量

货币供应量同样满足中介目标的条件。

（1）具有可控性。货币供应量是基础货币与货币乘数之积，货币供应量的可控性实际上是基础货币的可控性和货币乘数的可控性。一般而言，一国经济环境

案例分析

与经济状况良好，金融体系健全，其货币体系就能够确保中央银行对基础货币的控制，同时货币乘数也较为稳定，中央银行对货币供应量的可控性就强；反之，则弱。

（2）较容易测度。在货币理论中，人们将货币划分为多个层次，每一层次的货币供应量指标都有很明确的定义，可在中央银行、商业银行和其他金融机构的资产负债表上很方便地测算、分析。

（3）货币供应量与最终目标之间有密切的关系。因为一定时期的货币供应量代表了当期的社会有效需求总量和整个社会购买力，对总产出、就业水平、物价水平具有直接影响。然而，问题在于指标口径的选择上，究竟选择哪一层次的货币供应量更能代表一定时期的社会总需求和购买力，从而表现出与最终目标有更强的相关性。以货币供应量作为中介目标的实践表明，指标口径的选择可能是货币供应量作为中介目标存在的主要问题，当大规模金融创新和放松管制导致金融结构发生变化及股票市场发展对货币供需的影响日益增强时，这一问题就会更加突出。

4. 基础货币

基础货币又称高能货币，是流通中的现金和银行准备金的总和。一般认为基础货币是比较理想的中介目标。

（1）基础货币中的通货由中央银行直接控制；银行准备金总量中的非借入准备金，中央银行可通过公开市场操作直接控制；银行准备金总量中的借入准备金虽不能直接控制，但可通过贴现窗口进行目标设定，并进行预测，有较强的可控性。

（2）基础货币表现为中央银行的负债，直接记录在中央银行的资产负债表上，由中央银行直接掌握，具有较强的可测性。

（3）基础货币是商业银行体系创造存款货币的基础，也是决定货币供应量的重要因素。中央银行控制基础货币的投放可以改变商业银行创造存款货币的数量，从而间接控制住货币供应量，并能进一步影响利率、价格及国民收入，以实现最终目标。

5. 超额存款准备金

银行存款准备金是指商业银行和其他存款机构在中央银行的存款余额及其持有的库存现金。银行准备金的主要特点是不生息或很低的利息。其用途有：①应付公众和其他金融机构提款的要求；②满足法定存款准备金要求；③用于同业银行间资金清算。准备金可分为：法定存款准备金和超额准备金。

超额存款准备金是金融机构存放在中央银行、超出法定存款准备金的部分，主要用于支付清算、头寸调拨或作为资产运用的备用资金。中央银行通过变动法定存款准备金率和实施公开市场业务操作，对商业银行的超额准备金进行调控。当提高法定存款准备金率或在公开市场出售有价证券时，就会使商业银行的超额准备金减少，反之就会使商业银行的超额准备金增加。此外，通过超额准备金这个指标也可以观察经济活动的变化情况，当经济繁荣时，商业银行会减少超额准备金以扩张信用；当经济衰退时，贷款需求减少，商业银行的超额准备金就会增

拓展阅读：货币政策中介目标的选择

知识链接：我国货币中介目标演变历史

案例分析

第一节小测验

加。因此，中央银行可以通过控制超额准备金来控制信用规模，进而影响经济活动水平。当然，超额准备金同利率一样，由于受非政策因素影响，其增减变化容易使中央银行产生错觉。

选用哪一个指标作为货币政策的中介目标，除满足可测性、可控性、相关性三个基本条件外，还应考虑其抗干扰性和与经济体制、金融体制的较好适应性。由于各国的经济体制、金融体制不一致，同一国家不同时期的经济发展状况也不同，货币政策的中介目标没有绝对优劣之分，理想的货币政策中介目标的选择和确立需要经验积累。例如，20世纪70年代中期以后，西方多国中央银行纷纷将中介目标由长期利率改为货币供应量；而进入20世纪90年代以来，一些发展中国家又先后放弃货币供应量作为中介目标，转而采用利率。因为随着20世纪80年代以来的金融创新、金融放松管制、全球经济一体化和资本市场的发展，使得各层次货币供应量之间的界限不易确定、基础货币的扩张系数失去了以往的稳定性、货币总量与最终目标的关系更难确定，中央银行难以对货币总量有效控制。此外，有一些经济、金融开放程度高的国家和地区，还选择了汇率作为货币政策中介目标。这些国家或地区的货币当局确定本币同另一个较强国家货币的汇率水平，并通过货币政策操作，盯住这一水平，以此实现最终目标。但应注意的是，在实际选择过程中，总量指标与利率指标一般不能同时作为中介目标，因为两者存在着冲突，即如果中央银行以稳定利率为中介目标，则必须要容许货币供应量存在波动；如果要稳定货币供应量，则有可能以利率的不稳定为代价。

现阶段我国货币政策中介目标转为广义货币M2，和社会融资规模增速与国内生产总值名义增速基本匹配。

## 第二节 货币政策的工具

中央银行对货币和信用的调节政策有两大类：一类是从收缩和放松两个方向调整银行体系的准备金和货币乘数，从而改变货币供应量，这就是一般性货币信用管理，它影响货币信用的总量，属宏观性措施。另一类是用各种方式干预信贷市场的资金配置，有目的地调整某些经济部门的货币信贷供应量，从而引起货币结构变化，这就是选择性信贷管理，属微观性措施。因此，中央银行的货币政策工具通常可分为一般性政策工具和选择性政策工具。

### 一、一般性政策工具

一般性货币政策工具即传统的三大货币政策工具，也就是我们通常所说的中央银行的"三大法宝"：存款准备金政策、再贴现政策和公开市场业务。一般性

微课：一般性政策工具

政策工具的特点是：对金融活动的影响是普遍的、总体的，没有特殊的针对性和选择性。一般性货币政策工具的实施对象是整体经济，而非个别部门或个别企业。

### （一）存款准备金政策

案例分析

拓展阅读：存款准备金率历次调整一览表

所谓"存款准备金政策"，是指中央银行通过调整法定存款准备金率，来影响商业银行的信贷规模，从而影响货币供应量的一种政策措施。

从第七章的分析可知，商业银行通过贷款或投资可创造出成倍的派生存款。在其他情况一定时，存款创造的倍数（即存款乘数）将决定于法定存款准备金率。若中央银行降低法定存款准备金率，则商业银行就会有较多的剩余准备金可用于贷款或投资，并通过整个银行体系的连锁反应而创造出较多的派生存款。反之，若中央银行提高法定存款准备金率，则商业银行的剩余准备金就会减少，甚至发生法定存款准备金的短缺，从而必须减少贷款或投资，在必要时还必须收回贷款或出售证券，以补足法定存款准备金。在这种情况下，商业银行只能创造出较少的存款，甚至引起存款货币的成倍紧缩。由此可见，中央银行调低法定存款准备金率，就是实行扩张性的货币政策；中央银行调高法定存款准备金率，就是实行紧缩性的货币政策。究竟实行扩张性的货币政策还是实行紧缩性的货币政策，将决定于具体的经济形势及货币政策的最终目标。当一国经济出现比较严重的通货膨胀时，中央银行将实行紧缩性的货币政策。此时，若采用存款准备金政策，就必须提高法定存款准备金率。反之，当一国经济发生比较严重的衰退或出现通货紧缩时，中央银行将实行扩张性的货币政策。此时，若采用存款准备金政策，就必须降低法定存款准备金率。

案例分析

拓展阅读：中国人民银行关于实行差别存款准备金率制度的通知

存款准备金政策是一种威力强大但不宜常用的货币政策工具。就这一政策工具的实际效果而言，它往往能迅速地达到预定的中介目标，甚至能迅速地达到预期的最终目标。例如，在一国经济出现比较严重的通货膨胀时，如果中央银行提高法定存款准备金率，商业银行就必须缩减信贷规模，以弥补法定存款准备金的不足。于是，货币供应量将迅速减少，通货膨胀就将迅速得到遏制。但是，中央银行调整法定存款准备金率，尤其是提高法定存款准备金率，将对实际的经济活动产生强有力的影响，而这种影响往往引起经济的剧烈动荡。同时，中央银行频繁地调整法定存款准备金率，也将使商业银行很难进行适当的流动性管理。因此，作为一种货币政策的工具，存款准备金政策的运用往往产生较大的副作用。所以，它一般只适用于某些非常时期。从国内外货币政策的实践中，我们也可以看到，法定存款准备金比率事实上是比较稳定的，说明中央银行实际上不会轻易地运用存款准备金政策这一威力强大的工具。在我国，中国人民银行于1983年作为中央银行行使职权后，于1984年开始首次规定了各专业银行缴存存款准备金的办法。从2004年4月25日起实行差别存款准备金率制度。为了建立对中小银行实行较低存款准备金率的政策框架，促进降低小微企业融资成本，中国人民银行从2019年5月15日开始，对聚焦当地、服务县域的中小银行，实行较低的优惠存款准备金率。截至2020年年底，我国金融机构平均法定存款准备金率为9.4%，中小存款类金融机构的存款准备金率降至6%。存款准备金制度已经越来越成为我国中央银行间接调控的重要工具。

### （二）再贴现政策

所谓"再贴现政策"，就是中央银行通过提高或降低再贴现率来影响商业银行的信贷规模和市场利率，从而调节市场货币供应量，以实现货币政策目标的一种手段。

这种货币政策工具的运用对一国的信贷规模、货币供给和市场利率都将产生一定的影响。首先，再贴现率的调整将影响商业银行的信贷规模，从而影响一国的货币供给。如果中央银行降低再贴现率，就意味着中央银行鼓励商业银行通过再贴现来扩张信贷规模，从而增加货币供应量；反之，如果中央银行提高再贴现率，就意味着中央银行限制商业银行通过再贴现来扩张信贷规模，从而控制货币供应量的增加。其次，中央银行再贴现率的变动将对市场利率产生直接的影响。在利率市场化的条件下，中央银行的再贴现率通常被作为一个国家的基准利率，市场利率将围绕这一基准利率上下波动。最后，再贴现政策的运用还具有一定的"告示效果"。也就是说，中央银行调整再贴现率，实际上是为整个经济社会提供了一种有关货币政策的信息。例如，中央银行降低再贴现率，就意味着中央银行实行的是一种扩张性的货币政策；中央银行提高再贴现率，就意味着中央银行实行的是一种紧缩性的货币政策。由于这种政策信号的提前提供，使人们事先做出相应的反应或做好必要的准备。

作为一种一般性的货币政策工具，再贴现政策对一国经济的影响是比较缓和的，它有利于一国经济的相对稳定。但是，再贴现政策有一定的局限性。

（1）中央银行处于被动地位，往往不能达到预期的效果。因为尽管中央银行可以通过变动贴现率，使商业银行的融资成本发生变化，并影响其准备金数量，但不能强迫或阻止商业银行向中央银行申请再贴现，商业银行还可以通过其他渠道获得资金，并且通过对借款成本和放款收益之间的比较以及对流动性资产需求的机会成本高低等因素的综合考虑，商业银行未必会增加或减少向中央银行的借款量。

（2）由于货币市场发展和效率提高，商业银行对中央银行贴现窗口的依赖性大大降低，再贴现政策只能影响到前来贴现的银行，对其他银行只是间接地发生作用。

（3）从对利率的影响看，调整再贴现率，通常不能改变利率的结构，只能影响利率水平。

（4）再贴现政策缺乏弹性，中央银行若经常调整再贴现率，会引起市场利率的经常性波动，使企业或商业银行无所适从。

### （三）公开市场业务

所谓公开市场业务是指中央银行在证券市场上公开买卖各种政府证券以控制货币供给量及影响利率水平的行为。公开市场业务图示见图 10-2。

拓展阅读：我国的再贴现政策

拓展阅读：我国的公开市场业务

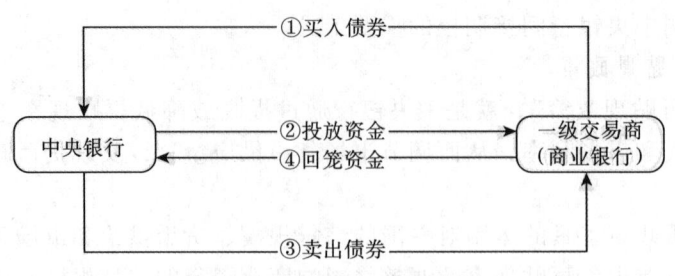

图 10-2 公开市场业务

公开市场业务主要是通过影响商业银行体系的实有准备金来进一步影响商业银行信贷量的扩张和收缩，进而影响货币供应量的变动。同时，通过影响证券市场价格的变动，来影响市场利率水平。公开市场业务的基本操作过程是中央银行根据经济形势的变化，当需要收缩银根时，就卖出证券；反之，则买进证券。

中央银行在出售证券时，商业银行和其他金融机构，经过票据交换和清算后，必然会导致银行体系的准备金减少，通过货币乘数的作用，使商业银行的放款规模缩小，银根紧缩，货币供应量减少，抑制过度的需求。同时，中央银行大量出售证券，会使证券价格下跌，市场利率提高，提高借入资金的成本，减少社会投资，抑制国民经济发展过程中投资过热和消费过热的势头。反之，中央银行购进证券，就会出现与上面相反的经济过程，表现为信贷规模扩张，货币供应量增加，市场利率下降，刺激投资和消费的扩张，刺激经济的增长。

公开市场业务也可用来调节长期证券市场和短期证券市场的利率结构和水平。例如，中央银行在抛售短期证券的同时，购进长期证券，则可提高短期市场利率，压低长期利率，从而影响投资结构。如果购进长期证券和售出短期证券在数量上相等，那么在长短期利率发生变化的同时，货币供给量则保持稳定。这种活动亦称为掉期业务。

公开市场业务作为中央银行最重要的货币政策工具之一，其优点在于：①通过公开市场业务可以控制整个银行体系的基础货币量，使它符合政策目标的需要；②中央银行的公开市场业务具有"主动权"，可以根据不同情况和需要，随时"主动出击"，而不是"被动等待"，这就比再贴现政策优越；③公开市场业务可以适时适量地进行调节，中央银行既可以大量买卖有价证券，又可以在很小程度上买进卖出，这就比威力较大的法定准备金政策灵活；④中央银行可根据经济形势的变化和政策目标的调整而随时做出逆向的操作。还可以及时纠正在货币政策执行过程中可能发生的错误，因而能产生一种连续性的效果，这种效果使社会对货币政策不易做出激烈反应。

从事公开市场操作时需注意以下几点：①公开市场业务对货币供应量和利率的影响，应视其买卖净值而定。因为中央银行可以在同一天同时进行出售和购入业务，如果买进和售出的数额相等，则对货币供应量基本没有影响。对利率变动和结构的影响，则视买卖证券的种类而定。若买卖证券的种类不同，则可能改变利率的期限结构和影响社会的投资结构。②中央银行在购入证券后，固然增加商业银行的准备金，但此举只能为银行体系的信贷扩张奠定条件，并不能迫使银行

拓展阅读：我国公开市场业务一级交易商

知识链接：央行票据

非扩张信贷不可。反之，中央银行在出售证券后，固然使商业银行的准备金减少，但若银行准备金仍在法定准备金之上，即银行体系仍有超额准备，则银行体系就无立即收缩信贷的必要。只有超额准备等于或接近于零时，银行体系才必须收缩信贷。③要采用公开市场业务并产生预期的效果，其前提条件是必须具有一个高度发达的证券市场，并且是具有相当的深度、广度和弹性的市场。中央银行也必须持有相当的库存证券，才能开展业务。

## 二、选择性政策工具

选择性政策工具是指中央银行针对个别部门、个别企业和某些特定用途的信贷加以控制和影响的措施。与一般性货币政策工具不同，选择性货币政策工具通常可以在不影响货币供应量的条件下，影响银行体系的资金投向和不同贷款利率。其中，有消费者信用控制、证券市场信用控制、不动产信用控制、优惠利率和预缴进口保证金等。

### （一）消费者信用控制

消费者信用控制是指中央银行通过对各种耐用消费品规定分期付款的最低付现额和分期付款的最长偿还期限，对消费者购买耐用消费品的能力施加影响的管理措施。其主要内容包括：①规定分期付款购买耐用消费品时第一次付款的最低金额；②规定消费信贷购买商品的最长期限；③规定可用消费信贷购买耐用消费品种类，对不同消费品规定不同的信贷条件等。控制消费信用是控制社会总需求的重要措施之一。耐用消费品的需求往往与经济周期正向变动，如果不对消费信用加以控制则倾向于加剧这种波动，因此，为熨平经济周期就有必要对消费者信用进行控制。一般在消费信用膨胀和通货膨胀时期，中央银行采取消费信用控制，抑制消费需求和物价上涨。另外，适当的消费信用控制也有助于引导社会消费，改进资源配置。消费信用控制最早开始于美国，以后逐渐为许多国家采用。

### （二）证券市场信用控制

证券市场信用控制通常是指中央银行为了活跃证券市场的交易活动，通过规定信用交易、期货期权等交易方式的保证金，控制信贷资金流入证券市场的规模，进而平抑证券市场的供求，实现对证券市场的调控。对证券信用交易的法定保证金比率做出规定，是中央银行对以信用方式购买股票和债券实施的一项措施。法定保证金比率是指证券购买人首次支付证券交易价款的最低比率，即通常所说的保证金比率。中央银行通常将调整保证金比率作为间接控制证券市场信贷资金流入量的工具并控制最高放款额度。最高放款额度＝（1－法定保证金比率）×交易总额，当法定保证金比率由50%提高到80%，其他条件不变时，最高放款额度将减少30%。实践证明，中央银行对证券市场进行信用控制是十分必要的，它一方面控制了证券市场的资金需求，抑制了过度投机，对及时吹散金融泡沫、稳定金融市场、控制信贷资金流向、改进宏观金融结构有积极意义；另一方面，由于法定保证金的提高或降低仅限于证券市场，并不会因此把紧缩或扩张影响直接扩散到其他部门的信用，从而可避免因全面信用紧缩或扩张引起的经济衰退或扩张。所以，自1934年美国制定《证券交易法》，联邦储备系统实施选择性市场信用控制后，这种方法陆续为其他一些国家采用。

### （三）不动产信用控制

不动产信用控制是指中央银行对商业银行和其他金融机构的房地产贷款所采取的限制措施。不动产特别是住房商品需求的两重性：一方面满足正常的生产和生活消费；另一方面也是一种重要的投资手段。不动产需求与宏观经济走势密切相关且波动较大。因此，控制不动产信贷规模、抑制过度投机对减轻经济波动意义重大，中央银行有必要采取信用控制，包括：①规定金融机构不动产贷款的最高限额，即对一笔不动产贷款的最高额度予以限制；②规定金融机构房地产贷款的最长期限；③规定首次付款的最低金额及分摊还款的最低金额等。

### （四）优惠利率

优惠利率是中央银行对国家重点发展的经济部门或产业，如出口工业和农业等所采取的鼓励措施。优惠利率是国家产业政策在金融领域的具体化，不仅被发展中国家广泛采用，而且也被发达国家普遍采用。

### （五）预缴进口保证金

预缴进口保证金是指中央银行要求进口商预缴相当于进口商品总值一定比例的保证金，以抑制进口的过快增长。预缴进口保证金多为国际收支经常出现逆差的国家所采用。

## 三、其他货币政策工具

其他政策工具是指除一般性政策工具和选择性政策工具外，中央银行根据本国的不同情况和不同时期的具体需要，对信用实施直接和间接控制的工具。其包括利率最高限额、信用分配、规定商业银行的流动性比率、直接干预和开办特种存款等直接信用控制和窗口指导、道义劝告等间接信用指导。

### （一）直接信用控制

直接信用控制是指中央银行以行政命令或其他方式，从总量和结构两方面，直接对金融机构尤其是商业银行的信用活动进行控制。包括：

#### 1. 利率最高限额

拓展阅读：Q条例

利率最高限额也叫利率上限，一般是指以法律或条例形式规定商业银行和其他金融机构存贷款利率的最高水平。利率最高限额是最常用的直接信用管制工具，美国在1980年前曾长期实行的Q项条例规定，商业银行对活期存款不准支付利息，对定期存款和储蓄存款支付的利率不得高于规定的最高水平。当时实行Q项条例的主要目的是防止商业银行之间通过提高利率来竞相争夺存款，并进行高风险贷款。20世纪60年代，一些发展中国家不顾本国国情，盲目效仿西方国家的廉价货币政策，通过设定利率上限来人为地压低利率水平，导致金融抑制。现在，随着各国相继实行利率市场化改革，这种货币政策工具已很少使用。

#### 2. 信用分配

信用分配也叫信贷配给，是指中央银行根据金融市场的资金供求状况及客观经济形势的需要，权衡轻重缓急，对商业银行系统的信贷资金加以合理分配和必需的限制。信用分配最早始于 18 世纪的英格兰银行，目前许多发展中国家，由于资金严重供不应求，信用分配也被广泛采用。

### 3. 流动性比率

流动性比率即流动性资产在全部资产中所占比重。一般来说，流动性比率与收益率成反比。中央银行对商业银行的流动性比率加以规定，是为了限制商业银行的信用能力，保障商业银行稳健经营，并限制信用过度扩张。因为，商业银行为了保持中央银行规定的法定流动比率，就不能任意将流动资金过多地用于长期贷款和投资。在必要时，商业银行还必须缩减长期贷款所占比重，相应扩大短期贷款比重，以提高资产的流动性比率。

### 4. 直接干预

直接干预是指中央银行直接对商业银行的信贷业务、放款范围等加以干预。如对业务经营不当的商业银行拒绝再贴现或实行高于一般利率的惩罚性利率，直接干涉商业银行对存款的吸收等。

## （二）间接信用指导

间接信用指导经常采用的方式有道义劝告、窗口指导等。

### 1. 道义劝告

道义劝告是指中央银行利用其特殊的声望和地位，对商业银行和其他金融机构经常发出通告、指示或与各金融机构的负责人进行面谈，劝告其遵守和贯彻中央银行政策。比如，在国际收支出现赤字时劝告各金融机构减少海外贷款；在房地产与证券投机盛行时，中央银行要求商业银行缩减对这两个市场的贷款等。

### 2. 窗口指导

窗口指导是指中央银行根据产业情况、物价趋势和金融市场动向等，规定商业银行每季度的增减额，并要求其执行。如果商业银行不按规定的增减额对产业部门贷款，中央银行可削减向该银行再贷款的额度，甚至采取停止提供信用等制裁措施。窗口指导的概念来自日本，其中央银行根据市场情况、物价变动趋势、金融市场动向、货币政策要求及上一年度同期的贷款情况等，规定银行按季度贷款增加的额度，以指导的方式要求各银行执行。显然，间接信用指导发生作用是以中央银行在金融体系中的地位与威望及控制信用法律与手段的完善为前提的。

知识链接：量化宽松

## （三）我国央行创新性货币政策工具

自 2013 年以来，在完善公开市场操作，改进准备金管理方式，健全再贷款操作分类体系，取消存贷比考核要求的同时，根据货币调控需要，中国人民银行不断开展公开市场业务工具创新，目的是增强中央银行对市场流动性的调节能力，引导和优化社会资金流向。

### 1. 短期流动性调节工具

短期流动性调节工具（Short-term Liquidity Operations，SLO），是中国人民银行为进一步完善公开市场操作机制，提高公开市场操作的灵活性和主动性，促进银行体系流动性和货币市场利率平稳运行，于 2013 年 1 月创设的一项创新流动性管理工具，作为公开市场常规操作的必要补充，在银行体系流动性出现临时性波动时相机使用。

公开市场短期流动性调节工具以7天期以内短期回购为主，遇节假日可适当延长操作期限，采用市场化利率招标方式开展操作。人民银行根据货币调控需要，综合考虑银行体系流动性供求状况、货币市场利率水平等多种因素，灵活决定该工具的操作时机、操作规模及期限品种等。该工具原则上在公开市场常规操作的间歇期使用，操作对象为公开市场业务一级交易商中具有系统重要性、资产状况良好、政策传导能力强的部分金融机构。

拓展阅读：我国短期流动性调节工具操作情况

### 2. 常备借贷便利

常备借贷便利（Standing Lending Facility，SLF），是中国人民银行正常的流动性供给渠道，主要功能是满足金融机构期限较长的大额流动性需求。对象主要为政策性银行和全国性商业银行。期限为1—3个月。利率水平根据货币政策调控、引导市场利率的需要等综合确定。常备借贷便利以抵押方式发放，合格抵押品包括高信用评级的债券类资产及优质信贷资产等。

常备借贷便利是中国人民银行借鉴国际经验，于2013年初创设，自2013年6月开始实施操作的。

拓展阅读：常备借贷便利操作情况

全球大多数中央银行具备借贷便利类的货币政策工具，但名称各异，如美联储的贴现窗口、欧洲央行的边际贷款便利、英格兰银行的操作性常备便利、日本银行的补充贷款便利、加拿大央行的常备流动性便利、新加坡金管局的常备贷款便利以及新兴市场经济体中俄罗斯央行的担保贷款、印度储备银行的边际常备便利、韩国央行的流动性调整贷款、马来西亚央行的抵押贷款等。

常备借贷便利的主要特点有：①由金融机构主动发起，金融机构可根据自身流动性需求申请常备借贷便利；②常备借贷便利是中央银行与金融机构"一对一"交易，针对性强；③常备借贷便利的交易对手覆盖面广，通常覆盖存款金融机构。

### 3. 中期借贷便利

当前银行体系流动性管理不仅面临来自资本流动变化、财政支出变化及资本市场IPO等多方面的扰动，同时也承担着完善价格型调控框架、引导市场利率水平等多方面的任务。为保持银行体系流动性总体平稳适度，支持货币信贷合理增长，中央银行需要根据流动性需求的期限、主体和用途不断丰富和完善工具组合，以进一步提高调控的灵活性、针对性和有效性。

拓展阅读：中期借贷便利操作情况

中期借贷便利（Medium-term Lending Facility，MLF）于2014年9月由中国人民银行创设，是中央银行提供中期基础货币的货币政策工具，期限多为半年和一年，采取质押方式发放，金融机构提供国债、央行票据、政策性金融债、高等级信用债等优质债券作为合格质押品。中期借贷便利利率发挥中期政策利率的作用，通过调节向金融机构中期融资的成本，促进降低社会融资成本，同时引导金融向符合国家政策导向的实体经济部门提供资金支持。

拓展阅读：定向中期借贷便利的操作情况

2018年12月19日，中国人民银行为加大对小微企业、民营企业的金融支持力度，决定创设定向中期借贷便利（Targeted Medium-term Lending Facility，TMLF），根据金融机构对小微企业、民营企业贷款增长情况，向其提供长期稳定资金来源。大型商业银行、股份制商业银行和大型城市商业银行，如符合宏观审慎要求、资本较为充足、资产质量健康、获得央行资金后具备进一步增加小微企业民营企业贷款的潜力，可向中国人民银行提出申请。中国人民银行根据其支持实体经济的力度，特别是对小微企业和民营企业贷款情况，并结合其需求，确定提供定向中期借贷便利的金额。该操作期限为1年，到期可根据金融机构需求续做两次，这样实际使用期限可达到3年。定期中期借贷便利利率比中期借贷便利（MLF）利率优惠15个基点。

### 4. 抵押补充贷款

2007年次贷危机之后，以美、欧、日、英主要发达经济体为代表，进行了大量的央行投放基础货币的创新。这为中国央行的基础货币投放创新起了很好的探路作用。2012年下半年以来外汇占款增速放缓且波动性加大，对基础货币投放格局产生影响，央行流动性管理逐渐具备了从过去十余年的被动对冲外汇流入向主动管理转变的条件，货币政策调控框架也需要逐步从数量型向价格型转变。

拓展阅读：抵押补充贷款的操作情况

抵押补充贷款（Pledged Supplementary Lending，PSL）于2014年4月由中国人民银行创设，PSL作为一种新的储备政策工具，有两层含义：首先是量的层面，是基础货币投放的新渠道；其次是价的层面，通过商业银行抵押资产从央行获得融资的利率，引导中期利率。该工具主要针对政策性银行，设立之初的背景是国家棚户区改造项目，中国人民银行多次降低PSL利率，以引导国家开发银行降低棚改贷款利率，加大对棚户区改造的支持力度，促进降低社会融资成本。2016年将PSL的机构范围扩展至中国进出口银行和中国农业发展银行，支持领域扩展至重大水利工程贷款、人民币"走出去"项目贷款等。

### 5. 央行票据互换工具

2019年1月，为支持银行发行永续债补充资本，中国人民银行决定创设央行票据互换工具（Central Bank Bills Swap，CBS）。

央行票据互换操作采用固定费率数量招标方式，面向公开市场业务一级交易商进行公开招标。中国人民银行从中标机构换入合格银行发行的永续债，同时向其换出等额央行票据。双方只交换债券本金，不交换债券利息，银行永续债的利息仍归一级交易商所有。到期时，中国人民银行与一级交易商互相换回债券。央行票据互换操作的期限原则上不超过3年，互换的央行票据不可用于现券买卖、买断式回购等交易，但可用于抵押，包括作为机构参与央行货币政策操作的抵押品。央行票据期限与互换期限相同，即在互换到期时央行票据也相应到期。在互换交易到期前，一级交易商可申请提前换回银行永续债，经中国人民银行同意后提前终止交易。

拓展阅读：央行票据互换工具操作情况

目前，央行票据互换操作可接受满足下列条件的银行发行的永续债：一是最新季度末的资本充足率不低于8%；二是最新季度末以逾期90天贷款计算的不良贷款率不高于5%；三是最近三年累计不亏损；四是最新季度末资产规模不低于2000亿元；五是补充资本后能够加大对实体经济的支持力度。

知识链接：美联储的货币政策工具

第二节小测验

> 💡 **课堂讨论**
>
> 货币政策工具给予了中央银行货币政策选择的多样性,在具体的选择过程中,中央银行会如何进行选择?不同的货币政策工具之间优缺点是什么?

## 第三节 货币政策的传导及其效应

### 一、货币政策传导机制的基本原理

货币政策的传导机制是指中央银行运用货币政策工具影响中介指标,进而最终实现既定政策目标的传导途径与作用机理,见图 10-3。

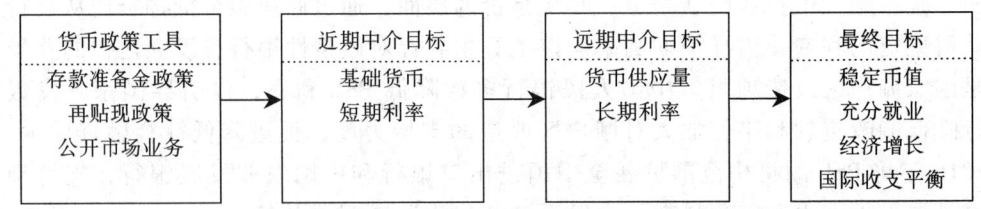

图 10-3 货币政策传导机制

由图 10-3 可以看到,货币政策传导机制大体可分为三个步骤:第一步,货币政策工具的运用将直接作用于货币政策的近期中介目标(也称作操作目标);第二步,货币政策近期中介目标的变动将影响货币政策的远期中介目标;第三步,货币政策远期中介目标的变动将影响实际经济活动,从而达到货币政策的最终目标。一般来说,中央银行通过各种政策工具的运用,将对商业银行的准备金和短期利率等经济变量产生比较直接的影响,而这些经济变量的变动将影响到货币供应量和长期利率。从而对实际的经济活动产生影响,如果货币政策工具操作得当,就会达到预定的货币政策目标。

对货币政策传导机制的分析,早期主要有凯恩斯学派的传导机制理论和货币学派的传导机制理论。此后,经济学家们在此基础上做了深入研究,提出了一些新的研究成果。

知识链接:货币政策传导机制理论

### 二、货币政策的效应及影响因素

货币政策的效应是指货币政策的实施对社会经济生活产生的影响,是货币政策经过传导于经济过程之后的必然结果。但货币政策在实施过程中,要受各种因素的影响,其效应是一种综合结果。影响货币政策的因素主要有以下几个方面:

## （一）货币政策时滞

货币政策时滞是政策从制定到获得主要的或全部的效果所必须经历的一段时间，是影响货币政策效应的重要因素，分为内部时滞和外部时滞两个阶段。

1. 内部时滞

内部时滞是从政策制定到货币当局采取行动这段时间。其长短取决于货币当局对经济形势发展的预见能力、制定政策的效率和行动的决心，包括：认识时滞、决策时滞和行动时滞。

整个内部时滞所需时间长度，取决于中央银行收集资料、研究形势及采取行动的效率，但是也决定于当时的政治和经济目标。特别是当希望实现的目标较多时，必须对其依顺序有所选择时，更需要花费较多时间去取舍某种政策。

微课：货币政策的时滞

案例分析

2. 中间时滞

中央银行采取行动，到金融机构根据央行的意图改变信用条件的时间过程。

在市场体系完善的国家，中间时滞实际就是货币当局选定的工具变量在货币金融市场上起作用的过程，这个过程的结果表现为中间指标在不同时点的变动。中间时滞的长短主要取决于金融中介机构及其他微观金融主体的政策反应行为。如果金融资产丰富、市场条件发达，宏观经济政策的扩张或收缩，无论是体现在货币供给增长速度的调整上，还是体现在短期市场利率的变动上，都要引致一连串的微观主体金融资产结构重组行为，这种行为对中介指标预期值的实现发生作用，由当时的经济条件所决定，其各自时滞也会有所不同。

3. 外部时滞

外部时滞指从货币当局采取行动直到对政策目标产生影响为止这段过程。主要由客观经济和金融条件决定，不论货币供应量抑或利率，它们的变动都不会立即影响政策目标。通常是散步时滞（Distributed Lag）：一旦采取政策行动，它对经济的影响要经过一定的时间。因此，对于某一项货币政策行动的外部时滞，比如一般只应说该政策行动在4个月后产生了30%的效应，12个月后产生了60%的效应，18个月后则全部产生效应。

外部时滞，因为经济结构及行为因素都不是稳定而可预测的，所以时间长度变异很大，各经济部门对货币政策的反应不一，所受影响有很大差异，所以外在"时间差"是整个货币政策的"时间差"中最为复杂的问题。

自20世纪60年代以来，经济学家们对货币政策"时滞"有很多的实证研究，由于研究方法不同，各国的具体情况也不同，得出的结果相差很大。基本情况是：①内部时滞长度较小，但不同经济学家得出的结果相差却很大，一般为2—6个月。②中间时滞比较稳定，是可测的，一般认为约2个月。③外部时滞最长，一般为4—20个月。

假定货币政策的时滞只是平均时间过程较长的问题，那么对货币政策的有效性不会产生致命的影响。因为不论时间长度如何，只要有一确定的范围，中央银行便能根据预期"时间差"的间隔，预先采取影响将来某时期经济状况的货币政策。但是遗憾的是，货币政策的"时间差"有很大的变异性，最短的为半年左右，最长的达到20个月，因而使得中央银行相机抉择政策常常不能实现预期

知识链接：我国的货币政策时滞

目标,甚至会出现与目标背道而驰的结果。因此,弗里德曼主张放弃相机抉择的货币政策,代之以"简单规则",主张消极地维持一定的货币供应量增长率,以避免人为的错误造成经济不安定。但另一些经济学家则认为,货币政策"时间差"尽管变异性很大,但是可以把货币政策与财政政策混合使用,这样可以弥补"时间差"不稳定的问题。

## (二) 货币流通速度

对货币政策有效性的另一主要限制因素是货币流通速度。对于货币流通速度一个相当小的变动,如果政策制定者未能预料到或在估算这个变动幅度时出现小的差错,都可能使货币政策效果受到严重影响,甚至有可能使本来正确的政策走向反面。假设,在预测的年度,GNP 将增长 10%。再假设,根据以前一些年份有关数据的实证分析,只要包括货币流通速度在内的其他条件不变,货币供给等比增加即可满足 GNP 增长对货币的追加需求。如果货币流通速度在预测的期间加快了 10%,不考虑其他条件的变化,货币供给则只需增加 9.1% 即可。要是货币当局没有预见到货币流通速度的变化,而是按流通速度没有多大变化的考虑决策增加货币供给 10%,那么新增的货币供应量必将成为助长经济过热的因素。

但是,在实际生活中,对货币流通速度变动的估算,很难做到不发生误差,因为影响它发生变动的因素太多。这当然也就限制了货币政策的有效性。

## (三) 微观主体预期

拓展阅读:我国的货币流通速度

对货币政策有效性或效应高低构成挑战的另外一个因素是微观主体的预期。当一项货币政策提出时,各种微观经济主体,立即会根据可能获得的各种信息预测政策的后果,从而很快地形成对策,而且极少有时滞。当微观主体广泛实施抵销其作用的对策,货币当局推行的政策可能归于无效。例如,政府拟采取长期的扩张政策,人们通过各种信息预期社会总需求会增加,物价会上涨,在这种情况下,工人会通过工会与雇主谈判提高工资,企业因预期工资成本的增大而不愿扩展经营,最后的结果只有物价的上涨而没有产出的增长。鉴于微观主体的预期,似乎只有在货币政策的取向和力度没有或没有完全为公众知晓的情况下才能生效或达到预期效果。但是这样的可能性不大,货币当局不可能长期不让社会知道它所要采取的政策。即使采取非常规的货币政策,不久之后也会落在人们的预期之内。假如货币当局长期采取非常规的货币政策,则将导致微观经济主体做出错误判断,并会使经济陷入混乱之中。但实际情况是,公众的预期即使是非常准确的,要实施对策也要有个过程。这就是说,货币政策仍可奏效,但公众的预期行为会使其效应打很大的折扣。

## (四) 货币政策的透明度

货币政策的透明度是指货币政策的公开程度,中央银行通过向公众明确宣布货币政策,披露决策过程及有关经济信息的多少和信息的准确程度,以消除货币政策在中央银行与公众之间的信息不对称。

根据国际货币基金组织 1999 年提出的《货币与金融政策透明度良好做法准则》和经济学家的阐述,人们一般把货币政策透明度分为目标透明度、经济信息透明度、决策透明度和操作透明度。目标透明度是指中央银行向公众明确货币政策最终目标及其政策偏好；经济信息透明度是指中央银行所占有的经济运行信息的公开程度，主要包括对经济冲击性质、经济数据、使用的经济模型、预测分析等进行的信息披露；决策透明度是指公开货币政策决策程序及结果，包括决策过程、思路、结果等的公开；操作透明度是指中央银行为实现政策目标，运用政策工具对金融市场进行的信息公开，包括对利率、外汇、市场及货币控制误差等方面信息的透明。

### （五）其他经济政治因素

一般来说，一项既定的货币政策出台后总要持续一段时间。在这段时间内，如果客观经济条件发生变化，而货币政策又难以做出相应的调整时，就可能出现货币政策效果下降甚至失效的情况。比如，实施紧缩性货币政策以期改善市场供求对比状况，但实施过程中出现了开工率过低，经济效益指标下滑过快等情况。这就是说，紧缩需求的同时，供给也减少了，改善供求对比的目标也不能实现。

#### 1. 社会政治团体的利益

任何一项货币政策方案的贯彻，都可能给不同阶层、集团、部门或地方的利益带来一定的影响。这些主体如果在自己利益受损时做出较强烈的反应，就会形成一定的政治压力。这些压力足够大时，就会迫使货币政策进行调整。

#### 2. 政治性经济周期的影响

一般来讲，高经济增长和低失业会给执政党带来不少选票，所以，执政党在大选之前都力图刺激经济，而新政府一般在大选后便及时采取收缩政策，使国民经济平稳下来，这叫作"政治性经济周期"。但由于大多数西方国家中央银行理事会成员任期与政府首脑不一致。因此，在大选之前往往出现货币政策与财政政策大相径庭的局面。总统力图刺激国民经济，降低失业率，中央银行力图稳定国民经济，抑制通货膨胀率。所以，政治性经济周期的存在也会在一定程度上影响货币政策的效果。

## 三、货币政策效应的衡量

衡量货币政策效应，一是看效应发挥的快慢，前面关于时滞的分析已经涉及；二是看发挥效力的大小，这是更主要的方面。

对货币政策数量效应大小的判断，一般着眼于实施的货币政策所取得的效果与预期所要达到的目标之间的差距。以评估紧缩政策为例，如果通货膨胀是由社会总需求大于社会总供给造成的，而货币政策正是以纠正供求失衡为目标，那么这项紧缩性货币政策效应的大小甚至于是否有效，就可以从这几个方面考察：

案例分析

（1）如果通过货币政策的实施，紧缩了货币供给，并从而平抑了价格水平的上涨，或者促使价格水平回落，同时又不影响产出或供给的增长率，那么可以说这项紧缩性货币政策有效性最大。

（2）如果通过货币供应量的紧缩在平抑价格水平上涨或促使价格水平回落的同时，也抑制了产出数量的增长率，那么货币紧缩政策有效性的大小，则要视价格水平变动率与产出变动率的对比而定。若产出数量的减少大于价格水平的降低，货币

第三节小测验

紧缩政策的有效性较小；若产出量的减少小于价格水平的降低，其有效性就较大。

（3）如果货币紧缩政策无力平抑价格上涨或促使价格回落，却抑制了产出的增长甚至使产出的增长为负，则可以说货币紧缩政策是无效的。

## 第四节 货币政策与其他经济政策的协调

货币政策是国家重要的调节经济的宏观政策和重要的经济工具，其最终目标是保证币值和物价稳定、充分就业、经济增长和国际收支平衡。但币值和物价的稳定、经济的协调发展等，要受很多因素的制约，是各种宏观经济政策协调配合的结果。因此，孤立或片面地强调货币政策效应，反而会影响货币政策作用的发挥。根据我国的实践经验，为充分发挥货币政策的作用，取得宏观经济调控和管理的最佳效果，货币政策必须和其他经济政策协调配合，才能有效地实现货币政策的最终目标。

### 一、货币政策与财政政策协调

货币政策和财政政策是大多数国家共同运用的宏观经济政策，二者存在共同点和差异。其共同点主要有：

微课：货币政策与财政政策的协调

（1）两者的调控目标是统一的，都属于实现宏观经济目标可采取的政策，是为实现本国既定的经济发展战略目标服务的。

（2）两者都是为社会提供资金的部门，其政策执行的结果都体现为货币收支行为。中央银行通过吞吐基础货币调节着整个社会货币供应量及需求量；商业银行通过贷款方式向企业及公司提供合理需要的周转资金。财政部门通过投资或拨款的方式为国家基本建设、社会文教卫生事业、社会福利事业、国防事业、支援农业等经济和社会发展方面提供资金。同时，在现代商品经济社会中，不论是财政部门或银行部门所形成的财政收支行为或信贷收支行为，都体现为货币收支行为，都是货币流通的组成部分。这就是说，两种政策的调整及其执行结果最终都会引起整个社会货币量的变动。

（3）两者都是需求管理政策。货币政策管理货币供应量，而在商品货币经济条件下，货币供应量的变动是社会总需求变动的象征；财政政策管理财政收支，其执行结果无论是赤字还是大体平衡，最终对社会总需求都有重大影响。

（4）两者货币收支之间存在着结合点。其集中体现在银行代理财政金库和银行结余上缴财政两个方面。中央银行代理国家财政金库可以获得两项稳定的资金来源，形成中央银行的负债项目，同时也为财政部门调拨这笔资金节省了开支和提供了方便。财政部门通过课税或利润上缴的方式将一部分银行资金划归为财政支配，上缴比例与数量的大小对银行部门或财政部门的资金运作都有重要的影响。除此之外，在经济运行的过程中，还存在着许多银行收支与财政收支相互交错的地方或关系，诸如，对国有企业自有流动资金合理增补需求的承担责任问题、公债或利率政策对居民储蓄的影响问题、利率调整对财政与信贷收支的影响问题、财政赤字的弥补渠道问题等。

正因为货币政策和财政政策存在着以上密切的关系，所以两个政策目标如果不统一和协调，必然造成政策效应的相悖，造成宏观经济运行的失控。

货币政策与财政政策的不同点体现在：

（1）政策工具不同。货币政策工具主要是存款准备金率、再贴现率、公开市场业务、贷款限额、中央银行存贷款利率等。财政政策工具主要是税种、税率、预算收支、公债、补贴、贴息等。

（2）两种政策部门的资金使用方式和范围不同。银行资金与财政资金的来源不同、性质不同，因而两种资金的使用方式和范围也不同。银行资金主要来源于经济主体的各项存款，因此它只能是通过贷款这种有借有还有息的方式有偿使用，而且这种使用必须是相对短期的；财政资金主要来源于国家税收和利润，因此它可以用作无偿性的经济建设和非生产性支出，可以用于消费领域和长期使用。

（3）作用过程不同。货币政策的直接对象是货币运动过程，以调控货币供给的结构和数量为初步目标，进而影响整个社会经济生活；财政政策的直接对象是国民收入再分配过程，以改变国民收入再分配的数量和结构为初步目标，进而影响整个社会经济生活。

（4）政策时滞不同。货币政策工具使用较为简便，而财政政策工具从确定到实施，过程比较复杂，因而货币政策的内部时滞较短，而财政政策则长些。相反，货币政策的外部时滞较长，因为货币政策手段发挥作用要经过三个环节，间接对经济起作用；财政政策的外部时滞较短，因为财政政策作用较直接，如决定调整税率，企业的收支就会立即发生变化。

正因为货币政策与财政政策存在着差别和矛盾，所以需要两者之间协调配合。两者之间协调配合，从逻辑上看，不外有四种配合模式：①紧缩的财政政策与紧缩的货币政策的配合，即通常所说的"双紧"政策；②宽松的财政政策与宽松的货币政策的配合，即通常所说的"双松"政策；③紧缩的财政政策与宽松的货币政策的配合，即通常所说的"紧财政、松信贷"政策；④宽松的财政政策与紧缩的货币政策的配合，即通常所说的"松财政、紧信贷"政策。

其中"双紧"和"双松"政策，反映财政政策与货币政策的目标侧重点保持一致；"一松一紧"的政策，反映着财政政策与货币政策在总体要求一致的前提下，政策目标侧重点不同。这四种配合模式，对于政策的作用方向的不同组合，会产生不同的政策效应。

双紧的搭配方式一般适用于社会总需求大于总供给，出现了严重的通货膨胀和经济过热，以致影响到经济稳定和正常运转所采用的政策配合措施。这种政策配合措施可以有力抑制社会总需求的过度增长，以缓解通货膨胀，保持经济的稳定。但是，这种强有力的抑制社会总需求的措施虽然有利于经济的稳定和对付通

案例分析

拓展阅读：
1985—1986年
"双紧式"宏
观调控

货膨胀，却会抑制供给，影响社会生产，把握不当会导致整个经济的萧条。

双松的搭配方式则主要适用于社会总需求严重不足，经济转入严重萧条的状况，这种政策措施的配合方式可以通过扩大有效需求以促进经济的增长，这常常是在经济大危机和大萧条之后采用的配合方式。但是，这种措施虽然有利于刺激社会总需求及总供给的增长，但不可避免地会引发通货膨胀，从而影响社会的稳定。第二次世界大战以来，西方国家的经济实践就是一个有力的证明。

紧缩的财政政策和宽松的货币政策配合是在总需求与总供给大体平衡，但消费偏旺而投资不足时的配合方式。这种配合模式也是一些国家为更多地积聚资金、优化资源配置、促进经济增长而采用的一种配合模式。所谓紧的财政政策，是指政府的增收节支，即增加税种、提高税率、限制公共消费、压缩基建规模、减少非营利性资金供应。而松的货币政策则是指中央银行及货币当局降低利率，放松信贷，增加货币供给。紧财政、松货币的配合模式，有利于促进经济的增长，提高资金的使用效率。

宽松的财政政策和紧缩的货币政策配合模式是许多国家在调整经济结构时普遍采用过的一种模式。所谓松的财政政策，是指政府降低税率，扩大预算赤字，增加政府投资和支出，以及转移性的支出；而所谓紧的货币政策，则是指提高利率，紧缩信贷，减货币供给。这是在总供需大体相适应时，为解决投资过旺、消费不足采用的配合模式。紧的货币政策有利于严格控制货币供给，有利于应对通货膨胀，为经济的正常发展创造一个良好的货币金融环境。在货币政策偏紧的同时，实行较松的财政政策，有利于优化产业结构，提高经济增长的质量。

以上两种"一松一紧"政策的优点在于其有较强的缓冲力，稳定性高，作用惯性小，不会对经济生活产生过大的震荡；缺点是政策导向不甚明确，作用力度较弱，作用时滞较长，一旦调整政策，在一定时期之后才会产生效应。

案例分析

## 二、货币政策与产业政策协调

产业政策是政府为了促进国民经济稳定协调地发展，对产业结构和产业组织构成进行某种形式干预的政策。产业政策是国家以政策形式促进或限制某些产业发展的手段，即通过政策倾斜来改变产业组织形式和产业结构来影响生产，进而对供给总量及结构发挥调节作用，使经济实现均衡发展。

一国的产业政策在宏观经济政策中往往起重要作用，和货币政策一样，其最终目标同国家宏观经济目标是一致的。但两者也有区别：首先，基本性质不同。货币政策的重点是保持宏观总量平衡的经济政策，产业政策的重点是促进结构优化的经济政策。其次，作用范围不同。大多数情况下，产业政策只是在某一时期和在某些方面产生一定的作用。如工业化初始阶段、危机时期等。货币政策在总体上起作用，虽然在经济衰退时或通货膨胀严重时采取的货币政策及其调控力度不同。另外，政策效应的确定性也不同。

货币政策受产业政策的制约，又反作用于产业政策。具体表现为产业结构决定信贷资金分配结构，已经形成的产业结构需要相应的货币资金供应结构。而信贷资金分配又有相对独立性，特别是在市场经济条件下，银行的资金配置以效益性、安全性、流动性为原则；而产业政策偏重社会效益，它是一国经济发展战略意图的体现，这中间有可能产生矛盾。产业政策是结构政策，而货币政策是总量政策，总量的平衡和结构的优化之间往往存在着不易协调的矛盾，这就需要处理好两种政策的配置问题。

两者的协调主要体现是：

（1）产业政策对货币政策具有导向作用。这是因为产业政策作为经济发展战略意图的体现，具有长期性和相对稳定性。其政策实施效果，需要各短期宏观经济政策来完成，所以它对短期经济政策包括货币政策加以引导，借以实现政策目标。

（2）产业政策作为供给管理政策，以增加供给来引导有效需求。货币政策主要是需求管理政策，产业政策直接调节供给结构，通过资源优化配置，在现有资源条件下增加供给。而供给的实现，又依赖于货币政策手段，通过从紧或从松的货币供给，抑制或增加货币需求来启动。

（3）产业政策作为一种结构性调整政策，为货币政策实现提供保证，即为经济发展、金融物价长期稳定打下坚实基础。

（4）货币政策对产业政策的失误具有矫正作用。产业政策也存在正负效应问题，如超高速发展或结构扭曲的产业政策，有可能引起通货膨胀。货币政策作为需求管理政策，通过紧缩政策来抑制经济超高速发展，通过货币供给结构倾斜，对失衡的经济结构加以矫正。

总之，合理有效的产业政策可以进一步实现资源的最优配置，保持经济的平衡发展，为货币政策的实施奠定基础；完善健全的货币政策可以有效地保持社会总需求与总供给的总量平衡，保持货币流通的稳定，为产业政策的实施创造良好的条件。

### 三、货币政策与收入政策协调

收入政策是通过影响或控制价格、货币工资和其他收入增长率而采取的货币和财政措施以外的政府行动。它是政府为了降低一般价格水平上升的速度而采取的强制性或非强制性限制货币工资和价格的政策。

货币政策必须与收入分配政策配合而行，对国民收入要坚持适度分配：国民收入分配额不能超过国民收入增长额；在收入分配的具体安排上，应使收入分配额低于国民收入增长额，适当留有余地；要正确处理积累和消费的比例，从分配这一环节为货币政策实施提供适宜的环境。

案例分析

第四节小测验

第十章自测题

 **金融科技专栏**

**支持数字金融加快转型，服务实体经济、破解融资难题**

数字经济不仅是新的经济增长点，也是改造和提升传统产业的一个重要支点。数据显示，2021年我国产业数字化规模达到37.18万亿元，同比增长17.2%，占GDP比重是32.5%。近年来，人民银行、证监会等部门不断引导金融业和金融机构使用科技手段、信息资源，增强能贷会贷服务能力，要求银行业金融机构综合运用互联网大数据等金融科技手段，积极参与"银税互动""银商合作""信易贷"等信用信息共享机制，将公共涉企数据与机构内部金融数据有机结合，改进业务审批技术和风险管理模型，为小微企业准确"画像"，实现金融资源向长尾客户的精准"滴灌"。

资料来源：周延礼.政策支持数字金融加快转型，服务实体经济、破解融资难题[EB/OL].（2022-09-01）[2023-08-20]. https://baijiahao.baidu.com/s?id=1742769322252308115&wfr=spider&for=pc

 **金融职业素养专栏**

货币政策作为中央银行调控经济的核心工具，通过调整货币供应量、利率水平和信贷规模，直接影响经济增长、通货膨胀和金融稳定。随着大数据、区块链、人工智能等技术在金融领域的应用，货币政策精准调控能力的提升。例如，大数据分析可帮助央行更精准监测经济指标，区块链技术增强了货币政策传导的透明性，智能算法为定向降准等结构性工具提供了技术支撑。这些变革要求未来金融从业者既需具备传统货币政策分析能力，更要坚定金融科技的运用必须服务于实体经济的理念，也要始终坚持货币政策的制定与实施"以人民为中心"的价值导向。

**思维导图**

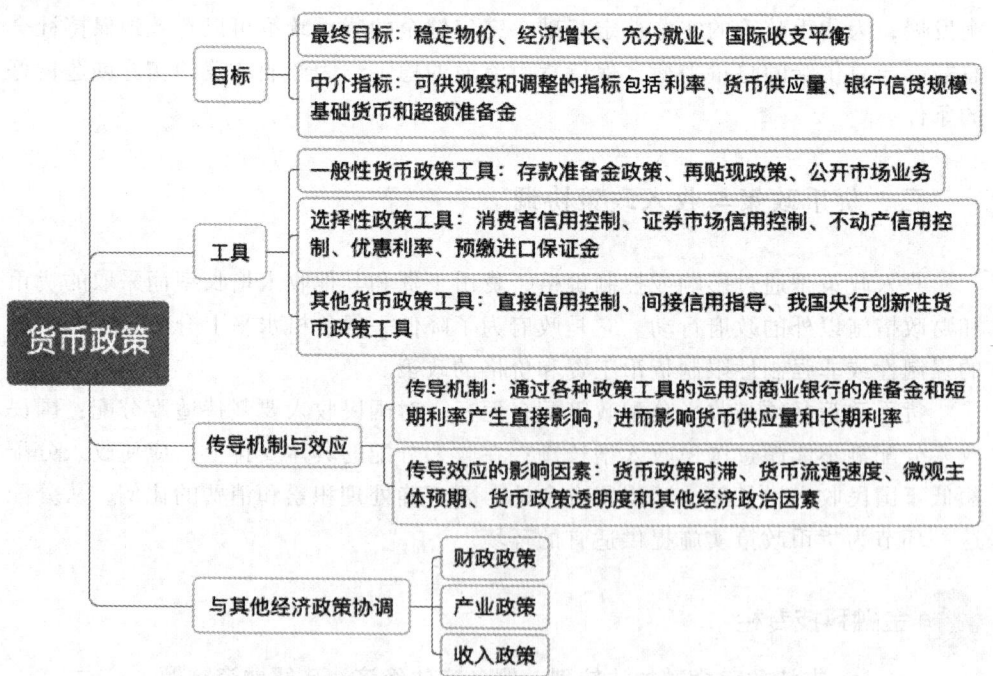

# 第十一章 Chapter 11
## 国际金融

### 【本章学习目标】

**知识目标**：掌握外汇与汇率、国际收支、国际储备和国际货币体系等国际金融的基础理论。

**能力目标**：能够利用本章的相关知识，正确理解和分析国际金融领域的基本问题。

### 【导入案例】

#### 人民币国际化再上新台阶

我国已经在25个国家和地区设立27个人民币清算行，覆盖港澳台地区、东南亚、欧洲、南北美洲、大洋洲、中东和非洲。

根据SWIFT数据，人民币为全球第五大支付货币，占全球所有货币支付金额比重为2%。主要管理部门在涉外经济活动中的统计、核算、管理等环节均已使用人民币计价。人民币目前是全球第三大贸易融资货币和第四大外汇即期交易货币。根据IMF数据，人民币是全球第五大官方外汇储备货币，占比2.13%。已有70多个境外央行或货币当局将人民币纳入外汇储备。

2020年1—11月，与共建"一带一路"国家跨境人民币结算额达到4.1万亿元，同比增长64%；周边国家跨境人民币结算额约为4.9万亿元，同比增长48%。截至2020年12月末，共与40个国家和地区的中央银行或货币当局签署了双边本币互换协议，金额超过3.9万亿元。

资料来源：移动支付网，2021.01.11，网址：https://www.cebnet.com.cn/20210111/102717207.html。

# 第一节 外汇与汇率

## 一、外汇

### （一）外汇的概念

外汇（Foreign Exchange）是国际经济交易的重要媒介，它的含义有两种：一种是动态的含义，另一种是静态的含义。动态的外汇是国际汇兑的简称，是指把一国货币换成另一国货币，用以清偿国家间债权债务关系的金融活动。静态的外汇有广义和狭义之分。广义的外汇是泛指一切以外币表示的金融资产，狭义的外汇则是指以外币表示的用于国际结算的支付手段。狭义的外汇是通常所使用的外汇概念。根据狭义外汇的定义，外国货币（现钞）、外币有价证券、黄金等不能视为外汇，因为这些资产不能直接用于国际结算。因此，只有在国外银行的存款，以及可以索取这些存款的有效票据（如汇票、支票、本票和电汇凭证）等才是外汇。国外银行存款是狭义的外汇的主体。

国际货币基金组织曾对外汇作如下定义："外汇是货币行政当局（中央银行、货币管理机构、外汇平准基金组织及财政部）以银行存款、财政部库券、长短期政府证券等形式所保有的在国际收支逆差时可以使用的债权"。按照我国 2008 年 8 月修正的《外汇管理条例》规定，外汇是指下列以外币表示的可以用作国际清偿的支付手段和资产：①外国货币，包括纸币、铸币；②外币支付凭证或者支付工具，包括票据、银行存款凭证、银行卡等；③外币有价证券，包括债券、股票等；④特别提款权；⑤其他外汇资产。

### （二）外汇的特点

由于外汇是用于国际结算，清偿不同国家间的债权债务，便于国家间资金的转移和实现各国货币购买力的工具和手段，所以它必然有以下特点：

（1）外汇是以外币表示的资产。任何以本国货币表示的信用工具、支付手段、有价证券等对于本国人来说都不是外汇。

（2）外汇必须是在国外能够得到补偿的债权，空头支票和遭到拒付的汇票不能视为外汇。

（3）外汇必须是可以自由兑换为其他支付手段的外币资产。如果某种资产在国家间的自由兑换受到限制，则它就不是外汇。

一种外币资产要成为外汇必须具备三个条件：

（1）国际性，即这种外币资产在国际经济往来中能够被各国普遍接受和使用。

（2）自由兑换性，即这种外币资产必须能够自由兑换成其他外币资产或支

拓展阅读：《个人外汇管理办法实施细则》

付手段。

(3) 可偿付性，即这种外币资产在国外能保证得到偿付。如空头支票或被拒付的债权都不是外汇。

(三) 外汇的种类

根据可兑换程度的不同，外汇可区分为两类：

1. 自由外汇

自由外汇是指无须经过货币发行国外汇管理当局批准即可自由兑换成其他国家货币或向第三者办理支付的外汇。美元、日元、英镑等一些主要西方国家的货币属于这一类。

2. 记账外汇

记账外汇又称协定外汇或双边外汇，是指不经有关国家货币当局批准不能自由兑换成其他货币，也不能向第三者进行支付的外汇。这种外汇是双边贸易的产物，即两国之间的贸易结算按双方协议规定只在双方的指定银行账户上记载，之后集中结算。所以这种外汇不是真正意义上的外汇。

常见的外汇见表 11-1。

微课：认识外汇

表 11-1　　　　　常用自由兑换货币名称及标准代码

| 货币符号 | 货币名称（英文） | 货币名称（中文） | 简写 |
| --- | --- | --- | --- |
| USD | US Dollar | 美元 | $/US$ |
| EUR | EURO | 欧元 | € |
| GBP | Pound Sterling | 英镑 | £ |
| JPY | Japan YEN | 日元 | JP¥ |
| CHF | Swiss France | 瑞士法郎 | SF |
| SEK | Swedish Krona | 瑞典克朗 | SKr |
| NOK | Norwegian Krona | 挪威克朗 | NKr |
| CAD | Canadian Dollar | 加拿大元 | Can$ |
| AUD | Australia Dollar | 澳大利亚元 | A$ |
| SGD | Singapore Dollar | 新加坡元 | S$ |
| HKD | Hong Kong Dollar | 港元 | HK$ |
| MOP | Macao Pataca | 澳门元 | P/Pat |
| MYR | Malaysian Ringgit | 马来西亚林吉特 | M$ |
| THB | Thai Baht | 泰国铢 | B |
| KRW | Korea Won | 韩国圆 | W |
| SDR | Special Drawing Rights | 特别提款权 | SDRs |

## 二、汇率及其标价方法

(一) 汇率的概念

汇率（Exchange Rate）指的是两国货币之间折算的比率，或者说是以一国

微课：汇率及其标价方法

货币单位表示的另一国货币单位的价格,因此汇率也叫汇价。

### (二) 汇率的标价方法

汇率的标价方法指的是以哪种货币作为基础进行折算。目前在国际上有以下几种标价方法:

#### 1. 直接标价法 (Direct Quotation)

直接标价法是指以一定单位(如1个单位或100个单位)的外国货币作为标准,折算成若干数量的本国货币。这种标价法是用本币来标出单位外币的价格,所以也称为价格标价法或应付标价法。在直接标价法下外国货币的数额固定不变,本国货币的数额随汇率的高低而变化。一定单位的外国货币折算成的本国货币增多,说明外国货币汇率上升,即外币升值或本币贬值。反之,说明外币汇率下跌,即外币贬值或本币升值。世界上绝大多数的国家采用直接标价法,我国人民币汇率也采用直接标价法。例如,2010年11月26日,我国对外公布的美元中间价为 $100 = CNY665.53$。这里 665.53 元人民币就是 100 美元的价格,表示要获得 100 美元,需付出 665.53 元人民币。

#### 2. 间接标价法 (Indirect Quotation)

间接标价法是指以一定单位的本国货币(如1个单位或100个单位)作为标准,折合成若干数量的外国货币。在这种标价法中本币是基准货币,即用外币来标出单位本币的价格,所以也称之为应收标价法或数量标价法。在间接标价法下,本币数额固定不变,外币数额随汇率高低而变化。如果一定单位本币所兑换的外币数量增多了,则说明本币汇率上升而外汇汇率下跌,即本币升值,外币相对贬值;反之,则说明本币贬值,外币升值。目前,英国、美国、澳大利亚和欧元区等国家和地区采用这种标价方法。采用间接标价法的国家,一般来说,都曾是在国际经济及政治上占有统治地位的国家,其货币都曾长期是最主要的国际货币。英国在金本位时期及第一次世界大战前后,在国际经济及金融领域占支配地位,伦敦是国际金融中心,英镑是最主要的货币,所以英国采用间接标价法。美国在第二次世界大战前,长期采用直接标价法,但在第二次世界大战以后,随着美元在国际结算和国际储备中逐渐取得统治地位以及国际外汇市场的高速发展,为了与各国外汇市场上对美元的标价一致,美国从 1978 年 9 月 1 日起,除了对英镑、澳元、欧元和新西兰元继续采用直接标价法外,对其他货币一律改用间接标价法。

需要指出的是,汇率的两种不同的标示或标价方法,只是方法上的不同,即只是以本国货币还是以外国货币作为折算标准不同,并没有实质的区别,是一个问题的两个方面,即两种标价方法同时寓于一个兑换等式之中。例如,在 100 美元 = 665.53 元人民币的汇率关系中,从美国的角度看是间接标价法,而从中国的角度看就是直接标价法。

#### 3. 美元标价法 (US Dollar Quotation)

美元标价法又称纽约标价法,在美元标价法下,各国均以美元为基准来衡量各国货币的价值(即以一定单位的美元为标准来计算应该汇兑多少他国货币的表示方法),而非美元外汇买卖时,则是根据各自对美元的比率套算出买卖双方货币的汇价。这里注意，除英镑、欧元、澳元和新西兰元外，美元标价法基本已在国际外汇市场上通行。

美元标价法的目的是简化报价并广泛地比较各种货币的汇价。例如，日本某银行面对其他银行的询价，报出的货币汇价为：1USD = 85.80JPY。

人们将各种标价法下数量固定不变的货币叫作基准货币（Base Currency），把数量变化的货币叫作标价货币（Quoted Currency）。显然，在直接标价法下，基准货币为外币，标价货币为本币；在间接标价法下，基准货币为本币，标价货币为外币；在美元标价法下，基准货币是美元，标价货币是其他各国货币。

### （三）汇率的种类

在不同的场合，汇率有不同的表现形式。汇率依据分类标准的不同，可以有不同的划分。按银行买卖外汇的角度划分，有买入汇率、卖出汇率、中间汇率和现钞汇率；按确定汇率的方法划分，有基本汇率和套算汇率；按对外汇管理的宽严程度划分，有官方汇率和市场汇率；按外汇资金的用途划分，有贸易汇率和金融汇率；按允许使用的汇率种类多少划分，有单一汇率和复汇率；按汇率变动的方法，分为固定汇率、浮动汇率和联合浮动等。

金融职业素养：诚信与我们的联系

## 三、汇率的决定与变动

### （一）汇率的决定

汇率从根本上讲是各种货币价值的体现。也就是说，货币具有的或代表的价值决定汇率水平的基础，汇率在这一基础上受其他各种因素的影响而变动，形成现实的汇率水平。在不同的货币制度下，各国货币所具有的或者所代表的价值是不同的，即汇率具有不同的决定因素，并且影响汇率水平变动的因素也不相同。

在金本位制下汇率的决定因素是铸币平价（Mint Par），也就是说两种货币的含金量之比是决定两种货币汇率的基础。此外，外汇市场上的汇率水平及其变化还要取决于许多其他因素，最为直接的就是外汇供求关系的变化。正如商品价格取决于商品的价值，但供求关系会使价格围绕价值上下波动一样，在外汇市场上，汇率也是以铸币平价为中心，在外汇供求关系的作用下上下浮动。不过，金本位制度下由供求关系变化造成的外汇市场汇率变化并不是无限制地上涨或下跌，而是被界定在铸币平价上下一定界限内，这个界限就是黄金输送点（Gold Point）。黄金输出点和黄金输入点共同构成了金本位制下汇率波动的上下限。总之，金本位制度下，由于黄金输送点的制约，外汇市场上汇率波动总是被限制在一定范围内，最高不超过黄金输出点，最低不低于黄金输入点。因此，由供求关系导致的外汇市场汇率波动是有限度的，汇率制度也是相对稳定的。

在信用制度下，各国货币汇率决定的基础取决于它们各自在国内所代表的实际价值，也就是说货币对内价值决定货币对外价值，而货币的对内价值又是用其购买力来衡量的。因此，货币的购买力对比就成为纸币制度下汇率决定的基础。

值得注意的是，在信用货币制度下，汇率波动不再具有黄金输送点的制约，波动可以是无止境的，任何能够引起外汇供求关系变化的因素都会造成外汇行市的波动。

## （二）影响汇率变动的主要因素

信用货币制度下影响汇率变动的因素有很多，主要有以下几个方面。

1. 影响一国货币汇率变动的长期因素

（1）国际收支差额。一国国际收支差额既受汇率变化的影响，又会影响外汇供求关系和汇率变化，其中，贸易收支差额是影响汇率变化最重要的因素。当一国有较大的国际收支逆差或贸易逆差时，说明本国外汇收入比外汇支出少，对外汇的需求大于外汇的供给，外汇汇率上涨，本币对外贬值；反之，当一国处于国际收支顺差或贸易顺差时，则外汇供给大于支出，同时外国对本国货币需求增加，会造成本币对外升值，外汇汇率下跌。

拓展阅读：购买力平价理论

（2）通货膨胀因素。通货膨胀必然引起汇率水平的变化。具体地说，一国通货膨胀率提高，货币购买力下降，纸币对内贬值，其对外汇率下跌。更确切地说，变化受制于两国通货膨胀程度之比较。如果两国都发生通货膨胀，则高通货膨胀国家的货币会对低通货膨胀国家的货币贬值，而后者则对前者相对升值。

（3）一国的经济实力。一国经济实力的强弱是奠定其货币汇率高低的基础，稳定的经济增长率、低通货膨胀水平、平衡的国际收支状况、充足的外汇储备以及合理的经济结构、贸易结构等都标志着一国较强的经济实力，这不仅形成本币币值稳定和坚挺的物质基础，也会使外汇市场上人们对该货币的信心增强。反之，经济增长缓慢甚至衰退、高通货膨胀率、国际收支巨额逆差、外汇储备短缺以及经济结构、贸易结构失衡，则标志着一国经济实力差，从而本币失去稳定的物质基础，人们对其信心下降，对外不断贬值。与其他因素相比较，一国经济实力强弱对汇率变化的影响是较长期的，即它影响汇率变化的长期趋势。

2. 影响一国货币汇率变动的短期因素

拓展阅读：利率平价理论

（1）利率水平。当一国提高利率水平或本国利率高于外国利率时，会引起资本流入该国，由此对本国货币需求增大，使本币升值，外汇贬值；反之，当一国降低利率水平或本国利率低于外国利率时，会引起资本从本国流出，由此对外汇需求增大，使外汇升值、本币贬值。

利率对于汇率的另一个重要作用是导致远期汇率的变化，外汇市场远期汇率升水、贴水的主要原因在于货币之间的利率差异。高利率货币会引起市场上对该货币的需求，以期获得一定期限的高利息收入，但为了防止将来到期时该种货币汇率下跌带来风险和损失，人们在购进这种货币现汇时往往会采取掉期交易，卖出这种货币的远期，从而使其远期贴水；同样的道理，低利率的货币则有远期升水。

（2）财政、货币政策。一般来说，扩张性的财政、货币政策造成的巨额财政收支逆差和通货膨胀，会使本国货币对外贬值；紧缩性的财政、货币政策会减少财政支出，稳定通货，而使本国货币对外升值。但这种影响是相对短期的，财政、货币政策对汇率的长期影响则要视这些政策对经济实力和长期国际收支状况的影响如何，如果扩张政策能最终增强本国经济实力，促使国际收支顺差，那么本币对外价值的长期走势必然会提高，即本币升值。

（3）投机资本。投机资本对汇率的作用是复杂多样的和捉摸不定的。有时，投机风潮会使外汇汇率跌宕起伏，失去稳定；有时投机交易则会抑制外汇行市的剧烈波动。

（4）政府的市场干预。尽管第二次世界大战后，西方各国政府纷纷放松了对本国的外汇管制，但政府的市场干预仍是影响市场供求关系和汇率水平的重要因素。当外汇市场汇率波动对一国经济、贸易产生不良影响或政府需要通过汇率调节来达到一定政策目标时，货币当局往往参与外汇买卖，在市场上大量买进或抛出本币或外汇，以改变外汇供求关系，促使汇率发生变化。为进行外汇市场干预，一国需要有充足的外汇储备，或者建立专门的基金，如外汇平准基金、外汇稳定基金等，保持一定数量，随时用于外汇市场的干预。

拓展阅读：亚洲金融危机

（5）其他因素。一些非经济因素的变化往往也会波及外汇市场。一国政局不稳定、有关国家领导人的更替、战争爆发等，都会导致汇率的暂时性变动。其原因在于，无论是政治因素、战争因素或其他因素，都会不同程度地影响有关国家的经济政策、经济秩序和经济前景，从而造成外汇市场上人们的心理预期变化。人们为寻求资金安全、保值，或者乘机进行投机，都会进行迅速的外汇交易，引起市场行情的波动。

另外，诸如黄金市场、股票市场、石油市场等其他投资品市场价格发生变化也会引致外汇市场汇率联动。这是由于国际金融市场的一体化，资金在国家间的自由流动，使得各个市场间的联系十分密切，价格的相互传递成为可能和必然。

案例分析

（三）汇率变动对经济的影响

汇率的变化反映经济的变化，同时汇率的变化又对经济的各个层面产生重要影响。

1. 汇率变动对国际收支的影响

（1）汇率变动对贸易收支的影响。汇率变化一个最为直接也是最为重要的影响就是其对贸易收支的影响。这种影响有微观和宏观的两个方面：从微观上讲，汇率变动会改变进出口企业成本、利润的核算；从宏观上讲，汇率变化因对商品进出口产生影响而使贸易收支差额以至国际收支差额发生变化。

微课：汇率波动对经济的影响

汇率变化对贸易产生的影响一般表现为：一国货币对外贬值后，有利于本国商品的出口，而一国货币对外升值后，则有利于外国商品的进口，不利于本国商品的出口，从而会减少该国贸易顺差或扩大贸易逆差。这是因为，一国货币的汇率发生变化后，该国商品与其他国家商品的比价也就发生了变化。如果一国货币升值或汇率上升，该国商品在国外以外国货币表示的价格就会更高，这将抑制外国居民对该国商品的需求，减少对该国商品的购买，这样该国从商品出口中所获得的外汇收入就会减少，而同时，外国商品在该国以该国货币表示的价格就会下降，这就会刺激该国居民对外国廉价商品的需求，增加对外国商品的购买，该国用于进口外国商品的外汇支出将会增加；相反，如果一国货币贬值或汇率下降，对该国国际收支的影响正好相反。

可见，一国可以通过本币贬值的手段来达到扩大出口，限制进口，改善贸易条件的目的。不过，需要说明的是，本币贬值的这种效应须满足一个有效条件，

案例分析

这个有效条件就是著名的马歇尔—勒纳条件（Marshall—Lener Condition），即进出口需求弹性的绝对值之和必须大于1，即 $(Ex+Em)>1$（$Ex$，$Em$ 分别代表出口和进口的需求弹性）。而且，货币贬值导致贸易差额的最终改善需要一个"收效期"，收效快慢取决于供求反应程度高低，而且在汇率变化的收效期内甚至还会出现短期的国际收支恶化现象。这一变化过程的轨迹如同"J"形，故称 J 曲线效应（J—curve Effect）。

（2）汇率变动对非贸易收支的影响。一国货币汇率下降，在国内物价水平不变或上涨不多的情况下，外国货币的购买能力相对增强，该国的商品和劳务的价格相对低廉。单位外币可以兑换更多的该国货币，购买更多的贬值国的商品和劳务，从而促进该国非贸易外汇收入的增加。例如，一国货币贬值可以促进该国对外旅游业的发展。

（3）汇率变动对资本流动的影响。汇率变动主要影响以保值或追求短期收益为目的的短期资本的流动，而对长期投资资本的流动影响不大。汇率变动对资本流动的影响一方面表现在货币升贬值后带来的资本流出或流入增加，另一方面也表现在汇率预期变化对资本流动的影响。如果本币贬值，外汇汇率上浮，则短期资本为了避免因持有本币资产的价值相对下降而带来的损失，会纷纷逃往其他货币坚挺或汇率稳定的国家。如果本币升值，则意味着以本币表示的各种资产价值增加，短期资本为了投机获利或保值而流入国内。当一国外汇市场上出现本国货币贬值的预期时，会造成大量抛售本币、抢购外汇的现象，资本加速外流（或外逃），这与贬值预期后资本流入增加的结果正相反；当一国外汇市场上出现本国货币升值预期时，则会形成大量抛售外汇、抢购本币的现象，使资本流入增加，这与本币升值后资本流出增加的结果正相反。

汇率变动对于资本流动的影响程度有多大，或者说资本流动对于汇率变化的敏感性如何还要受其他因素的制约，其中最主要的因素是一国政府的资本管制。资本管制严的国家，汇率变动对资本流动影响较小；资本管制松的国家，汇率变动对资本流动影响较大。大规模的短期资本流动，不管是流出国外，还是流入国内，对国内经济、国际收支都将产生不利的影响。

（4）汇率变动对外汇储备的影响。汇率变动主要影响外汇储备的数量和实际价值。当一国本币汇率下浮时，其出口增加，进口减少，外汇收入增多，支出减少，外汇储备相应增加，引起资本外流，减少外汇储备。当一国本币汇率上浮时，其出口减少，进口增加，会减少本国外汇收入，增加外汇支出，但同时又会使保值性和投机性资本流入，增加外汇储备。因此，汇率变动对外汇储备数量的增减变动取决于进出口外汇收支变化与资本项目收支变化的对比情况。另外，目前世界各国所持有国际储备的绝大部分是外汇储备，如果储备货币汇率发生变动，必然影响一国国际储备的实际价值，从而造成外汇储备的风险损失与风险收益。

在多元化外汇储备时期，由于储备货币的多元化，汇率变动对外汇储备的影响也呈多样化。

国际储备多元化加之汇率变化的复杂化，使国际储备管理的难度加大，各国

金融职业素养：走进银行，管好你的钱袋子

货币当局因而都随时注意外汇市场行情的变化，相应地进行储备货币的调整，以避免汇率波动给外汇储备造成损失。

2. 汇率变动对国内经济的影响

汇率变动对国内经济的影响是多方面的，影响的广度和深度受一国的对外开放程度、经济结构、外汇和资本管制宽严等因素的制约，具有不确定性，必须具体情况具体分析。一般来说，汇率变动对国内经济的影响主要表现在以下几个方面：

（1）汇率变动对国内利率水平的影响。在本国货币发行量一定的情况下，当本国货币汇率下跌，通过对进出口贸易和资本流动的影响，会使该国外汇收入增加、外汇支出减少，从而使国内货币供给总量增加，导致国内利率水平下降；反之，本国货币汇率上升，则会使本国国内货币供给总量下降，造成国内利率水平的上升。

汇率变动对国内利率水平的影响见图 11-1。

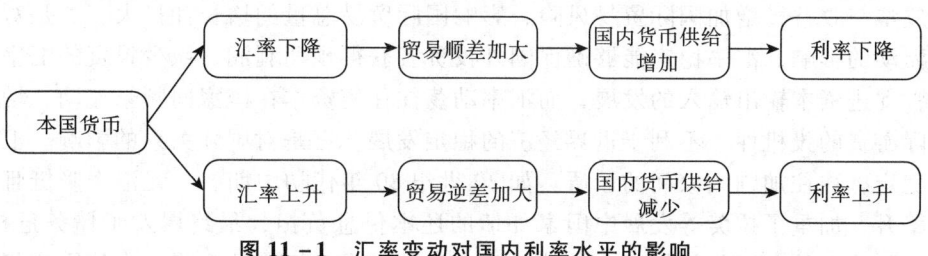

图 11-1 汇率变动对国内利率水平的影响

（2）汇率变动对物价水平的影响。在信用货币制度下，用物价指数来计算的货币购买力是决定汇率的基本因素，而汇率变化又反过来会影响物价水平。如果本币汇率下浮，该国通货膨胀压力会加大。

首先，从出口来看，贬值会刺激出口，则在短期内会加剧国内市场的供求矛盾，甚至引起出口商品国内价格的高涨，由此也会影响其他相关产品的物价上涨。

其次，从进口来看，一方面，贬值导致进口商品价格上升，若进口的多是原材料、中间产品，且这些物品弹性小，必然导致进口成本的提高，由此引发成本推进型通货膨胀。另一方面，进口价格上涨，从货币工资机制来讲，会推动生活费用的上涨，导致名义工资的提高。反之，如果本币汇率上浮，则进口供给增加，进口成本降低，使进口商品和以进口原料生产的商品价格下降，进而推动国内整个物价水平下降。

最后，从货币发行量来看，如果贬值增加了出口，形成贸易收支顺差，通常也会导致该国外汇储备的增加，中央银行也同时必须投放相同价值的本币，在没有有效对冲操作的条件下，必然会增大该国通货膨胀的压力。因此，一国如果要想使贬值发生正效应，必须采取相应的货币政策予以搭配。

现实中，一国发生通货膨胀会导致本币对外贬值，本币贬值又会产生物价上涨的压力。如果货币当局不能有效地加以控制，则会陷入"贬值——通货膨胀——贬值……"的恶性循环中。因此，汇率与价格水平之间的关系是汇率理论与政策研究中一项重要内容。

(3) 汇率变动对国民收入、劳动生产率和就业的影响。货币贬值可以看作是对出口的补贴、对进口的征税。当本国货币汇率下跌时，会刺激出口、抑制进口，使闲置资源向出口商品生产部门转移，并促使进口替代品生产部门的发展，使劳动生产率提高，生产扩大，国民收入在乘数的作用下就会数倍地扩张，就业会随之增加。反之，则产生相反的结果。但是这种补贴与征税效应，如果是保护了国内落后生产力，就会不利于劳动生产率的提高，从长远看会给国民经济带来不利影响，从而不利于发展中国家经济结构的调整。

3. 汇率变动对国际经济的影响

浮动汇率产生后，外汇市场上各国货币频繁的、不规则的波动，不仅给各国对外贸易、国内经济等造成了深刻影响，而且也影响各国之间的经济关系。汇率变动对世界经济的影响主要表现在三个方面：一是对国际贸易的影响。汇率稳定有利于国际贸易的发展，而汇率不稳，则会使进出口商无法准确折算进出口贸易的成本与收益，增加国际贸易风险，影响国际贸易总量的增长和扩大。二是对资本流动的影响。汇率稳定能够确保国外投资者获得预期利润，减少投资的汇率风险，促进资本输出输入的发展，而汇率动荡往往使资本在国家间频繁流动，增强国际游资的投机性，不利于世界经济的稳定发展。三是对国际关系的影响。汇率不稳定，往往加剧国家间的矛盾。如 20 世纪 80 年代初中期，美元汇率坚挺且一路攀升，加重了拉美等发展中国家外债的还本付息负担，最终爆发了债务危机，从而加剧了债务国与债权国之间的矛盾。另外，由于汇率的升降，直接影响相关国家的外贸与资本流向、流量，因此一些国家操纵市场汇率，进行所谓的"外汇倾销"，如果一国实行以促进出口、改善贸易逆差为主要目的的货币贬值，尤其是以外汇倾销为目的的本币贬值，往往会引起对方国家和其他利益相关国家的反抗甚至报复，这些国家会采取针锋相对的措施，直接地或隐蔽地抵制贬值国商品的侵入，"汇率战"由此而生。

货币竞相贬值促进各自国家的商品出口是国际上很普遍的现象，由此造成的不同利益国家之间的分歧和矛盾也层出不穷，这加深了国际经济关系的复杂化。

## 四、汇率制度

汇率制度又称汇率安排，是指一国货币当局对其货币汇率的变动所做的一系列安排或规定。

汇率制度作为有关汇率的一种基本原则，通常具有普遍适用和相对稳定的特点。一种汇率制度应该包括以下几个方面的内容：①规定确定汇率的依据；②规定汇率波动的界限；③规定维持汇率应采取的措施；④规定汇率应怎样调整。

根据汇率波动的剧烈和频繁程度可以把汇率制度分为固定汇率制度和浮动汇率制度。从 19 世纪末（约 1880 年）至 1973 年世界主要国家采用的是固定汇率制。1973 年年初，布雷顿森林体系彻底瓦解后，西方各国普遍采用了浮动汇率制度，1976 年 1 月国际货币基金组织正式承认浮动汇率制度，1978 年 4 月，国际货币基金组织理事会通过《关于第二次修改协定条例》，废除以美元为中心的国际货币体系，确立了浮动汇率的合法地位，标志着全球正式进入牙买加体系的浮动汇率制时代。

### （一）固定汇率制（Fixed Exchange Rate System）

固定汇率制是指汇率的确定受平价制约，现实汇率只能围绕平价在很小的范围内上下波动。固定汇率制包括金本位制下的固定汇率制和纸币本位制下的固定汇率制。

金本位制下，金币可以自由铸造和流通，银行券可以自由兑换成金币，金银可以自由输出和输入国境。金本位制下的汇率以铸币平价为基础，汇率的波动幅度受黄金输送点的限制，由于波动幅度小，所以汇率相对比较固定。

金本位制崩溃之后，各国相继实行不兑现的纸币本位制度。第二次世界大战后，成立了国际货币基金组织，建立了以美元为中心的固定汇率制，该制度规定：美元与黄金挂钩，成员国的货币与美元挂钩，并与美元建立固定比价。各国货币兑美元的汇率一般只能在平价的上下各1%的范围内波动，超过这个波动界限，各国政府有义务对外汇市场进行干预，以使汇率保持在一个相对固定的水平上。

微课：固定汇率制下汇率的形成机制

### （二）浮动汇率制（Floating Exchange Rate System）

浮动汇率制是指一国不再规定其货币的金平价及现实汇率波动幅度，货币当局也不再承担维持汇率波动界限的义务，而是听任外汇市场的供求变化来决定货币汇率水平的汇率制度。浮动汇率制依分类标准的不同可以划分为不同的类型。

1. 按照政府是否进行干预划分，浮动汇率制可分为自由浮动和管理浮动

自由浮动又称清洁浮动，是指一国货币当局对汇率不加干预，完全听任外汇市场供求来决定本国货币的汇率。管理浮动又称肮脏浮动，是指一国货币当局按照本国经济利益的需要，对汇率随时进行干预，以使本国货币汇率符合自己的期望值。从目前各国运作的实际情况来看，绝大多数国家都实行管理浮动。纯粹的自由浮动是不存在的，即使某些国家声称自己的货币汇率是自由浮动，那也不过是相对于某一特定时期和特定的经济条件而言。一旦汇率的波动超过其自身的承受能力，入市干预便成了必然的选择。

2. 按照浮动的形式划分，浮动汇率制可分为单独浮动和联合浮动。单独浮动是指一国货币不同任何外国货币有固定比价关系，其汇率只根据外汇市场供求状况和政府干预的程度自行浮动。如美元、日元、加元等多个国家的货币实行单独浮动。联合浮动亦称共同浮动或集体浮动，是指由若干个国家组成货币集团，集团内各国货币之间保持固定比价关系，而对集团外国家的货币则实行联合浮动。目前比较典型的是欧盟采用的联合浮动。

当今世界上的汇率制度五花八门，除上述类型之外，还存在钉住汇率制、爬行钉住汇率制以及联系汇率制等，我国的香港特别行政区就实行联系汇率制度。

案例分析

## 五、人民币汇率制度

### （一）人民币汇率概述

（1）人民币是有限制的可自由兑换货币，人民币汇率即人民币与外币之间的比价、兑换率。

（2）我国人民币汇率的确定，是完全独立自主的，不受任何外来的压力与影响，中国人民银行授权中国外汇交易中心公布每日银行间外汇市场人民币外汇即期报价和人民币外汇远掉报价。

（3）人民币汇率采用直接标价法，一般以100个外币单位为标准折算为一定数额的人民币来标价。人民币汇价有买入价、卖出价、现钞买入价、现钞卖出价。买入与卖出都是针对银行来说的，买入价是银行买入外汇的价格，卖出价是银行卖出外汇的价格。买卖价之间的差额为0.5%，作为银行的费用收入。

（4）人民币外汇汇价不分电汇、票汇或信汇，都采用同一汇价。但买入外币汇票和旅行支票时，因考虑银行垫付资金问题，所以另收一定费用。

（5）目前中国外汇交易中心人民币汇率挂牌的货币都是可以自由兑换的货币，有美元、欧元、日元、港元、英镑、澳大利亚元、新西兰元、新加坡元、瑞士法郎、加拿大元等24种货币。

### （二）人民币汇率的沿革

**1. 单一浮动汇率制（1949—1952年）**

根据不同时期的经济发展需要，改革开放前我国的汇率体制经历了中华人民共和国成立初期的单一浮动汇率制（1949—1952年），在1953年以前采取"物价对比法"，即先分别计算出口商品理论比价、进口商品理论比价和侨汇购买力比价，然后以出口商品理论比价加一定的利润为依据，参照进口商品理论比价和侨汇购买力理论比价具体确定人民币汇率水平。

**2. 单一固定汇率制（1953—1972年）**

1953年以后，随着我国对工商业的社会主义改造完成，我国进入社会主义计划经济时期。进出口由我国对外贸易部所属的外贸专业公司按国家计划统一经营、统负盈亏。1955年3月1日，中国人民银行发行了第二套人民币，新版人民币按照1:10000兑换旧版人民币，人民币汇率随之大幅调整为1美元兑2.4618元新版人民币。1955年3月至1971年11月近16年的时间里，人民币一直维持在这一水平。随着布雷顿森林货币体系在1971年底解体和美元贬值，人民币汇率相应上调为1美元兑换2.2673元人民币。

**3. 单一浮动汇率制（1973—1980年）**

1973年以后，由于发达国家普遍采用浮动汇率制，各国货币汇率经常浮动，为避免消极影响，保持人民币汇率的适当水平，采用"一篮子货币"的计值方法，即选用与我国外贸有关的若干种货币，按照这些货币汇率波动的情况，运用加权平均法计算出人民币汇率，并注意经常调整。

案例分析

### 4. 汇率双轨制（1981—1993年）

党的十一届三中全会以后，我国进入了向社会主义市场经济过渡的改革开放新时期。为鼓励外贸企业出口的积极性，我国的汇率体制从单一汇率制转为双重汇率制。经历了官方汇率与贸易外汇内部结算价并存（1981—1984年）和官方汇率与外汇调剂价格并存（1985—1993年）的两个汇率双轨制时期。

### 5. 钉住汇率制度（1994—2005年）

为了适应中国改革开放不断深化的要求，同社会主义市场经济体制相吻合，以及符合国际货币基金组织和关贸总协定对成员国汇率安排的规定，1994年1月1日，中国政府对外汇体制进行了重大改革，人民币官方汇率与外汇调剂价格正式并轨，实行以市场供求为基础的、单一的、有管理的浮动汇率制度。

### 6. 有管理的浮动汇率制度（2005年7月以后）

人民币汇率制度改革，逐渐完善人民币汇率的市场形成机制。2005年7月21日19时，中国人民银行发布公告：经国务院批准，我国开始实行以市场供求为基础、参考"一篮子货币"进行调节、有管理的浮动汇率制度。此次汇率改革，人民币对美元一次性升值2%，人民币汇率不再盯住单一美元，而是按照我国对外经济发展的实际情况，选择若干种主要货币，赋予相应的权重，组成一个货币篮子。篮子货币的确定以对外贸易权重为主，主要包括美元、欧元、日元、韩元、新加坡元、英镑等十一种货币。

2010年6月19日，中国人民银行重新启动了人民币汇率形成机制改革。这次改革实质上是2005年7月改革的延续，中国政府重申了以市场供求为基础、参考一篮子货币、人民币对主要货币日均波幅千分之五的管理浮动汇率制。自2012年4月16日起，银行间即期外汇市场人民币兑美元交易价浮动幅度由千分之五扩大至1%。自2014年3月17日起，银行间即期外汇市场人民币兑美元交易价浮动幅度由1%扩大至2%，即每日银行间即期外汇市场人民币兑美元的交易价可在外汇交易中心对外公布的当日人民币兑美元中间价上下2%的幅度内浮动。

截至2025年5月31日，中国人民银行已与32个国家和地区的中央银行或货币当局签署双边本币互换协议，互换协议总规模约4.5万亿元人民币。

拓展阅读：人民币国际化报告

知识链接：人民币国际化

第一节小测验

## 第二节 国际收支

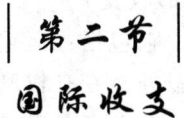

### 一、国际收支的含义

国际收支概念有广义与狭义之分。狭义的国际收支是指一个国家或地区在一定时期内，由于经济、文化等各种对外交往而发生的，必须立即结清的外汇收入

微课：认识国际收支

与支出。第一次世界大战后到第二次世界大战期间盛行这一概念。

广义的国际收支是指一国或地区居民与非居民在一定时期内全部经济交易的货币价值之和。它是以交易为基础,既包括贸易收支和非贸易收支,又包括资本的输出输入;既包括已实现外汇收支的交易,又包括尚未实现外汇收支的交易。这是第二次世界大战后国际社会公认的国际收支概念。

IMF 2008 年 12 月发布的《国际收支和国际投资头寸手册（第六版）》中对国际收支的定义是：国际收支是某个时期内居民与非居民之间的交易汇总统计表,组成部分有货物和服务账户、初次收入账户、二次收入账户、资本账户和金融账户。

## 二、国际收支平衡表及其构成

一国的国际收支状况是通过国际收支平衡表来反映的。国际收支平衡表是系统地记录一个国家一定时期内（通常为一年）全部国际收支项目及金额的统计报表。目前,我国按季度统计发布国际收支平衡表。

国际收支平衡表是按照复式簿记的原理编制的。在表中,全部经济交易被划分为借方（或付方）、贷方（或收方）和差额三项,用以反映一定时期内对外经济活动的状况。一切收入或负债增加、资产减少记入贷方,一切支出或资产增加、负债减少记入借方。

国际收支平衡表的内容各国依自身经济状况不同繁简不一,但大多数国家都包括经常项目、资本项目和平衡项目。

（一）经常项目

经常项目显示的是居民与非居民之间货物、服务、初次收入和二次收入的流量,是国际收支平衡表中最主要和最基本的项目。

1. 货物（又称贸易收支或有形收支）

货物包括商品的进口和出口。按照国际货币基金组织的有关规定,商品的进口和出口以海关统计为准,而且应按离岸价格（FOB）计算。若当期出口收入大于进口支出就称为贸易收支顺差；反之,若当期进口支出大于出口收入,则称为贸易收支逆差。

2. 服务（又称劳务收支或无形收支）

服务是指记录服务的进出口。它包括：运输、通信、旅游、建筑服务、保险服务、金融服务、计算机和信息服务、专有权利使用费和特许费、咨询、广告与宣传、电影和音像及其他商业服务等劳务的收入与支出。在国际收支平衡表上,收入记贷方,支出记借方。

3. 初次收入账户

初次收入账户显示的是居民与非居民机构单位之间的初次收入流量。编报经济体应收的初次收入计入贷方,应付的初次收入计入借方。

（1）与生产过程相关的收入。雇员报酬是向生产过程投入劳务的收入。对产品和生产的税收和补贴也是有关生产的收入。

知识链接：中国国际收支平衡表（概览表）

拓展阅读：2019 年中国国际收支报告

（2）与金融资产和其他非生产资产所有权相关的收入。财产收入是提供金融资产和出租自然资源所得的回报。投资收益是提供金融资产所得的回报，包括股息和准公司收益提取、再投资收益和利息。

国际账户将初次收入分成以下类型：①雇员报酬；②股息；③再投资收益；④利息；⑤归属于保险、标准化担保和养老基金保单持有人的投资收益；⑥租金；⑦对产品和生产的税收和补贴。

4. 二次收入账户

二次收入账户表示居民与非居民之间的经常转移。各种不同类型的经常转移计入本账户，表明其在经济体间收入分配过程中的作用。

经常转移是机构单位向另一个机构单位提供货物、服务、金融资产或其他非生产资产而无相应经济价值物品的回报。单方面无对等的经济交易也称价值的单方面转移或无偿转移收支。转移收支可分为政府转移收支和私人转移收支两大类。政府转移收支主要包括：政府间经济和军事援助、战争赔款、捐赠等。私人转移收支包括：侨汇、年金和馈赠等。经常转移所形成的收入记入贷方，经常转移所形成的支出记入借方。

（二）资本项目

资本和金融账户主要是用于记载资本的输出和输入总额，反映以货币表示的债权债务在国家间的转移，一般由长期和短期资本所构成。第二次世界大战后，随着经济的发展和国际经济交易的频繁，资本输出输入规模越来越大，因而资本项目在一些国家的国际收支平衡表中的地位日益重要。

1. 资本账户

记录居民与非居民之间的资产转移，主要包括资本转移与非生产、非金融资产交易。资本转移，记录固定资产所有权的变更及债权债务的减免等导致交易一方或双方资产存量发生变化的转移项目。非生产、非金融资产交易，记录与商品和劳务的生产相关但本身却不能被生产出来的有形资产（如土地和地下资源等）及非生产性的无形资产（如商标、专利权、版权等）在一国和他国之间的交易。资本的流入记入贷方，资本的流出记入借方。

2. 金融账户

记录居民与非居民之间投资与借贷的增减变化，包括本国对外资产和负债的所有权变动的所有交易。金融账户由直接投资、证券投资、其他投资构成。

（三）平衡项目（Balance Account）

当一国经常项目和资本项目收支合计出现差额时，必须运用平衡项目进行调节，弥补差额以取得收支平衡。平衡项目包括：

1. 储备资产

储备资产是指一个国家的金融当局持有的储备资产及其对外债权，包括货币性黄金、外汇、特别提款权和在国际货币基金组织的储备头寸（普通提款权）。

一个国家的国际收支出现顺差或逆差时，可以通过增减其官方储备资产来求得平衡。国际收支平衡表记录储备资产净值的变化情况，储备的增加记入借方，减少记入贷方。

拓展阅读：2020年中国官方储备资产

## 2. 净误差与遗漏

这是一个人为设计的平衡项目，用于轧平国际收支平衡表中最终的余额。在编制国际收支平衡表时，有些统计数字发生错漏是在所难免的，这是因为：①资料来源不一，有的来自海关统计，有的出于官方机构的调查数据。②资料不全，如走私、资本外逃、私自携带现钞出入境，使精确数字不易掌握。③资料本身错漏，由于主观原因有些数字有计算错误，有的仅仅是估算数字。由于上述原因，需设立这一项目来人为估算一下错漏总额，以便轧平国际收支差额。

当前，考察国际收支状况主要注意四个差额：一是贸易收支差额，等于商品出口减商品进口（按绝对额计算），或等于商品出口加商品进口（按 BOP 记账符号计算）；二是商品、服务和收益差额，等于商品交易差额加服务收支差额和收益差额；三是经常项目差额，等于商品、服务和收益差额加单方转移收支差额；四是基本国际收支差额，等于经常项目差额加长期资本移动差额。

对国际收支平衡表的分析，通常可以分为两个部分：一般性分析和项目分析。对国际收支平衡表的一般性分析有对国际收支平衡表本身进行整体分析，对国际收支平衡表进行历史纵向分析，对国际收支平衡表进行横向国别分析，对一国国内经济、金融政策对该国国际收支的影响进行分析，对有关国家的经济、金融政策以及重大国际事件对一个国家国际收支状况的影响进行分析，以及对国际收支平衡表进行动态分析。项目分析包括对国际收支平衡表的各个项目的变动原因以及影响的分析。

### 三、国际收支失衡的判断标准及原因

#### （一）国际收支平衡标准

按复式簿记原理编制的国际收支平衡表，它的平衡或者说均衡只是形式上的。实际上，一国国际收支常常出现失衡状况，或是支大于收（逆差），或是收大于支（顺差），存在差额。问题是怎样判断一国国际收支是平衡还是不平衡。

国际上通行的方法是将国际收支平衡表上各个项目，区分为两种不同性质的交易：自主性交易和调节性交易。前者是指企业、单位和个人由于自身的需要而进行的交易，如商品和服务的输出输入、赠予、侨民汇款和长期资本流出入，包括经常项目和资本项目中的长期资本收支。调节性交易则是指在自主性交易产生不平衡时所进行的用以调节收支的弥补性交易，如向国外银行和国际金融机构借用短期资本、进口商取得分期付款的权利以及动用国际储备等，包括资本项目中短期资本流动和国际储备项目的变动。可见两种交易收支最明显的区别在于：自主性交易系由商业经营、单方面支付和投资的需要所引起，与国际收支其他项目的大小无关；而调节性交易则是因为国际收支其他项目出现差额需要去弥补，才相应采取的一种交易。通常判断一国国际收支是否平衡，主要是看其自主性交易是否平衡。如果一国国际收支不必依靠调节性交易而通过自主性交易就能实现基本平衡，是真正的平衡；反之，如果自主性交易收支出现差额，必须通过调节性交易来维持收支平衡，则为国际收支失衡。

拓展阅读：国际收支平衡表指标说明

微课：国际收支失衡的表现及类型

## （二）国际收支失衡的原因

造成国际收支失衡的原因是多种多样的，因国家的具体情况和不同时间条件引发失衡的原因各异。概括起来有以下几个方面：

1. 周期性失衡

经济周期变化会引起国际收支的变化。经济发展存在着周期性，在经济周期的各个不同阶段，国际收支可能会受不同的影响。繁荣时期，由于生产增长，出口可能会增加，同时，繁荣时期投资机会的增多，会吸引资本内流，可能导致国际收支出现顺差。萧条时期，生产下降，投资机会减少，使出口萎缩，资本外流，国际收支可能出现逆差。

2. 结构性失衡

由于经济结构的变化引起国际收支的失衡叫作结构性失衡。各国由于地理环境、资源分布、技术水平和劳动生产率等经济条件的不同，形成了各自的经济布局和产业结构，从而形成各自的进出口商品结构。当国家间对某种商品的生产和需求发生变化时，如果该国不能相应地调整其产业结构和出口商品结构，则会引起贸易和国际收支的失衡。此种原因引发的失衡往往是长期的并且是很难调节的。

3. 货币性失衡

货币流通状况会对国际收支产生影响。如果一国发生通货膨胀，国内物价上涨，其出口商品成本随之提高，削弱了产品在国际市场上的竞争力，使出口减少而进口增加，可能造成国际收支逆差。反之，如果出现通货紧缩，物价下跌，可能导致出口上升而进口下降，造成国际收支的顺差。

4. 收入性失衡

收入性失衡是指国民收入的增减变化所引起的国际收支失衡。通常情况下，一国国民收入增加，会使本国的消费增加，对商品和劳务的进口需求会相应增加，引起国际收支逆差。如果国民收入增加的同时，带动劳动生产率的提高，则会降低本国商品的生产成本，导致出口的增加，国际收支则会出现顺差。

5. 临时性失衡

临时性失衡是指偶然的因素造成国际收支的失衡。一国政局的动荡、宏观经济政策、严重的自然灾害和战争等因素也会作用于贸易和资本流动而引起国际收支产生变化。

影响国际收支变化的各因素往往互相作用，引起连锁反应。失衡可能是不同影响因素所发生效应的叠加，也可能是不同影响因素所发生效应的相互冲抵。当正反两方面因素的作用结果是一方大于另一方时，国际收支的失衡就不可避免了。

## 四、国际收支失衡对经济的影响

国际收支失衡是必然的，但是对于一个国家来说，持续的顺差和逆差都会对其经济产生不利的影响。

微课：国际收支失衡对经济的影响

### (一) 国际收支持续逆差对国内经济的影响

（1）导致该国外汇短缺，造成外汇汇率上升，本币汇率下跌。一旦本币汇率过度下跌，会削弱本币在国际上的地位。导致该国货币信用的下降，国际资本大量外逃，引发货币危机。

（2）导致外汇储备大量流失。储备的流失意味着该国金融实力甚至整个国力的下降，损害该国在国际上的声誉。

（3）外汇短缺影响该国发展生产所需的生产资料的进口，使国民经济增长受到抑制，进而影响一国的国内财政以及充分就业。

（4）持续性逆差还可能使该国陷入债务危机。

### (二) 国际收支持续顺差对国内经济发展的影响

（1）持续顺差在外汇市场上表现为有大量的外汇供应，这就增加了外汇对本国货币的需求，导致外汇汇率下跌，本币汇率上升，提高了以外币表示的出口产品的价格，降低了以本币表示的进口产品的价格。导致在竞争激烈的国际市场上，其国内商品和劳务市场将会被占领。

（2）持续顺差会破坏国内总需求与总供给的均衡，使总需求迅速大于总供给，冲击经济的正常增长。

（3）一些资源型国家如果发生过度顺差，意味着国内资源的持续性输出，会给这些国家今后的经济发展带来隐患。

（4）如果持续性贸易收支顺差，会影响其他国家经济发展，导致国际贸易摩擦。

## 五、国际收支的政策调节

案例分析

一国国际收支的失衡，若不及时调整，会直接影响对外扩大交往的能力和信誉，不利于国内经济的发展。因此，一国出现国际收支失衡时，通常都要采取措施进行调节。

各国根据自身国际收支失衡的原因和特点可采取相应的措施进行调节。一般有以下几种调节措施可供选择。

### (一) 外汇缓冲政策

外汇缓冲政策，是指一国政府为对付国际收支不平衡，把黄金和外汇储备作为缓冲体，通过中央银行在外汇市场上买卖外汇，来消除国际收支不平衡所形成的外汇供求缺口，从而使国际收支不平衡所产生的影响仅限于外汇储备的增减，而不致使汇率急剧变动和进一步影响本国的经济。外汇缓冲政策虽然简便易行，但它不适于对付长期、巨额的国际收支逆差。如果完全依靠外汇缓冲政策，将可能导致该国外汇储备的枯竭。

### (二) 财政政策

财政政策是指财政部门用扩大或缩小财政开支和提高或降低税率的办法来平衡国际收支。当一国国际收支发生逆差时，往往实行紧缩性的财政政策。一方面削减财政支出，另一方面提高税率以增加财政收入，减少投资和消费，降低对商品的需求，迫使物价下跌，从而达到扩大出口、减少进口，改善国际收支的目的。若国际收支发生顺差，则实行扩张性的财政政策，抑制出口、增加进口，以减少国际收支顺差。

（三）货币政策

货币政策亦称金融政策，是西方国家普遍频繁采用的调节国际收支的政策措施，主要包括：①贴现政策，通过改变再贴现率，影响市场利率。因为市场利率的升降，既影响资本流出的规模也影响投资、消费需求和贸易收支，从而影响国际收支。②改变准备金比率政策，逆差时调高存款准备金的比率，使信贷规模缩小，需求和进口下降，促使国际收支达到平衡。

（四）汇率政策

汇率政策是指一国通过汇率的调整来实现国际收支平衡的政策措施。当一国国际收支发生逆差时，采取降低本国货币汇率，提高外汇汇率的办法，使本国商品在国外市场上以外币计算的价格下跌，以达到扩大出口抑制进口的目的。要实现这一点必须具备：自由贸易、国内外物价稳定及进出口商品需求的价格弹性之和大于1，从而可以使国际收支得到改善。反之，如一国发生国际收支顺差，则可采取本国货币升值，外汇汇率下降的办法，扩大进口、抑制出口，以减少顺差。

案例分析

（五）直接管制

直接管制是指政府通过发布行政命令，对国际经济交易进行行政干预，以求国际收支平衡的政策措施。直接管制包括贸易管制和外汇管制。贸易管制是指对对外贸易本身实行的直接管制如进口许可证、进口配额管理等。外汇管制是指对外汇汇率、外汇买卖、外汇收支和国际结算等采取一些限制性的措施。

当一国国际收支逆差时，一般要加强直接管制，减少逆差；当国际收支发生长期性顺差时，放松直接管制，减少顺差。直接管制常能起到迅速改善国际收支的作用，但并不能真正解决国际收支平衡问题，而且一旦取消管制，不平衡就会重新出现。此外，实行管制政策既为国际经济组织所反对，又会引起他国的反抗和报复，所以在运用这项政策时应谨慎。

第二节小测验

当一国国际收支发生不平衡时，需要针对形成的原因采取相应的政策措施。有时也需要各种措施的配套使用，才会使国际收支的调节取得比较理想的效果。

## 第三节 国际储备

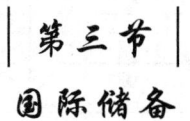

### 一、国际储备的概念和形式

（一）国际储备的概念

国际储备也称"官方储备"，是一国货币当局持有的备用于弥补国际收支逆

微课：认识国际储备

差，维持本币汇率稳定和对外应急支付的各种形式的资产。

国际储备和国际清偿能力不能等同。国际清偿能力除包括各种形式的国际储备外，还包括一国在国际上筹措资金的能力。因此，国际储备仅是一国现有的对外清偿能力，而国际清偿能力是现有的对外清偿能力和潜在的对外清偿能力的总和。

### （二）国际储备的形式

国际储备形式随历史的发展而发展。第二次世界大战前黄金与可兑换为黄金的外汇构成各国的国际储备。目前，IMF 成员国的国际储备的形式有：

1. 黄金储备（Gold Reserves）

黄金储备是指一国货币当局持有的货币性黄金。

微课：国际储备的构成

黄金作为一种价值实体，是一种重要的国际储备资产，每个国家都持有一定数量的黄金储备（见表 11-2）。自 1976 年起，根据国际货币基金组织的《牙买加协议》的有关规定，黄金同国际货币制度和各国的货币脱钩，黄金不再成为货币制度的基础，也不准用于政府间国际收支差额的清算，至此黄金实现了非货币化。但是国际货币基金组织在统计和公布各成员国的国际储备时，依然把黄金储备列入其中，主要原因是黄金长期以来一直被人们认为是一种最后的支付手段，它的贵金属特性使它易于被人们所接受。加之，世界上存在发达的黄金市场，各国货币当局可以方便地通过向市场出售黄金来获得所需的外汇，平衡国际收支差额。

表 11-2　　　　　　　　2025 年 4 月黄金储备量排名前 10 位的国家

| | 国家 | 黄金持有（吨） |
| --- | --- | --- |
| 1 | 美国 | 8133 |
| 2 | 德国 | 3352 |
| 3 | 意大利 | 2452 |
| 4 | 法国 | 2437 |
| 5 | 俄罗斯 | 2336 |
| 6 | 中国 | 2264 |
| 7 | 瑞士 | 1040 |
| 8 | 印度 | 854 |
| 9 | 日本 | 846 |
| 10 | 荷兰 | 612 |

资料来源：各国央行、洲际交易所基准管理机构、国际货币基金组织、世界黄金协会。

2. 外汇储备（Foreign Exchange Reserves）

外汇储备是一国货币当局持有的对外流动性资产，其主要形式为国外银行存款和外国政府债券。外汇储备是国际储备的主体。

外汇储备由各种能充当储备货币的资产构成。储备货币必须具备三个特征：①必须是可兑换货币；②必须为各国普遍接受；③币值相对稳定。第一次世界大战前，英镑是最主要的储备货币。20世纪30年代美元崛起，与英镑共享主要储备货币的权利。第二次世界大战后，美元成了各国外汇储备中最主要的储备货币。20世纪60年代开始，美元地位下挫，马克、日元的储备货币地位上升，从而形成储备货币多元化的局面。1999年1月1日，欧元问世，这对打破美元"一统天下"的单一货币格局和加快国际货币体系的改革具有重要意义。国际货币基金组织公布数据，2024年年末美元外汇储备降至57.8%。近年来，随着我国经济迅速发展，在全球的影响力不断增强，人民币的价值也在不断提升，人民币国际化进程加快，许多国家不断增加人民币的储备。

3. 在国际货币基金组织的储备头寸（Reserve Position in the Fund）

在国际货币基金组织（IMF）的储备头寸，亦称普通提款权（General Drawing Rights），是指成员国在IMF的普通资金账户中可自由提取和使用的资产。一国在IMF的储备头寸包括：

（1）成员国向IMF认缴份额中25%的黄金或可兑换货币部分。因这部分的资金，成员国可自由提用，故可成为一国国际储备资产。

（2）IMF向其他成员国提供的本国货币的贷款。这部分贷款构成一国对国际货币基金组织的债权，该国可无条件地提取并用于支付国际收支的逆差（各成员国认缴的份额75%是用本币缴纳的）。

（3）IMF向一国借款的净额，也构成该成员国对IMF的债权。

4. 特别提款权（Special Drawing Rights，SDRs）

特别提款权是国际货币基金组织创设的一种储备资产和记账单位，是该组织分配给其成员的一种使用资金的权利，可以在发生国际收支逆差时向其他成员换取外汇。SDRs是国际货币基金组织在1969年9月正式创立的特殊的账面资产，是在普通提款权以外配给成员国的特别提用资金的权利，故称特别提款权。特别提款权不是真正的货币，只是一种记账单位。它不能直接用于贸易和非贸易支付，不能直接作为国际支付手段，只是会员国在基金组织中的账面资产。它不能兑换为黄金，故被称为"纸黄金"。正因如此，其使用仅限于基金组织会员国之间与基金组织之间的官方结算与支付。自1970年基金组织按成员国认缴份额开始分配特别提款权起，其中70%左右分配给了发达国家，30%左右分配给了发展中国家。

拓展阅读：人民币加入SDRs的过程

人民币没有纳入货币篮子之前，SDRs由美元、欧元、英镑、日元四种货币加权平均定值。IMF每5年对特别提款权篮子中的货币进行一次评估，2010年11月调整后，美元的权重由2005年审查确定的44%下降至41.9%，欧元的权重由34%上升为37.4%，英镑的权重由11%上升至11.3%，日元的权重由11%下降至9.4%。2016年9月30日（华盛顿时间），国际货币基金组织（IMF）宣布纳入人民币的特别提款权（SDR）新货币篮子于10月1日正式生效，拉加德总裁发表声明称，这反映了人民币在国际货币体系中不断上升的地位，有利于建立一个更强劲的国际货币金融体系。新的SDR货币篮子包含美元、欧元、人民币、日元和英镑五种货币,权重分别为 41.73%、30.93%、10.92%、8.33% 和 8.09%,对应的货币数量分别为 0.58252、0.38671、1.0174、11.900、0.085946。

SDRs 的分配,是基金组织根据成员国出资的份额,按比例无偿进行分配。在 2009 年 4 月 G20 伦敦峰会的呼吁下,各国就再次进行 SDR 分配迅速达成共识,IMF 于当年 8 月进行了第三次 SDR 普遍分配,分配了 2500 亿美元的 SDR (1612 亿 SDR),并于同年 9 月进行了一次额度为 215 亿 SDR 的特殊分配,将全球 SDR 总量提高至 2041 亿 SDR。已分配而未使用的 SDRs,成为一国国际储备资产的一部分。

## 二、国际储备的作用

### (一)调节国际收支的缓冲器

国际收支无论发生顺差或逆差,都需要进行调节,使其趋于平衡。国际储备在这个调节过程中起着缓冲作用,一国国际收支出现短期的逆差,可用本国的国际储备来平衡,而不用采取调整国内经济或进出口贸易的措施来纠正,不致影响国内经济的发展。

### (二)一国币值稳定的保证

国际储备可作为干预资产,被一国货币当局用来干预外汇市场,以将本国货币的汇率维持在政府希望的水平上。如通过出售储备购入本币,使本币汇率上升;反之,通过购入储备抛出本币,使本币汇率下降。充裕的国际储备是支持和加强本国货币信誉的物质基础。

### (三)向外借债、还债的信用保证

国际储备是衡量一国对外资信的重要指标。一国的国际储备状况是国际金融机构评估国际资本对该国投资风险的指标之一。国际储备可以作为一国向外借款的保证、偿还外债的保证,可以提高一国的资信,便于对外筹资,降低融资成本。

## 三、国际储备的管理

国际储备管理分两个方面:国际储备水平管理,以求储备水平适度;国际储备结构管理,以求储备结构合理。

### (一)国际储备水平的管理

一国持有的国际储备,实际上是将可利用的实际资源储备起来,放弃和牺牲利用它们的机会,是一种经济效益的损失。所以国际储备的数量并不是越多越好,而是适度为宜。一国保持多大的国际储备量为适度,是国际储备水平管理的重要任务。从现实看,各国并没有统一的标准,因为一个国家在不同的发展阶段,或不同国家在相同发展阶段,对国际储备的需求都不会相同。因此,国际储备的绝对量不能说明国际储备的适宜度,国际储备的量化指标必须通过与相关指标的对比比例来说明。一般说来,决定一国储备水平主要有以下因素:

案例分析

1. 对外贸易状况

当一国对外贸易依赖程度较高，则其需要的国际储备较多；反之，则较少。一国在贸易条件上处于不利地位，其出口商品又缺乏竞争力，则其需要的国际储备较多；反之，则较少。国际上普遍认为，一国持有的国际储备应能满足其3个月的进口需要。按此计算，储备额对进口的比率为25%左右。这就是所谓的储备进口比率法。该法的优点是简明易行，所以被世界各国及国际组织所广泛采用。

2. 持有国际储备的机会成本

国际储备作为备用资产，在未被支配使用之前的闲置实际上是一种损失和浪费，这主要是相对于这部分资产如果被用作投资可能带来的经济效益而言。虽然储备资产若以存款或购买有价证券形式也可带来增值，但与投资效益相比总会有差额，这就是机会成本。储备资产越多，需付出的机会成本也就越高。所以，储备的总量只要能满足需要就可以了，而并非越多越好。

3. 借用外国资金的能力

一国借用国外资金的能力越强，其国际储备水平越可适当偏低；反之，应适当偏高。

4. 直接管制程度

管制越严需要的储备就越少；管制放松，需要的储备就越多。

5. 汇率制度与外汇政策

实行固定汇率制度和稳定汇率政策的国情下，对国际储备的需要量较大；汇率自由浮动的国情下，对储备的需要量较小。

6. 货币的国际地位

一国货币如果可以作为储备货币，可通过增加本币对外负债来弥补国际收支逆差，而不需要较多的储备；反之，则需要较多的储备。

（二）国际储备结构的管理

一国储备资产除了水平上适度外，还需结构上合理，这样才能做到流动性（或称变现性）、收益性、安全性兼顾。合理的国际储备结构，是指国际储备资产的最佳构成，即各种储备资产之间以及外汇储备的各种储备货币之间的最优比例关系。

微课：国际储备的结构管理

1. 黄金储备、外汇储备、普通提款权和特别提款权的结构管理

现实生活中，除黄金储备外，变现性和收益性往往是互相排斥的。比如，变现性很高的国外银行活期存款的收益性很低，甚至为零，而外国政府长期债券收益较高，变现性却较低。如何在变现性与收益性之间权衡，二者兼顾，是黄金储备、外汇储备、普通提款权和特别提款权结构管理的目标原则。世界上由于各国国情不同，有的国家强调收益性，有的国家强调变现性，但是由于国际储备的作用主要是用于弥补国际收支的逆差，所以多数国家的货币当局更重视变现性。

目前，通常将储备资产划分为三级：一级储备资产流动性最强，收益性最低；二级储备资产流动性次之，收益性高于一级储备；三级储备资产流动性最差，收益性最高。比如，银行活期存款、短期存款、短期政府债券为一级储备资产，中期政府债券为二级储备资产，长期公债券为三级储备资产。由于普通提款权和特别提款权使用上的特点，可分别把它们视为一级储备和二级储备。至于黄金储备，由于只有在金价有利，外汇储备利率较高时，各国货币当局才肯将其卖为储备货币，故可视为三级储备。如何安排三级储备资产的结构，在保持适度流动性的前提下，尽可能地获得收益是国际储备结构管理的一个任务。

2. 各种储备货币的结构管理

由于普通提款权和特别提款权的多少都决定于成员国向基金组织缴纳的份额，其数量受基金组织的控制，不能随意变更，其内在构成也较为简单，所以国际储备结构管理的重点是外汇储备中各种储备货币的结构管理。

浮动汇率制度下，汇率的经常波动给外汇储备带来了贬值的风险。当然另一面持有外汇储备资产还有一定的利息（银行存款、证券投资），所以储备货币外汇资产收益率等于价格变化率加名义利率。在储备货币的选择和应用上，应优先考虑的是安全保值，同时兼顾流动性和收益性。这是储备货币结构管理的难点之所在。通常采用的办法是：注意将储备货币的结构与贸易赤字的货币结构保持一致，与清偿外债支付本息的货币结构保持一致，与干预市场所需用的货币结构保持一致，同时注意各种储备货币汇率、利率变化的现状和趋势，进行适当的抛补。

第三节小测验

## 第四节 国际货币体系

### 一、国际货币体系的内涵

国际货币体系，是指为适应国际贸易与国际支付的需要，各国政府对货币在国际范围内发挥世界货币职能所确定的原则，采取的措施和建立的组织形式。它一般包括：各国货币比价的确定、国际收支的调节、国际储备资产的确定、黄金外汇流动与转移是否自由等内容。

随着国际经济和政治形势的发展，各个时期国际货币体系的内容有所不同，从而形成了具有不同特征的国际货币体系。大体可以分为金本位制下的国际货币体系、以美元为中心的布雷顿森林体系、牙买加体系及区域性货币体系等。

### 二、金本位制下的国际货币体系

金本位制下的国际货币体系具有以下特征：

（1）黄金在国际交往中充当世界货币，各国中央银行持有的国际储备资产大部分为黄金。

（2）各国都规定自己本国货币的含金量，因此，两国货币兑换比率自然以两国货币含金量之比为基准。当一国外汇收支顺差时，顺差国货币的需求上升，该国货币汇率上升；当外汇收支逆差时，该国对外币需求上升，外汇汇率上涨。但汇率涨跌的幅度被限制在黄金输送点之内。

（3）外汇收支具有自动调节机制。当外汇收支逆差时，黄金外流，本国货币供应下降，国内物价下跌，从而促使出口增长，外汇收入增加，使逆差得到调节；反之，则情况相反。

所以在这种货币制度下，各国外汇收支的调节较易进行，汇率在短期内会有所波动，但从长期来看则经常可以保持一个相对稳定的水平。

案例分析

### 三、布雷顿森林体系

第二次世界大战，使得世界政治、经济实力的对比发生了很大变化，参战各国经济都遭到严重破坏，唯有美国经济得到空前发展。1945年美国的国民生产总值占全部资本主义国家国民生产总值的60%，其黄金储备相当于整个资本主义世界黄金储备的四分之三。正是在这种情况下，金本位难以维持，走到了终点。第二次世界大战后，形成了以美元为中心的布雷顿森林体系。

1943年7月在英国、美国组织下，召开了有44个国家参加的布雷顿森林会议，通过了《布雷顿森林协定》。

知识链接：《布雷顿森林协定》的主要内容

进入20世纪50年代，美国政治经济地位下降，西欧、日本等国的经济开始崛起，打破了美国对世界经济的垄断和美元的霸主地位。特别是美国国际收支逆差迅速增加，黄金储备大量外流，到1960年年底出现了黄金储备不足以抵补短期外债的情况，导致爆发美元危机。国际市场上抛美元抢购黄金和其他货币引发美元汇率下跌的危机，在20世纪六七十年代就发生了十几次。1971年8月15日，尼克松政府被迫宣布停止向各国政府或中央银行按黄金官价兑换黄金，美元与黄金脱钩。此种情况下，一些西方国家纷纷将本币与美元脱钩，采用浮动汇率制度。

1973年2月，国际金融市场又一次爆发美元危机，掀起抛售美元，抢购德国马克、日元和黄金的风潮，导致美元在第二次世界大战后的第二次贬值，贬值幅度为10%，西方国家的货币对美元也都实行了浮动汇率制度。至此，固定汇率制让位于浮动汇率制度，布雷顿森林体系彻底崩溃。

### 四、牙买加体系

布雷顿森林体系崩溃之后，国际货币金融关系动荡混乱，美元的国际地位不断下降，浮动汇率制取代固定汇率制，汇率波动剧烈，全球性国际收支失衡现象严重，各国积极寻求货币制度改革的新方案。1976年1月8日国际货币基金组织国际货币制度临时委员会在牙买加首都金斯敦召开会议，并达成《牙买加协

知识链接：《牙买加协定》的主要内容

定》（Jamaica Agreement），同年 4 月基金组织理事会通过《国际货币基金协定第二次修正案》，从而确立了牙买加体系。

牙买加体系的主要特点是：黄金非货币化、储备货币多元化、汇率制度多样化。从牙买加体系的实际运行情况看，在该体系下，国家间的经济交往继续得到发展；各国的政策自主性得到加强，各国开放宏观经济的稳定运行得到了进一步保障；该体系在经受了多次各种因素带来的冲击后，显示了比较强的适应力。但该体系也有一些不完善的地方，如随着国际资本流动的发展，汇率的剧烈变动现象更加严重；各国国际收支状况并没得到很好的调节。随形势的发展，牙买加体系的种种缺陷也进一步暴露出来，这已日益引起世界各国的关注。许多国家仍在调整自己的货币、汇率制度，并不断探索新的方案；有关这方面的争论与建议也一直没有间断过。

### 五、区域性货币体系

所谓区域性货币一体化，是指在一定区域内的有关国家和地区在货币金融领域实行协调与结合，形成一个统一的货币联合体系。区域性货币一体化的主要特征是：在货币联合体中实现汇率的统一、货币的统一、货币管理机构与货币政策的统一。目前，在世界范围内已经出现若干货币联合体，但只有欧洲经济与货币联盟最为完善最为典型。

#### 金融科技专栏

**迎接国际货币体系新变革**

国际货币体系的演变会受到科技发展的影响。技术革新的演进、数字货币的兴起也可能会对现有体系产生重大影响。随着区块链技术的发展，加密货币（数字货币）及加密资产成为各国货币当局和大型企业越来越关注的话题。互联网技术本身也在不断演进，基于区块链技术、日新月异地演进的去中心化金融（DEFI）以及 Web3（包括"元宇宙"等），正在不断迭代和演进。虽然不确定性仍然存在，但可以预见的是，这些对传统的金融和货币体系有望带来深刻甚至是革命性的影响。

资料来源：王汉锋．迎接国际货币体系新变革［EB/OL］．（2022-08-16）［2023-08-20］．https://caifuhao.eastmoney.com/news/20220816201429149917970

#### 金融职业素养专栏

国际金融涉及汇率决定、国际收支平衡、外汇市场运作以及跨境资本流动等内容，为我们提供了理解全球经济运行的关键视角。未来需构建三大核心素养：一是"科技+国际规则"的复合能力，熟悉跨境支付系统（如 CIPS）、数字货币桥等新型基础设施的运行逻辑；二是风险防控意识，能够运用智能工具监测跨境资本流动、识别反洗钱等合规风险；三是家国情怀与全球视野的融合，既要理

知识链接：欧洲货币体系

知识链接：国际货币体系的改革

案例分析

第四节小测验

第十一章自测题

解国际金融中心的运作规律，更要扎根中国金融开放的实际需求。通过将技术工具、国际视野与价值引领相结合，方能成长为数字时代兼具专业能力与责任担当的国际化金融人才。

### 思维导图

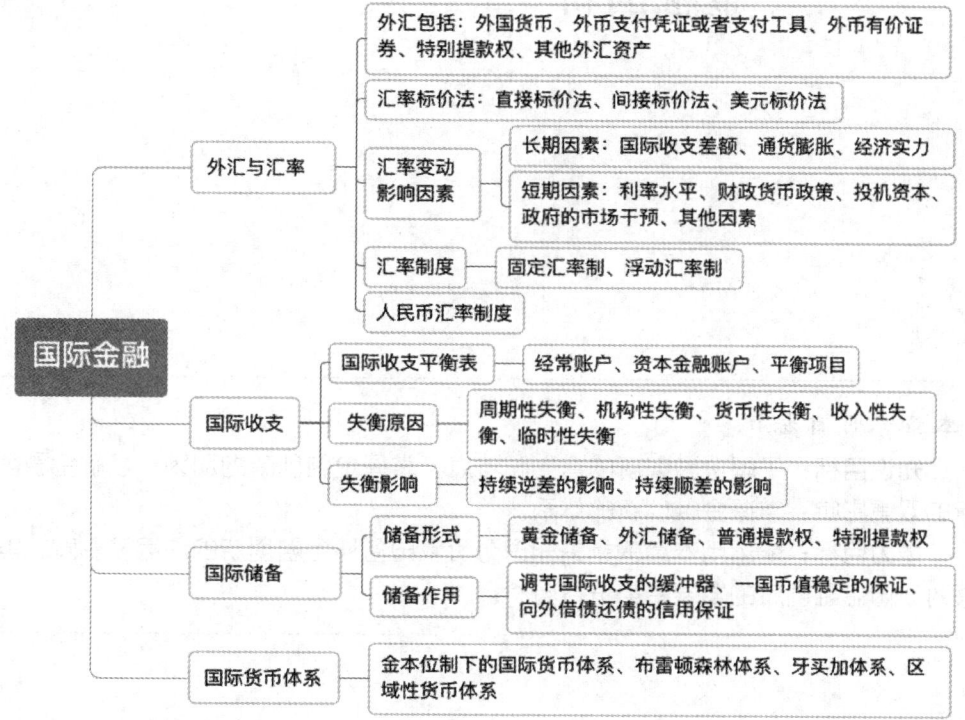

# 第十二章 Chapter 12

## 金融创新

【本章学习目标】

知识目标：了解金融创新的含义和特点；掌握金融创新的动因；了解金融创新的双重影响；掌握金融创新的体系。

能力目标：能运用本章的相关知识分析我国各种金融创新的动因及影响；能够对我国金融创新的发展趋势进行分析。

【导入案例】

### 贵州习水农村环境综合整治PPP项目效果显著

习水县农村环境综合整治整县推进建设PPP项目于2017年11月30日经县发改局（习发改环资〔2017〕59号）可研批复同意建设。本项目运作方式为TOT+BOT，回报机制为可行性缺口补助。习水县环境保护局为项目政府授权实施机构，项目内容包含存量项目和新建项目，静态总投资额为58219.25万元，不考虑建设期利息。

截至2020年年末，项目实施完成投资约6000万元，主要工程项目完成分为三个部分：一是习水县大水至三岔河集镇沿线风貌改造工程；二是习水县习酒镇污水管网处理项目；三是三岔河乡三岔河村污水处理项目。目前，项目已经基本完成建设任务，进入运营阶段。项目建成一方面体现了绿水青山就是金山银山的生态发展理念，使得周边环境得到明显改善，老百姓幸福生活指数明显提升，另一方面真正造福当地人民，还原生态发展，极大减少环境污染，推动当地旅游人数激增。

（资料来源：财政部政府和社会资本合作中心网站，遵义市财政局，2020.12.25）

# 第一节 概述

一般认为，金融创新始于20世纪50年代，进入20世纪70年代以后，伴随着经济和社会的发展，西方经济发达国家金融业出现了一股金融创新的浪潮，金融创新得到蓬勃发展，新的金融工具、金融机构、金融服务、融资方式及金融衍生产品的不断涌现，使金融业发生了本质的变化，获得了长足的发展，促进了世界经济的发展。

微课：金融创新概述

## 一、金融创新的含义

有关金融创新的定义，大多是根据美籍奥地利著名经济学家熊彼特的观点衍生而来。广义的金融创新将金融创新与金融史的重大变革联系一起，泛指金融市场与金融体系出现的一系列新事物，它是随着金融业发展起来的。狭义的金融创新是指在第二次世界大战以后，20世纪50年代末60年代初尤其在70年代开始，国家放松金融管制，金融领域内各金融要素的重新组合以及创造性的金融变革所创造或引进的新事物。

拓展阅读：熊彼特的创新理论

目前，国内外尚无统一的解释。我国学者定义为：狭义的金融创新，是指金融工具的创新；广义的金融创新，泛指金融领域内出现的，有别于既往的新业务、新工具、新机构、新市场与新制度安排的总称。

金融创新定义虽然大多源于熊彼特经济创新的概念，但各个定义的内涵差异较大，总括起来对于金融创新的理解有三个层面。

从思维层次上看，"创新"有三层含义：一是原创性思想的跃进，如第一份期权合约的产生；二是整合性，对已有观念的重新理解和运用，如期货合约的产生；三是组合性创新，如蝶式期权的产生。

## 二、金融创新的分类

从金融创新产生的动因的角度来划分，可将金融创新划分为两类：一类是为规避监管而进行的创新，我们可称其为消极性金融创新；另一类是金融机构为提高自身竞争力而进行的创新，我们可称其为积极性金融创新。从金融创新的历史看，金融创新是"放松管制"要求的产物，因此绝大多数金融创新都可归纳为消极性金融创新，但由于新技术的发展和应用以及竞争的压力，产生了越来越多的积极性金融创新。

知识链接：金融创新理解的三个层面

从金融创新的内容体系划分，可将金融创新划分为四类：金融工具创新、金融市场创新、金融机构创新和金融制度创新（在本章第二节中详细论述）。

### 三、金融创新的动因

随着经济的快速发展,金融业在国家经济中扮演着不可或缺的角色,如果说金融是经济发展的必要手段,那么创新就是经济增长的活力源泉。西方发达国家于 20 世纪中叶开始研究金融创新,形成了一套比较完善的金融创新动因理论。与此同时,我国近些年也加大了对金融创新的研究,取得了重大进展。

(一)金融创新的动因

1. 技术推进

科技创新成为推动金融创新的动因,金融科技的发展及其在支付清算、借贷融资、投资管理、保险等金融领域的应用,对金融业产生了前所未有的深远影响。新技术首先影响的是交易和清算系统,目前出现的各种数字货币、区块链信用结算就是典型例子。其次,新技术的应用提高金融效率,加速新型服务模式诞生,改变金融和资管业务开展的形式和渠道,提供更加丰富的金融产品,促进了普惠金融发展,让消费者和中小企业能够多渠道获得更低成本、更便捷的金融服务。

拓展阅读:我国金融科技(FinTech)发展规划(2019—2021 年)

2. 增强竞争力

随着金融业的发展,特别是金融全球化、一体化进程的加快,金融业的竞争加剧,金融业面临着严峻的挑战。通过金融创新主动满足客户需求,增强竞争力,扩大市场份额,争取利润最大化,极大地促进了金融创新。当前众多的金融创新,不论是金融产品创新还是金融制度创新等,很大程度上都是竞争的产物,竞争是金融创新的最大原动力。

3. 金融自由化

20 世纪 80 年代初,爆发了债务危机,西欧各国普遍放松管制,金融自由化显著增强。在此背景下,金融产品创新类型多样化,除承接 20 世纪 70 年代的转嫁风险创新外,更多地体现为融资方式的创新,此外,还有创造信用和产生股权的创新。此阶段金融创新产品大多以银行表外业务的形式出现,具有代表性的金融创新产品有货币互换(1980,美国)、利率互换(1981,美国)、票据发行便利(1981,美国)、期权交易(1982,美国)、期货交易(1982,美国)、可变期限债券(1985,美国)、汽车贷款证券化(1985,美国)等。

4. 转移风险

经济环境的变化,使得金融业的风险加大,于是产生了对转嫁风险的新的金融工具的需求并刺激了人们对满足这些需求的创新的探求。例如,浮动汇率制度实施后,持续通货膨胀和利率、汇率剧烈波动促使金融创新,此时金融创新的动机就是为了缓解通胀和控制利率、汇率波动。20 世纪 50 年代,3 个月期的美元国库券利率在 1% 和 3.5% 之间波动。到了 20 世纪 70 年代,其波幅达到 4% 和 11.5% 之间。而在 20 世纪 80 年代这一波幅已扩大至 5% 和 15%。利率的剧烈波动造成了巨额的资本利得或资本损失,并使投资回报率具有较大的不确定性。于是产生了对能够降低利率风险的新的金融工具的需求。在该需求的推动下,20

世纪 70 年代产生了三种新的金融创新：可变利率抵押贷款、金融期货交易和金融工具的期权交易。

5. 规避金融管制

由于金融业的特殊性使其较其他行业受到更为严格的管理。国家的监管会影响金融机构盈利，金融机构为了逃避管制、增加利润会创造出来新的金融工具，在很大程度上加快了金融创新的步伐。最初的金融创新动因就是规避金融管制。例如 20 世纪 50 年代末、60 年代期间，各国经济处于战后恢复增长阶段，西方发达国家遵守以布雷顿森林体系为主体的国际金融秩序，实行比较严格的金融管制，致使大量以逃避管制为目的金融创新产品得以涌现，如可支付转让命令、自动转账账户和混合账户等。

（二）我国特有金融创新的动因

虽然金融创新动因多种多样，但归结到本质还是因为盈利。由于我国经济发展有特殊性，金融创新动因并不能全部简单用上述动因所解释，除了上述所说的技术推进、规避管制等因素外，我国还有两种特殊的金融创新动因。

1. 政府推进型金融创新

我国早期实行的计划经济严重挫伤职工积极性，企业之间、员工之间缺乏竞争和创新意识。在计划经济向市场经济转变的过程中，原有的政策制度和业务活动等不能满足市场要求，因此政府需要推动金融创新，在机构、市场和业务活动等方面适应经济发展，企业之间有了竞争意识，金融服务水平会不断提高。

2. 金融监管制度多元化

从改革开放以来，我国金融监管制度伴随着金融行业的发展不断变化，金融监管制度不断创新，从改革开放初期的单一严厉的监管制度逐渐转向多元化，从分业监管转向综合监管。金融监管制度的不断完善为金融创新提供了良好的成长土壤，确保了金融市场的正常运行，也能更好地应对日益复杂的外部市场环境。

金融职业素养：绿色金融助力节能减排项目落地

## 四、金融创新的特征

第二次世界大战后，尤其是进入 20 世纪 70 年代以来，金融创新的发展步伐日益加快，呈现虚拟性、效率性、流动性、风险性等特征。

（一）金融创新具有虚拟性

虚拟性是指金融工具独立于现实资本运动之外，却能给金融工具的持有者带来一定收入的特征。例如，金融创新的重大成果之一——金融衍生工具，其本身并没有什么价值，只是代表一种获得收入的权利，即收入所有权证书，所以其天生就具有虚拟化的特征。同时，金融衍生工具的虚拟性又不同于其他具有虚拟性的原生工具，其区别在于：具有虚拟性原生工具（股票、债券）所有权的获得需要交付足额的现值货币资本，如某种股票的市场价格为 30 元，则获得 1 股需要缴入 30 元才能取得该单位股票的所有权；而在金融衍生交易时，只需要交付一定比例的保证金（如 4%~8%），即可获得对其原生工具收益的所有权。

正由于金融衍生工具的虚拟性，金融衍生市场的规模大大超过了相关资产市场的规模，其价格甚至会远远脱离原生工具的价格。

### （二）金融创新具有效率性

金融市场的效率性是指金融资产的价格能及时反映所有可对其价格产生作用的信息，我们可以称这个市场是有效率的。金融创新改善了原有金融市场的运行环境，创造了金融衍生工具的供求关系，并便于交易者有效地管理相关金融资产。金融创新使得交易成本降低，易于市场参与，从而使市场主体有可能频繁地参与交易，促使价格信息及时地在价格上得到反映。

### （三）金融创新具有流动性

流动性表现为金融工具的变现能力。将一种金融工具转化为另一种金融工具的期限及市场交易的难易程度与其流动性密切相关。金融工具流动性指标可以用买卖差价来描述：买卖差价越小，交易者越容易将持有的金融工具转让出去，流动性越高；买卖差价越大，市场参与者越难以补足其头寸的失衡，流动性越低。从理论上讲，所有的金融工具中，货币的流动性最高，因为它随时可以低成本地转化为其他的金融工具。

### （四）金融创新具有风险性

风险性是指金融资产或权益在未来发生未预期损失的可能性。金融创新实际上是对金融资产的风险进行重组，形成金融资产的风险和收益新的搭配方式的过程。金融衍生工具之所以具有较大的风险性，是因为金融衍生工具大都采取类似于保证金交易制度的交易方式，交易双方只需要缴付一定比率的保证金即可获得相关资产收益的所有权。这样，资产管理的收益或损失的可能程度就会有所增大，使其交易的风险扩大。

在诸多风险中，价格风险是金融衍生工具的主要特征之一。对市场参与者来说，价格风险是交易者要考虑的重要因素，它只能通过交易者采取正确的交易策略来加以规避，而其他风险如法律风险和信用风险等则应通过建立规范的金融衍生市场的管理体系来加以防范。

## 五、金融创新的影响

金融创新如同一把"双刃剑"，其对经济的影响既有积极的一面，也有消极的一面。

### （一）金融创新的积极作用

**1. 提高了金融市场的运作效率**

（1）提高了市场价格对信息反应的灵敏度。金融创新通过提高市场组织与设备的现代化程度，使国际金融市场的价格能够对所有可得到的信息做出迅速灵敏的反应，提高了金融市场价格变动的灵敏度，从而提高价格的合理性和价格机制的作用力。

（2）增加了可供选择的金融商品种类。现代创新中大量新型金融工具的出现，使金融市场提供的金融商品种类繁多，投资者选择性增强。面对各具特色的众多金融商品，投资者很容易实现自己满意的投资组合。

（3）增强了剔除个别风险的能力。金融创新通过提供大量的新型金融工具的融资方式、交易技术，增强了剔除个别风险的能力。投资者能进行多元化的资产组合，还能够及时调整其组合，投资者可以通过分散或转移法，把个别风险降低到较低程度。

（4）降低交易成本，使投资收益相对上升，吸引了更多的投资者和筹资者进入市场，提高交易的活跃程度。

金融职业素养：
创新助力乡村振兴

2. 提高了金融机构的运作效率

（1）金融创新通过大量提供具有特定内涵与特性的金融工具、金融服务、交易方式或融资技术等，从数量和质量两方面同时提高需求者的满足程度，增加了金融商品和服务的效用，从而增强了金融机构的基本功能，提高了金融机构的运作效率。

（2）提高了支付清算能力和速度。把计算机引入支付清算系统后，使金融机构的支付清算能力和效率上了一个新台阶，提高了资金周转速度和使用效率，节约大量流通费用。

（3）大幅度增加金融机构的资产和盈利率。现代金融创新涌现出来的大量新工具、新技术、新交易、新服务，使金融机构积聚资金的能力大大增强，信用创造的功能得到发挥，使金融机构拥有的资金流量和资产存量急速增长，提高了金融机构经营活动的规模报酬，降低成本，加之经营管理上的创新，增强了金融机构的盈利能力。

3. 加强了金融的作用力

金融的作用力主要是指金融对于整体经济运行和经济发展的作用能力，一般是通过对总体经济活动和经济总量的影响及其作用程度体现出来的。

（1）提高了金融资源的开发利用与再配置效率。现代金融创新使发达国家从经济货币化推进到金融化的高级阶段，大幅度提高发展中国家的经济货币化程度，导致金融总量的快速增长，扩大了金融资源的可利用程度并优化了配置资源效果。

（2）社会融资和投资的满足度及便利度上升。主要表现为：一是融资成本降低，有力地促进了储蓄向投资的转化；二是金融机构和金融市场能够提供更多更灵活的投资和融资安排，从总体上满足不同的投资者和筹资者的各种需求，使全社会的资金融通更为便利；三是各种投资与融资的限制逐渐被消除，金融创新后各类投资者和融资者实际上都进入市场参与活动，金融业对社会投资和融资需求的满足能力大大增强。

（3）加大金融对经济的贡献度金融业产值的迅速增长。直接增加经济总量，加大金融对经济发展的贡献度。

（4）增加了货币作用效率。创新后用较少的货币就可以实现较多的经济总量，意味着货币对经济的推动力增大。

**金融科技专栏**

**金融科技发力，供应链融资火热**

2022年上半年，供应链金融融资火热，其中金融科技平台作为发起人的资产证券化产品也在涌现。借助多元化模式，从供应链各个环节入手盘活产业链上各个企业的信用资源是供应链金融科技平台持续努力的方向，融资火热的现象正是供应链金融科技日渐成熟。通过智能验收系统等产业互联网手段，获取耗材从下订单到配送入库、使用阶段的实时数据，可以多维度交叉验证底层交易的真实性和合理性，与数字金融实现联动，采用"重交易、轻主体"的模式，突破传统供应链金融对主体信用资质的依赖，为中小微企业提供灵活便捷的供应链数字金融服务。

资料来源：郑瑜. 金融科技发力，供应链融资火热［EB/OL］.（2022－07－25）［2023－08－20］. https://finance.sina.cn/2022－07－25/detail－imizirav5309021.d.html

### （二）金融创新的负面影响

金融创新推动经济发展和金融发展的同时，也带来了许多新的矛盾和问题，对金融和经济的发展产生诸多不良影响。

**1. 影响了金融运作和宏观调控**

在货币需求方面引起的一个明显变化是货币需求的减弱，并由此引起货币结构改变，降低了货币需求的稳定性。在货币供给方面，金融机构创造存款货币的功能增强，增加了货币供给的主体。同时由于通货——存款比率、法定存款准备金率、超额存款准备金率下降，增强了货币供应的内生性，削弱了中央银行对货币供给的控制能力与效果，易导致货币政策失效和金融监管困难。

**2. 加大了金融风险**

现代金融创新在提高金融微观和宏观效率的同时，增加了金融业的系统风险。一是创新加大了原有的系统风险（利率风险、市场风险、信用风险、购买力风险等），如授信范围的扩大与条件的降低无疑会增加信用风险。二是创新产生了新的金融风险，如大规模的技术创新所产生的金融科技风险、金融业务管理创新中出现的伙伴风险、与金融国际化相随的国际风险等。各种金融机构的业务创新和管理创新在带来高收益和高效率的同时也产生了高风险，导致了金融业的稳定性下降。20世纪80年代以来，金融机构的亏损、破产、兼并、重组等事件频繁发生。

**3. 金融市场出现过度投机和泡沫膨胀**

现代金融创新中，金融市场上出现了许多高收益和高风险并存的新型金融工具和金融交易，尤其是从虚拟资本中衍生出的新产品，如股票指数期货交易、股票指数期权交易等。一些避险性金融创新本身又成了高风险的载体，如外汇掉期、利率或货币掉期等，这些金融工具和金融交易以其高利率诱导和冒险刺激，吸引了大批的投资者和大量的资金。在交易量放大的过程中，价格被推到不切实际的高度，拉大了与其真实价值的差距，表现为其市场价格大大超过其净值，虚拟资本急剧膨胀，由此吹出了大量的金融泡沫，产生过度投机，极易发生金融危机。

案例分析

第一节小测验

## 第二节 金融创新体系

当代金融创新种类繁多、范围极广、发展迅速。按照金融创新的内容体系划分，通常分为：金融工具创新、金融市场创新、金融机构创新以及金融制度创新等。

### 一、金融工具创新

金融工具创新是金融创新的核心内容，就是从传统的基础性金融工具，通过技术渗透而衍生发展出来新型的金融工具。这种创新主要是通过对金融工具的收益、风险、流动性、可交易性、数量大小、期限长短和权利义务等不同特征的分解和重新组合而形成的。金融工具创新的核心是衍生金融工具，它的主要形式是指期货、期权、货币互换、利率互换。以商业银行为例，20 世纪 60 年代以来，商业银行业务创新在资产业务、负债业务以及中间业务等方面都有所建树。在资产业务方面，商业银行大力推行消费信贷、住房按揭贷款、银团贷款、收益分享贷款、平行贷款、组合性融资等新的贷款方式，并且将一部分资产业务表外化，形成为数众多的表外业务，如票据发行便利、信贷限额、备用信用证等。在负债业务方面，推出了大额可转让定期存款单（CDs）、可转让支付命令书（NOWs）、超级可转让支付命令书（SNOWs）、自动转账账户（ATS）、货币市场存款账户（MMDAs）等新产品，增强了商业银行与非银行金融机构的竞争力。在中间业务领域，商业银行也有不少创新，如充当衍生品交易的中介、参与信托和融资租赁业务、为企业提供现金管理、咨询和代客理财等（相关内容前已述及，这里简略）。

 **金融科技专栏**

**线上化 + 数字化 + 智能化 银行创新挖掘汽车金融存量市场**

日前，中国邮政储蓄银行在陕西省成功落地全行首笔数字人民币汽车消费贷款放款及受托支付业务。个人客户在邮储银行合作机构的汽车销售平台选择购车方案后，可在邮储银行手机银行提交贷款申请，邮储银行线上审核通过后，贷款资金将以数字人民币形式发放至客户个人钱包，并实时受托支付至合作方对公钱包，完成购车流程。据了解，与基于账户体系的传统车贷流程相比，客户从数字人民币钱包开立、贷款申请、贷款受托支付、还款所有环节全部在手机上在线自助完成，贷款流程更加便捷。未来，在汽车贷款领域中，银行将持续在线上化、

微课：金融创新体系

动画：互联网基金的创新点

拓展阅读：转股型资本债券

数字化、智能化赋能方面提供创新服务。

资料来源：张漫游. 线上化＋数字化＋智能化，银行创新挖掘汽车金融存量市场［EB/OL］. （2022－07－18）［2023－08－20］. https：//baijiahao. baidu. com/s?id＝1738451842719577131&wfr＝spider&for＝pc

## 二、金融市场创新

随着金融产品的规模和种类的快速增加，相关交易平台的建立和完善成为金融基础设施建设的重要内容，也是金融市场体系创新与稳健发展的必备条件。当前，金融市场创新发展，一方面要提高市场效率，促进价格发现，优化金融资源配置，助力实体经济，为推进供给侧结构性改革提供有力支持；另一方面要完善各项法规和交易制度，强化市场纪律约束，切实防范金融风险，维护宏观金融体系的稳定与安全。

以我国银行间债券市场为例。2010年推出信用风险缓释合约、信用风险缓释凭证两项产品，之后又推出了信用违约互换、信用联结票据等新产品。2016年2月14日，中国人民银行发布2016年第2号公告，向社会公布《全国银行间债券市场柜台业务管理办法》，丰富了柜台债券开办机构类型，进一步扩大了柜台债券品种，并对柜台债券交易、托管、结算等进行了严格规范，促进柜台债券业务发展。2021年1月，为了贯彻落实国务院金融稳定发展委员会（2023年3月，国务院金融稳定发展委员会办公室职责划入中央金融委员会办公室，不再保留国务院金融发展委员会及其办事机构）关于支持中小银行补充资本的要求，推动资本工具创新发展。中国央行会同中国银保监会批复浙江稠州银行、宁波通商银行在银行间债券市场发行转股型资本债券。

## 三、金融机构创新

知识链接：新型金融机构

拓展阅读：中国十大最具影响力的互联网金融

案例分析

近30年来，国际、国内出现了大量新型的金融企业，例如风险投资公司、互联网金融企业等，它们丰富了整个金融世界，对实际经济发展也起到了推动作用。

### （一）影子银行

影子银行主要是指风险投资公司、对冲基金、私募股权基金、货币市场基金、债券保险公司等非银行金融机构。随着影子银行的发展，影子银行资产规模占整个金融体系资产规模的比重大幅度提高。

风险投资公司是20世纪90年代以来随着"新经济"浪潮兴起的一类新型金融机构，它们是专门管理风险基金（或风险资本），把所掌管的资金有效地投入富有盈利潜力的高科技企业，并通过后者的上市或被并购而获取资本报酬的企业。风险投资是主要针对高新技术产业的一个投资基金，其对高新技术产业发展的推动作用是功不可没的，基于对高额回报的追求和对风险的尽量规避，风险资本所投入的企业基本大多是处于茁壮成长期的企业，还有少量是初创成长期的企业，萌芽期的投资基本没有，这种方式适合项目已经成形，并已经在市场上有一定份额的高速成长的企业。另外，风险资本带来的不只是资金，还有他们带来的丰富的管理经验和市场风险控制能力以及大量珍贵的信息。不仅可以解决企业的资金问题，还能够帮助高新技术企业的成长，所以风险投资是高新技术企业比较好的融资途径。

对冲基金是近年来国际上流行的一种私募基金，在多次国际金融动荡中扮演过重要角色。对冲基金是一种投资于多种证券的私营有限合伙制企业。在对冲基金中，存在着两种合伙人：一名一般合伙人（General Partner）和众多有限合伙人（Limited Partners），前者为发起成立对冲基金的个人或机构，他负责处理交易活动以及日常基金业务；后者提供资金，但不涉足日常经营活动。少数对冲基金不采用杠杆操作，但多数杠杆率达到2:1。一般合伙人收取基金净利润的20%作为奖金（各基金差异很大），除此以外，一般合伙人还要按照当年净资产值的1%收取管理费，管理费和奖金水平由合伙协议事先规定。基金经理人的报酬取决于基金表现，管理费通常不足以支付基金日常营运的费用。扣除奖金和管理费之后的基金损益按各合伙人的投资份额分配。

### （二）金融科技企业

金融科技产业主要由金融企业、科技企业、金融监管机构、行业协会和研究机构组成。根据产业主体的发展特点，可以从金融和技术两个角度将金融科技企业分为"科技金融类企业"和"金融科技类企业"两大类型。

科技金融类企业主要利用互联网、大数据、云计算和区块链等技术提供创新型金融服务，其中包括开展传统金融业务的企业，如中国民生银行直销银行、泰康在线、安心互联网保险等；还包括提供互联网金融业务企业，如中银消费金融、海尔云贷等。

金融科技类企业主要在客服、风控、营销、投顾和支付等服务领域，为金融机构提供云计算、大数据、人工智能和区块链等新兴技术支撑服务。可以从技术领域和服务领域进一步进行划分。技术领域是指支撑服务能力重点体现在云计算、大数据、区块链和人工智能等方面，如北斗链、百度云等。服务领域是指为金融企业提供客服、风控、营销、投顾和支付五个方面，如科大讯飞、普林科技、云从科技等。

随着全球金融科技市场的深入发展，加之人们对移动互联网的依赖，使得银行、证券、保险等金融机构借助大数据、区块链、物联网等技术让线上化、数字化等金融产品服务更加普及，例如一些传统金融机构通过推出数字银行服务，成立数字金融部门等措施，加速其数字化进程。特别是绿色发展与普惠金融服务理念不断强化，也将成为了未来全球金融科技发展的重要导向。

### （三）金融集团公司和跨国金融机构

金融集团公司（Financial Conglomerates）或金融控股公司（Financial Holding Companies）是金融业混业经营以及金融企业兼并收购浪潮中出现的一类综合性的混合型金融集团。这类公司往往同时控股商业银行、投资银行、保险公司、信托机构、信用卡机构，甚至还包括非金融企业。通过集团公司或控股公司的范围经济以及规模经济效应,这些大型金融混合企业在整个金融部门的影响越来越大,成为未来金融业发展的一个方向。

跨国金融机构也是跨国公司的一类,只是其经营对象——货币及金融商品——具有特殊性。随着金融全球化和国际化,跨国金融集团越来越多,其中,占主导地位的是跨国商业银行,即人们通常所说的跨国银行(Transnational Bank);此外,还包括各类非银行金融机构,如跨国投资银行、共同基金、套利基金、养老基金、保险公司。

### 四、金融制度创新

案例分析

金融制度创新主要是指引入新的金融制度因素或对原金融制度进行重构。这包括金融组织变革或引进、新金融商品被引入、拓展新市场或增加原金融商品的销量或市场结构的变化、金融管理的组织形式创新、金融文化领域的创新。从这个定义中我们发现金融制度创新的范畴是比较广泛的。

案例分析

金融制度创新有两条主线:一是金融监管当局适应时势变化,在一定程度上放松金融管制;二是根据金融结构的变化,改进金融管制的手段和方法,以期获得在金融创新环境下的有效金融监管效果。从前一种情况看,20世纪80年代以来,各国放松商业银行利率管制、放松对金融机构的地域限制、放弃外汇管制、放宽市场准入限制以及20世纪90年代后期放松分业管制,均属旨在推进金融自由化、提高金融业效率的制度创新活动。目前我国已基本实现利率市场化进程。后一种情况包括关于加强和改进金融企业信息披露质量的管制规定、关于跨国金融企业的监管规定、关于商业银行资本充足率的规定、关于金融服务水平和社会信贷可得性的规定等。

第二节小测验

## 第三节 我国的金融创新

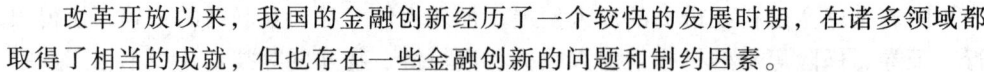

改革开放以来,我国的金融创新经历了一个较快的发展时期,在诸多领域都取得了相当的成就,但也存在一些金融创新的问题和制约因素。

自20世纪80年代金融创新理论引入中国以来,我国金融创新取得了可喜的进展与成就,主要表现在以下几个方面:

微课:我国的金融创新

### 一、金融组织体系的创新

1979年至今,我国打破了高度集中的银行体系,最终形成了以"一委一行一总局一会一局"(中央金融委员会、中国人民银行、国家金融监督管理总局、中国证券监督管理委员会、国家外汇管理局)为主导、大中小型商业银行为主体、政策性银行和多种非银行金融机构为辅翼的层次丰富、种类较为齐全、服务功能较为完备的金融组织体系。这一体系为建立与市场经济相适应的金融制度提供了必要的组织保证。

## 二、金融市场创新

一是货币市场的创新,包括同业拆借市场、票据贴现市场、大额存单市场和国债回购市场等四个子市场的创新。二是资本市场的创新。股票市场从无到有,从不规范到逐步规范,编制了股价指数,成立了上海、深圳证券交易所和5家期货交易所,为企业提供了广阔的融资渠道。

案例分析

案例分析

## 三、金融工具的创新

一是以银行卡为代表的各种结算和支付工具的创新;二是包括金融债券、企业债券和国库券及其他政府债券在内的众多的资本和货币市场工具的创新;三是金融衍生工具的创新,推出了股指期货、股票期权等金融衍生工具。除此之外,金融科技作为这个时代最重要的技术浪潮,正在以无法估计的速度和能量改变我们熟悉的各行各业,金融业同样推出了许多具有标识性的金融工具,如支付宝、微信支付、网络借贷、众筹平台等。

案例分析

知识链接:我国金融创新的不足和制约因素

## 四、金融制度的创新

这是从制度层面对前三种创新的正式确认和综合概括。金融制度的创新极大地促进了中国金融的发展。包括:

1. 货币制度创新

一方面,种类繁多的信用卡、资金汇划系统和网上银行已成为重要的支付手段与结算工具;另一方面,对人民币的汇兑制度进行了重大改革。1996年12月1日起正式实行人民币经常项目兑换。

2. 融资制度创新

创新的金融工具日益多样化,增强了筹资者和投资者的自由度,改变了原来间接金融一统天下的融资格局,使融资制度的结构得到显著改善。

3. 金融管理制度的创新

2023年3月,党的二十届二中全会通过了《党和国家机构改革方案》,深化国务院机构改革是其中的一项重要任务。改革方案针对我国金融监管体系做了重大调整。从以前对"一委一行两会一局"(国务院金融稳定发展委员会、中国人民银行、中国银行保险监督管理委员会、中国证券监督管理委员会、国家外汇管理局)转变为"一委一行一总局一会一局"(中央金融委员会、中国人民银行、国家金融监督管理总局、中国证券监督管理委员会、国家外汇管理局)的综合监管体系。这些监管创新措施使我国形成了与金融混业发展相适应的金融监管体

知识链接:我国金融创新的未来发展方向

系的架构。

第三节小测验

第十二章自测题

### 4. 金融管理手段创新

从金融管理手段看，传统的以计划性、行政指令性管理为特征的金融管理模式，向市场化的金融管理模式转变。从 1984 年人民银行专门行使中央银行职能至今，逐渐形成了法定存款准备金、再贷款、再贴现、利率、公开市场业务等一整套以间接调控为主的调控手段，调控效果明显。尤为值得一提的是，法律手段在金融管理中所占的分量越来越重，《中国人民银行法》《商业银行法》《票据法》《中华人民共和国银行业监督管理法》等一系列金融法律陆续出台和实施，为金融管理提供了必需的法律依据，央行运用法律手段监管的力度也明显加大。

### 金融职业素养专栏

在金融创新浪潮下，金融职业素养至关重要。创新促使新金融产品与服务不断涌现，此时从业者需有扎实专业知识，精准理解复杂创新机制，才能把握方向。同时，高度的诚信与道德素养不可或缺，创新不应成为欺诈手段，要确保市场公平公正。风险意识也极为关键，创新常伴风险，从业者需敏锐察觉、合理评估并妥善管控。良好的沟通协作素养利于跨部门合作，推动创新落地。只有秉持这些素养，金融从业者才能在创新之路上稳健前行。

### 思维导图

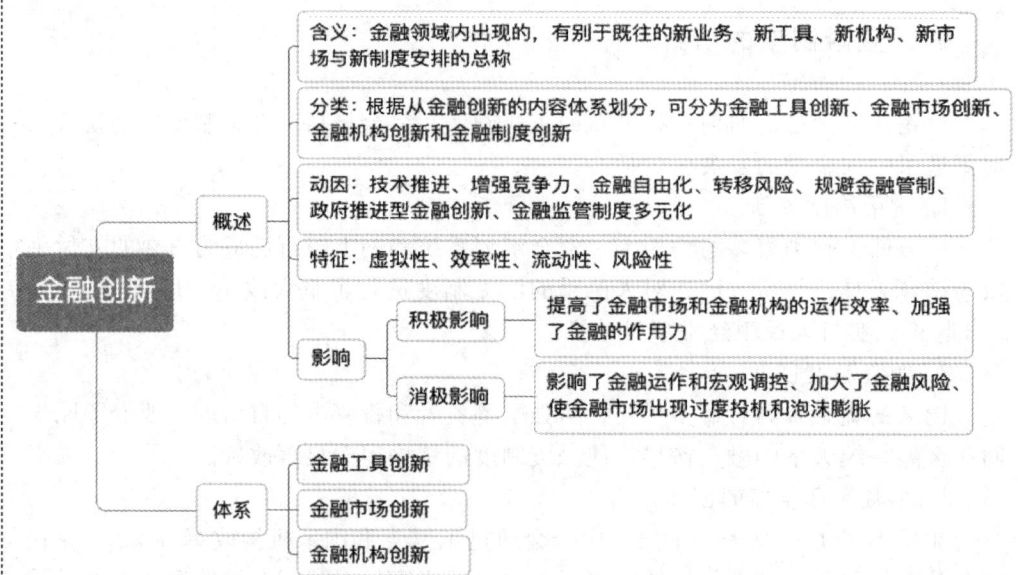

# 第十三章 Chapter 13
## 金融监管

**【本章学习目标】**

**知识目标**：了解金融监管的含义，掌握金融监管的必要性、目标、原则和类型；了解当今世界各国金融监管的发展趋势；理解我国金融安全监管的主要内容。

**能力目标**：能够了解国外金融监管的发展过程分析，我国金融监管的改进方向；能够正确认识金融监管在维护金融安全和经济稳定中的重要作用。

## 第一节 概　述

### 一、金融监管的含义

金融监管是包含了金融监督和金融管理双重意义的复合词。金融监管的含义有狭义和广义之分，狭义的金融监管是指一个国家或地区的金融管理当局作为主体，当金融市场运行出现偏差时，根据国家的法律法规，运用各种行政手段、法律手段和市场手段，对整个金融业（包括金融机构及其在金融市场上的业务活动）实施监督和管理，使其能够健康、平稳、安全运行的所有行为的总和。广义的金融监管是指除金融管理当局外，金融机构自身、行业自律性组织、社会中介组织也充分发挥监督和管理职能，分别从内部控制与稽核、外部引导和管控两条路径维护整个金融业的运行。

微课：金融监管的含义与必要性

金融监管作为一种制度安排，旨在维护一个国家的金融安全与经济安全，降低系统性风险对国家经济的影响，防止危机对金融市场的破坏，在世界各国的金融发展历史中，金融监管始终存在，它从最初的低限度的、简单的监管逐渐发展完善，时至今日已涉及金融的各个领域，如对银行业的监管、对证券业的监管、对保险业的监管，并且随着互联网和移动终端技术的发展，还出现了对互联网金融的监管。

### 二、金融监管的必要性

金融作为一国经济的中枢，一直发挥着资源配置的重要作用，并引导着国家经济产业布局，金融安全是国家经济安全的核心。金融为社会带来巨大财富的同时，也存在着大量的风险，如果金融业不能正常运行，则局部的金融问题就会转化为金融危机，从而带来经济的全面衰退，甚至影响政局的稳定，因此世界各国无不重视金融监管。但从金融本身的特点出发，金融监管的必要性体现在以下三个方面：

#### （一）外部性

金融职业素养：
银行卡诈骗伎俩及方法

外部性指一个人或一群人的行动和决策使另一个人或一群人受损或受益的情况。正外部性是某个经济行为个体的活动使他人或社会受益，而受益者无须花费代价，负外部性是某个经济行为个体的活动使他人或社会受损，而造成负外部性的人却没有为此承担成本。所以人们都在鼓励产生正外部性的经济行为，并且通过各种管制办法消除产生负外部性的经济行为，或是降低该经济行为产生的损失。

金融领域中负外部性主要表现在单个金融机构的破产可能会殃及行业中其他运行状况较好的金融机构，从而导致整个行业大面积陷入困境并引发大规模破产倒闭，如单个银行的破产可能会使其他银行陷入挤兑的困境中。近现代，随着经济和金融全球一体化的发展，跨国银行和金融机构也日益增多，很多大的银行、保险、证券等金融机构的业务中相当大的一部分是国际业务，一国金融市场发生的问题会传染和影响其他国家的金融市场，甚至是全球金融市场，如东南亚金融危机和美国次贷危机都是从单个地区出现的金融危机扩散而影响至全球。所以为减少这种负面的外部性在一国金融市场和国际金融市场上的扩散和影响，对金融业进行监管是必要的。

#### （二）信息不对称

信息不对称指在市场交易中，当市场的一方无法观测和监督另一方的行为或无法获知另一方行动的完全信息或者观测和监督的成本高昂时，交易双方掌握的信息所处的不对称状态。金融市场的信息不对称，导致逆向选择和道德风险问题，影响金融市场的有效运行。

1. 逆向选择

逆向选择是指在信息不对称条件下，信息优势方的行为人可能会故意隐藏信息，以求在交易中获取最大收益，而信息劣势方则可能受损。在保险市场上最容易发生逆向选择，很多积极购买保险的人，出险的概率都高于其他人，这就导致保险公司的赔付率不断上升。

2. 道德风险

道德风险是指发生在签约之后的非对称信息所导致的风险,通常指契约的一方在对方不知情的情况下所做出的有损对方利益的故意或恶意行为,即在道德层次上做出不利于对方财富最大化的选择。道德风险的存在使得购买保险的人,故意采取某种行为导致保险事故发生,然后向保险公司索赔。金融市场上的信息不对称问题的严重程度远远超过产品市场,因为金融交易涉及的不确定性因素更多,交易各方更易于隐藏自己的动机和行为,而且监督成本高,信息的搜集、获取、甄选、辨别成本太高,信息不对称的具体表现形式更复杂。

 **金融科技专栏**

**金融科技手段有助于降低"洗绿"和"漂绿"的风险**

金融科技在减少信息不对称风险上存在天然优势,为更好地识别绿色项目、绿色主体,助力绿色低碳投融资发展及气候风险监测需要,金融科技需在气候风险相关领域数据积累和分析赋能等方面持续发挥重要作用。从防范风险的角度来讲,利用金融科技手段可以提升信息的透明度,可以检验数据的真实性,从而降低"洗绿"和"漂绿"的风险。

展望未来,国内外正就可持续金融发展形成一系列新共识,包括建立支持转型金融的政策框架、金融需要支持生物多样性保护以及将绿色金融与普惠金融有机融合等。

资料来源:王蕙蓉,马骏. 金融科技手段有助于降低"洗绿"和"漂绿"的风险[EB/OL].(2022-08-31)[2023-08-20]. https://baijiahao.baidu.com/s?id=1742656925920758008&wfr=spider&for=pc

### (三)金融脆弱性

金融市场具有脆弱性,当突发事件出现时,市场参与者的信心会受到冲击,从而引发市场波动,甚至严重扰乱金融秩序出现金融危机。

1. 从众行为

金融脆弱性的根源在于各个市场参与者的行为是非理性的,他们的从众行为就是使金融体系遭受系统性风险的一个重要因素。人们在判断金融资产价格时,往往具有一定的盲目性,这就导致了人们在进行投资时具有"羊群效应",这种跟风操作往往会导致金融资产价格的剧烈波动。

2. 对灾难的短视行为

人们总是认为再次发生危机的可能性较小,进而再度开始冒险性的投资性活动也使金融市场出现大规模风险事件的概率提高。

3. 忽视信息行为

在投资高潮期,人们盲目乐观地从事高风险投资。当出现金融危机时,人们

金融职业素养:防范存款形式诈骗

案例分析

无法辨别所获信息的真伪；等危机过后，人们虽掌握大量关于经济长期发展趋势的信息，却依然不能做出正确的投资决策。

以上这些市场参与者的非理性行为都可能导致金融资产价格会出现意外性的波动，也使金融市场的运行存在着一定的脆弱性。

### 三、金融监管的目标

金融监管的目标决定了一国具体监管制度的建立和监管政策的实施，不同时期的不同国家在金融监管目标的确定上虽有差异，但从具体监管的层次上看，主要有以下三个目标：

#### （一）维护金融体系的安全与稳定

金融是现代市场经济的核心，在市场经济中，金融机构作为信用中介、支付中介，起到了调节资金余缺，促进资源合理配置的桥梁作用。任何一家金融机构倒闭或经营出现严重问题都会引起连锁反应，扰乱金融市场秩序，甚至引发金融危机和经济危机。因此，对金融机构进行监督和管理，能够维护信用、支付体系的稳定，有效地防范和化解金融机构的风险，维护金融机构的安全稳健运行，为国家经济发展创造良好金融环境，保障国民经济健康发展。虽然金融监管当局在目标选择上存在安全与利益两个方向，即一方面要维持金融体系的稳定，另一方面要给予经济一定的支持。但历史反复证明，金融监管要始终秉持安全第一的理念，才能保持经济的持续健康发展。

拓展阅读：中国人民银行金融消费者权益保护实施办法

知识链接：金融监管的原则

#### （二）保护金融消费者的利益

金融消费者是指购买金融产品或接受金融服务的公民个人或单位，它既包括传统金融服务中的消费者，如存款人、投保人，也包括购买基金等新型金融产品或直接投资资本市场的中小投资者。金融消费者是金融市场最基础、数量最多的参与主体，但由于存在信息不对称，他们对金融市场信息的了解程度远低于金融机构，所以会更容易受到各种交易风险的损害，这就需要金融监管当局对他们给予保护。因此，为了保证金融消费者获得足够的信息，金融监管当局设定了金融机构信息披露的各项规定和要求，使金融消费者可以全面了解金融机构的资本状况、资产运用、内部控制及管理能力，防止和避免金融机构的过度投资和投机行为，维护金融消费者的合法权益。

知识链接：金融监管的发展趋势

案例分析

#### （三）提高金融市场的运行效率

竞争是现代市场经济的重要特征之一，但金融机构之间的无序竞争必然带来金融秩序混乱、金融市场的动荡，从而降低了整个金融市场的运行效率。金融监管当局通过一系列的审慎监管法规，可以使金融机构在平等的条件下开展竞争，从而维护金融市场的稳定，促进金融业降低成本、提高效率，为社会公众提供高质量的金融服务。随着金融创新的不断出现，金融监管也要不断鉴别金融创新，约束金融违规，提高金融服务的效率。

第一节小测验

## 第二节 金融监管体制

### 一、金融监管的体制及类型

#### （一）金融监管体制概述

金融监管体制是金融监管的制度基础，由一系列监管法律法规和监管组织机构构成，它规定了金融监管职责，明确了金融监管权力的分配，是一国金融监管活动充分有效的重要保证。在不同国家和不同历史阶段，金融监管体制也经历了漫长的变迁过程，由以中央银行为主的集中统一监管过渡到分业监管，在金融自由化的影响下从分业监管又回归到集中统一监管，现在随着金融创新对金融市场影响的不断加深，集中统一的金融监管体制不断扩展。金融监管体制的不断变迁，都是各种重大金融事件的发生使政府进行监管思路调整的结果，也是调整"监管重合"，弥补"监管空白"的动态过程。金融监管体制的演进经历了由低级到高级，由简单到复杂，由死板到灵活，由低效到高效的轨迹，不断规范金融业的发展，为金融的繁荣提供一个稳定的环境。具体看，金融监管体制分为集中监管体制和分业监管体制。

微课：金融监管的体制及类型

#### （二）集中监管体制

集中监管体制，又称统一监管体制或混业监管体制，目前是金融监管体制的主流，它是指只设一个统一的金融监管机构，对金融机构、金融市场和金融业务进行全面的监管。这里的金融监管机构可以是一国的中央银行，也可以是专设的监管机构，但大多数国家都选择由中央银行来实行集中监管的职责。

知识链接：集中监管体制的成因

#### （三）分业监管体制

分业监管体制，又称分工监管体制或分头监管体制，是指设立不同的金融监管部门分别监管银行业、证券业和保险业。根据中央和地方权力划分的模式，这种监管模式还细分为单线多头式监管体制和双线多头式监管体制。单线多头式监管体制，是指全国金融监管的立法、执法等权力集中于中央政府，在中央政府设立两个或两个以上的金融监管部门，分别负责管理不同金融机构的金融监管体制。双线多头式监管体制，是指中央政府与地方政府都享有金融监管权利力，中央和地方层面分别设有多个金融监督管理机构。

知识链接：分业监管体制的成因

知识链接：国外金融监管体制

### 二、我国的金融监管体制

#### （一）我国金融监管体制的发展历程

我国的金融监管体制形成时间较晚，并且伴随着我国的金融体制改革和金融

案例分析

市场的发展不断调整完善。我国金融监管体制经历了两个阶段：

1. 集中监管时期

1984年，中国工商银行成立，接手原中国人民银行的商业银行业务，从此中国人民银行开始专门行使中央银行的职能，成为国家金融监管机关。1995年，为加强中国人民银行监管独立性，全国人民代表大会通过了《中华人民共和国中国人民银行法》，赋予了中国人民银行依法监督全国金融业的职责。

2. 分业监管时期

随着我国金融市场的不断发展，市场风险也不断增加，金融机构也存在着严重违规经营的现象。为规范各行业市场，1998年5月中国证券监督管理委员会成立，原中国人民银行履行的对证券经营机构的监管职责相应转移，由此实现了银行业与证券业的分业监管；同年11月，中国保险监督管理委员会成立，原中国人民银行履行的对全国商业保险的监管职责相应转移；2003年4月，中国银行业监督管理委员会成立，我国银行业监管职能从中国人民银行分离，至此中国人民银行综合宏观调控与金融行业监管的管理模式结束，我国正式进入分业监管体制。

### （二）我国的金融监管机构

1. 国务院金融稳定发展委员会

国务院金融稳定发展委员会于2017年7月14日至15日，在北京召开的全国金融工作会议上宣布设立，旨在加强金融监管协调、补齐监管短板。

设立国务院金融稳定发展委员会，是为了强化人民银行宏观审慎管理和系统性风险防范职责，强化金融监管部门监管职责，确保金融安全与稳定发展。

2. 中国人民银行

中国人民银行作为中央银行，是国务院领导下制定和实施货币政策，对金融业实施监督管理的国家机关。它是随着改革开放不断改革、发展，形成现在的格局。中国人民银行总行设在北京，并在全国设有众多的分支机构。

3. 国家金融监督管理总局

2023年3月，中共中央、国务院印发了《党和国家机构改革方案》。决定在中国银行保险监督管理委员会基础上组建国家金融监督管理总局，将中国人民银行对金融控股公司等金融集团的日常监管职责、有关金融消费者保护职责，中国证券监督管理委员会的投资者保护职责划入国家金融监督管理总局。其统一负责除证券业之外的金融业监管，强化机构监管、行为监管、功能监管、穿透式监管、持续监管，统筹负责金融消费者权益保护，加强风险管理和防范处置，依法查处违法违规行为，作为国务院直属机构。组建国家金融监督管理总局，优化和调整金融监管领域的机构职责，对于加强和完善现代金融监管，解决金融领域长期存在的突出矛盾和问题具有十分重要的意义。

4. 中国证券监督管理委员会

中国证券监督管理委员会设在北京，会机关内设21个职能部门，1个稽查总队，3个中心。根据我国《证券法》第14条规定，中国证监会还设有股票发

知识链接：我国金融监管体制的发展前景

拓展阅读：郭树清：完善现代金融监管体系

第二节小测验

行审核委员会，委员由中国证监会专业人员和所聘请的会外有关专家担任。中国证券监督管理委员会在省、自治区、直辖市和计划单列市设立 36 个证券监管局，以及上海、深圳证券监管专员办事处。

## 第三节 金融监管的内容与方法

### 一、金融监管内容

金融监管机构对银行业、证券业、保险业分别从市场准入、市场经营和市场推出三个方面进行监管，并且随着近些年互联网金融的兴起，对互联网金融的监管也逐步形成体系。

### 二、金融监管的方法

金融管理当局实施金融监管的依据是国家法律法规。从操作的角度看，金融监管的一般方法通常包括以下几种：

#### （一）现场检查

现场检查是由监管当局派出检查小组，到各银行实地检查，以达到全面评价的目的。在检查过程中，检查小组有关人员要判断金融机构活动是否安全、合法；检查机构各项业务活动的政策、做法和程序；判断银行内部管理状况；评价资产管理的质量；检查负债的构成情况；评估管理机构的能力和胜任程度等。现场检查若采取突击方式，效果会更好。

#### （二）报表稽核

金融稽核是监管当局根据国家规定的稽核职责，对金融业务活动进行的监督与检查。报表稽核是指由稽核部门通知被稽核单位，将有关报表、凭证、账簿等资料如期送达稽核部门进行稽核。这些资料提供了大量有关金融机构财务状况的信息，在分析这些信息的时候，通常采用两种分析方法：一是趋势分析法，即对同一家金融机构不同时期增长或下降比率进行分析比较，用以观察并预测该金融机构在一个时期内的变化及趋势；二是对比分析法，即在同类金融机构之间进行资产质量、收益、流动性等方面的比较，以寻找差距并分析原因。

#### （三）加强监管对象的内部控制

监管当局一般会要求各金融机构根据法律加强自我约束，建立、健全内部控制制度。金融机构的内部控制制度是金融机构对内部各职能部门及其工作人员从事的业务活动所实施的风险管理和控制的一系列方法、措施和程序。完善的内部控制是规范金融机构经营行为、有效防范风险的关键，也是衡量金融机构经营管

知识链接：我国保险业监管的内容

知识链接：我国互联网金融监管的内容

微课：金融监管的方法

理水平的重要标志。

**（四）内外部审计结合法**

金融机构内部审计的责任是向股东大会负责，审查重点是机构的盈利状况。同时，还必须建立外部审计制度，由具有独立性的社会审计部门定期对金融机构进行系统审查以及时发现问题。很多国家要求金融机构定期由社会审计机构审查其财务报表。

**（五）其他手段**

当监管当局发现某一金融机构的经营行为不符合法律规定、经营管理状况出现问题并有危害公众利益的倾向时，可根据不同情况采取以下措施：提醒高级管理人员注意、命令金融机构撤销某项业务、任命专门小组监管、撤销其董事或监事、吊销营业执照等。

### 三、金融监管的新模式——监管沙盒

为有效应对金融科技创新带来的监管挑战，妥善应对监管在支持创新和防控风险上的冲突，英国监管当局于2016年率先实施了"监管沙盒"制度，并得到了新加坡、澳大利亚、日本等国家金融监管当局的响应推广，成为金融科技创新监管的新趋势。

**（一）内涵**

沙盒（Sandbox）为算机术语，指为一些来源不可信、具有破坏力或无法判定程序意图的程序提供一个与外隔绝的环境运行测试。监管沙盒，也称"监管沙箱"，是金融监管部门为从事科技创新的企业提供的一个"试点空间"，金融科技企业可以将其获得许可的创新性金融科技产品在该空间内实行试点，以此来评估此项产品的适用性。

**（二）特点**

1. 试验性

监管沙盒可以营造一个真实且安全的试验性空间，对风险尚不明晰的金融创新产品进行测试，一方面将未获上市资格的金融创新产品投入真实的市场环境当中；另一方面则通过金额、人数的限制将风险控制在可控范围之内，并且能够保证尚不明晰的金融创新产品的风险与整个金融体系及时阻断。

2. 特定性

监管沙盒更加侧重于事前对金融创新产品的个性化监测，在监管沙盒的框架下，每一个金融创新产品均会有特定的联络官与创新主体进行测试参数、消费者保护措施等方面的具体协商。在特定的时间、人数、金额或者相关应用的范围之内，对特定的金融创新产品运用协商一致的特定监管方式，并参照数据来开展测试。

3. 参与性

监管沙盒的设计建立在各方主体的共同参与和良好沟通之上，一方面，监管部门和创新主体的信息交流贯穿监管沙盒事前、事中、事后的整个流程；另一方

面，监管部门与获得测试资格的创新主体在测试开始前，就具体参数、结果测量、实施范围、消费者保护措施等内容进行协商或者核验，事实上也参与到金融机构对金融创新产品后期的市场适应性的开发阶段。同时，金融机构提供的与金融创新产品相关的信息和动向，也促成了新监管规则的出现。

（三）运作模式

监管沙盒兼顾了金融监管的效率与安全原则，为金融创新起到了平滑风险的作用。监管沙盒的基本宗旨是支持初创企业的创新活动，促进金融科技发展，运作模式见图 13-1。

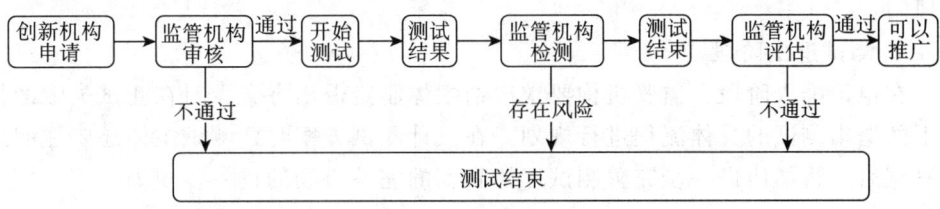

图 13-1　监管沙盒

1. 测试申请阶段

想参与监管测试的金融企业以及产品服务，即测试的申请主体与客体。申请主体须向监管机构提交相关测试说明自行申请监督测试。监管机构充分审查并通过后，测试申请主体才有机会进行沙盒测试。一是经营范围审查。监管机构对申请主体以及客体进行审查，根据产品的性质以及成熟程度判断其是否属于规定的沙盒监管范围。二是原创性审查。即对申请客体的特性进行审查，判断申请测试客体是否具有突破性创新或者与金融市场现有金融服务有本质区别。如果申请客体即参与测试产品服务在金融市场已有较多，或者不够创新，就很有可能无法通过审查。三是金融消费者受益性审查。即申请客体是否有利于金融消费者，金融消费者能否通过该项产品服务得到更好的交易体验，如该产品服务可以提供更高质量的服务，或者由于提高效率和市场竞争而降低价格。同时还要审查申请测试主体是否针对可能会出现的风险提出了解决方案。四是进行沙盒监管必要性审查。即申请测试主体客体申请进行沙盒测试的理由是否充分，是否有不需要进行沙盒测试或者无法进行沙盒测试的情况存在。五是准备测试充分性审查。沙盒监管主要依靠的是测试主体的申请，测试主体要对欲申请测试的产品或服务进行充分的准备，才能保证测试的顺利进行。

2. 测试运行阶段

监管机构会根据企业的性质对现行的金融监管规则作出相应的调整，保证顺利进入沙盒监管测试的金融企业在参与测试期间以及测试结束的一定时期内，在遵守沙盒监管测试的相关规定的前提下，不用因为创新违反现行监管规则而受到处罚。一般情况下，监管机构会在金融沙盒监管测试中建立定期报告制度，保持监管者与被监管者良性互动的动态监管，即每个测试过程中的关键阶段，测试主体必须向监管机构定期作出报告，报告内容包括测试过程中的关键发现以及风险控制措施。测试通过不一定代表参与沙盒监管测试的金融企业以及服务能够获得最终进入完整金融市场的批准。监管机构还可以建立限制性授权许可制度。即测试申请主体尚无法满足条件获得金融业务许可，但其在满足一定的条件时可以得到限制性授权许可，在一定范围内参与测试。此外，监管机构也可建立无异议许可制度。申请测试主体按照规定提交申请材料后，在确定申请主体符合沙盒监管规则要求后，测试申请主体可以在沙盒测试过程中，在豁免范围内免于被监管，但监管机构保留最终可以在测试主体违反规则时的强制清退测试的权力。三是个别指导制度。监管机构可以根据沙盒监管的具体规则与测试方案对申请主体提供个别的指导意见，申请主体只需按照该意见进行测试，而不用承担违反相关规则的风险。

第三节小测验

第十三章自测题

3. 测试退出阶段

在申请准入阶段，监管机构要求申请主体制定退出方案，对在测试失败的情况下的退出测试的具体流程进行规划。在设计测试方案时，测试主体还要注明通过测试后，将如何进一步完善测试客体真实的完整市场的进一步规划。

 **金融科技专栏**

**破题农村金融，银行开启"监管沙箱"竞跑模式**

2022年8月，中国人民银行长春中心支行的网站上发布了"吉林省金融科技创新监管工具创新应用公示"，分别为吉林银行申报的"基于人工智能技术的惠农保证贷款服务"和亿联银行申报的"基于人工智能技术的农户贷款服务"。本次公示的金融科技创新应用涉及大数据、人工智能等创新技术，聚焦农户信用贷款应用场景，构建线上化农户贷款服务平台，纾解农户在传统贷款服务过程中贷款难、手续烦琐、放款慢等融资难题，整合多维度数据优化智能审批流程，助力解决农村金融风险识别难等问题。

资料来源：王柯瑾. 破题农村金融，银行开启"监管沙箱"竞跑模式 [EB/OL]. (2022 - 08 - 06) [2023 - 08 - 20]. https://baijiahao.baidu.com/s?id = 1740352774662048727&wfr = spider&for = pc

 **金融职业素养专栏**

金融监管作为防范系统性风险、维护市场秩序和保护消费者权益的核心机制，是金融从业者必须掌握的专业知识。随着我国金融改革的深化与金融科技的渗透，监管框架正从"被动合规"向"主动治理"转型。金融安全是国家安全，我们要理解中央"守住不发生系统性风险底线"的深刻内涵，认识到金融从业者的每一个决策都可能影响社会稳定，进而树立"合规即生命线"的职业信仰。

## 思维导图

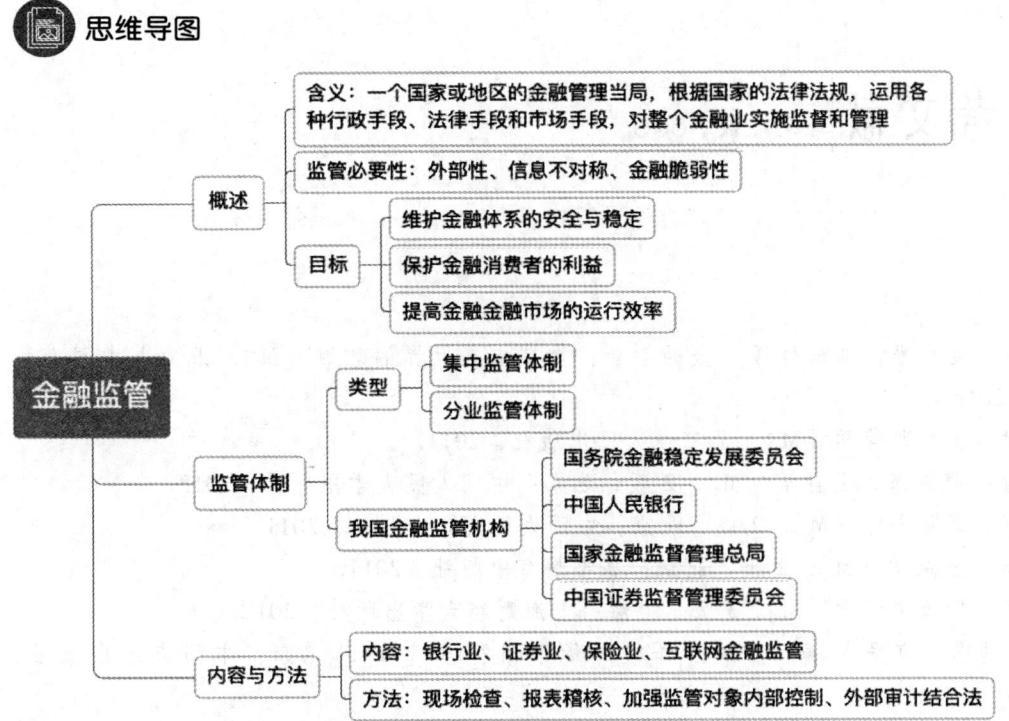

# 主要参考文献 References

1. 安德鲁．帕尔默，郭洁群译．金融创新：重塑未来世界的智财［M］．北京：中国人民大学出版社，2016.
2. 卞志村．金融监管学［M］．北京：人民出版社，2011.
3. 博迪著，曹辉译．金融学［M］．2版．北京：中国人民大学出版社，2013.
4. 陈雨露．国际金融［M］．2版．北京：中国人民大学出版社，2011.
5. 曹龙骐．金融学［M］．2版．北京：高等教育出版社，2011.
6. 戴国强．货币金融学［M］．3版．上海：上海财经大学出版社，2012.
7. （美）迪恩·克罗绍著，吕随启译校．货币银行学［M］．北京：中国市场出版社，2008.
8. 多恩布什．斯塔兹．宏观经济学［M］．北京：中国人民大学出版社，1998.
9. 胡滨．金融监管蓝皮书：中国金融监管报告2013［M］．北京：社会科学文献出版社，2013.
10. 黄达．金融学［M］．3版．北京：中国人民大学出版社，2013.
11. F.S.米什金．货币金融学［M］．9版．北京：中国人民大学出版社，2013.
12. 冯科．金融监管学［M］．北京：北京大学出版社，2015.
13. 弗兰克·J.法博齐、弗朗哥·莫迪利亚尼著，汪涛，郭宁译．资本市场：机构与工具［M］．4版．北京：中国人民大学出版社，2011.
14. 盖锐，孙晓娟．金融学［M］．2版．北京：清华大学出版社，2012.
15. 高建侠．金融基础［M］．北京：中国人民大学出版社，2012.
16. 郭田勇．金融监管学［M］．北京：中国金融出版社，2014.
17. 胡援成．货币银行学［M］．北京：中国财政经济出版社，2011.
18. 凯伯．国际金融［M］．北京：中国人民大学出版社，2012.
19. 姜波克．国际金融新编［M］．4版．上海：复旦大学出版社，2008.
20. 蒋先玲．货币金融学［M］．北京：机械工业出版社，2013.
21. 金融安全协同创新中心、西南财经大学中国金融研究中心．中国金融安全报告2016［M］．北京：中国金融出版社，2017.
22. 李成．金融监管学［M］．北京：高等教育出版社，2016.
23. 李春，曾冬白．金融学基础［M］．2版．大连：大连出版社，2011.
24. 李芳，郑兴．金融法规［M］．北京：经济管理出版社，2010.
25. 李俊芸．金融基础［M］．北京：经济科学出版社，2011.

26. 刘惠好.国际金融［M］.2版.北京：中国金融出版社，2012.
27. 刘玉操，曹华.国际金融实务［M］.4版.大连：东北财经大学出版社，2013.
28. 吴腾华.货币银行学［M］.上海：上海财经大学出版社，2008.
29. 潘淑娟.货币银行学［M］.北京：中国财政经济出版社，2008.
30. 乔安妮·凯勒曼.21世纪金融监管［M］.北京：中信出版社，2016.
31. 阮加.金融学［M］.北京：清华大学出版社，2013.
32. 石丹林，李秀萍.货币银行学［M］.北京：清华大学出版社，2012.
33. 史建平.金融市场学［M］.北京：清华大学出版社，2012.
34. 王松奇.金融学［M］.3版.北京：中国金融出版社，2012.
35. 谢百三.金融市场学［M］.北京：北京大学出版社，2009.
36. 杨秀萍.货币金融学［M］.北京：科学出版社，2012.
37. 姚长辉.货币银行学［M］.4版.北京：北京大学出版社，2012.
38. 殷孟波.货币金融学［M］.北京：清华大学出版社，2013.
39. 约翰·赫尔.王勇，索吾林译.期权、期货及其他衍生产品［M］.北京：机械工业出版社，2011.
40. 张安军.中国金融安全监测预警研究［M］.北京：中国社会科学出版社，2015.
41. 张晨.货币金融学 理论·实务·政策［M］.北京：中国金融出版社，2013.
42. 张健华.利率市场化的全球经验［M］.北京：机械工业出版社，2015.
43. 张晓晖、吕鹰飞.金融学［M］.北京：经济科学出版社，2011.
44. 张晓晖、吕鹰飞.金融学基础［M］.北京：中国财政经济出版社，2014.
45. 张亦春.现代金融市场学［M］.北京：中国金融出版社，2013.
46. 张伟芹.金融基础［M］.2版.北京：中国人民大学出版社，2013.
47. 郑道平，张贵乐.货币金融学原理［M］.6版.北京：中国金融出版社，2009.
48. 中国证券监督管理委员会.中国资本市场二十年［M］.北京：中信出版社，2012.
49. 朱新蓉.金融学［M］.北京：中国金融出版社，2010.
50. 朱箴元，林琳.国际金融［M］.北京：中国金融出版社，2012.